U0491293

瑞士创新信息概述

张明龙 张琼妮◎著

SWITZERLAND
Innovation
Information Overview

企业管理出版社
EMPH ENTERPRISE MANAGEMENT PUBLISHING HOUSE

图书在版编目（CIP）数据

瑞士创新信息概述/张明龙，张琼妮著．—北京：企业管理出版社，2023.8
ISBN 978-7-5164-2870-2

Ⅰ.①瑞…　Ⅱ.①张…②张…　Ⅲ.①技术革新-研究-瑞士　Ⅳ.①F152.243

中国国家版本馆CIP数据核字（2023）第142537号

书　　名：瑞士创新信息概述
书　　号：ISBN 978-7-5164-2870-2
作　　者：张明龙　张琼妮
责任编辑：赵喜勤
出版发行：企业管理出版社
经　　销：新华书店
地　　址：北京市海淀区紫竹院南路17号　　**邮编：**100048
网　　址：http://www.emph.cn
电子信箱：zhaoxq13@163.com
电　　话：编辑部（010）68420309　发行部（010）68701816
印　　刷：北京厚诚则铭印刷科技有限公司
版　　次：2023年9月第1版
印　　次：2023年9月第1次印刷
开　　本：710mm×1000mm　16开本
印　　张：24.5印张
字　　数：380千字
定　　价：128.00元

版权所有　翻印必究·印装有误　负责调换

前　言

2022年9月29日，世界知识产权组织发布2022年全球创新指数，瑞士在与美国、瑞典、英国和荷兰等国的竞争中继续胜出，再次排名榜首，这是瑞士连续第12年被评为全球最具创新性国家。20世纪，瑞士科学家共有19人在自然科学领域获得诺贝尔奖，其中，8人获医学与生理学奖、6人获物理学奖、5人获化学奖。按照人均获得诺贝尔奖的数量计算，瑞士排名世界第一。瑞士国土面积不到浙江省的一半，人口少于温州市，是个欧洲小国，其从本国实际需要出发，没有建立学科齐全的完整科研体系，但在某些特定领域加强基础研究，推进应用开发，形成自己的特色和优势，并持续保持旺盛的创新活力。瑞士在精密机械、医学及生物科学、微电子系统、光学技术、新能源、新材料和纳米技术等领域处于世界先进水平，其中不少成果占据国际领先地位。

一、瑞士经济社会发展概况

瑞士是个多山内陆国，位于欧洲中南部，国土面积41284平方千米。东邻奥地利、列支敦士登，南连意大利，西接法国，北界德国。全境以高原和山地为主，占国土总面积60％的阿尔卑斯山脉，静卧于中南部，另外，西北部的汝拉山脉占10％，中部高原占30％，平均海拔约1350米。瑞士地处北温带，受海洋性气候和大陆性气候交替影响，气候变化较大，年平均气温9℃左右。

瑞士的行政区划分为联邦、州和市镇三级，全国由20个州和6个半州组成。2021年数据显示，全国人口873.8万人，主要为瑞士人，其中外籍人口约占26.5%。德语、法语、意大利语及拉丁罗曼语4种语言均为官方语言，居民主要信奉天主教和新教。瑞士为永久中立国，自1815年以来一直奉行中立政策。瑞士1848年制定宪法，设立联邦委员会，成为统一的联邦制国家。

瑞士在世界上属于高度发达的工业国。采取自由经济模式，政府除了制定必要的宏观调控政策，很少实施行政干预，对外主张与各国之间开展自由贸易。2021年，瑞士国内生产总值为7316亿瑞郎，人均国内生产总值为84055瑞郎。瑞士主要工业部门有如下领域。

（1）机械电子业，主要生产机械加工设备、工程机械用具、精密仪器仪表、电子电气产品、微电子和光电子设备、人工智能产品、机器人及自动化设备、医疗器械、交通运输工具、精密零件、金属材料和金属制品等。

（2）医药化工业，产品多达3万余种，其中特种化工产品占90%以上。主要产品大类包括医药产品、诊断检验用品、精细化工产品、维生素、香料香精、植保产品、兽药、工业用特种化工产品、染料和涂料等。

（3）钟表制造业，瑞士是世界最大钟表生产国之一，拥有众多享誉世界的钟表品牌，如劳力士、斯沃琪、百达翡丽、欧米茄、天梭、浪琴和帕玛强尼等，产品以腕表为主，另有座钟和摆钟等。瑞士每年生产的手表有95%以上用于出口，2020年钟表业出口169.8亿瑞郎，占出口总额的7.5%。

（4）食品加工业，瑞士在奶制品、咖啡、巧克力等领域拥有较高的国际知名度。2020年，瑞士食品和嗜好品出口额为86.9亿瑞郎，占出口总额的3.9％。总部位于瑞士日内瓦湖东岸沃韦的雀巢公司，是全球最大的食品生产企业。

除工业部门外，金融业也是瑞士的重要经济部门之一。2020年，瑞士金融业增加值为681亿瑞郎，占GDP的比重为9.7％，其中金融服务业和保险业分别占5.1％和4.6％。瑞士苏黎世是国际金融中心之一，也是仅次于伦敦的世界第二大黄金交易市场。瑞士拥有瑞士联合银行、瑞士信贷银行、莱夫埃森银行和苏黎世州立银行四大商业银行。瑞士金融监管局将其归类为“系统重要大银行”，它们的资产负债总额占瑞士银行业的近一半，包揽瑞士40％以上的国内信贷业务及近40％的地产抵押业务。

瑞士高度重视教育事业，把整个教育体系划分为四个阶段，即学龄前、小学、中学、高等教育和成人教育。中小学教育由各州自行管理，自筹经费，自编教材。全国实行九年义务教育制，各类学校1.1万余所。瑞士拥有30多所高等院校，其中苏黎世联邦理工学院（也称瑞士联邦理工学院）、洛桑联邦理工学院属于瑞士联邦直属高校。此外，还有州立大学10所、应用科技学院8所和师范类高校20所。

二、瑞士促进创新活动的主要举措

（一）建立促进科技创新的政策支持体系

瑞士政府为了加强对科研工作的领导和宏观调控，专门成立联邦科研领导小组，由一位国务秘书担任主席，协助内政部长领导全国的科研工作，主持制定并负责实施全国科研促进计划。在此基础上，还成立了科研促进政策协调委员会和技术政策协调委员会，其成员是政府有关部门的负责人。瑞士管理科技创新的具体部门，主要是内政部和经济部，交通能源环境通信部等其他部门也管理各自领域的科研工作。为了便于统一领导，在各部门之间成立了一个部际科研协调委员会。瑞士内政部科技教育局，负责协调和实施国家级的研究计划和国际科技合作项目。

瑞士制定的创新政策，具有鲜明的自身特色。它不是着眼于建立一个无所不包的完整创新体系，而是在基础研究和应用开发的某些特定领域，培育自己的特色和优势，并使其保持良好的持续创新能力。瑞士从国家层面建设创新政策支持体系的主要措施，是实施国家重大科研计划和战略意图。其中主要有：

（1）国家科研计划。旨在解决国家面临的紧迫问题，需要通过跨学科、跨领域开展研究的科研计划。

（2）重点研究计划，它从世界技术发展前沿中，选择出有应用前景的一定研究领域，并要求其研究成果对提高本国技术创新能力有重要意义。

（3）国家研究重点计划，它是在总结重点研究计划基础上推出来的，实施过程表现为：先由政府确定和发布重点研究领域，再采用公开投标竞争的方法，选择“国家研究重点”承担单位。其目的是，通过选择重点研究方向，集中使用资金，建立综合性的科研中心。与此同时，瑞士政府还通过技术创新委员会，组织实施一系列促进创新的计划，大力促进应用研究和新产品、新设备、新技术和新工艺开发，着重提高中小企业的技术创新能力。

（4）知识与技术转移新战略。目的是为各级各类创新主体提供高效的合作平台，以及长期的网络信息支持。主要内容有：一是开通国家主题网，为企业与科研机构搭建便捷的创新合作通途；

二是设置创新导师制度，积极帮助中小企业寻找适合的协作伙伴；三是建立基于互联网物理连接方式的交流平台，为企业及个人创新活动提供相互促进的畅通渠道。

（5）科学研究战略规划。2012 年 2 月，瑞士国家科学基金会颁发了《2012—2016 年科学研究战略规划》，提出把每年新批准的项目数量增加 6%，改善科研人员工作条件，提高科学事业吸引力，为创新主体提供更好的资助并推进国际合作，重视应用导向的基础研究，促使公众更好地认识和支持科研工作。

（6）科研基础设施路线图。2012 年 7 月，瑞士颁发了《2013—2016 年科研基础设施路线图》，提出积极参与建设并利用大型强子对撞机、X 射线自由电子激光装置等国际条约中承诺的基础设施。同时，推进欧洲科研基础设施战略论坛项目、生物安全研究保护站等基础设施的建设。

（二）运用专项计划促进中小企业的创新活动

瑞士通过技术创新委员会，组织实施一系列专项计划，大力促进中小企业开展应用研究和新产品、新技术开发，着重提高中小企业的科技创新能力，其中主要包括以下几项内容。

（1）高技术企业创业计划。这是一项示范性计划，其目的是通过帮助科研人员创办高技术企业，缩短科技成果转化周期，迅速形成生产力。据统计，瑞士政府自从实施这项计划以来，已支持数百家高技术企业渡过创业期，直接和间接增加就业机会约上万个。此后，瑞士联合银行等大财团也加入这项计划中来，提供类似风险投资的“种子资金”，支持中小企业的科技创新活动。

（2）纳米技术计划。多年来，瑞士把纳米技术作为未来技术发展的战略重点。这项计划，强调要把基础研究、应用技术研究、新产品开发与市场开发紧密结合在一起，提出通过实施计划，集中各方面力量，争取形成具有国际优势的纳米技术和纳米产业。计划涉及的项目内容主要有：纳米材料、纳米电子技术、纳米机械、纳米生物技术、纳米传感器、纳米机器人和纳米光学技术。为促进中小企业与大学，以及科研机构之间的联系与合作，加速科研成果转化，瑞士专门设立了技术转移中心，联邦政府特别批准用400万瑞士法郎作为启动经费。同时，要求各大学和科研机构，加强科研成果转化的咨询服务工作，并给予相应的专项资金支持，构建覆盖全国的技术转移中介机构网络。

(3) 医用技术计划。实施这项计划的目的是支持中小企业与科研机构及大学共同开发高技术医疗器械和仪器。该计划安排的重点项目包括：整形和微电子人体植入材料和装置开发，微型外科器械研制，以及用于生化诊断的微系统和新方法研究。

(4) 软件行动计划。该计划提出建立一个软件中心，同时鼓励瑞士需用软件的中小企业，向国内开发软件的中小企业订货，支持瑞士软件业成长，加强具有自主知识产权的软件产品开发。

三、本书的框架结构

本书将21世纪以来，特别是近十年瑞士的科技活动作为考察对象，集中分析其取得的创新成果。本书以瑞士的发明创造事实为依据，依据取精用弘的思路，对搜集到的各类原始报道材料统一汇总，通过对比分析，细加考辨，实现同中求异，异中求同，精心设计成研究瑞士创新信息概况的分析框架。本书由以下十章内容组成。

第一章加工制造领域的创新信息，主要分析品牌钟表、瑞士军刀、多功能圆珠笔、特医食品、纺织服饰、皮革、塑料、卫生洁具、工业机器人、机床、激光切割机、测控仪器和起重机械等新产品，以及增材制造新技术。

第二章电子信息领域的创新信息，主要描述微电子理论、电子元器件与电子仪器、超级计算机、人工智能与机器人、网络技术及其应用等新成果。

第三章光学领域的创新信息，主要分析光现象及其性质、光子学、光学技术、光学仪器、激光技术及其应用、激光设备等方面的探索进展。

第四章天文领域的创新信息，主要描述探测太阳系中的地球、月球、火星、彗星与陨星，探测宇宙光、宇宙暗物质、银河星系、系外行星，以及发射卫星等新成果。

第五章材料领域的创新信息，主要分析金属元素、合金材料、金属氧化物、磁性材料、碳素材料、聚合物、塑料、有机助剂、纳米材料和二维材料等方面的研究进展。

第六章能源领域的创新信息，主要分析研制太阳能电池、光伏组件、太阳能生产燃料系统、钠电池、锂电池、燃料电池，以及利用多余电能和开发热能等新成果。

第七章环境保护领域的创新信息，主要考察大气污染防治、水体污染防治、固体废弃物处理、噪声污染防治，以及冰川、海洋、森林和农村等生态环境保护方面取得的新进展。

第八章交通领域的创新信息，主要分析研制太阳能飞机、无人机、电动汽车、车用电池、充电设备，以及设计运输路线、建设道路桥梁和开发货物输送系统等新成果。

第九章生命科学领域的创新信息，主要搜集基因、蛋白质和细胞等生命基础方面研究取得的新成果，同时搜集植物和动物等生物体方面的研究取得的新成果。

第十章医疗与健康领域的创新信息，主要分析癌症防治、艾滋病防治、心脑血管疾病防治、神经系统疾病防治，以及消化与代谢性疾病、骨科疾病、五官科疾病防治等新成果。

张明龙　张琼妮

2023 年 3 月

目　录

第一章　加工制造领域的创新信息

瑞士加工制造业技术水平先进，产品质量精良，在国际市场具有很强的竞争力。这一领域，培育了斯沃琪、劳力士、ABB、雀巢、诺华、罗氏、苏尔寿等著名大公司，还有许多中小企业也凭借优势产品誉满全球。21世纪以来，瑞士在轻工业产品制造领域的新成果，主要集中于开发科幻钟表与智能手表，把精密工业与奢侈品牌结合起来研发顶级手表，创建系列齐全和品牌众多的手表矩阵；制作优美造型与实用功能兼顾的瑞士军刀，开发九合一多功能圆珠笔；使用机器人制作传统蛋糕，拥有特医食品行业的领先技术；同时研制纺织服饰设备，以及新型家用电器、皮革、塑料和卫生洁具等产品。在重工业产品制造领域的新成果，主要集中于研发工业机器人、机床、激光切割机、测控仪器和起重机械等产品。在增材制造领域的新成果，主要集中于研发医学增材制造材料、技术和设备，以及心脏、呼吸道支架、骨骼与肌肉等医学增材制造产品。另外，用增材制造技术生产无人机、电池、树脂产品和混凝土地板。

第一节　研发轻工业产品的新进展

一、设计制造钟表产品的新成果

（一）开发科幻钟表与智能手表的新信息

1. 科幻钟表设计制造的新进展

设计制成具有科幻外形的星际机械钟表。2014年4月，国外媒体报道，瑞士著名钟表制造商L'Epée公司，成立于1839年，总部位于瑞士德莱蒙，以生产高档座钟而闻名。为庆祝公司创建175周年，专门设计制作了一款科幻钟表新品来做纪念。

报道称，该公司邀请著名设计团队MB&F联合设计了这款星际机械钟表。此钟表外形具有强烈的未来科幻感，设计灵感取自美国科幻电影《星际迷航：深空九号》，创意十足。另外，它一次性上足链可连续运行40天。该钟表有纯黑色和银灰色两种可供选择。

2. 智能手表设计制造的新进展

（1）发售泰格豪雅首款智能手表。2015年11月，国外媒体报道，瑞士手表巨头泰格豪雅公司（TAG Heuer）的首款智能手表已开始在其官网正式发售。

这款智能手表，外观看上去就像一块高档机械腕表。泰格豪雅公司没有给它打上“瑞士制造”的标签，取而代之的是“瑞士设计”。这是因为它的核心部件，是一个双核英特尔凌动处理器。

正如人们所期望的一样，手表的制作工艺品质之高令人难以置信：表耳和表背都是由2级钛制成，显示器直径为46毫米，并覆盖着水晶蓝宝石，同时采用高分辨率的低温多晶硅显示屏。它的标配表带为黑色橡胶表带，其他表带颜色包括红色、蓝色、白色、橙色、绿色和黄色，均分开销售。

该智能手表可与所有安卓设备的应用程序兼容，有4个选定的应用程序。由于没有GPS，用户需要将其与智能手机进行配对，从而实现精确的位置跟踪功能。与大多数安卓手表一样，其连接方式为WiFi和蓝牙。

（2）联手打造一款高端机械智能手表。2017年8月，国外媒体报道，在苹果手表的推动下，智能手表越来越受到消费者的关注，显然多多少少引起了传统钟表行业的危机感，不久前泰格豪雅推出首款瑞士设计智能表广受关注，瑞士著名钟表品牌摩凡陀公司（Movado）也宣布与惠普合作，联手打造一款高端机械智能手表。

这款智能手表基于机械表的设计，保留了大部分传统机械表的结构，表带为黑色硅胶材质，加入反光条的设计，表壳采用抛光黑色涂层精纯不锈钢，没有采用主流智能手表标配的触摸屏，外观看起来就是一款普通手表。

该智能手表的功能，大多通过蓝牙通信技术连接智能手机来实现，由惠普提供技术支持，与大多数智能手表相同，支持邮件提醒、收发短信、接听和拨打电话、安排会议等功能。此外，它也拥有日常活动追踪功能，表圈可以显示每日活动进度，而所有提醒或提示也都依靠表盘的发光二极管灯来实现。它有防水功能，续航能力在一周左右。

近年来，老牌手表厂商试水智能穿戴市场也不算少见了，泰格豪雅、天梭、康斯登、古驰等品牌均推出过自己的智能手表，如此看来，今后传统钟表加入科技元素的趋势不可避免，不过根据科技产品更新换代的速度，花大价钱购买高端智能手表未免有些过于奢侈，难怪泰格豪雅要推出以旧换新的政策了。

（3）研制高安全性和低功耗的智能手表操作系统。2020 年 7 月 16 日，国外媒体报道，瑞士手表厂商斯沃琪集团（Swatch）当天表示，将开发自有的智能手表操作系统，与谷歌、苹果等厂商展开竞争。

据报道，斯沃琪集团表示，将会与瑞士电子和微技术中心合作，共同开发一款智能手表专用的操作系统。斯沃琪的首席执行官尼克·哈耶克对媒体表示，这一系统的最大特点是安全性高而功耗低。

目前，智能手表的一大软肋是续航能力差，需要每天充电。这种不足也打消了一些消费者购买智能表的积极性。哈耶克表示，在瑞士传统手表行业，企业在开发小体积、低功耗的手表方面拥有独到的经验，另外，瑞士手表产品更加独立、成本更低。

据悉，斯沃琪的手表操作系统在 2021 年年底前推出，第一批搭载该系统的手表将是斯沃琪的天梭系列。

操作系统的推出，意味着智能手表将会成为斯沃琪乃至瑞士传统手表行业的一个重要方向，操作系统将会孕育出一个独立的应用生态系统，鼓励第三方开发者给这些手表推出应用软件。不过，开发者的积极性取决于某种平台手表的销量规模。

目前，在全球智能手表操作系统市场，谷歌和苹果品牌占据垄断性地位。过去，美国智能手表公司开发过独立的操作系统，并且经营着独立的应用软件商店，但是该公司最终难以与安卓手表、苹果手表竞争，2019 年彻底停止了运营。

美国运动手环厂商蜚比公司，已经收购了智能手表公司的软件业务资产，未来准备推出自有操作系统的智能手表，不过目前蜚比公司在智能手表领域基本上还是空白。

在此之前，面对智能手表市场的升温，瑞士的一些厂商也推出了相关产品，比如瑞士另外一家品牌豪雅公司推出了采用谷歌安卓系统的高端智能手表。

值得一提的是，瑞士手表产业曾经十分担心智能手表会给传统手表带来巨大的冲击，但是这样的担心并未成为现实。在经过若干年的发展之后，各种缺陷正在阻碍智能手表做大市场。除了美国智能手表公司停止运营之外，摩托罗拉移动公司也已经表示将停止升级智能手表，这意味着该公司基本退出了智能手表领域。另外，各大厂商对于新产品升级的兴趣呈现下降的趋势。

一些分析师和媒体指出，智能手表大多数重复了智能手机的功能，并没有推出基于腕部佩戴独特场合的顶级功能。另外，消费者在刚开始的几分钟热度之后，发现并没有每日佩戴智能手表出门的理由。

值得一提的是，瑞士手表产业一直属于奢侈品领域，与时尚产业紧密相关，购买者更多看重的是外观设计、气质及品牌等要素。苹果手表第一次推出时，也推出瞄准时尚圈的黄金版手表，定价超过一万美元，苹果甚至在欧洲的时尚杂志大做广告，不过，苹果的这一战略已经彻底失败。在第二代苹果手表中，该公司主打运动健康，已经完全取消了黄金版产品线，最高端的版本价格也只有一千多美元。

（二）审视龙头企业产品的设计制造特色

1. 劳力士公司产品的设计制造特色

（1）把精密工业与奢侈品牌结合起来研发顶级手表。2021 年 12 月，有关媒体对瑞士劳力士手表（Rolex）做出专题报道。文章一开头就说，劳力士这一品牌的世界地位有目共睹，从丘吉尔到玛丽莲·梦露，从费德勒到詹姆斯·邦德，劳力士的追捧者遍布世界各地。

在 2017 年纽约举办的“20 世纪传奇腕表”主题拍卖会上，好莱坞一代男神保罗·纽曼的“熊猫表盘”劳力士钢表，最终拍出了 1775 万美元（包含佣金）的天价，换算成人民币高达 1.14 亿元，成为史上最昂贵的劳力士手表。

更让人惊奇的是，与百达翡丽这类一年产量不足数万块、每一款都镶满贵金属的奢侈品手表不同，劳力士每年卖出的手表数量近百万块，而且其中绝大多数还是钢制手表，但劳力士的完美品相，使二手货折扣率竟然长期维持在惊人的90%，“绿水鬼”等大热款式近年来更是不跌反涨，有价无市。

从行业角度看，在手表界，劳力士是当之无愧的行业老大哥。根据摩根士丹利和勒克斯咨询公司（LuxConsult）联合发布的《2020年瑞士钟表业研究报告》数据，2020年全年，即便受到新冠疫情冲击，劳力士的全球市场份额仍然逆势上涨，达到了惊人的24.9%，持续稳居世界第一。根据分析师估计，2020年，劳力士年度营收达到了44.2亿瑞士克朗。

排在劳力士之后的三大品牌分别是：欧米茄（8.8%）、卡地亚（6.7%）、浪琴（6.2%），这三家加起来的市场份额占比仅为21.7%。也就是说，全球第二、第三、第四的腕表联合起来，也无法超过劳力士。

另据摩根士丹利2018年数据，劳力士的营业利润率超过30%，大大超出奢侈品手表行业10%的平均水平，也比历峰集团（16.45%）和斯沃琪集团（13.6%）高出一截。

全球最大二手奢侈手表电商平台的首席执行官蒂姆·斯特拉克甚至说：“如果要我在欧元、美元、一块劳力士代托纳手表、比特币和一公斤黄金中，选择一个最保值的品种，我会选择劳力士。”

（2）坚持研究制作高端精致的机械手表。2021年12月，有关媒体发表文章，对瑞士劳力士手表特有的差异化战略做出专题报道。文章说，虽然劳力士在石英表研发上投入过大量人力物力，但拒绝把石英表作为核心产品，这也许是劳力士做出的最正确的选择。

能够撑过20世纪70年代那场石英表革命而始终屹立不倒，恰恰是因为劳力士冷静地进行了市场分析，不像众多竞争对手那样盲目迎合市场，一脑门子扎进石英表的热潮里，拿自己的短处去与别人的长处做斗争。相反，劳力士坚定了公司的差异化发展战略——高端、精致、机械。

在廉价石英表的冲击之下，劳力士不但没有降价迎战，反而把自家的产品越做越贵、越做越高端、越做越精致。每一款劳力士手表，都用上了极致的制作工艺、顶尖的制表技术，以达到完美的品质要求。这样一路走来，劳力士手表从一项计时的功能性产品，慢慢进化为一款奢华的身份象征。

制造一块劳力士手表需要花费整整一年时间，通过成千上万道测试工序。仅仅是表带上的卡扣，在这块手表出厂之前都会经历1000次的开合测试，以保证这块手表能够正常运行20～30年，甚至近百年。

同时，劳力士本就是各大机械手表品牌中最以技术见长的一个品牌，其累计注册专利数高达400多项，几乎领跑全球表业。当年的劳力士正是以其防水技术、恒动技术震撼了产业，从而站稳了脚跟。如今，劳力士依旧在全球拥有各式各样的科学研发实验室，配备了最顶尖的设备仪器，研究范围覆盖整个手表产业链。

例如在强度测试实验室里，劳力士的潜水手表需要能够承受水下1.2万米深的超高水压，相当于表面承受4.5吨重的压力，这款手表才算合格。然而，如此高的水压，市面上所有测试设备都达不到这个要求。为了满足这款手表的制作条件，劳力士与专精潜水及超高压技术的海事专家公司（COMEX）合作，设计出一款超高压测试设备——深海超高压测试箱，其外形如同一只小潜水艇，是专门为测试劳力士手表而研制出来的。

令人难以置信的是，为了保证从原料端口的质量可控，劳力士竟然拥有自己的黄金铸造厂！它们甚至为自己的一款粉红金合金（永恒玫瑰金）申请了专利。

劳力士所使用的904L钢则更是业界传奇。劳力士是唯一一个使用这种钢材的手表品牌，其他高端手表大多使用的是316L钢。与316L钢相比，904L钢极耐腐蚀（常被用作工业硫酸储运设备），能够长期耐受汗液、海水甚至硫酸浸泡。然而，904L钢不仅造价昂贵，其加工难度更是巨大，需要高达250吨的压力才能塑造成型。为了满足钢材加工的需求，劳力士在1985年甚至更换了全套崭新的德国定制设备。

另外，在产品款式方面，劳力士把“少就是多”的精神发挥到了极致。虽然公司成立超过百年，但劳力士所推出过的手表款式其实非常有限，其零部件高度通用。因此，不仅劳力士的手表本体保值度超高，劳力士手表零部件也在二手市场上大受欢迎。其稳定的高保值性为劳力士带来享誉世界的品牌声誉，反过来又为其产品提供了保值的基础。

近年来，虽然全球手表市场持续低迷，但劳力士依然稳坐行业老大的位子，其销量、口碑不断巩固，“绿水鬼”等大热款式近年来更是不跌反涨，有价无市，产品持续短缺，市场上的增产呼声不断。

但是，劳力士没有选择增加产量。在回应雅虎财经关于劳力士产品短缺的一篇报道时，劳力士这样说："产品稀缺并非劳力士的战略。我们的产量无法满足市场需求，至少在不降低产品质量的情况下是这样。而我们也拒绝这样做，因为我们的产品质量绝不能被妥协。"

2. 斯沃琪集团产品的设计制造特色

创建系列齐全和品牌众多的手表矩阵。2021 年 5 月，有关媒体对瑞士斯沃琪集团（Swatch）做出专题报道。文章说，在著名企业家海耶克先生带领下，经过 4 年多的努力，瑞士钟表工业公司与瑞士钟表业联合会公司进行重组，合并成立了斯沃琪集团。发展至今，斯沃琪集团已形成拥有 4 大系列与 18 个子品牌的手表矩阵。

目前，瑞士手表行业的竞争者类型包括大型奢侈品集团、专业制表品牌、独立家族制表企业等，龙头企业包括劳力士、斯沃琪集团、历峰集团、LVMH 等。

斯沃琪集团的年报和官网信息显示，到 2021 年，斯沃琪集团的手表品牌共分为 4 大系列，分别为名贵奢侈系列、高端系列、中端系列和基础系列，且每个系列由多个子品牌组成，合计达 18 个品牌。

同时，从各大系列主要品牌的产品布局来看，欧米茄、浪琴、天梭和斯沃琪品牌的手表系列丰富、款式较多，可以看出，斯沃琪集团的手表业务布局是较为全面的。

根据摩根士丹利和勒克斯咨询公司（LuxConsult）2021 年 3 月共同发布的《2020 年瑞士钟表业研究报告》数据，2020 年，斯沃琪集团在手表零售市场的占有率达 25.2%，紧跟在排名第一的劳力士后面。而从子品牌的市场份额来看，欧米茄以 8.8%的市场份额在瑞士手表零售市场品牌竞争中排第二位，居斯沃琪集团品牌中的首位；其次是浪琴，以 6.2%的市场份额在瑞士手表零售市场品牌竞争中排第四位。

从斯沃琪集团主要品牌的手表销售情况来看，2020 年，共有 13 个子品牌入围瑞士表各品牌零售市场营业额前 50 名，其中欧米茄、浪琴和天梭表的营业额均入围前十，且欧米茄以 17.58 亿瑞士法郎的营业额排瑞士表各品牌零售市场第二位。在手表销量方面，2020 年，集团内斯沃琪品牌的销量最大，达310万只；其次是天梭表，手表销量为240万只。

（三）审视钟表制作技艺革新创造的经历

——揭示钟表制作技艺名扬海外的秘密

2017年4月，有关媒体报道，钟表如同奶酪、巧克力和银行一样，是瑞士在世界上最引以为豪的代表产品之一。瑞士是钟表的王国，世界上最好的钟表都在瑞士，因此，瑞士产的手表也就是一种质量和品质的标志。几百年前，瑞士人的制表知识就已闻名世界，而他们对制表工艺这种世界上最精密的手工技艺的追求也从未停止过。

很多人正是通过瑞士钟表才了解瑞士这个国家的。瑞士手表，无人不晓，而且都价格不菲。但是制表业却不是在瑞士土生土长的。16世纪末，法国的宗教斗争导致了一场大屠杀，追随加尔文的胡格诺派教徒纷纷逃到瑞士，带来了制造钟表的技术。这种法国技艺和当地的金银首饰业相结合，就出现了瑞士的制表业。它从靠近法国的日内瓦向外扩散，主要是沿汝拉山脉一线向东北蔓延，一直到东北面的沙夫豪森，在瑞士北半部遍地开花。

瑞士制表工艺最初几乎全靠手工操作。直到1845年有了制表机械，出现大批生产，这个行业才真正成为一个现代工业部门。在其后的一个世纪中，手表产量迅猛上升，最高年产量曾达1.04亿只，占世界总产量的40%，几乎全部为出口。全世界的出口手表中，每10块中就有7块来自瑞士。无论是在哪个层次的消费市场，都能看到瑞士腕表的身影，并且许多新技术也是首先在瑞士出现的，如最早的液晶数字显示；最薄的手表（厚度低于1毫米）；装在表带里的体温电池等。

想要探究瑞士制表能名扬海外的深层原因，绕不开对瑞士制表技艺“匠心”精神的追溯。1560年，瑞士钟表匠布克说：“一个钟表匠在不满和愤懑中，要想圆满地完成制作钟表的1200道工序，是不可能的；在对抗和憎恨中，要精确地磨锉出一块钟表所需要的254个零件，更是比登天还难。”正如他所说，制表匠的工作烦琐而枯燥，花一整天打磨一个零件也是平常的事情，没有对于“匠心”的执着是不可能完成的。

瑞士是一个山地小国，几乎没有任何独有的矿产资源。但上帝是公平的，瑞士人善于把弱点变成优点，资源稀缺的瑞士人把不多的钢铁材料锻造成钟表这种世界上最精密的仪器。在20世纪中后期石英表的冲击下，瑞士制表人没有考虑转型，而是专注“立身之本”的机械表，把机械表的功能升级创新，并研发出诸多极其复杂的工艺，把精密机械发展到极致。

这里以瑞士天珺（TANGIN）手表为例，看看为什么只有瑞士才能制造出最好的钟表。

天珺表工坊所在的汝拉山谷不仅风景如画，更是常见白雪皑皑，犹如仙境，风景美得足以让人“静”下来。制表师的工作室通常直对着窗外的风景，不难想象，在这样“遗世独立”，没有干扰的环境下工作，制表师们才能制作出精确的腕表，才能打磨出美轮美奂的机芯。

天珺表还拥有众多制表经验超过20年的瑞士高级制表师，他们以近乎苛刻的细节雕琢，诠释着瑞士表匠们坚守百年的工匠精神。在天珺表瑞士工坊内，整个团队既齐心一致，又分工明确。从负责基础零件制造、零件打磨抛光到机芯组装，再到最后的测试等各个步骤，每个人都各司其职并把手上的工作做到极致。正是这种追求极致的精神，让瑞士表得以独步天下。

天珺表在传承瑞士制造优良传统的同时，也一直在不断革新，为瑞士机械表注入独特的新设计风格，形成自己独有的品牌特色。特别是近年来，该工坊从外部引进世界顶尖腕表设计团队，把瑞士经典腕表美学设计与当代潮流结合，以源源不断的新创意对天珺表品牌进行全面升级。

天珺表除了致力于制表技艺的革新创造，还追求完美的细节，对腕表的设计、组装、成品包装等每一个步骤，都以近乎苛刻的要求进行操作。正是这种高度专注的精神，谱写着瑞士钟表制造的传奇。

二、研发军刀与圆珠笔的新成果

（一）瑞士军刀设计特色及新信息

1. 制作优美造型与实用功能兼顾的瑞士军刀

2020年3月，有关媒体对瑞士军刀做了专题报道：瑞士军刀起源于瑞士军方，是为士兵配备的一种工具刀，早在1891年就出现了。瑞士军刀原有维氏（Victorinox）和威戈（Wenger）两个著名品牌，后来威戈被维氏收购，因此现在只有维氏的产品，才能真正叫作瑞士军刀。一个多世纪过去了，瑞士军刀仍坚持把优美造型与实用功能紧密地结合在一起，每件刀具均品质出众，让人爱不释手。

一把常见的瑞士军刀，一般都有主刀、小刀、铰剪、开瓶器、木锯、小改锥、拔木塞钻、牙签、小镊子等工具。而在一些工具上还设计了多种功用，如开瓶器上就有开瓶、平口改锥、电线剥皮槽三种功用。随着时代的发展，一些新兴的电子技术也被引入瑞士军刀中，如内藏激光和电子存储设备，配备液晶时钟显示、LED 手电筒、U 盘、打火机等。

瑞士军刀经常依据需求变化改进应用设计，形成符合不同消费者的规格及型号。时至今日，从刀柄长度上看，主要有 58 毫米、91 毫米及 111 毫米三种规格。

58 毫米的小号刀，在组合功能上适合女性和少年顾客，它常与钥匙链别在一起，可随身携带，多用于日常生活，有“典范”“迷你冠军”等型号。

91 毫米的中号刀，因为具有适中的长度，既可以作为常用工具进行户外活动，也是家居及工作的好帮手，有“标准型”“农场主”等型号。

111 毫米的大号刀，一般有握手型的刀柄，带有锁定装置，手感舒适，是野外旅行、爬山探险等工作的好帮手，有“高山游侠”“工作冠军”等型号。

瑞士军刀除了刀柄长度和美学设计上的区别外，还专门针对各种专业用途组合功能，研发出新的产品型号，其中有针对野外旅行、探险爬山的“露营者”“攀缘者”“爬山家”等，有适合垂钓的“垂钓之王”“渔夫”等，还有适合救援人员的“救援工具”等。

报道说，这种方便的多功能袖珍刀自从面市以来，一直受到消费者的欢迎，而且开始收到越来越多来自国外的订单。刀的功能也依据消费者的要求不断加以改进，很快刀上增加了木锯和剪刀等工具。不久，大螺丝刀上加了一个瓶盖起子，罐头起子上加了个小螺丝刀。而后，刀上又加了指甲锉、镊子、带金属锉的金属锯、带吐钩器和标尺的除鳞器、十字螺丝刀、钥匙圈和放大镜等。如今瑞士军刀种类相当繁多，里面所搭配的工具组合也多有创新，可以有一百种以上的组合功能。值得一提的是，目前瑞士军队仍配发瑞士军刀!

在各种各样的军刀中，称得上“旗舰”品牌的是“瑞士冠军”，它由64个独立零件构成，在生产过程中需经历450多道工序，具有33种功能。这种刀的全部工具总重量仅有185克，因而它小巧玲珑，便于携带。纽约现代艺术博物馆和在慕尼黑的德国实用艺术博物馆，都将“瑞士冠军”作为“工业设计精品”收藏。

2. 推出复刻1897年限量版瑞士军刀

2022年6月，有关媒体报道，为了庆祝瑞士军刀诞生125周年，维氏推出了以第一把原创军官和运动刀为原型的，相似度极高的复刻1897年限量版瑞士军刀。复刻1897年限量版瑞士军刀全球限量发售9999件。这款别具一格的瑞士军刀上附有独立编号，并用激光刻印了1897年这一年份，是收藏或礼赠的理想之选。

据说在维氏位于瑞士宜溪镇的总部，在一堆厚重的钢材后方发现了一个精美盒子。发现者对里面藏着什么东西感到十分好奇，因此把这个精美盒子直接带到维氏首席执行官卡尔·埃尔森纳（Carl Elsener）的办公室。埃尔森纳是维氏创始人的曾孙。他们一起小心翼翼地把精美盒子打开，发现里面收藏着的是原创军官和运动刀。

这一切都始于1897年，创始人埃尔森纳在这一年成功获得军官和运动刀的专利，这款刀具也就是如今世界闻名的瑞士军刀。2022年，维氏迎来瑞士军刀诞生125周年，这款标志性的产品代表着卓越品质、出众功能、突破创新与经典设计，同时也是品牌历史的基石。自1897年起，维氏以军官和运动刀这一经典刀具为灵感，在瑞士军刀、家用及专业刀具、腕表、旅行箱包和香水品类中不断研发出具有创意的获奖产品。

复刻1897年限量版瑞士军刀的外观与原版几乎一模一样，但内部却采用了最新技术。每一把都是由技艺精湛的工匠手工装配而成。硫化木纤维材质的红色刀柄面触感舒适温润。主刀上刻印着标志性的“Elsener Schwyz”字样，以及一字改锥上的专利证明字样，仿佛让人们瞬间穿越时空回到过去。复刻1897年限量版瑞士军刀的独特之处包括：尖头样式的小刀、原始形状的拔木塞钻、完美融入刀柄的钻孔锥，以及具有独特设计的开罐器。

维氏保证所有刀具和工具均采用一流的不锈钢材质制成。环境保护及可持续发展是维氏品牌基因的一部分，其所有产品都是终生耐用的。维氏为材料和工艺上的任何瑕疵提供终身质保。维氏为拥有逾130年打造高品质刀具的经验而自豪。此外，复刻1897年限量版瑞士军刀精美夺目的包装也是“瑞士制造”。

（二）圆珠笔设计制造的新信息

——开发九合一多功能圆珠笔

2022年9月10日，创意网报道，笔除了用来写字基本上没有其他用途，但是下面介绍的这支来自瑞士的笔就非常不平凡，不仅可以写字，还集多种用途于一体，包括螺丝刀、美工刀等。这支笔号称“九合一”，就是说它有九种功能。

一是最基本的写字功能，它采用了0.7毫米圆珠，笔芯是可以转动的，握笔处有防滑功能，书写顺畅稳定、不打滑、线条清晰，不论是日常办公或学生写作业都非常适合。

二是笔的另一头有个弧形勾刀，是个开快递的神器，割绳子、割胶带都可以，设计符合美国联邦运输安全管理局（TSA）要求，允许带上飞机。

三是配有十字螺丝刀，自行车螺丝松了、修开关插座、拆电器等场景都可以用上。螺丝刀虽然不常用，但要用时找不到也是件很烦人的事。

四是配有一字螺丝刀，有十字螺丝刀当然要有一字螺丝刀，不然怎么称得上多功能呢。

五是开瓶器，同学朋友聚会少不了啤酒和饮料，找不到开瓶器可能很扫兴，该笔的这项功能就派上用场了。

六是水平仪，这个功能一般人不会用到，装修师傅就用得比较多。但我们平时在墙壁上挂一幅画、装个电视墙架、贴张海报都可以用上。当气泡停在中间时就表示处于水平状态，做记号后再钻孔，这样挂出来的画就不会歪斜。

七是直尺，这个功能不用多说，生活中经常用到，这支笔的直尺长100毫米，有厘米和英寸两种刻度，方便按需使用。

八是触控笔，使用平板写字时，用上触控笔会带来很多方便。

九是锉刀，磨指甲、锉塑料、锉木头或玻璃都可以，相当实用。

九合一多功能圆珠笔使用钢、铝、铜和铁四种材质的合金制造，笔杆的六边形设计，坚固耐摔，握笔不打滑，重48克，颜色为亚光黑，充满金属感，简直就是圆珠笔中的小钢炮。

三、研发食品及其制作设备的新成果

（一）食品研发方面的新信息

1. 探索蛋糕制作的新进展

使用机器人制作传统蛋糕。2020年7月，国外媒体报道，苏特利亚公司（Suteria）是瑞士著名的甜品作坊，其最响亮的甜品品牌就是拥有百年历史的索洛图恩蛋糕。这款蛋糕曾在2010年的瑞士烘焙大赛中，打败其余1400多种糕点而获得第一名。

拥有百年历史配方的瑞士蛋糕，与高大上的工业机器人究竟会擦出怎样的火花呢?

每逢节假日，索洛图恩蛋糕就会供不应求，苏特利亚的糕点师们不得不经常加班加点地赶制蛋糕。索洛图恩蛋糕独特的底座和表面形状，需要人工通过裱花枪一点一点地去制作完成，整个过程单调且费时费力。

一次偶然的机会，苏特利亚董事长曼弗雷德·苏特先生在德国一家面包坊看到一台发那科机器人正在为蛋糕上装饰糖浆。苏特意识到，自己的作坊也可以使用自动化设备来完成一部分的工作。他说："当传统的加工工艺能与机器人完美结合，并仍能保证蛋糕原有的味道，那为什么不试试呢?"

最终苏特利亚选用了发那科万能迷你机器人的洁净型号 LR Mate 200iD/7C，这款型号尤其适用于食品的加工。最大负载7千克、可达半径为717毫米的机器人，其白色外壳经过特殊的防锈处理，并使用了应用于食品生产专用的润滑油，来保证对加工食品的零污染。机器人单元还包括了特制的裱花枪和用于清洁的软管。与其他糕点师一样，该机器人穿上了白色的"厨师袍"准备开始工作。

首先，操作员在触摸屏上设定蛋糕的尺寸，共有6种尺寸，直径从12

厘米到 26 厘米。混合后的榛果和蛋白霜面糊被装入固定在机器人臂端的裱花枪中，一切就绪后操作员按下开始按钮。如人手臂般灵活的机器人带着裱花枪做从小到大的圆周运动，将面糊一圈一圈地压到烤盘上。根据蛋糕尺寸的不同，烤盘上可放置 8～12 个由机器人完成的面糊盘，最后放满的烤盘会被送入烤炉中，空烤盘则会继续送到机器人单元中，进行下一循环的作业。

为了保证产品的新鲜度，苏特利亚采用按订单生产的模式，机器人平时工作在 10 小时左右，到了节假日则会另外增加班次。苏特说："我们通过传统工艺赢得声誉，现在机器人也加入其中，在保证品质的同时，更多糕点品种开始通过机器人来制作。这也在一定程度上拓展了我们的业务。"

2. 探索特医食品研发的新进展

深耕特医食品领域，成为行业领先者。2021 年 7 月 30 日，有关媒体对瑞士雀巢公司深耕特医食品领域做出专题报道。数据显示，雅培、雀巢和达能是全球特医食品市场排名前三位的竞争者，2019 年三者销售之和占整个市场的 70%。其中雅培凭借其在全球婴幼儿奶粉市场的布局位列第一，雀巢在 2018 年赶超达能公司后，高居行业第二。未来，雀巢在全球特医食品领域的进一步发展值得期待。

特医食品，对很多人来说是个完全陌生的概念，其实通俗来说，它就是给病人吃的"饭"，属于食品而非药品。专业来说，特医食品的全称叫作"特殊医学用途配方食品"，既不是保健品，也不是药品，而是一种为满足进食受限、消化吸收障碍、代谢紊乱或特定疾病状态人群对营养素、膳食的特殊需要，专门加工配制而成的食品。

2016 年，中国特医食品行业开始走向规范之路，市场和消费者对特医食品的认知逐渐清晰、明确并趋于接受。特医食品的庞大市场逐步被打开。国家食品药品监督管理总局的数据显示，截至 2021 年 7 月 9 日，通过特殊医学用途食品注册审批的配方食品共有 72 款，其中雀巢共有 11 款产品获批"特医证"，成为拥有获批产品最多的企业。

雀巢的产品覆盖儿童和老人，涉及儿童生长障碍、儿童过敏症、老年营养不良、成人消化障碍、代谢健康、脑健康等疾病领域。基本覆盖全年龄段，但以婴儿特医食品为主。随着国家对特医食品的重视，我国特医食品获批种类逐渐开始重视非婴儿类产品。2019 年，雀巢佳膳佳立畅全营养配方产品成为首个获得批准的成人特医食品，也是国内首款液体整蛋白全营养配方。

雀巢深耕特医食品领域，完善市场和产品布局，主要经历了以下几个阶段。

2004 年，包必达担任雀巢总裁的第 7 年，根据其提出的“把雀巢打造成营养、健康和幸福生活领军者”的战略，以单独业务单元形式分设出雀巢营养部。通过这一单独业务单元，雀巢开启在健康科学领域的大规模布局。此后，雀巢营养部通过一系列兼并和收购活动，如 2007 年兼并瑞士诺华医疗营养产品部门、美国婴幼儿食品著名品牌嘉宝等，不断扩大自己的业务范围。

2008 年，雀巢在营养部的框架下，迅速扩大保健营养产品的业务范围和经营规模。

2009 年，雀巢营养部的年销售额接近 100 亿瑞士法郎，占雀巢全球当年总销售额（1280 亿瑞士法郎）的约 8%。其中保健营养这个细分领域的销售额占到雀巢营养部门的 17%。

2010 年，雀巢宣布计划在未来 10 年投资 5 亿瑞士法郎，支持创建独立的保健科学业务，开拓一个介于食品和制药之间的新行业，以治疗肥胖和慢性疾病。

2011 年，雀巢健康科学公司和雀巢健康科学研究院成立，其中公司业务主要聚焦在两大板块：一是包括营养品、维生素和非处方药等的消费者服务；二是包括特医食品的医学营养品，雀巢进一步铺开医药行业的布局。此后，雀巢加快在医疗健康领域的发展。从 2011 年开始进行大规模的收购和投资活动。

2017 年，施耐德（曾任德国医疗保健巨头费森尤斯总裁）出任雀巢总裁至今，更是加快了雀巢在医药行业的扩张，仅 2020 年一年就进行了多次资本重组活动。

2020 年年初对 Zenpep 的收购，扩大了雀巢医学营养品业务并补充了其治疗产品组合；2020 年 6 月 10 日，对美国胶原蛋白品牌的收购使雀巢拓展了一个全新的业务领域。高价全资收购 Aimmune，更被分析师认为是雀巢健康科学在 2017 年收购 Atrium 之后的“另一个里程碑”。而此前收购 Atrium 被外媒形容为施奈德上任后一次“最勇敢”的行动。

施奈德大力投资医学健康领域，也表明了该领域潜在的市场前景。特医食品这项结合了药物和食物的业务领域，较传统主流食品有更快的增长速度和更广阔的市场空间。

雀巢在医学营养及营养保健品领域展开的一系列发展、并购、投资动作，也佐证了大公司打造一个业务板块的方式：一是借助原有品牌丰富产品线；二是通过兼并和收购拓展业务线。有关专家表示，通过持续的发展，雀巢有望把健康科学部门发展成为具有较大业务规模和品牌力的健康科学领域的“小雀巢”。

据 2020 年财务报表显示，雀巢健康科学公司的销售额以两位数的速度增长，年销售额达 33 亿瑞士法郎，折合约 36.3 亿美元，有机增长率达到 12.2%；而雀巢集团整体有机增长率为 3.6%。

雀巢在财务报表中还提到，健康科学是集团所有业务中增速最快的业务部门之一。2020 年集团的整体增长就是由其宠物健康业务和健康科学业务带动的。从 2021 年起，雀巢健康科学公司将作为独立的运营板块在雀巢的财务报表中进行报告。

（二）食品设备及工艺研发的新信息

1. 研制食物制造机的新进展

设计出食物制造机“茧式”煲。2009 年 9 月 24 日，英国《每日邮报》报道，瑞士 27 岁工业设计专业学生理查德·赫得斯提纳，使用玻璃材料设计出一款形状如同蚕茧的“茧式”褒，外表光滑、饱满、透明。其神奇之处在于，能直接让细胞组织“生长”成一块完整的肉，同时烹饪出一道菜品。

有了这个“茧式”煲，人们可能就会像电影《星际迷航》中的主人公那样，省却烦琐的准备和烹饪时间，吃到由食物制造机做出的菜品。

“茧式”煲不烹制常见食料，只用于处理经转基因加工的鱼肉细胞组织。将这些细胞组织与氧气和营养物质一起装入袋子，放入“茧式”煲，即可借助射频识别技术识别食料种类，进而确定加工时间，菜品片刻就可出炉。

赫得斯提纳说："它烹饪百分百如假包换的肉类。不同的是，有了这台机器，我们不用再屠宰动物，不用担心食物受污染。它将带来变革。"

"茧式"煲以精妙设计和独特理念，获得 2009 年伊莱克斯设计大赛一等奖。

赫得斯提纳说，"茧式"煲加工食料的原理类似于微波炉加工爆米花。他希望自己的设计能有助于缓解食物短缺，应对眼下世界人口膨胀问题。评审人员说，鉴于"茧式"褒能"创造"食物，如果它得到推广，可望缓解过度耕种和滥捕现象。

赫得斯提纳说："我的理念，是让下一代人能有可持续的生活方式。人口增长会加剧水资源短缺和气候变化，也会并且已经影响渔业和畜牧业。"大赛评委戴维·费希尔说："'茧式'煲会引起争议。但重要的是要直面有争议的问题，随后巧妙地加以解决。这一设计具有远见卓识。食品短缺问题不会自己消失，我们迟早得面对，而"茧式"煲解决的正是这个问题。"

2. 开发食品包装工艺的新进展

以现有传感器为基础优化食品包装工艺流程。2020 年 6 月，国外媒体报道，位于瑞士北部弗伦肯多夫的米法公司（Mifa），不仅是重要的洗洁剂制造商，同时还是瑞士最大的脂肪类食品制造商。每年为市场提供将近 1 万吨的人造奶油、脂肪与食用油。

不同的脂肪类食品分别有各自的包装方式。例如低脂奶油以圆形桶包装，一般奶油则是方形桶包装，而食用油分别装在各种颜色的瓶子内。各种包装外形需搭配 16 种不同的桶装设计，于是可组合出非常多的包装方式。这样，当产品装填和印刷完毕后，必须经过可靠的检测、分类与监控环节，才能最后走完工艺流程。

米法公司认为，要解决上述工艺流程难题，必须在食品包装生产线上配置高可靠性和高灵敏度的传感器，以便检测出不合格产品或是摆错方向的盒子。同时还需要在包装机前端的输送带上配置一个精准的传感器，即便在瓶子或是桶体间存在间隙的情况下，仍能稳定可靠地检测到每一个瓶口部位。

为此，米法公司与西克传感器公司（Sick）合作成立了一个研究小组，并以项目形式开展专题研究。研究小组经过多方面调研后提出的解决办法是，以现有光电传感器与视觉传感器为基础，为食用脂肪与奶油装填生产线，提供可靠的检测、分类与包装印刷方式，让整个工艺流程得到优化。于是，他们把多功能射线检测仪的视觉传感器，与西克小型光电传感器有机地结合起来，分别配置在生产线工艺流程的各个不同环节上。

研究人员说，在人造奶油装填入桶后，桶装的奶油会以特定方向被送进标示印刷站，让它的批号、价格与有效期限能打印在正确的位置。已预先设定好标准包装完成产品样子的多功能射线检测仪视觉传感器，则可准确地辨别出所有包装不完整的产品，可靠地检测出有问题或是方向不正确的桶子。当有新包装产品导入时，相应的检测参数可以在数秒内由控制端下载到传感器上，来完成调整。在瓶口的监测部位上，西克小型光电传感器可识别到最多三段间隙，并能侦测个别包装的位置。这样可靠的包装检测，提供了外箱包装一个完善而弹性化的控制方法。

按照研究小组的方案进行改造后，米法公司多样化食品包装工艺流程得到全面优化，实现了无误的包装流程，并提高了装填生产线系统的运行效率。

四、研制纺织服饰设备的新成果

（一）设计制造纺织机械设备的新信息

1. 开发纺纱设备的新进展

（1）推出容纳 440 头纺杯的转杯纺纱机。2007 年 2 月，有关媒体报道，瑞士立达公司（Rieter）正式推出可容纳 440 头纺杯的改进型转杯纺纱机 R40。该机型装配了全新的驱动装置，使得机器的长度有所增加。尽管机器长度增加，但它仍能够在纺杯转速 160000/分钟和引纱速度 290 米/分钟时，保持最大的生产效率。

变频控制的驱动装置系统在应用上带来了许多优势，并进一步简化了 R40 的操作。机器的所有设置都能够在控制面板的触摸屏上进行集中操作而无须切换齿轮。全新的驱动技术也进一步提高了驱动能量使用的有效性，因此能耗的降低超过 7%。

（2）研制出新一代纺纱专用设备络筒机。2007 年 6 月，有关媒体报道，瑞士丝丝姆纺织机械集团（SSM）面向中国市场推出了新一代纺纱专用设备络筒机。络筒作为纺纱的最后一道工序和织造的首道工序，起着承上启下的“桥梁”作用，因而在纺织领域中占有重要的地位。

丝丝姆集团推出的有 CW2－W 和 CW2－D 两款络筒机，用于满足倒筒、并线的基本需要。其中，CW2－W 络筒机适用于织造、经编、圆编工艺的卷装制备，最大机械速度达 1300 米/分；CW2－D 络筒安装机的并线结构采用新型设计，提供纱路和络筒几何结构，通过触摸屏经中央设备终端独立调整络筒参数。两款络筒机均可在络筒工艺中实现独立的电子化控制筒子长度和筒子直径。

2. 开发织造设备的新进展

（1）推出优质高效的新型剑杆织机。2004 年 11 月，国外媒体报道，瑞士苏尔寿公司（Sulzer）推出的 G6500 型剑杆织机，以高超的技术性能、优异的设备质量和低廉的生产成本三项特点，构成当代剑杆引纬工艺技术新典范。该织机继承了苏尔寿纺织 G6200 型“王牌”剑杆织机多年成功的专门技术和经验，融合新开发的科技成果，采用最先进的 CAD 系统，在设计阶段就对各部件和功能进行精确匹配、模拟、测试和优化，使该织机从诞生之日起即开创了剑杆织机引纬技术的新领域，用产品质量和机器性能的优势为客户赢得效益，以应对快速变化市场的挑战。

该织机采用模块组合式设计概念，简明紧凑，零部件数量少，整机改型方便快捷，最大限度地降低维护保养成本。机器结构坚固，运动平稳，震动很小。充分采纳人机工程学原理，机身低，设计合理，操作方便简单，有效改善织造车间环境，适合现有生产厂房安装投产。客户可在 170～360 厘米的 10 种织机幅宽内选择。织造幅宽 190 厘米的机种，车速可达 700 转/分。该织机最高入纬率达 1620 米/分。最多可有 12 种纬纱选色。

新型马达直接驱动。无皮带盘、无传动皮带、无摩擦离合器，而采用变频器控制速度，主马达直接传动主轴，使车速可任意控制。根据不同种类纬纱的特性和织物组织要求，可设定每一根纬纱的车速。按照织物品种特点，可在织机运行时对车速做最优化的设定，以获得最佳的织物品质和最高的生产效率。

无导钩引纬。采用四轴交叉球面曲柄机构驱动剑杆引纬运动，运动合理，精密准确，所以剑杆在梭口中运动无须导钩（导轨），并可根据织物品种特点采用苏尔寿公司的专利，剑杆托片代替走梭板，可使剑杆引纬时不与上下层经纱接触，达到完美的效果。这是织制高档精细毛料、高支棉色织品、羊绒面料和各类高端纺织品的理想选择。

最小的经纬纱线张力负荷保证一流的织物质量和最高的生产速度。由于采用无导钩引纬，剑杆可尽量靠近钢筘并精确定位。由于剑杆头截面小，故前部梭口小而短，开口角度大，可有效降低经纱张力，即使毛羽多、易黏缠的经纱也不会因梭口不清而受到损伤或产生“跳花”疵点。有多种后部梭口设置供选择，可调节成对称梭口或不对称梭口，优化运行条件和高品质织物质量。

经纱张力控制系统包括积极控制式或消极式的不带导辊的后梁，带导辊的后梁和苏尔寿纺织专利扭力杆式经纱张力后梁，可根据织物品种特点来选用，获得理想的经纱张力控制。

纬纱自筒子上引出后，尽量避免曲折、包绕和摩擦，以直线状态抵达纬杆；优化引纬运动规律，降低了引纬起始加速度，有效减少纬纱张力，为生产高支色织物、精纺毛料和低捻纱产品创造有利条件。

由触摸屏来控制电脑终端。通过明了易懂的示意图和明确简单的提示可用最少的触摸次数安全高效地操控织机。电子送经、电子卷取、电子绞边、电子纬纱制动装置、电子剪刀、电子多臂机、电子纬纱选色和马达直接驱动系统等各机构的功能和参数均可在触摸屏上调整控制。该织机的控制电脑设有互联网的操作界面，整个工厂可联网监控，并可远程查询织机各项参数，发现问题可迅速调整，亦可与苏尔寿纺织总部联网，取得支持和协助。

精密的剑杆头体积和截面积很小，在高速度引纬时也能保持良好的运行，并可夹持各种纱线，以确保生产效率的提高及织制风格独特的图案。苏尔寿公司的专利高速旋转式纬纱剪刀可切割各种纱线，能自动优化剪纬时间，因此不必人工调整剪纬时间。由于织机的配套设备均高度自动化、电子一体化，不仅能保证稳定的织物质量，而且几乎不需要任何工具就可以快速更换织物品种。整套棕框和经停装置采用快速连接装置，可以迅速方便地装卸。更换品种和参数设定时间都很短，使其在生产效率和灵活性、适应性方面居于领先的地位。

（2）推出新型高速织物提花机。2005 年 11 月，国外媒体报道，由瑞士萨尔甘斯公司（Sargans）所产的 LX3201 新型高速提花机能配置 14336 针。该机适合应用于平面织物，尤其是丝绸和室内装饰品的高速生产。

该提花机可安装在喷气、剑杆或片梭织机上。针数较大的提花机可应用于宽幅织机上，为织造者提供较高的产量和图案创作上的更多可能性。

报道称，一些新型机器已交货，在各地正以用户完全满意的方式运转着。新型号可配置那么多针的秘密，在于扩展了提花机经久耐用的可靠的机械基础。电子纱线控制仍能由 JC5 提花机控制器操纵。与用两台较小机器组合起来做同样工作的方式相比，这种具有很高针数的单一提花机的投资较低。

3. 开发其他纺织设备的新进展

（1）推出织物喷盘式均匀给湿机。2007 年 1 月，有关媒体报道，瑞士威可公司（Weko）利用离心力原理，创新设计了纺织品喷盘式均匀给湿机和空间加湿器。这是一种能将各种不同液体给液于纺织品或类似印刷用卷筒纸等材料上的技术，具有微量均匀、可控制剂量、重演性好等特性。

该机器不仅精简了操作流程，而且成功解决了传统操作中的矛盾。

采用这种机器，织物的吸液量取决于织物原料及重量，一般在 0～40％范围内，尤其适用于低给液。而且每个喷射范围都由喷盘架上的隔板固定，喷射的扇形区互相连接，确保了全幅纬向的均匀给液。目前，该系统广泛应用于布料、纸巾等需要均匀给湿的行业中，为相关行业的湿加工工艺提供了新方法。

（2）开发间接式纺织热定型机。2007 年 3 月，有关媒体报道，瑞士纱力拉公司（Xorella）开发出一款间接式纺织热定型机。该设备具有多功能性，能对多种纱线和纤维、天然和人造纤维及其混纺产品，进行蒸汽调节，也可以处理需要进行蒸汽处理的绳状织物。

据悉，这款设备能提供逼真的真空和压力条件，温度范围为 50～110℃。其操作过程的控制组合有屏幕提示及节能系统，数字式温度控制精度达±0.5℃。该机的标准能力范围为100～1200千克，同时可以根据客户需要进行调节。

（3）研制无纺布领域专用的烘燥设备。2007年3月，有关媒体报道，瑞士卡维泰科公司（Cavitec）面向无纺布领域研制出两款烘燥设备，可用于热黏合和烘干等工艺环节。

其一，用于热黏合和干燥的双带式烘燥机。它配备强通风系统，在缝式喷嘴出口最大空气速度高达40米/秒，因此，能量能被快速带到纤网内部，任何种类的纤维，无论在何种成网机上铺网，都能在5～400千克/立方米密度间热黏合，速度最高达400米/分钟。这种大功效烘干设备，适合应用于多种无纺布。

其二，用于烘干和热定型的拉幅机。它配置气冲式喷嘴，由于面料受气流冲浪，可以达到柔软、蓬松的手感和优异的残余收缩。此外，它还有一个重要功能，就是对射流喷网无纺布进行烘燥，并提供全套工艺生产线。

（4）推出针织物新型烘干系统。2007年7月，有关媒体报道，瑞士桑德森公司（Santex）推出一套针织物新型处理系统，用于对圆筒状和开幅式针织物进行烘干、松弛和预缩。

这套处理系统主要由网带式预缩烘干机构成。织物由网带输送到烘干机，热风喷嘴在织物的上下方，对沿着网带通道通过的坯布喷射热风，使织物呈波浪运动。

这一内在运动可产生较好的残留收缩值。在织物的上方也装有网带，以对波浪在垂直方向上加以限制。该系统可以提升残留缩水率，赋予面料高档而又柔软的手感，使织物蓬松，成衣不变形且耐磨耐撕。

（二）设计制造服饰设备的新信息

1. 开发服装熨烫设备的新进展

推出操作简便的优质蒸汽挂烫机。2019年9月，有关媒体报道，瑞士的劳拉斯塔尔（Laurastar）挂烫机是有名气的品牌电熨斗，许多家庭都在使用。这款产品呈银灰色，设计精巧，注重细节，不仅外观耐看，而且操作简便，特别是占地空间不大，易于收藏保管，近年在市场上比较流行。

它采用3D的熨烫底板，可以让大面积的蒸汽覆盖衣物，一次熨烫双面平整。同时，它配有一个特制的特氟龙材质底板，无须调温也能兼顾不同衣物的适宜温度。它还具备接近100%的杀菌杀螨功能，能使熨烫过的婴幼儿服装更好地保护宝宝娇嫩的皮肤。

这款电熨斗操作简便，直接装满水就可以开始使用，快速预热，无须太久等待。加水几分钟，一键启动，瞬间就会形成恒定的大面积蒸汽。试一下就可以看到，轻薄的丝质面料轻轻松松就可以熨得平平整整，甚至刺绣部分也没有因为温度过高而起皱或变形。

以往常见的蒸汽熨斗储水较不方便，但劳拉斯塔尔电熨斗的储水箱设计得非常小巧，这样使用完毕后清洗也很方便，特别是熨斗蒸汽箱霉变的问题也很轻松解决了。

一般家庭熨烫都由女性来操作。很多熨烫机要么机身不能和熨烫架分离，要么重量不轻，力气小的家庭主妇移动起来非常不方便，而这款电熨斗就非常贴心地设计了女性可以轻松手提的重量，不得不说它非常注意产品设计的细节。同时，无论是熨斗的材质做工，还是按键设计都显得十分精致，就连挂烫架都采用讨人喜欢的木质衣架。另外，电源线采用自动收取方式，一拉即收，相当方便，也不用担心忘记关机会使家中小孩误碰烫伤，它闲置10分钟就会自动关机。

2. 开发鞋履分拣设备的新进展

研制出智能与准确兼备的鞋履分拣系统设备。2019年8月，国外媒体报道，总部位于瑞士的英特诺集团专门为美国新泽西州的配销管理公司研制出一套模块化鞋履输送系统设备。其中包括先进的交叉带式分拣机，它有助于降低电力成本、简化维护过程，使产品的包装和配送更加高效。

英特诺集团是世界领先的物料输送系统设备制造商。其研制的设备主要包括无动力滚筒、电动滚筒、输送机和分拣机及动态仓储系统，它们主要应用于快递、邮政服务、电商、机场、食品及饮料行业、时装、汽车行业及其他诸多制造业领域。其客户包括亚马逊、博世、可口可乐、敦豪国际速递、雀巢、宝洁、西门子和沃尔玛等众多世界知名品牌经销商。

报道称，这家配销管理公司负责为其鞋履制造业的客户提供产品的分拣、包装和运输，因此对物料输送设备提出了需要在每分钟内有效处理及运输 100 个鞋盒的要求。

配销管理公司最初希望设备制造商，根据其现有的模式设计一个配送中心。在这种情况下，员工需要推着手推车在每条过道上来回走动并挑选鞋子；当推车装满后，把推车送到中央分拣区，再由其他工人把盒子从不同的推车上取下，根据订单内容逐个进行包装。这套流程技术上没有任何问题，但是它涉及大量的人力劳动，以配销管理公司所预测的订单量，最终整个工作流程将会变得难以管理。在有关专家的建议下，该公司最终决定采用一套自动分拣系统设备。

由于配销管理公司本次需要处理的产品数量巨大，同时还有上百种颜色、尺寸、样式组合需要考虑，因此设备采购人员向英特诺研究团队进行咨询。英特诺研究人员告知，他们正在对墨西哥一家鞋履配送中心进行优化，那里运行的水平型交叉带式分拣机是一个解决这方面技术难题的理想办法。

传统的交叉带式分拣机，需要通过每个传送带上的电机来把货物移动到合适的滑槽，而英特诺则采用气动板和驱动轮装置，从而降低了电力成本，简化了维护工作，提高了可靠性。这种温和的运送方式，也使英特诺交叉带式分拣机既可以用来运输一些需要小心处理的产品，例如鸡蛋和酸奶，同时也足以承担沉重物料的运输，例如袋装谷物或动物饲料。

这套分拣系统设备兼具智能与准确的特点，可以自动对“无读数”或超载产品进行再循环。该功能在电子零售业中尤为重要，其原因是系统需求难以预测，客户的退货率也相对更高。此外，英特诺水平型交叉带式分拣机还能够合理利用占地空间。其紧凑的模块化设计易于根据不断变化的需求进行重新组合。在本案例中，英特诺输送机被设计成双层，使其能够在不增加占地空间的前提下实现系统设备吞吐量的最大化。

目前，配销管理公司使用的这套鞋履分拣系统设备，每天可实现 1.5 万～3 万双鞋的出货量，并且还留有更多的产能。在项目开始时，配销管理公司就提出了对于更高效、更快捷的设备的需求，希望能够实现鞋履当天分拣、当天配送，而英特诺设计制造的这套设备完美满足了这一要求。

五、研制其他轻工业产品的新成果

（一）家用电器方面的创新信息

1. 研制家用空气净化器的新进展

开发出美观实用的空气净化器。2020 年 1 月，有关媒体报道，瑞士爱客（IQAir）空气净化器造型美观时尚、体积小，便于携带。圆形机身采用创新空气过滤系统，能够比较全面地过滤掉有害颗粒、气体、常见过敏原和细菌等，为用户打造一米健康空气圈。其超强净化功能及效果一目了然，用户拥有它，就可安心呼吸健康空气。

这款空气净化器采用褶皱纹设计的出风口可以调节，不仅美观，还能有效防止受污染的空气进入洁净空气中。出风口角度调节可以旋转达到 300°，多方位调节最低可达地面。U 型支架采用实心设计，非常稳固。灰色支架和白色机身搭配优雅大气。电源适配器插头备有多种规格，非常适合经常出行的用户。

其造型体现简约但不简单的圆形美学理念，让它如同高雅的艺术品，可以搭配不同的家居风格。另外，不同风力采用不同蓝色区域大小的灯光设计，便于区分。操作说明书有多国语言，操作方法简单易行。下载应用程序后，无论是调节档位、声音、气流、灯光，还是查看滤网的使用寿命，都可通过简单易用的方法完成。

有用户评论说，瑞士爱客空气净化器采用卓越的工业设计，把创新科技和实用性发挥到极致；安装方便，操作简单，实时滤网使用寿命可及时反馈，拥有三档风速自由调节和触摸开关，关键是便于携带，可帮助经常出差者随时过滤室内过敏原和有害颗粒等，为用户提供更洁净的空气，成为守护呼吸健康的匠心之作。

2. 研制家用取暖器的新进展

推出美观安全且功能强大的取暖器。2020 年 3 月，有关媒体报道，瑞士索利斯取暖器自从投入市场以来，不断获得消费者的好评。它拥有米白色外表，看上去时尚大方，与传统同类产品比较，其功能更加强大。放在家里像个艺术品，占地很小，上面有温度液晶显示，可以调温定时，功能简单，适合有老人小孩的家庭使用。

遥控器小巧玲珑，用的是纽扣电池，可以在5～10米以内调整温度、时间和摇头方向。液晶显示器在中间位置，比较醒目，启动取暖器后上面清晰地标注着温度，有低温、高温，还有冷风，功能非常多。遥控器下半部从上到下依次是设温、定时、摇头、开关机模式，各种功能一一标明，简洁清晰，一目了然。

取暖器采用360°循环送暖风形式，可以让整个室内都随之提升温度，而不限于对着某一个地方，这样设计更加人性化。

打开后听到滴的一声，显示器上显示室内温度，用户可根据自己的需要调整温度。显示器上的字体是蓝色的，清晰度高。同时，用户可根据自己的需要调整时间，设定时间后到时就会自动停止，这样安全系数高，不必担心因为忘记关闭导致火灾。后面的栅栏方便清洗、换风，里面是网格布，可以过滤掉脏东西，还给用户清新的空气。底下红色开关是总开关，如果不用时可以把开关关掉，这样用电则更安全。

（二）皮革与塑料领域的创新信息

1. 开展皮革生产方面的创新活动

研发出皮革产品制造的环保工艺。2010年8月，国外媒体报道，总部设于瑞士的科莱恩化工集团是一家著名的跨国公司，分公司遍布世界60多个国家，有120家工厂，拥有3万名员工。其皮革产品制造技术和工艺处于世界领先地位。近年，该公司特别注重研发皮革产品制造过程的环保工艺，其中主要创新成果有以下三方面。

（1）进行水场环保工艺开发。皮革制作工艺包括水场和干场等生产环节，水场属于皮革制作流程的前段部分。生皮经水场后转化为皮胚，转化后皮的风格已基本定型，后续不会有太大的变化。水场中主要有8道工序：预浸水、主浸水、脱毛、浸灰、脱灰及软化、浸酸及去酸、铬鞣、染色。水场是皮革制作工艺流程中最容易造成环境污染的部分。为此，科莱恩公司投入大量资金和研究人员，按照环保要求对水场工艺进行专项研究，取得世界领先的技术创新成果。进而以水场先进工艺为基础，继续推进技术创新，全面提升皮革制作工艺的环保水平，以便能够提供符合生态环保和新颖美观要求的皮革产品，同时帮助皮革制造商最大化地增加其附加值和加工简便性。

（2）进行无铬鞣系列工艺开发。莱恩公司进行鞣制时采用“循序渐进”的创新理念，利用一种专利新技术使得加工过程比以往更加精致、清洁、快速。加工过程并不需要浸酸工序，因此无须使用盐。从而使得鞋面革、包袋革、绒面革、汽车坐垫革、服装革等通用类型的皮革鞣制过程更环保、更安全。

（3）进行复鞣和加脂新工艺开发。莱恩公司使用创新技术开发出智能型聚合物复鞣剂，设计出独特的复鞣和加脂新工艺，并以此新工艺开发出天然纳帕革和华美沙发革系列。报道称，该公司开发的复鞣剂是具有复鞣性和柔软性的聚合物，它作为传统复鞣剂和加脂剂的替代物，能够赋予皮革上乘的柔软性和紧实性。该产品不含苯酚和甲醛，符合严格的生态环保标准规定。如果再结合使用科莱恩公司独特的加脂体系，尤其是新研制的可使皮革高度柔软的合成加脂剂，就可以按照生态环保要求，生产出所有纳帕革和沙发革的不同产品。

2. 开展塑料生产方面的创新活动

研制出首个堆模注塑成型机。2015 年 12 月，国外媒体报道，瑞士注塑成型制造商耐驰特公司（Netstal）、模具生产商普拉斯蒂苏德公司（Plastisud）和自动化机器制造商帕吉斯公司（Pagès）联合组成的一个研究小组，开发出具有创新技术的首个堆模注塑成型机。

报道称，这台注塑成型机的技术亮点主要体现在：它是世界首个堆模注塑成型设备，能够成型容量为 425 克的标准人造黄油包装桶，同时还能进行模内镶件注塑装饰，整个过程只需要 5 秒钟，能大幅度降低生产成本，可节省高达 20％的材料费用。

研究人员在介绍该注塑成型机的技术原理时说，整个加工过程是在一个带 4—4 模腔的堆模中完成。整个加工过程是隐藏起来的，聚丙烯包装并不是注塑成型，而是通过注塑压缩成型加工而成。模腔在 100 毫秒内进行部分填充，整个过程在低压力环境中完成，以预防材料进行扩张。高质量的模板平行度，保证了模具、机器和自动化系统之间 99.98％的同步运作。

（三）卫生洁具方面的创新信息

——研发出洁净舒适和易用的一体式智能挂厕

2022 年 4 月 18 日，美通社报道，全球卫浴科技和建筑给排水行业翘楚瑞士吉博力公司（Geberit），面向中国市场正式发布其全新的吉博力一体式智能挂厕系列。凭借精湛的设计、创新的技术及不断拓宽边界的开放态度，该系列融极简主义设计美学、智能化的便捷科技与舒适健康的清洁体验于一身，在“洁净”“舒适”和“易用”等多个维度都进行全面升级，一经问世，它就获得行业专家及消费者的广泛关注与认可，并一举斩获 2022 年度德国红点设计大奖、德国 iF 设计奖和胡润百富至尚优品殊荣。

这个一体式智能挂厕系列与“瑞士设计”理念的特有风格一脉相承：舒适实用、简约干净、创意独到，同时又延续了吉博力集团智能挂厕家族现代、优雅、永恒的设计语言。它将给使用者带去意想不到的清洁体验与舒爽感受。

其主体结构由隐蔽式水箱、德国进口艾珂陶瓷体、座圈和装饰盖组成，环环相扣，集视觉美感与实用性于一体。它所采用的欧米茄水箱搭载吉博力最新一代进水阀，箱体显得轻薄小巧，与之匹配的欧米茄 20 系列冲水面板秉承了吉博力更轻、更简洁的理念，玲珑秀气、纤巧时尚。独有的隐蔽式水箱结构，还可以把普通挂厕无缝升级成智能坐厕，在创造美感的同时也实现了功能上的升级。

吉博力公司表示，健康理想的卫浴空间是品质生活的重要基地，也是其一个多世纪以来不断创新、自我超越的内在动力。秉持做好“洁净”才能享受生活的信念，这款智能一体式挂厕运用精巧的设计，让进水阀、水管电线完全隐藏于“墙内”。这不仅大大提升了安全系数，也从 360°全面消除卫生死角，让卫浴空间变得更加干净整洁。内置的高精度净水过滤芯可有效拦截泥沙、铁锈、悬浮物、胶体等颗粒杂质，在净化水质的同时实现健康清洗。清洗前后喷嘴自洁功能和可拆卸式抗菌喷头的设计，使得日常清洁更加彻底。此外，银离子抗菌技术覆盖了座圈、喷嘴和座盖，从而全方位保护家人健康；再加上快拆盖板配合斜面和大倒角的设计，更是让污垢无处容身。

吉博力公司表示，在不断刷新“洁净”定义的过程中，他们对于“舒适”的追求也永不停歇。这款智能一体式挂厕特有的创新水氧喷洗技术，完美配比了水流与空气的比例，其弧形喷杆设计也扩大了清洗面积，让清洗体验强劲舒适。除了强力臀洗、轻柔妇洗和往复洗等清洗模式之外，它还增加了冷热按摩清洗模式，利用冷热双锤交替清洗的方式来刺激臀部周围肌肤，以舒缓神经，有利于每日通畅。此外，经过升级的强力烘干功能，可以让肌肤快速干爽洁净。就坐感而言，遵循人体工学设计的座圈充分考虑使用者的久坐需求；5 档座温风温调节、即时加热系统和缓降盖板的设计贴心又细致，让用户尽享舒心生活。

吉博力公司还表示，以人为本，面向全年龄段的人文关怀向来是其矢志不渝的目标，而科技创新与技术进步可以更好地增进人类的福祉。为了向使用者提供全方位的便捷，以及更好地利用卫浴空间，吉博力历经几十年努力研发出智能挂厕系列，把智能一体技术融入陶瓷，满足更高要求的设计与功能。经过吉博力以往多个系列的演化，最新问世的智能一体式挂厕更是通过植入近场通信传感器、无线遥控、氛围灯和多合一按钮等智能配置，实现产品升级，让科技赋能更多的便捷体验，尤其是一键清洗烘干全自动的按钮设置，让老人、孩子都可轻松使用，全家人共享科技带来的美好生活。

第二节　研发重工业产品的新进展

一、工业机器人与机床的新成果

（一）工业机器人的发展及创新信息

1. 工业机器人的发展现状与趋势

（1）发展现状：工业机器人深受众多客户青睐。2019 年 2 月，有关媒体报道，工业机器人既是先进制造业的关键支撑装备，也是改善人类生活方式的重要推进力量，目前以瑞士 ABB 集团、日本发那科公司、德国库卡机器人集团为代表的三大机器人巨头，占据着全球工业机器人的主要市场份额。在这三大巨头中，ABB集团的年收入最高，它遥遥领先与其他对手，一年营业收入达到343.1亿美元。

资料显示，ABB集团总部坐落于瑞士苏黎世，是一家业务遍及全球的电气工程跨国集团，由两家具有上百年历史的企业合并而成，目前拥有超过13万名员工。其研发、生产机器人已有近50年的历史，是国际顶尖的机器人制造商，在全球多个地区设有相关研发、制造基地。

20世纪60年代末，他们推出全球首台喷涂机器人，之后在70年代中期发明世界上第一台工业电动机器人，经过多年的技术积累，ABB集团拥有当今种类最多、最全面的机器人产品，业务涵盖电力产品、离散自动化、运动控制、过程自动化、低压产品五大领域，其中以电力和自动化技术最为出名。

业内行家表示，机器人本身的整体协调性非常关键。以六轴机器人为例，单轴速度并不是最快的，但六轴一起联合运作以后的精准度非常之高，其核心领域在于运动控制系统，这是相当高的一个技术难题。不过，ABB集团开发的机器人可以轻易实现循径精度、运动速度、可程序设计等各项性能方面的技术要求，从而在生产效率、安全方面得到大幅提升，所以得到众多客户的青睐。

伴随着中国国内工业化的进程加速，2018年国内工业机器人的销量达到14万台，连续五年成为全球第一大应用市场，成为众多巨头的必争之地，而ABB集团在其中当之无愧地算得上最成功者。20世纪70年代末，ABB集团在华设立第一个办事处，随后又在厦门建立第一家合资企业，并参与了多项重要工程建设。

ABB集团为国内的汽车整车厂和零部件供应商，提供了冲压自动化、动力总成、涂装自动化等多套系统解决方案，并为铸造、金属加工工业等提供周密的服务。值得注意的是，ABB最早是从变频器开始起家的，国内大部分发电站、变频站都采用其提供的设备。目前他们在中国拥有研发、制造、销售和工程服务等全方位的业务活动，拥有40家本地企业，近2万名员工，线上和线下渠道覆盖全国300多座城市。

有业内人士这样评议：可以说，ABB集团是目前国内唯一真正实现工业机器人在研发、生产、销售、工程和服务全价值链上本土化的跨国企业。

（2）发展趋势：创建用机器人制造机器人的“未来工厂”。2019 年 9 月 16 日，新华社报道，瑞士工业巨头 ABB 集团的机器人上海新工厂和研发基地日前破土动工，一个用机器人制造机器人的“未来工厂”将在中国诞生。ABB 集团董事长兼首席执行官彼得·博塞尔等集团高管和上海市政府官员共同参加了奠基活动。

博塞尔说：“建设新工厂是 ABB 集团在中国发展的重要里程碑。”他认为，相比 ABB 集团在全球的另外两家机器人工厂，即瑞典韦斯特罗斯工厂和美国密歇根州奥本山工厂，上海新工厂更大、更先进。

ABB 集团与中国的关系可以追溯到 1907 年，当时 ABB 集团向中国提供了第一台蒸汽锅炉。随着中国制造的日益进步，ABB 集团与中国的关系越来越紧密。2005 年，ABB 集团决定将其机器人业务重心转移至上海，当年 3 月 ABB 集团在上海制造的第一台机器人下线。2006 年年初，ABB 集团全球机器人业务总部正式迁驻上海，ABB 集团成为最早在华开展工业机器人研发和生产的跨国企业之一。

ABB 集团看好中国的原因是中国正从“制造”转化成“智造”，从制造大国走向制造强国。中国柔性化、定制化、精益化的生产是大势所趋，这为 ABB 集团的机器人和自动化解决方案提供了广阔的市场空间。ABB 集团认为，中国蓬勃发展的人工智能技术与 ABB 集团先进的机器人技术结合，ABB 集团的机器人制造将如虎添翼。

ABB 集团机器人及运动控制事业部总裁安世铭说：“未来几年，ABB 集团机器人产品线的广度和深度都将提升。这需要我们生产更多类型的机器人并拥有更大产能的工厂，以适应不断变化的市场和技术。”他认为，上海新工厂将成为一个完整的数字化制造生态系统。

据悉，截至目前，ABB 集团在中国累计投资超过 170 亿元人民币。值得一提的是，ABB 集团在中国的业务不仅为中国提供产品，还是全球供应链的重要组成部分，在中国生产的产品中 15%出口到其他国家和地区。ABB（中国）有限公司总裁张志强说：“近年来，中国不断加快产业升级，推动互联网、大数据、人工智能与先进制造业的深度融合。ABB 集团将抓住这一机会，在智能制造等领域与中国进行深度合作与发展。”

ABB集团在中国的“未来工厂”项目是外商看好并深耕中国市场的一个缩影。上海浦东新区副区长以ABB集团新工厂所在地为例介绍道，浦东开发开放29年来，吸引了全球166个国家和地区的3.4万个外资项目，投资总额逾2200亿美元。

2. 工业机器人的研发与应用新信息

（1）研发新信息：研制出单次作业完成多色车喷涂的机器人。2020年9月，国外媒体报道，瑞士ABB集团是国际机器人“四大家族”之一，近日，其针对汽车企业个性化喷涂要求，研发出一款全新的喷涂机器人。它可以把双色或者多色车身的喷漆工作变得更为简单便捷，同时会节省材料耗费，降低双色车身喷涂的成本。

随着喷涂工艺的不断发展和完善，对喷涂机技术的改革也时刻在进行，而自动化工业生产的要求逐渐提高，安全生产、环保生产等原则的不断贯彻，使得喷涂机器人的出现就成为必然，而这种高科技的喷涂设备也能很好地迎合各种工件的生产要求。

喷涂机器人又叫喷漆机器人，是能自动喷漆或喷涂其他涂料的工业机器人。它主要由机器人本体、计算机和相应的控制系统组成，多采用5或6自由度关节式结构，手臂有较大的运动空间，并可做复杂的轨迹运动，其腕部一般有2～3个自由度，可灵活运动。

较先进的喷漆机器人腕部采用柔性手腕，既可向各个方向弯曲，又可转动，其动作类似人的手腕，能方便地通过较小的孔伸入工件内部，喷涂其内表面。喷漆机器人一般采用液压驱动，具有动作速度快、防爆性能好等特点，可通过手把手示教或点位示数来实现示教。喷漆机器人广泛用于汽车、仪表、电器、搪瓷等生产部门的喷涂工艺领域。

在汽车制造业中，传统的双色或多色车漆喷涂工艺需要经过预先全车喷涂、遮蔽膜覆盖、再喷第二道漆的工作。对企业来说，双色或多色车身喷涂，需要承担额外的喷涂成本，整个工序也需花费更多时间。对消费者而言，企业多出的成本必然会大部分转嫁到消费者身上，对双方都不是一个最好的选择。

ABB集团新推出的喷涂机器人，将由高分辨率喷墨头、用量控制包和机器人编程软件等组成，能够在单次作业的情况下完成车身的多色喷涂任务，可以进一步压缩多色车身的喷涂时间和成本。

据悉，这款新喷涂设备可使用两个 ABB IRB 5500 机器人，通过非过喷技术，使用喷头把油漆直接喷到目标区域，避免了超范围喷涂现象，对于复杂颜色的喷涂效率更高。可以预见的是，随着制造自动化更多新技术的推进，在汽车生产行业中，将会衍生出更多的创新生产技术。

（2）应用新信息：在木材建筑中引入数字化技术和机器人。2020 年 6 月，国外媒体报道，在瑞士国家研究能力中心数字化制造项目的支持下，苏黎世联邦理工学院建筑与数字制造专业教授马蒂亚斯·科勒领导的研究团队，首次在实际项目中使用一种新的数字化木材建筑模块制造方法，由机器人预制承重木材模块组装到功能齐全的数字化住宅（DFAB HOUSE）施工现场的顶部两层。

研究人员表示，数字化已经进入木材建筑领域，原材料通过机器切割成一定尺寸，各个部件已经由计算机辅助系统制造。但在大多数情况下，仍然必须手动组装这些部件，以形成平面框架。过去，这种制造工艺受许多几何木材模块的限制。

该研究团队开发出一种新的数字化木材施工方法，通过实现传统木结构建筑，扩大了传统木结构的可能性。这种高效建造和组装结构复杂的木材模块，将首次用于瑞士杜本多夫的施工现场。这也是瑞士第一个使用建筑机器人的大型建筑项目，该机器人由苏黎世联邦理工学院新机器人制造实验室开发。

机器人首先加工木梁并在锯切尺寸时引导它。在自动换刀后，第二个机器人钻出所需的孔，以连接梁。在最后一步中，两个机器人一起工作，并根据计算机布局把光束定位在精确的空间布置中。为了防止在定位单个木梁时发生碰撞，研究人员开发了一种算法，该算法根据当前的施工状态，不断重新计算机器人的运动路径。然后工人手动把梁固定在一起。

与传统的木框架结构不同，空间木材组件可以在没有加强板的情况下进行管理，因为几何结构需要刚度和承载力。这不仅节省了材料；它还开辟了新的创意。总共六个空间，几何上独特的木材模块将首次以这种方式预制；然后用卡车将它们运送到杜本多夫的施工现场，在那里他们将加入建造一个两层楼的住宅单元，占地面积超过 100 平方米。在透明薄膜外墙后面，木材结构的复杂几何形状仍然可见。

机器人按照计算机辅助设计模型信息进行切割和布置木梁。该方法是在项目期间专门开发的，并使用各种输入参数来创建一个由 487 个木梁组成的几何图形。

研究人员说，空间木材组件用于数字制造及设计和规划的事实，提供了一个主要优势："如果整个项目有任何变化，计算机模型可以不断调整，以满足新的要求。这种集成的数字架构，正在缩小设计、规划和执行之间的差距。"

当今，建筑业产值逐年递增，同时又面临着事故多发、劳动力缺乏、施工标准一致性差及劳动力成本不断增加的压力。与此同时，机器人技术有了长足的发展，以机器人技术为核心的各种装备越来越多，在各个行业引领着技术发展的新方向。把机器人技术引进到建筑业，形成具有专业建筑功能的建筑机器人，是解决建筑业诸多问题的有效途径之一。

这种机器人新应用的出现，必将掀起一场新的工业革命，人们的生活也将变得更为轻松，我们将迈入一个全新的时代。未来建筑机器人肯定会更加成熟，建筑机器人发展前景也将会更加宽阔。

（二）机床加工技术与机床产品的创新信息

1. 机床加工技术研究的新进展

推进切削加工技术及其应用的研究。2005 年 9 月，国外媒体报道，随着现代高新技术产业，特别是 IT 产业的发展，以计算机产业为代表的新兴制造业，其零件日益向尺寸小、重量轻、精度高的方向发展，特殊材料的使用也与日俱增。这种以"小、精、难"为特点的加工需求，是对制造业的新的挑战，被称为"瑞士式加工"，近年来发展势头十分迅猛。应该看到，这种发展趋势既是对机床工具工业的挑战，同时也是一种新的机遇。

现今，广大零件加工厂对于不断传来的有关制造业的不利消息已经习以为常了，诸如销售下降、员工下岗、外来竞争加剧等。但是，在精密制造业领域情况却与此截然相反：加工厂的运行呈现强劲势头。有人声称这种现象是金属切削加工业一个不可逆转的发展趋势。这些趋势包括品种繁多的小型零件和精密工具等。所谓瑞士切削加工技术，就是针对这种需求开发出来的。它主要有以下三个特点。

——刀具和机床必须符合加工微小型零件的需要。

这种类型的工具和制造技术，最重要的是突出一个“小”字。仅用公差严格来描述这类加工是不够充分的。瑞士瑞科公司总裁文斯·罗比斯认为0.125毫米的公差完全不行。为了说明他的观点，他以一个直径为1.575毫米的微型螺钉为例做介绍，该螺钉是用铍青铜棒料车成，车削该螺钉时，刀具应紧靠导套，其距离不超过0.508～0.635毫米，否则会将材料顶弯。

罗比斯认为，瑞士式车削法是加工小型零件的唯一方法，其他型式的机床都无法胜任。这种加工有下述两个特点：①有固定导套；②有轴向活动式前顶尖座。与普通车床不同的是，瑞士式加工车床沿Z轴的移动由工件完成，刀具则沿X轴作径向运动。除了刀具和工件的结构形状外，保持精度的一个重要方面是刀具/工件的触点要尽量靠近机床导套，一般为0.635～1.016毫米。具体大小取决于工件直径，直径小时，其距离要短一些。

罗比斯认为，加工中，固定导套加上紧贴其后的刀具，即刀具绝不能远离导套，这两个条件合起来，就可取得高精度。机床头架则带着棒料来回移动，使工件通过刀具进行切削。

考克斯制造公司总裁比尔·考克斯指出，一方面导套对瑞士式加工至关重要，但另一方面它也带来了不少问题。这是由于工件长径比变化所致。这种现象在使用成形棒料（如正方形和六方形截面）时尤为突出。成形棒料在导套中运转时，产生的车削不均匀性要比无导套的固定头架式机床严重。

瑞士式加工用的机床，可分为凸轮式和数控式两种。凸轮式机床又可细分为两种：一种是普通型的“工件转动式”；另一种则是“工件固定式”，刀具绕工件旋转的螺旋进给式车床。在瑞士雷姆科公司，工件旋转式的凸轮机床远远多于昂贵的数控机床，数量约为4∶1。同时，像众多瑞士式加工工厂一样，雷姆科公司倾向于采用专用刀具和专用凸轮。该公司总裁罗比斯声称：“我们不采用现成的通用刀具，接到一个新零件的订单，我们就设计专用刀具，这些刀具只为这个零件服务。完成任务后，把刀具保存起来。下次又有同类零件需要加工时，就不必重新设计刀具，用户也不必再付刀具费用。”

考克斯制造公司认为，凸轮式制造工艺迄今仍很适用并具有生命力的原因是，20 年前用旧工艺制造一组凸轮，既不精确，费用也高。而今天的凸轮用专用软件设计，在数控机床上加工，既精确又经济，可以说是数控技术提高了凸轮式机床的功能。

瑞士湾制造公司的工长戴夫·布兰沃尔德指出，瑞士式加工刀具的特点除了小型外，还需要有较大的后角，以减小切削压力，使刀具不至于承受过多的摩擦力。否则，棒料有可能卡在导套里。这种刀具的第二个特点是需要正前角。直到最近几年，人们不采用可转位刀片了，其原因是满足不了上述要求，这就迫使加工厂不得不用硬质合金刀坯自行磨制合适的刀片。现在，由于可转位刀片结构性能的改善，使用量已日渐增加。

布兰沃尔德提到的情况，在瑞士式加工中不是个别现象。许多加工厂认为最简便的办法是用钎焊式硬质合金刀具自行磨出合适的角度。瑞士多家制造公司都强调，他们在加工中需要专用刀具，认为刀具是专为特定用途磨制的。

对工具供应商来说，瑞士式刀具增长最强劲的部分是在数控加工领域。瑞士式加工中的数控机床与凸轮式机床的不同之处在于：刀具主要采用涂层可转位刀片。考克斯制造公司声称，在瑞士式数控加工中，多数采用可转位刀片。

在瑞士式加工中，还必须注意刀具和工件之间、工件与机床之间的相互影响。例如，在加工中使用夹头内置导套虽有助于车削长型零件，但在加工小直径零件时，由于切削区域的导热能力受到限制，热膨胀的影响就成为问题。所以要限制切削速度，以免产生过多热量以致工件焊在导套里。

——精细制作刀片并敷上适量涂层。

曼彻斯特工具公司的瑞士式刀具生产部经理戴夫·斯特罗贝尔指出，由于涂层的使用，使可转位刀片不仅方便高效，而且在改善工件表面光洁度、减少积屑瘤和改善切屑控制方面都卓有成效。他还指出，该公司生产的一种 CSV 刀片，经精磨、抛光，达到镜面光洁度，从而保证被切的工件表面更加光洁。这一点，对于直径小于 5 毫米的小尺寸的医疗、牙科器件加工至关重要。这种刀片，对凸轮式和数控式机床都很适用。

斯戴尔勒姆工具公司的威尔斯也指出，小直径和外形复杂是瑞士式车削加工零件的典型特征。这种零件加工时，要求工具厂提供的刀片经过精细磨锐，使用时可不必对刀口作额外修整。他还指出，对瑞士式加工的场合而言，单涂层效果最好，过厚的涂层（5～6 微米）反而不适用。

NTK 工具公司的助理总经理诺尔·巴斯曲莫尔指出，涂层能延长刀具寿命，所以 NTK 公司销售的瑞士式加工刀片 90%都经过涂层。尽管公司一再强调，用户自行重磨可能产生裂纹、破损和光洁度恶化等弊病，但仍有一些用户习惯于自行重磨，为照顾这部分需求，本公司的出厂刀片有 10%没有涂层。

世纪工具公司的库茨除了同意涂层对延长瑞士式刀具寿命十分重要外，还特别强调切屑控制的必要性，特别是切断刀。他认为，世纪工具公司的切断刀片末端都开了条槽，用于粉碎切屑。假如没有这条槽，切屑就会卷成 Q 形，然后再折断推出。这个过程使切屑挡住了冷却油使之无法抵达刃口。而带断屑槽的刀片使切屑刚剥离就立即被粉碎，从而使切削油持续浇向刃口。

——刀片绝大部分都用细颗粒硬质合金作基体。

克约塞罗工业陶瓷公司的应用工程师布伦特·林赛说，在瑞士式加工中，有少量刀片采用金属陶瓷和陶瓷。而刀具材料的选择主要取决于加工工序的情况和工件材料。

伊斯卡金属公司的技术培训部主任迈克·加津斯基指出，瑞士式加工的刀片基体基本上都是硬质合金。金属陶瓷刀片在高速条件下应用时，因为切屑流动轻快，可获得较好的工件表面光洁度。但是瑞士式加工机床的主轴转速通常不够高，所以更适于使用硬质合金刀片。

曼彻斯特工具公司的瑞士式刀具生产部经理戴夫·斯特罗贝尔认为，涂层和基体的优化匹配程度决定速度和进给量的使用水平。

斯戴尔勒姆工具公司的技术经理大卫·威尔斯强调，细颗粒硬质合金基体对瑞士式车削十分重要。但他又认为，刀具性能 60%取决于涂层质量及其结合强度，仅有 40%才分别受刀片基体和几何参数的影响。

报道称，所有工具制造商都同意这样的看法，即随着瑞士式刀具消费量的日益增加，必将有更多的高效可转位刀具推出，用以取代普通的钎焊刀具。

2. 机床产品研发的新进展

设计制造出新一代车磨复合机床。2022 年 7 月，有关媒体报道，制造工艺正由传统的单一加工向复合加工工艺转变，复合加工技术的快速发展大大提高了零部件生产效率，市场对高精度复合机床的需求量越来越大。瑞士复合机床发展较早，技术较为成熟，能稳定地保持特定的加工精度。例如，瑞士美盖勒公司（Magerle）MGR 型立式车磨复合加工机床，机床上方配有多个磨头和一个车刀架，可以对零件进行磨削和精车加工。MGC 系列机床的工作台可以旋转，装备有多个主轴，一次装夹可以进行车、磨、铣、钻等各种加工。瑞士斯图特公司（Studer）的 S33 型万能数控磨床，可以在一次装夹下实现内外圆、端面加工。以下参考瑞士复合机床技术，分析如何以传统磨床为基础研发出新一代车磨复合机床。

车磨复合机床主要特点。一是效率高。采用立式装夹工件磨削，可实现一次装夹多工序复合加工，如可以通过一次装夹就完成零件的内圆、外圆、端面、锥面等的复合磨削加工，集合车床功能，车磨复合、内外复合效率提高 2 倍以上。二是自动化程度高。可以根据用户的不同要求，安装 ATC 砂轮库、APC 交换工作台、AMS 自动测量系统及机械手等功能部件，易实现自动化生产。以前需要 3 台机床、3 个人完成的工作，现在只要 1 台机床、1 个人即可。三是柔性化。适合多品种、小批量、变品种、变批量的生产方式，磨削加工盘类、短轴类、套管类等长径比比较小的零件，特别适用于汽车配件、齿轮加工、轴承，以及其他行业多品种、小批量的零件加工。

车磨复合机床整体布局。这款机床采用整体立柱或龙门式结构，双磨头或单磨头，拖板移动，立轴圆台布局型式，整机刚性好。立柱结构采用整体铸造结构，和横梁合为一体，具有足够的刚度，可实现很高的纵向几何和数控精度。全封闭结构，防护罩手动移动。工作台位于床身的前部，工作台采用静压导轨结构，由交流伺服电机驱动，可以达到较高的运动精度。其具有运动精度高、工作平稳、承载能力强、刚性好、抗震性强等优点。回转工作台采用端面闭式静压导轨加上径向滚动轴承结构，具有很高的回转精度和动态刚性。

高速陶瓷静压电主轴系统。在静压主轴系统方面，这款机床采用静压主轴，具有高精度和高刚性，能够增大砂轮转速，从而提高磨削效率。启动系统工作时，首先开启溢流阀使其处于溢流状态，此时启动电机，待电机稳定后油泵开始工作。油液经过单向阀进入主供油管路，蓄能器开始储存能量，同时油液经过精滤油器和节流器后进入静压轴承油腔，静压轴承开始工作，将支承工件浮起，液压油流经静压轴承两端后回到油箱，形成回路。在陶瓷静压电主轴方面，这款机床采用电主轴，实现电机和主轴的一体化，具有结构紧凑、机械效率高、振动小、高速下转矩大等优点。同时，采用转轴动平衡测试及主轴颈喷涂陶瓷层等一系列方法，以提高主轴的精度和使用寿命。

高刚性、高稳定性圆柱式静压导轨进给系统。这款机床采用多油腔、低压力的圆柱式静压导轨系统，利用一定压力的液压油使摩擦体的两摩擦面分离，并在其间形成刚性油膜，在外载负荷变化时，自动调节各支承腔压力和接触刚性，保持其摩擦体的油膜分离状态，确保机床摩擦体不会产生磨损，长期保持机床的高精度和高刚性。支撑圆柱采用特殊材料表面硬化工艺处理，无磨损，经久耐用，防水、防锈，耐酸碱。圆柱式静压导轨的行走精度是普通数控外圆磨床 V 型导轨行走精度的 5 倍以上，刚性是 V 型导轨的 10 倍以上，可达到 0.5 微米的行走分辨率。

超高速 CBN 砂轮技术。CBN 砂轮具有良好的耐磨性、高动平衡精度、抗裂性、良好的阻尼特性、高刚度和良好的导热性，而且其机械强度能承受超高速磨削时的切削力等。超高速磨削 CBN 砂轮及其修整技术，包括超高速 CBN 砂轮的磨料种类及其特点，超高速 CBN 砂轮的结构形式，超高速 CBN 砂轮的优化设计与制造技术。

高速磨削加工轮廓误差控制。这款机床采用交叉耦合轮廓控制方法。数控机床加工出的轮廓是由各个坐标轴的合成运动形成的，各轴的合成运动误差最终反映为轮廓误差。采用交叉耦合轮廓控制方法，在控制软件上增加一个耦合控制环节，先将各轴误差在耦合器中进行综合，然后把综合后的误差信息分配给各轴，以产生相应的附加补偿作用，实现对磨削加工轮廓的误差控制。

超声波防碰撞功能。机床使用过程中，操作者不熟练等人为因素会导致砂轮碰撞，机床长期使用后本身的问题会造成工件与砂轮碰撞，砂轮与头尾架也可能会发生碰撞。为了减少碰撞带来的损失，这款机床需加装主动测量仪。当工件运行到砂轮附近时，声纳传感器采集到噪声信号，传送给测量仪并与设定的参数进行比较，若信号幅度大于测量仪内设定的参数，则测量仪输出信号控制进给轴暂停或退回。

电主轴油水热交换循环冷却系统。这款机床采用连续、大流量的冷却油对电机定子进行循环冷却，从主轴壳体上的入油口注入的冷却油，经过开有螺旋冷却槽的定子冷却套，带走电机定子产生的绝大部分热量，再从定子冷却套的出油口流出，然后通过逆流式冷却交换器进行热交换，降低温度后流回冷却油箱。根据电主轴内置电机的要求，确定入口温度和冷却油箱的温升。在电主轴高速旋转时，这种强制冷却方式能源源不断地带走支承轴承产生的热量，使主轴系统处于热平衡状态，可有效减少主轴的热变形，保证机床精度的稳定性。

花岗岩工作台。这款机床采用花岗岩做机床工作台，具有刚性高、抗震性好、耐化学腐蚀和耐热的特点，机床的稳定性优于铸铁工作台，且外观更漂亮。花岗岩工作台具有不易磁化的特点，运动时能够平滑移动，毫无滞涩感，不受潮湿等环境因素的影响，平面稳定性好。

复合技术。针对内孔磨削时砂轮损耗重、修整频次高、加工精度低等问题，这款机床采用静压电主轴提高砂轮线速度，以硬车削加工工艺减少磨削余量，CBN 砂轮减少砂轮损耗等措施，用来提高加工精度及加工效率。机床整体采用内孔主轴、外圆主轴和车刀并排的立式车磨复合加工新型机床结构，设计先车削后磨削的一体式加工工艺优化方案。

二、重工业产品研发的其他新成果

（一）研制激光切割机的新信息

1. 研制激光切割机配套设备的新进展

开发出与激光切割机配套的氮气生成器。2020 年 12 月，国外媒体报道，瑞士百超公司（Bystronic）与合作伙伴压缩空气公司联合组成的一个研究小组，研制出与激光切割机配套的氮气生成器，能帮助大客户提供纯度近 100％的氮气自制设备，同时保障切割板材所需的高质量。

迄今为止，板材加工商需要从供应商那里购买激光切割所需的氮气。为了实现自行生产氮气，该研究小组推出一款氮气自制设备，从成本角度看富有吸引力，而且也十分环保。利用这一设备，客户能够变得更加独立，可以生产符合需求量的氮气。

百超激光的客户，对于这一全新的自制氮气设备反应强烈，纷纷表示感到满意，特别是他们在使用激光切割的过程中，变得更加独立，再也不会受到氮气供应的制约了。有关客户说，他们不必再苦苦等待运输液氮的卡车，之后还得把这些液氮转换为气体。

该研究小组表示，这种氮气自制设备也为百超激光公司招徕了新客户，因为现在公司为客户开辟了新的道路，可以针对所有切割厚度自制氮气。因此，已经有来自美国、瑞士、德国、奥地利、捷克、荷兰、以色列等国的许多客户购买了这种氮气生成器。

公司负责人说，自制氮气不仅是一种合理的生产方案，同时也符合时代精神。理想的情况是，我们的客户在生产车间房顶上铺设太阳能电池板，由此可以实现二氧化碳零排放的氮气生产。这一高能效解决方案会带来诸多好处，如无须再运输气体，也就不会由此而产生二氧化碳排放。人们只需根据实际需求量来精确生产氮气，迄今为止的各种附加成本，如液罐租金、费用、远程监控等均可取消。同时，不再需要为安装气罐而等待审批流程，以及建造地基和防护围栏等附加项目。

在问及这款氮气生成器的未来计划时，公司负责人说，今后想要为大部分激光切割设备装备一台氮气生成器，这是一条很好的发展道路，因为瑞士 80％的激光切割机订单都包括一台氮气生成器。只要客户没有受限于为期多年的氮气购买合约，那就是时候体验独立、经济又环保的氮气自制方案了。

2. 研制先进激光切割机的新进展

推出全新的光纤激光切割机。2022 年 5 月，国外媒体报道，瑞士百超公司推出全新的高功率大幅面光纤激光切割机，这是一款能够为客户提供高稳定性、高切割品质的二维激光切割设备。

这款新激光切割机高效的生产能力，可以为客户提供具有竞争力的单件成本。该机器切割幅面长度达 6 米，宽度达 2.5 米，不仅可以实现很高的材料利用率，而且应用范围也更加广泛，能够轻松高效地把各种材料切割成各种工件尺寸。这得益于高达 2 万瓦的激光器功率，以及百超公司专为中厚板材切割优化设计的全新切割头，它能帮助客户实现高速度、高品质、高精度地切割厚达 40 毫米的碳钢和不锈钢。

这款新激光切割机，配置百超公司自主研发的控制系统及百超公司设计的专用切割头。这种切割头专为中厚板材切割优化设计，有着优良的冷却系统和出色的热管理能力，同时采用了承受能力更好、透光率更高、光属性更强的光学镜片，与高抗干扰性的总线控制方案及智能化的感应和监控切割过程的控制系统，来保障中厚板材切割的稳定性和质量。

这款新激光切割机经过长期的研发、测试和实践考验，能够为客户提供可靠、稳定的切割品质，大大降低机器故障的可能，减少非生产时间的浪费，保障客户可持续不停机生产。

该切割机的触摸屏具有操作的便捷性。22 英寸触摸屏的设计非常简便、友好且稳定、快捷，操作人员可像使用智能手机一样，非常轻松方便地操作百超软件系统，即使是经验不太丰富的操作者，也只需要通过简单培训即可快速掌握方法，轻松掌控整个切割流程。

这款新激光切割机注重高安全标准设计，始终把客户的长期利益和操作人员的人身安全放在首位，即便在客户看不见的地方也达到高安全标准要求。例如机床切割区域实现全封闭设计，激光防护达到 Class1 级别；配备安全防护视窗，避免操作人员受到激光辐射的伤害；交换料台上下料区域通过安全光栅形成封闭的安全区域，保障人身安全；采用高品质的一线品牌电气器件，保证产品的安全可靠；CNC 电箱使用安全继电器，防护门使用安全门锁和安全开关；严格的高安全标准设计可全方位地为车间生产的操作人员和机床设备保驾护航。

（二）研制测控仪器的新信息

1. 研制工矿业检测仪器的新进展

研制出现场设置型工业气相色谱仪。2007 年 12 月，有关媒体报道，瑞士 ABB 公司研制出无须保护罩的现场设置型工业气相色谱仪

“PGC1000”。

这个新仪器，采用在机身内配备 2 个分析系统及检测器的结构，可测定碳化氢流体中所含的 C_2～C_2^+、惰性气体及硫化氢（H_2S）。

作为检测器，该气相色谱仪备有热传导检测器（TCD）及氢离子化检测器（FID）。测定范围方面，最小量程下为 0～10ppm，最大量程下为 0～100％。除适用于产业用气之外，还适用于天然气、甲烷及其他含有生物气体的燃料用气等的碳化氢色谱处理。

2. 研制量子计算测控仪器的新进展

推出量子计算测控一体机。2022 年 1 月，国外媒体报道，瑞士苏黎世仪器公司推出全新的量子计算测控一体机，能够为 6 个超导量子比特提供完整的室温测控系统。它可以高保真操控单量子比特门或双量子比特门，也可以进行单发频分复用量子比特读取，并可实现快速反馈或量子纠错协议。

与该公司量子计算测控系统的其他仪器一样，量子计算测控一体机的所有通道都能在微波频段工作，频谱纯度高且稳定性强。用户无须进行烦琐的混频器校准，可以用量子计算测控系统软件来控制仪器。这些软件提供直观的测控工具，可帮助完成复杂的任务，如系统自动调谐或执行复杂算法，从而提升系统运行时间占比和测量速度。

这款量子计算测控一体机可以提供完整的量子比特测控方案，可在单台仪器中对多个超导量子比特进行控制、读取和执行快速反馈。所有设置都可用软件进行，因此可轻松重新配置。如果量子比特数超过单台测控范围，可用多台这类测控机对测控系统进行扩展，它们不仅可以进行全局纠错，而且可以做出局部反馈。

这款新颖测控机的工作频率覆盖直流到 8.5 吉赫，而且具有优异的线性放大链路。因此，它的 6 个控制通道性能很高，可直接驱动任何单量子比特门或双量子比特门，脉冲长度可以很短，频率可根据量子比特来调控。它的读取通道包括信号生成和检测，采用顶尖的信号处理链路，可以实时高保真鉴别若干量子态。测量结果可快速分发至所有控制通道，实现快速反馈和本地纠错量子协议。内置的多种信号处理和显示功能，如实时示波器、快速谐振腔扫频，以及所有通道都有的高级定序器，让它的功能更加强大。这些功能组合在一起，可以缩短系统准备时间，显著提升测量速度。

随着超导量子处理器的日趋成熟，量子比特测控技术有望逐渐标准化。这可能引领量子比特测控技术，从分散设计向更加工程化的商业解决方案转变。目前，面向量子计算的专用解决方案已经具有很高的性能，而且功能全面，配置快速，操作直观。但是，只有少数量子比特的小型系统往往得不到足够关注，甚至被忽略了。

瑞士苏黎世仪器量子技术应用科学家托比亚斯·蒂尔博士认为："量子计算测控一体机将我们的新一代量子计算测控系统，延伸到小型的量子计算系统。现在，拥有少数量子比特的研究人员，也能够从专为量子计算测控研发的高性能电子设计中获益，比如我们无须混频校准的上下变频技术。然而，我们依然可以扩展到更大的量子计算系统，因为多个量子计算测控一体机，可以与量子计算测控系统的其他仪器结合使用，以支持更多的量子比特。"

在单台仪器中处理量子比特信息，降低了延迟并提高了灵活性，这些优势可能成为局部反馈算法成功的关键，比如快速主动重置和快速辅助量子比特重置。作为量子计算测控系统的一部分，量子计算测控一体机可以很方便地集成到新系统或已有系统中，与其他设备结合，比如任意波形发生器、信号发生器和可编程量子系统控制器，最多18台。从少数几个量子比特到100个以上的量子比特系统，我们的系统都可以支持。各种有关软件，可帮助用户把量子计算测控系统仪器进行任意组合，集中控制，并保持优异的同步性能。因此，实验系统调谐、自动校准和执行复杂算法等任务会变得简单且直观。

（三）研制起重机械的新信息

——允许用户在虚拟空间中查看起重机

2020年7月，国外媒体报道，瑞士最大设备制造商之一的利勃海尔集团（Liebherr），发布了起重机规划软件的更新版本，其允许佩戴虚拟现实技术头戴式显示设备的用户，在虚拟空间中查看起重机。

在起重机规划软件更新版本中，改进了用户的工作流程，用户可在虚拟现实技术模式得到更多的便利。使用这个版本软件，用户可以获取有关起重机的详细信息和管理软件计算机辅助设计数据，来构建 3D 环境及模型，并在虚拟现实技术空间内自行查看模型。这为用户提供了沉浸式体验，用户可在虚拟空间查看起重机的运作情况，协助测量工作和评估风险。

这个新软件更强大的功能之一，是让每台起重机的每个动作生成的数据都可以应用到现场。这意味着其所有动作都可以在应用程序中执行，然后再应用到现实世界。用户现在也可以选择在虚拟现实技术中工作、查看模型或切换到 1∶1 缩放模式。在虚拟现实技术模式中，用户将能够与设备进行交流互动，为每个动作生成数据。

通过在虚拟环境中获得成功，可让用户看到现在有更多的体验和工作方法。新软件有许多好处，包括可以发现从不同角度进行工作的选择自由，同时在检测健康和安全方面也提供了更多的帮助。另外，如果需要起重机在狭窄的空间工作，并能够近距离地操作它，也可确保不会发生碰撞或伤害。这个新软件还有精确的负载力矩限制器数据，以确保它们对所限移动的重量，做出相应的反应。

第三节　研发增材制造产品的新进展

一、增材制造医学产品的新成果

（一）医学领域探索增材制造的新信息

1. 研发医学增材制造材料的新进展

制成可用于 3D 生物打印的细菌“活墨水”。2017 年 12 月 7 日，瑞士苏黎世联邦理工学院复合材料实验室一个研究团队在《科学》杂志网络版发表研究报告称，他们在 3D 生物打印领域获得一项新突破：研发出一种含有细菌的“活墨水”，可依据所添加细菌的不同种类，形成各种不同的三维结构，未来有望用于皮肤和器官移植。

皮肤和器官移植可以拯救很多患者，但这项技术存在来源不足、排异反应等弊端。3D 生物打印被认为是一种解决之道，因此成为当前医学领域热门的研究方向，不过其面临的最主要问题之一，是生物打印材料研究进展缓慢。通常 3D 打印所用的“墨水”都是塑料或金属粉末等无生命物质，适合制造一些高强度材料，但生物相容性材料，譬如皮肤移植物，对柔软度和韧性要求极高，传统“墨水”完全不符合要求。

此次，瑞士研究团队研发出一种内含不同种类细菌的3D打印“活墨水”，依据各种类型细菌的特性，适用于皮肤移植、化学物质降解等多个领域。该“墨水”的主要成分是一种具有生物相容性的水凝胶，由透明质酸、长链糖分子及热解硅石组成，细菌可在其中存活。凝胶中加入活体，包括恶臭假单胞菌和木醋杆菌，前者可用于降解化工生产中常见的废弃物，而后者合成的纤维素可用于皮肤移植及器官移植。

这项新成果现被命名为“功能性活墨水”，十分环保、安全，对人体及环境完全无害。它就相当于一个载体，在其中增加一种细菌，随之也会给该“墨水”扩展一项功能。研究人员表示，未来采用这种“活墨水”的3D打印，将会在无数可能的领域发挥其巨大潜力。

2. 研发医学增材制造技术的新进展

发明生产人造组织的光学3D打印技术。2019年8月，瑞士洛桑联邦理工学院应用光子器件实验室克利斯朵夫·莫瑟负责、保罗·德尔罗等参加的项目组，与荷兰乌得勒支大学同行组成的研究团队，在《先进材料》期刊上发表论文称，他们发明了一种光学3D打印技术，只需几秒钟即可在含有干细胞的生物相容性水凝胶中雕刻复杂的组织形状。然后通过添加内皮细胞使得到的组织血管化。

这篇文章中描述了这种高分辨率3D打印方法。该技术将改变细胞工程专家的工作方式，使他们能够创造出一种新的个性化、功能性的生物打印器官。

研究人员把这项技术称作“体积生物打印”。为了制造组织，他们把激光投射到充满干细胞水凝胶的旋转试管中。通过把光的能量聚焦在特定位置来塑造组织，然后固化。几秒钟后，一个复杂的三维形状出现，悬浮在凝胶中。这种干细胞在水凝胶中很大程度上不受该过程的影响，研究人员随后引入内皮细胞使组织血管化。

研究人员已经证明，可以创建一个几厘米的组织构造，这是一个临床上有用的尺寸。他们打印的人造组织，包括类似于心脏瓣膜的瓣膜、半月板和股骨的复杂形状的部分，他们还能够建立互锁结构。

德尔罗说："人类组织的特性，在很大程度上取决于高度复杂的细胞外结构，复制这种复杂性的能力，可能会导致许多真正的临床应用。利用这项技术，实验室可用前所未有的速度大规模生产人造组织或器官。当在体外测试新药时，这种可复制性是必不可少的，它可以帮助消除动物测试的需要，具有明确的伦理优势和低成本优势。"

莫瑟说："这只是开始，我们相信，这种方法在本质上是可以扩展到大规模制造的，可以用于生产广泛的细胞组织模型，更不用说医疗设备和个性化的植入物了。"

3. 研发医学增材制造设备的新进展

推出下一代 3D 生物打印机和软件。2020 年 11 月，国外媒体报道，成立于 2007 年、总部位于瑞士的生物医学企业雷根胡公司（Regenhu），其最大心愿是不断推进医学技术改革，为了适应市场需要，推出了下一代 3D 生物打印机和软件。新系统被称为 R－GEN 系列，在人机工程学、质量、友好性与性能等方面出类拔萃。

该系列每个生物打印机都经过专门配置，可以满足用户定制的研究目标。它们把喷射、分配及允许创建微纤维和纳米纤维的电纺和书写技术，与各种辅助工艺选项相结合，以构建简单或复杂的充满细胞的结构。目前，雷根胡公司提供了两个版本：一个是称为 R－GEN 100 的台式 3D 生物打印机；另一个是较大的 3D 生物打印站 R－GEN 200。

通过新的生物打印管理软件，这些平台的设计涵盖了整个生物制造过程，包括对生物打印参数的监控和全面、实时的调整，以更简单、更高效的方式确保打印质量和可重复性水平。新系列将为全球研究人员提供复杂的设计架构，应用范围从皮肤、骨骼和软骨等工程组织到药物发现，以及帮助生产个性化的药物化合物。

雷根胡公司首席执行官西蒙·麦肯齐说："R－GEN 平台和配套软件的设计，一直领先于合作伙伴的需求，以发展生物打印领域的研究和临床应用。我们对现在和未来的用户的承诺是，生物打印仪器将增强他们的能力，实现他们的研究目标。"

在全新的 R－GEN 3D 生物打印机和配套软件中，雷根胡公司把意大利设计与瑞士精密工程相结合。台式 R－GEN 100 的重量为 160 千克，占地不到1平方米，最多可容纳5个打印工具，具有独立的温度控制能力；真空样品安装系统、4个不同的打印工作区，并可选择温度控制、针和基材校准系统，以及用于过程中材料交联的光固化，用户甚至可以实时调整参数。R-GEN 200具有类似的功能，但它的重量为600千克，占据了更大的工作空间，并配备了一台计算机、一个Ⅱ型生物安全外壳、内置防震系统、一个紫外线杀菌灯和一个可配置的工作台。

在过去的10年中，生物打印技术已经从创建组织发展到更复杂的结构，最终目标是再造人体组织和器官，用于移植和修复。虽然生物打印器官还远在未来，但随着研究人员对这项技术越来越感兴趣，技术也在不断完善。在医疗领域内开辟了一系列的应用，为复杂的病症，如急性外伤或慢性退行性疾病提供新的创新治疗方法。

对于处于生物学术前沿的研究人员来说，面临的挑战包括需要更可靠、更高效、更具成本效益的打印工艺、技术和工具，以成功输送具有高细胞活力的细胞，并设计复杂的多材料构建体。而对于以研究为导向的雷根胡公司来说，开发生物打印平台以协助科技研发事业，则是其业务活动的核心部分。

（二）研发增材制造医学产品的新信息

1. 增材制造心脏与呼吸道支架的新进展

（1）研制出世界首个3D打印柔性心脏。2017年7月，瑞士苏黎世联邦理工大学研究员尼古拉斯·科尔斯等组成的研究小组，在美国《人造器官》期刊上发表研究报告称，他们借助3D打印技术，制造出全球首个形状、大小及功能都与真人心脏高度相似的柔性心脏。虽然这种人造心脏仍处于概念性测试阶段，还不能用于移植，但为相关研究提供了新思路。

研究人员说，这种人造心脏使用柔软硅胶材料，由3D打印和石蜡铸造技术制作而成，它重390克，容积679立方厘米。新型人造心脏是一个内部结构复杂的硅胶整体，包括一个右心室和一个左心室，有一个额外腔室将两个心室隔开。这个腔室起着类似肌肉的功能，能像泵一样驱动血液进出心脏。

目前，常用的人造心脏血泵等装置虽可泵送血液，但其机械部件易给使用者带来不良影响。科尔斯说："因此，我们的目标，是开发一种大小与患者心脏大致相同的人造心脏，尽可能地模仿人体心脏的形态和工作方式。”不过，现在这种人造心脏还处于测试阶段。

（2）研制药物涂层3D打印呼吸道支架。2017年12月20日，国外媒体报道，由克里斯托弗·勒鲁和安德烈·斯图尔特教授领导，成员来自瑞士苏黎世大学、苏黎世大学附属医院和苏黎世联邦理工学院的一个研究团队，用3D打印机制作患者特异性药物涂层的呼吸道支架。这意味着，患者将接受较少的注射或其他治疗，以获得他们需要恢复的药物。

众所周知，引起呼吸道狭窄的原因有很多，比如受伤、疾病、畸形、感染、肿瘤等。无论什么原因，气道闭合会产生很严重的后果，比如气短，甚至窒息。处理呼吸道狭窄的方法之一就是使用支架。然而，由于患者的解剖结构不同，有时批量生产的支架在特殊情况下无法正常工作。瑞士研究团队已经认识到患者对特异性支架的需求，他们将尝试为患者开发用于呼吸道医疗用途的专用支架。

报道称，研究人员正在使用3D打印技术来制作气管造口管和支气管支架。他们首先开发适于支架制作的3D打印基材，抓紧研制“药用墨水”，这是实现制造3D打印支架目标的重要环节。同时，对成品设备进行广泛测试。

研究人员说，他们不仅将创建一种坚固耐用的3D打印材料，而且还要提供超过其他材料的医疗优势。普通支架通常由镍钛合金或有机硅等材料制成，可引起疤痕组织、感染和严重黏液等副作用。据称，新的3D打印材料将避免这些副作用，或使其最小化。

研究人员表示，这些新支架是由量身定做的3D打印设备制成的，它们具有更多的功能，在呼吸道治疗上是安全的，能够确保病人呼吸通畅，并能够在体内提供有针对性的可控药物或抗菌药物。研究人员认为，通过用细胞抑制药物涂层的3D打印支架，可以预防或抑制恶性肿瘤的生长。

2. 增材制造骨骼与肌肉的新进展

（1）首次用3D打印机成功复制拇指骨骼。2009年3月9日，瑞士伯恩塞尔医院的一个研究小组在《新科学家》网站撰文称，他们第一次使用3D打印机，成功复制出一个男人的拇指骨骼。这一突破，为外科医生按照病人损坏或患病的骨头，用自身的细胞复制一份相同的健康骨头铺平了道路。

研究人员认为，从理论上看，可以复制任何骨头。如果有人失去拇指，可以在原位长出复制的骨头。现在值得选择的只是，用病人自己的脚趾代替他的拇指，还是用其他地方的骨头碎片。复制骨头需要四个步骤。

第一，需要一张所需复制骨头的三维图，如果骨头丢失了或损坏了，可以用一对相同骨头中的另一个设法照出一张镜像图。图像被放到一个 3D 喷墨打印机里面，打印机里面添加有薄薄的多层选料，一层叠一层，直到三维物体成形。

第二，研究人员在打印机里，放上了人体中含有的磷酸三钙和聚乳酸两种自然材料。骨骼细胞被打印出来后，将被种植在一个支架上，骨骼“支架”上有成千上万的小气孔，从而有利于骨细胞的生长，并最终取代和完全降解生物支架。

第三，研究人员通过手术从病人骨髓中提取 CD117 细胞。CD117 细胞在实验中将发展成骨细胞的原始细胞。研究人员利用骨支架材料上的一种凝胶体，滋养和培育原始细胞。

第四，经过 15 周的时间，支架在老鼠背上的皮肤下缝合，直到支架完全转变成人骨。

研究人员指出，这种复制骨头法的好处是能保证骨头长得跟原来的一样，且在深植的过程中获得血管。研究人员说，实验证明，血管可从老鼠身上获得足够的营养，所以同样的方法也可用在人身上。

（2）利用 3D 生物打印制造出肌肉及肌腱。2020 年 7 月，美国实验室自动化与筛选协会网站报道，瑞士苏黎世应用科学大学一个研究小组开发出 3D 生物打印平台，可进一步制造出肌肉与肌腱组织。评论指出，这项研究成果将有助于研发治疗与年龄相关的退化性肌肉和肌腱疾病的药物。

报道称，医学界发现与研制治疗骨骼肌药物面临的瓶颈，在于缺乏有效的功能性化合物筛选试管分析技术。这次瑞士研究人员的创新做法，是结合 3D 生物打印的肌肉骨骼组织制造，以及可满足特殊组织附着需要的新型微孔板，为发现与研制治疗肌肉骨骼药物的新工具展示了一个创新方向。

研究人员把光聚合明胶甲基丙烯为主的生物墨与细胞悬液替代层打印

成哑铃形状，并安排进去一个全新的设计，形成具有24个孔洞与2根垂直柱平板的细胞培养小室，制成肌肉与肌腱组织模型。细胞经过打印在培养小室出现高生长性后，从遗传标识来看也具备良好的组织差异性。此外，肌肉组织模型的功能性也透过电子脉冲刺激，所引发的细胞钙信号与肌纤维收缩性也获得证实。

二、增材制造其他产品的新成果

（一）研发增材制造工业产品的新信息

1. 以增材制造技术生产无人机的新进展

用3D打印技术造出可折叠的新型无人机。2020年8月，国外媒体报道，近年来无人机被广泛应用于各个领域，已成为人们生活中的一个组成部分。据悉，瑞士洛桑联邦理工学院普泽米斯劳·科尔纳托夫斯基领导的研究小组，造出含有折纸灵感的新型无人机，它摆脱了以往的厚重或者尺寸过大的问题，主要应用于货品的运送。

随着科技的发展，无人机正逐渐成为日常用品，以前的先进技术现在正被用于包裹运送等。该研究小组最近在这方面的研究又取得了一些新进展，他们受到折纸灵感的启发，利用3D打印技术开发出一种新型无人机，可以携带重达500克的包裹。

研究人员围绕需要交货的物品，设计出无人机的整体框架。它有一个可折叠的碳纤维笼子，可以包裹物品，与包装一样，也可以保护无人机和货物，防止碰撞或跌落。只需要一个动作就可以折叠或展开笼子，使其体积减小90%以上，便于运输。

无人机的部件是使用3D打印技术生产的，以减轻重量。无人机采用4种不同的旋转螺旋桨，具有特殊的安全系统，当无人机的碳纤维架保持打开时，可以阻止螺旋桨旋转。这意味着交货将会更有效率，因为接收者可以伸出手来抓住无人机，以获得货物。

此外，用户可以通过使用智能手机或其他移动设备的应用程序，进行远程控制和跟踪无人机，但它也可以被设置为自主飞行，研究人员为此编写了专有软件。该无人机在洛桑联邦理工学院的校园进行了测试，作为在它最终进入商业分销之前的概念证明。

这个独特的新型无人机已考虑了几个潜在客户，因为它可以承载的距离远达 2 千米，额外重量意味着无人机技术的应用很快就会大幅度增长。除了提供邮件这样的日常工作外，研究人员还预见，无人机将被用于向遭受自然灾害或其他紧急情况困扰的人们提供急救用品。

研究人员说："这个项目是一个正在进行的工作，除了加强探测和避开物体的能力外，我们正在探索增加无人机有效载荷能力和增强自主性的可能性。无人机的未来版本，将会增加一个降落伞，以提高其安全性。还应改进软件和控制系统设计，以便更好地避免碰撞。"

2. 以增材制造技术生产电池的新进展

运用 3D 打印技术制造磷酸铁锂电池。2021 年 8 月，国外媒体报道，总部位于瑞士的黑石资源公司（核心业务是电池金属和炼油厂开发）下属黑石科技公司发布了一种基于磷酸铁锂技术的新型锂离子电池，它采用内部专利 3D 打印技术制造，已经过中试和试销等前期阶段，接着将进行大规模生产并投放市场。

该公司还宣布，它的目标是使这款电池的量产能量密度超过 220 千瓦时/千克。公司研究人员表示，这项打印技术可以生产各种形状的电池并广泛应用，如用于电动汽车、电动巴士和电动摩托车等。

报道称，3D 打印锂电池使用磷酸铁锂技术，不需要钴或镍，而且价格相对便宜。虽然磷酸铁锂技术与其他电池的化学成分相比，能量密度通常较低，但黑石科技公司所采用的专有厚层技术消除了这些缺点。由于使用了 3D 打印制造工艺，与目前的锂离子电池技术相比，磷酸铁锂电池技术可提供 20%～25%的能量密度。

据了解，该公司在生产基地的先进电池工厂注入大量资金。为了筹集资金，黑石科技公司最近签署了一项高达 2000 万瑞士法郎的可转换贷款协议。

3. 以增材制造技术生产树脂产品的新进展

用 3D 打印技术把不透明树脂制成物体。2022 年 5 月，瑞士洛桑联邦理工学院工程学院应用光子器件实验室的一个工程师团队，在《先进科学》杂志上发表论文称，他们开发出一种 3D 打印方法，可在数秒钟内用光将不透明的树脂制成物体。这一突破性成果，或许可以在生物医学行业有良好应用前景，例如可用于制造人工动脉。

早在 2017 年，该工程师团队就设计出一种能够几乎瞬间制造物体的 3D 打印机。5 年后，他们改进了自己设计开发的打印设备和方法，可生产出由不透明树脂制成的物品，而这在以前是无法实现的。

这台 3D 打印机是世界上速度最快的打印机之一。大多数 3D 打印机是通过一层一层地沉积材料来工作的，而瑞士团队使用的是容积法，即将树脂倒入容器中并旋转。工程师从不同的角度用光照射容器，使树脂中积累的能量超过给定水平时就会固化。这是一种非常精确的方法，能够以与现有 3D 打印技术相同的分辨率制造物品。

这一容积法可用于几乎任何形状的物体。工程师们只花了 20 秒就制作出《星球大战》中尤达的微小雕像，而传统制造工艺大约需要 10 分钟。

光线能够通过与塑料中包含的光敏化合物相互作用来固化树脂。工程师表示，新方法只有在光线以直线穿过树脂而没有偏离的情况下才有效，而不透明树脂中光无法顺利传播。为此，他们设计出一种解决方案，即使用摄像机观察光线通过树脂的轨迹，然后通过调整计算来补偿光线失真。他们还对打印机进行了编程，以便运行计算并校正光线，这确保了机器能适时达到固化树脂所需的能量。于是，工程师们能够以几乎与透明树脂相同的精度打印不透明树脂中的物体，这是一个重大突破。

下一步，工程师们希望能够同时利用新方法打印几种材料，并将打印机的分辨率从十分之一毫米提高到微米。

（二）研发增材制造建筑业产品的新信息

——用 3D 打印技术制作可节省混凝土的地板

2019 年 2 月，国外媒体报道，以瑞士苏黎世联邦理工学院建筑技术研究所为基础组建的一个研究团队，尝试把 3D 打印技术应用到混凝土地板上，以便减少建筑物中使用的混凝土数量，并确保建筑业能够减少温室气体的排放。

众所周知，建筑业是温室气体的最大制造者之一，因为全球 1/3 的温室气体排放来自建筑业。在这些温室气体中，有很大一部分产生于地板系统所用的混凝土。因此，世界各地都在努力减少建筑物中混凝土的使用。

在不牺牲强度的情况下使用更少混凝土材料的关键是采用几何形状。拱形是一个很好的例子，压在拱顶部的重量会被分布在整个形状中，因为它在消除拉应力的同时将力分解成压缩应力。

由于3D打印具有层次性，其材料的抗拉强度低于建筑行业中的大多数材料，但抗压强度较高。研究团队通过在地板系统中设计肋条和拱形，可以把推力转换为压缩力，这叫作“缆索系统”。研究人员使用一种沙子3D打印机，建立体积为1.8米×1.0米×0.7米的3D打印系统，以5件连接在一起的方式进行操作，相邻元素之间没有使用机械连接。原型的压缩主导结构形状允许使用简单的界面设计，这里仅使用公件与母件互锁特征来保证对齐。

为了生成缆索形式，他们使用推力网络分析及其软件来实现。他们在制造之前模拟了数百种不同的配置，用实验形式制作了第一个3D打印砂地板，并经过严格测试，以确保材料符合规范和使用安全。它运行良好，与达到载荷标准要求仅差3%。所以，在第二个3D打印砂地板实验中，对其稍微修改就完全符合载荷标准。第三个实验是一种不同的设计，它有更高的负载限制，并经历了更大的挠度，研究团队通过计算认为，这个问题可以通过额外的预加载来解决。

他们的实验表明，地板系统可以使用各种几何形状生产，这些几何形状比传统混凝土板中使用的材料少70%。他们继续加强研究，并使用传统的3D打印机创建模具，使他们能够把缆索系统结构直接结合到混凝土地板里，再放置在高性能、低能耗的项目公寓中。这种建筑方法具有高科技和可持续发展的特点，它正在被用来在瑞士的杜本多夫建造房舍。

如果没有3D打印，减少材料使用的几何形状通常是不可能制作出来的。这并不是说建筑师不知道这些形状可以用在混凝土地板上使其更坚固，而是这些形状是难以置信的昂贵或不可能通过传统方式创造。研究人员表示，3D打印地板系统不仅可以节省材料，还可以释放可用于布线和导管的空间。他们正在与相关机构合作，确定房屋加热系统和冷却系统是否可以集成到地板中，从初步估计来看，这似乎完全是可能的。

第二章　电子信息领域的创新信息

从 20 世纪 90 年代开始，瑞士先后把电子信息产业中的大功率电子技术、计算机辅助医疗技术、信息及通信技术和新型电子材料等领域列入国家研究重点计划，集中投入资金给予重点扶持，为这一产业的发展和创新打下扎实基础。21 世纪以来，瑞士在微电子理论研究领域的新成果，主要集中于发现量子连接触点，创造量子纠缠原子数量新纪录，把机械振荡器引入量子技术；观察到电子可分裂为自旋子和轨道子，首次证实成对电子间自旋的相关性，探索希格斯玻色子和 B 介子的衰变现象，研究 μ 介子的质量。在电子器件及设备领域的新成果，主要集中于开发出高性能氮化镓晶体管、隧道场效应晶体管，研制成防辐射电子产品芯片、实时模拟大脑信息处理的微芯片、集成液体冷却系统的微芯片，研制出存储设备和电源设备。计算机与通信网络领域的新成果，主要集中于研制精确模拟“人脑”的超级计算机；开发人工智能技术，研制机器人；推进通信网络建设，开发网络安全技术，以及区块链架构的网络应用技术。

第一节　微电子理论研究的新进展

一、量子特性及理论研究的新成果

（一）探索量子连接功能的新信息

——发现冷却原子可造出强相互作用的量子连接触点

2015 年 12 月 21 日，每日科学网报道，瑞士日内瓦大学科学学院伽玛奇教授，与苏黎世联邦理工学院埃斯林格和布兰图特带领的研究小组一起，用量子冷却压缩的方法，把两种物质通过奇特的量子力学性质连接起来。这一成果为深入理解量子物理学，制造出未来量子电路设备开辟了新途径。

研究小组先用激光束捕获原子，隔离所有外界干扰。激光束把原子制冷到极低温度，产生了洁净的、具有量子力学性质的冷原子超导体。随后研究人员把两个冷原子云超导体通过一个量子触点，以约瑟夫森结（超导隧道结）的形式连接起来，使其在强相互作用下结合在一起，并在超导体之间实现了超冷原子的高效传输。

负责研究理论部分的伽玛奇解释道，一般情况下，粒子间的相互作用很弱，而在冷原子超导体内，粒子间相互作用非常强。通过冷却带来的强相互作用效应就像水结成了冰：基本系统还和原来一样，但冷却后效果却截然不同。他说："通过这种新的量子连接方式，我们能揭示这些超导量子系统中的新效应。这是一项基础性突破，让超冷原子利用量子物理原理产生新的特性。"

研究人员指出，要想在量子材料之间生成洁净的结点非常困难。现在他们已能生成强相互作用的量子触点，将量子材料连接在一起，最终能造出用于日常生活的新材料。这一成果是理解超冷原子传输的关键一步，有助于进一步研究超导及其他量子互连材料，用在计算机、电子设备、晶体管中形成电子线路，为更高效的信息处理开辟新途径。

（二）探索量子纠缠现象的新信息

1. 实现量子纠缠原子数量再创纪录

2017 年 11 月，瑞士日内瓦大学科学家弗洛里安·夫洛韦思等组成的应用科学研究团队，在《自然·通讯》杂志上发表研究成果称，量子理论预测，大量原子能发生量子纠缠。此前，科学家曾展示了 2900 个原子的量子纠缠现象。而他们在最新研究中展示了 1600 万个原子，在一个 1 平方厘米晶体内的量子纠缠。

量子纠缠是量子力学理论预测的一种物理现象，指粒子在由两个或两个以上的粒子组成的系统中相互影响，这种影响不受距离的限制，即使两个粒子分隔在直径达 10 万光年的银河系两端，一个粒子的变化仍会瞬间影响另外一个粒子。

量子纠缠是方兴未艾的量子革命的先决条件，对量子计算机的运算能力和操作模式影响巨大。此外，根据量子纠缠原理，科学家提出了量子通信的设想。

按照不确定性原理，这种传输信息的方式从根本上杜绝了被破译的可能，即使信息被截取，其不确定性也会使破译者根本无从下手，这对数据保护，尤其是数据加密来说至关重要。

让两个粒子发生纠缠并非难事。例如，分开一个光子会生成两个相互纠缠的光子，这两个光子拥有相同的属性和行为。夫洛韦思说："但我们无法直接观测几百万个原子之间的纠缠过程，因为需要收集和分析的数据量太大。"

为了解决这一问题，此次该研究团队选择了一种不那么直接的方法：他们让一个光子通过一个量子中继器——被冷却到零下 270℃的富含稀土原子的晶体。当单个光子渗入这个小晶块时，其内的原子会发生纠缠；而当晶体再次释放单个光子但没有阅读它接收的信息时，纠缠再次发生。他们研究了晶体重新释放出来的光的属性，同时分析了其统计特性等，成功展示了 1600 万个原子之间的纠缠现象。

2. 实现与设备无关的真多体量子纠缠检验

2022 年 11 月，瑞士学者与中国科学技术大学郭光灿院士工作室联合组成的研究团队，在《物理评论快报》上发表研究成果称，他们构造了一种新的真多体量子纠缠态检验方法，可以在不对测量设备做任何假设的前提下，检验多体系统的真纠缠性质。这是国际上首次可以检验任意多体系统真纠缠性质的实验工作。

如果把多体系统任意分成两部分，这两部分之间都存在纠缠，则多体系统的这种性质就是真多体纠缠。真多体纠缠是量子纠缠的最强存在形式，是实现量子信息过程的重要资源。检验多体系统的真纠缠性质，通常需要预先知道系统的维度，并保证测量设备可精确实现各种测量。然而真实物理系统有可能存在难以获知的自由度，并且实际测量设备的误差也会造成误判。要解决这些困难，原则上可以采用设备无关的测量，在不对系统做任何假设的前提下，只分析测量结果对贝尔不等式的违背，就可以对系统的纠缠性质做出检验。然而受限于构造多体贝尔不等式的困难，对任意真多体纠缠系统进行设备无关的检验，仍然是一个亟待解决的难题。

研究团队通过解析多体系统的内部结构，分别划定最小的连通集合和完全的连通集合，进而把两体贝尔不等式应用于多体纠缠系统的检验。这种方法仅使用常规的 CHSH 型两体贝尔不等式即可实现对任意规模和任意形式的真多体纠缠的检验，并可度量多体纠缠中真多体纠缠的权重。

研究团队利用四光子进行实验研究，实验结果表明，完全的连通集合对于噪声有很好的抵抗能力，而最小的连通集合在对噪声具有鲁棒性的同时，还可以达到更高的效率，即测量装置的数目不会随系统规模指数增长。实验对多种重要形式的多体纠缠态进行了检验，两种连通集合的测量结果都可以证明真多体纠缠的存在，并估计其中真多体纠缠的权重。

更重要的是，研究团队在实验上对一种极弱的纠缠态进行了检验，这种纠缠态被证明无法违背标准的多体贝尔不等式，所以在此之前难以通过设备无关的方法判定其真纠缠特性。而在研究组采用新的结构解析方法的实验中，这种弱纠缠态超越了局域判据，被证实存在真多体纠缠。

（三）探索量子技术与理论的新信息

1. 量子技术研究的新进展

（1）通过微波量子库把机械振荡器引入量子技术。2017 年 5 月，瑞士洛桑联邦理工学院研究员阿列克谢·费奥法诺夫等组成的一个研究小组，在《自然·物理学》杂志上发表论文称，他们通过实验发现一种微波谐振器与金属微鼓振动发生耦合作用，通过主动冷却近乎量子力学所允许的最低能量的机械运动，微鼓可以变成一个能够塑造微波状态的量子库。

微波是电磁波，与可见光相似，但频率小于四个数量级。微波是微波炉、蜂窝电话及卫星通信等几种日常技术的支柱，它在超导电路的量子信息操纵中发挥的作用日益重要，这是实现未来量子计算机最有希望的候选者之一。

研究小组制造的直径仅为 30 微米、厚度为 0.1 微米的微鼓，构成了超导微波谐振器中电容器的顶板。鼓的位置调制谐振器的谐振频率，与此相对，电容器两端的电压在微鼓上施加力的作用。通过这种双向的相互作用，能量可以在机械振动和超导电路中的微波振荡之间发生交换。在实验中，微鼓首先通过适当调谐的微波音调，被近乎最低能量的量子能级冷却。单位微波光子（光的量子）带走了声子（机械运动的量子）的能量，从而减少了机械能。这一冷却过程增加了耗散，并将微鼓转化为微波谐振器的耗散储存器。

通过调谐空腔与微波环境的冷却微鼓之间的相互作用，空腔可以变成微波放大器。该放大过程最令人感兴趣的地方在于增加的噪声，即放大的信号中增加了多少随机的、冗余的波动。尽管违反直觉，但量子力学指出，这种增加的噪声，即使只是在原理上也不能被完全抑制。在瑞士洛桑联邦理工学院实验中实现的放大器非常接近此极限，因此它已经尽可能地处于“静止”状态了。有趣的是，在不同的状态下，微鼓将微波谐振器转变为激光或微波激光。

费奥法诺夫说：“在过去几年里，已经有非常多的研究，把重点放在将机械振荡器引入量子解决方案。然而，我们的实验是最早一批实际展示和控制未来量子技术的实验之一。”

展望未来，这项实验可像无声微波路由或微波纠缠一样，在腔体光机械系统中产生新的现象。一般而言，这就意味着，机械振荡器可以成为快速发展的量子科学和工程领域的有用资源。

（2）开发出同时读取 9 个量子位的新技术。2022 年 1 月，瑞士洛桑联邦理工学院高级量子结构实验室主任爱德华多·沙邦主持，实验室成员安德烈亚·鲁菲诺及英国同行等参加的研究小组，在《自然·电子学》上发表论文称，他们开发出一种同时读取多个量子位（量子数据的最小单位）的新技术。这项研究为新一代更强大的量子计算机铺平道路。

沙邦说：“目前，国际商用机器公司和谷歌拥有世界最强大的量子计算机。国际商用机器公司刚刚推出一款 127 量子位的计算机，谷歌的是 53 量子位。”

但由于量子位的数量有限，工程师无法开发出更高性能的计算机。该研究小组开发出一种新方法，能够突破技术障碍，更有效地读取量子位。这意味着更多的量子位可以放入量子计算机中。量子计算机的工作原理不同于传统计算机，它没有单独的处理器和存储芯片，而是由量子位组成。依靠量子叠加和纠缠的特性，量子计算机能够执行复杂计算，可应用于生物化学、密码学等领域。

沙邦说：“我们现在面临的挑战，是将更多的量子位连接到计算机上，数百个，甚至数千个，以提高计算机的处理能力。更为复杂的是，量子位的工作温度接近绝对零度（零下 273.15℃），因此在室温下读取和控制它们异常困难。工程师通常会在室温使用计算机，单独控制每个量子位。”

现在，鲁菲诺开发的新技术可以同时有效读取 9 个量子位。这一技术甚至可以扩展到更大的量子位矩阵。尽管瑞士洛桑联邦理工学院没有量子计算机，但他们把纳米大小的半导体粒子，即量子点整合到晶体管中，以此来模拟量子位，并在几乎与量子计算机同等的条件下进行实验。他说：“我的技术是基于使用时间和频率。基本想法是减少连接，并用单个链路操作 3 个量子位。”

沙邦表示，这是一项真正的突破：新技术在普通计算机芯片的集成电路上，与接近量子位的温度下，都是可行的。未来可能会促成大型量子位矩阵系统与必要的电子进行集成，这两种技术将以一种可复制的方式简单、有效地合作。

2. 量子理论研究的新进展

提出量子力学理论仍无法描述宏观系统。2018 年 9 月，苏黎世联邦理工学院学者雷纳托·雷纳和丹尼拉·弗劳彻等组成的研究小组，在《自然·通讯》杂志发表的一项思维实验指出，当多个能动者利用量子力学预测彼此的观察结果时，他们得到的结果总是不一致的。该研究结果表明，当前对于量子力学理论的解读，无法外推至对复杂宏观（大到肉眼可见）系统进行统一的描述。

量子力学理论可以成功地描述微观世界，其中的粒子可以同时处于不同状态的“叠加态”。然而，若要达到普适性，该理论原则上应该能够模拟包括本身使用量子理论的能动者在内的复杂系统。事实上，科学家在实验室中每次测量一种叠加态时，都会得到一个不同的值。目前，有许多人尝试从量子力学角度回答这个问题。

瑞士研究小组表示，有些情况涉及多个观察者，这时许多量子力学的解读总是无法给出对现实的一致描述。他们的思维实验涉及 4 个不同的能动者，每个能动者都测量一个不同的量。研究人员在论文中提到，如果所有的能动者都使用量子理论，对他们观察到的东西进行建模，并预测彼此的观察结果（如果我们假设每个观察者看到一个单一的测量结果），那么每个观察者的结果将与另一个人预期的结果相反。

研究人员表示，这一结果表明，要扩展量子理论以囊括宏观系统，甚至比以前认为的更为复杂，该理论还需要进一步的发展。

二、微电子理论研究的其他新成果

（一）探索电子性质及功能的新信息

1. 观察到电子可分裂为自旋子和轨道子

2012年4月，一个由瑞士保罗·谢尔研究所托斯登·施密特负责实验部分，由德国德累斯顿固体和材料研究所杰罗恩·范德·布林克负责理论部分的国际研究小组，在《自然》杂志网络版上发表研究成果称，他们通过实验发现，一个电子可分裂成两个独立的准粒子：自旋子（spinon）和轨道子（orbiton）。

以往，人们认为电子是一种基本粒子，无法分裂为更小部分。20世纪80年代，物理学家预言，电子以原子的一维链形式存在，可以分裂成3个准粒子：空穴子携带电子电荷，自旋子携带旋转属性（一种与磁性有关的内在量子性质），轨道子携带轨道位。1996年，物理学家将电子空穴和自旋子分开，自旋和轨道这两种性质伴随着每一个电子。

然而，新实验观察到这两种性质分开了——电子衰变为两个不同部分，各自携带电子的部分属性：一个是自旋子，具有电子的旋转属性；另一个是轨道子，具有电子绕核运动的属性，但这些新粒子都无法离开它们的物质材料。

研究人员用瑞士光源的X射线，对一种叫作Sr_2CuO_3的锶铜氧化物进行照射，让其中铜原子的电子跃迁到高能轨道，相应电子绕核运动的速度也就越高。他们发现，电子被X射线激发后分裂为两部分：一个是轨道子，产生轨道能量；另一个是自旋子，携带电子的自旋性及其他性质。Sr_2CuO_3有着特殊性质，材料中的粒子会被限制只能以一个方向运动，向前或向后。通过比较X射线照射材料前后的能量与动量的变换，可以追踪分析新生粒子的性质。

施密特说，这些实验需要很强的X射线，把能量收缩在极狭窄范围对铜原子的电子产生影响，还要有极高精度的X射线探测仪。

布林克说，这是首次观察到电子分成独立的自旋子和轨道子。现在我们知道了怎样找到它们。下一步是同时产生出空穴子、自旋子和轨道子来。在材料中，这些准粒子能以不同的速度、完全不同的方向运动。这是因为它们被限制在材料中时性质就像波。当被激发时，波分裂为多个，每个携带电子的不同特征，但它们不能在材料以外独立存在。

观察到电子分裂，将对一些前沿领域产生重要影响，如高温超导和量子计算机。Sr2CuO3 中的电子和铜基超导材料中的电子，有着相似的性质，该研究为高温超导研究提供了一条新途径。此外，研究轨道子有助于开发量子计算机。

英国牛津大学物理学家安德鲁·波斯罗伊德说，同时用自旋子和轨道子来编码和操控信息，这可能是未来发展的方向。量子计算机的一个主要障碍，是量子效应会在完成计算之前被破坏。而轨道子的跃迁速度只要几飞秒，这为制造现实量子计算机带来了更多机会。

2. 首次证实成对电子间自旋的相关性

2022 年 11 月，瑞士巴塞尔大学一个研究团队，在《自然》杂志发表研究成果称，他们首次通过实验证明，来自超导体的纠缠电子对的两个自旋之间存在负相关性。这被认为是推进量子力学现象实验研究的重要一步，也是量子计算机的关键组件。

两个粒子之间的纠缠是量子物理中难以与日常经验相协调的现象之一。如果纠缠在一起，即使相隔很远，这两个粒子的某些性质也是紧密相连的，爱因斯坦把量子纠缠描述为“幽灵般超距作用”。两个电子在它们的自旋中也可以纠缠在一起。在超导体中，电子形成所谓的库珀对，负责产生无损电流，其中各个自旋相互纠缠。

几年来，瑞士纳米科学研究所和巴塞尔大学的研究人员已经能够从超导体中提取电子对，并在空间上将两个电子分开。这是通过两个量子点与平行连接的纳米电子结构实现的，每个量子点只允许单电子通过。

此次实验中，研究人员利用了由纳米磁铁和量子点制成的自旋滤光器。他们使用微小的磁铁分离库珀对电子的两个量子点，使每个量子点中产生了单独可调的磁场。由于自旋还决定了电子的磁矩，因此一次只允许通过一种特定类型的自旋。

他们能够调整这两个量子点，使主要具有特定自旋的电子通过它们。例如，一个自旋向上的电子穿过一个量子点，而一个自旋向下的电子穿过另一个量子点，反之亦然。如果将两个量子点设置为只通过相同的自旋，则两个量子点中的电流都会减少，即使单个电子很可能通过单个量子点也是如此。

使用这种方法，研究人员第一次检测到了超导体中电子自旋之间的负相关性。但这还不是纠缠电子自旋的确凿证据，因为还不能任意设置自旋过滤器的方向。

（二）探索希格斯玻色子衰变现象的新信息

1. 找到希格斯玻色子直接衰变成费米子的证据

2014 年 6 月 23 日，物理学家组织网报道，瑞士苏黎世大学物理研究所教授文森佐·奇奥奇卡参与的研究小组，在《自然·物理学》上报告称，他们首次找到了希格斯玻色子直接衰变为费米子的证据。在此之前，希格斯粒子只能通过其衰变成为玻色子来探测。这项新成果，为 2012 年发现这种行为与粒子物理标准模型所预测方式一致的粒子再添强力佐证。

奇奥奇卡解释说："这是向前迈进的重要一步。我们现在知道，希格斯粒子可以衰变成玻色子和费米子这两种粒子，这意味着我们可以排除某些预言希格斯粒子不会与费米子耦合的理论。"作为一群基本粒子，费米子是构成物质实体的粒子，而玻色子充当费米子之间传递力的工具。

根据粒子物理标准模型，费米子和希格斯场之间相互作用的强度必须与它们的质量成正比。奇奥奇卡说："这个预言已经被证实了。强有力的迹象表明，2012 年发现的粒子行为，实际上很像该理论中提出的希格斯粒子。"

据报道，新的数据分析研究是由欧核中心大型强子对撞机紧凑缪子线圈小组的科学家进行的。他们结合希格斯向底夸克和陶子（轻子的一种）的衰变，分析了大型强子对撞机于 2011—2012 年汇集的数据。希格斯粒子的寿命极其短暂，因此无法直接检测，而只能通过其衰变物来测定。底夸克和陶子都属于费米子粒子群，它们都拥有足够长的寿命，可借助紧凑缪子线圈实验的像素探测器直接测量。

研究结果显示，这些衰变集中出现在希格斯粒子的质量接近 125 千兆电子伏（GeV）时，标准偏差为 3.8 西格玛。在粒子物理学中，标准偏差达到 5 西格玛被认为是确认一项发现的水平。

2. 捕获希格斯玻色子的最常见衰变现象

2018 年 8 月 28 日，在日内瓦附近的欧洲粒子物理实验室，瑞士科学家参与的一个研究团队当天报告说，他们发现了希格斯粒子衰变为底夸克和它的反物质对应物，即一个反底夸克。这一常见衰变的捕获，被研究人员看作是探索希格斯玻色子的里程碑。

根据粒子物理学标准模型预测，57％的时间内希格斯玻色子都会衰变成一对底夸克，也就是 6 种夸克中第二重的夸克。然而，观察到这种衰变是非常困难的，因为大型强子对撞机中极其混乱的碰撞产生了大量的底夸克和反底夸克，从而掩盖了所需的信号。

新的观测结果，支持了标准模型对这一常见衰变的预测。研究人员说，如果观测结果与标准模型的预测不符，则会动摇标准模型的基础并指出新的物理学方向。

40 多年前，科学家们建立起一套名叫“标准模型”的粒子物理学理论，但这一理论一直缺少最后一块拼图，即被称作“上帝粒子”的希格斯玻色子。这一难以寻觅又极为重要的“上帝粒子”，被认为是解释其他粒子如何获取质量的关键。2012 年 7 月，大型强子对撞机研究人员宣布发现希格斯玻色子，这是大型强子对撞机最为显赫的成绩。

研究人员介绍，希格斯玻色子有多个衰变通道，此次观测到其常见的衰变通道（衰变为底夸克）绝非易事，主要困难在于质子和质子的碰撞中存在许多产生底夸克的其他方法，因此很难将希格斯玻色子衰变信号与相关干扰隔离开。相比而言，物理学家在 6 年前发现希格斯玻色子时观察到它不太常见的衰变通道，则更容易从背景中提取。这一衰变，理论预测只有 9％的时间发生。

为提取信号，大型强子对撞机实验项目组和紧凑缪子线圈，各自组合了大型强子对撞机的两次运行数据进行分析。结果检测到希格斯玻色子衰变为一对底夸克。此外，项目组还在当前的测量精度范围内，测量到与标准模型预测相一致的衰减速率。

希格斯粒子是物理学家对所有其他基本粒子如何获得质量的复杂解释

的核心。这一新的发现，是科学家搞清希格斯玻色子是否真的会以标准模型预测的速率衰变为各种粒子组合的一个关键步骤。如果衰变速率与理论预测不相符，那将是一个确定的迹象，表明新的粒子仍有待发现，并可能在大型强子对撞机的掌握之中。

（三）探索B介子与μ介子的新信息

1. 研究B介子衰变的新进展

检测到中性B介子粒子的衰变现象。2015年5月14日，瑞士科学家参与的欧洲核子研究中心在《自然》杂志上发表研究报告称，他们通过大型强子对撞机，已检测到中性B介子粒子极为罕见的衰变。自从粒子物理标准模型预测到这种衰变，物理学家寻找该衰变过程的证据已经30多年了。此次新的观测结果，证实了标准模型做出的预测。

基本粒子是人们已能认知的组成物质的最基本结构，粒子物理的标准模型描述了基本粒子的属性和它们之间的相互作用。通过测试标准模型做出的理论预测，可以检测标准模型的准确性或是对其做出一定修正，以便回答一些当前无法用标准模型解释的问题，例如反物质的起源。

此次在瑞士日内瓦，研究人员发现中性B介子衰变成μ介子（muon)，它类似电子但更重，可被想象成一个“加重版”的电子。这提供了对于粒子物理标准模型准确性的严格测试，因为这种衰变对于模型的不完整之处非常敏感。以往的实验也曾有发现这种衰变的证据，但是此次是由大型强子对撞机的两个探测器，即紧凑缪子线圈和大型强子对撞机底夸克实验负责采集和分析的，两组实验获得的数据提供了对衰变速率的测量信息，其结果与标准模型做出的预测一致。同时，这个实验的观察和分析结果也对标准模型的扩展带来了一定的约束。

研究人员寄希望于大型强子对撞机进行的新实验，可以更为准确地探究这种衰变的特性。在经过两年的升级和准备后，大型强子对撞机于上个月正式重新启动，并在本月初进行了重启后首次撞击，为其6月将展开的第二阶段对撞实验做准备。届时，其质子束流的总能量将达创纪录的13万亿电子伏特。

2. 研究μ介子质量的新进展

利用μ子素推进μ介子质量研究。2022年12月，瑞士保罗谢勒研究所和苏黎世联邦理工学院联合组成的一个研究团队，在《自然·通讯》上发表研究成果称，他们通过研究一种叫作μ子素的奇异原子来促进μ介子质量的探索，希望其能揭示物理学标准模型及现有微电子学之外的新秘密。为了制造μ子素，他们在瑞士保罗谢勒研究所使用了世界上最强烈的连续低能量μ介子束。

科学家自从发现μ介子以来，一直对其打破常规的怪异行为而感到困惑。2021年费米实验室的μ介子g－2实验表明，这种微小的亚原子粒子的摆动远超过理论预测。当μ介子用于测量质子的半径时，它也是个“麻烦制造者”，产生了与以前的测量截然不同的值。

该研究团队为了理解μ介子的奇怪行为，转向一种称为μ子素的奇异原子。μ子素由绕行电子的正μ介子形成，类似于氢，但要简单得多。氢的质子由夸克组成，而μ子素的正μ介子没有子结构。这意味着，它提供了一个非常干净的模型系统来获得极其精确的μ介子质量基本常数值。

研究人员表示，因为可非常精确地测量μ子素的性质，人们可尝试检测标准模型的任何偏差，并由此推断出哪些超越标准模型的理论是可行的。要使测量非常精确，一个主要挑战是制造强烈的μ子素粒子束，以减少统计误差，但制造大量的μ子素且只持续两微秒并不容易。全球仅瑞士保罗谢勒研究所的瑞士μ介子源有足够的低能量正μ介子来实现。

研究团队利用低能μ介子光束线上形成的μ子素，以微波和激光探测其特性，并首次测量μ子素中某些非常特定的能量子水平之间的转变。

测量μ子素的能力有助于对兰姆位移的精密确定。兰姆位移，是氢中某些能级相对于经典理论预测的“应该”位置的微小变化。随着量子电动力学的出现，这种转变得到了解释。但是在氢中具有子结构的质子又使事情复杂化，而在μ子素中测量的超精确兰姆位移却可用以检验量子电动力学理论。

μ介子的质量只有质子的1/9，这意味着与核质量相关的效应，如粒子在吸收光子后如何反冲会增强，在氢中无法检测到，但在μ子素中高精度地达到这些值，可使科学家测试某些异常理论，如是否有新粒子存在。

研究团队的更大目标是称量μ介子。μ介子质量是一个基本参数，它无法用理论预测，随着实验精度的提高，迫切需要提高μ介子质量的值作为计算的基础。同时，这种测量还可能导致里德伯常数的新数值，这是原子物理学中的一个重要基本常数，它独立于氢光谱，将能解释导致质子半径难题的测量值差异，甚至能一劳永逸地解决问题。

（四）探索微电子设备发展及使用的新信息

1. 参与实施欧洲同步辐射装置发展计划

2014 年 3 月，有关媒体报道，瑞士作为项目成员国之一，积极参与欧洲同步辐射装置项目发展计划的实施。欧洲同步辐射装置是欧盟的高能同步加速器，其电子束能量为 60 亿电子伏特。目前该装置运行资金的 97％来自参与国，另有 3％的资金来自该中心原创性研究专利的销售。根据欧洲同步辐射装置的发展计划，该项目 2009—2015 年合作研究的预算为 1.65 亿欧元。参与这个大项目的共有 21 个成员国。

目前，在欧洲同步辐射装置的 40 个平台中，有 40 个国家的 6000 多位科学家进行着超过 1500 项的实验。如今欧洲同步辐射装置所开展的课题，至少有 40％致力于研究结构生物学问题。在过去的 10 年，由于技术的进步，生物学研究方法业已显著发展（进化），曾几何时需要持续若干小时的实验，利用欧洲同步辐射装置有时只需几秒钟便可完成。

欧洲同步辐射装置建于法国格勒诺布尔市，1994 年首次投入使用。仅最近几年在同步加速器平台上所完成的工作，便催生出几位诺贝尔奖得主。每年在顶尖级科学期刊上发表 1800 多篇学术论文，其中近 30 篇发表在《科学》和《自然》上，这便是在欧洲同步辐射装置上产生的劳动成果。

2. 参与建设和使用的世界最大粒子加速器再创新纪录

2015 年 5 月 22 日，瑞士科学家参与的欧洲核子研究中心当天发布声明宣称：“昨天夜里，大型强子对撞机内的粒子碰撞能量创下新纪录，第一次达到了 13 万亿电子伏特。”这表明，世界最大粒子加速器在升级后的测试运行中打破了纪录。

此前，大型强子对撞机的最高撞击能量纪录是 2012 年创下的 8 万亿电子伏特。2015 年 4 月，它在经历了两年的翻修设计和升级改造后重新启动，欧洲核子研究中心称其有潜力达到 14 万亿电子伏特。这次碰撞，发生在瑞士和法国边境下的一段周长为 27 千米的环形隧道内的巨大实验室中，是下个月启动的更加雄心勃勃的实验的一部分。欧洲核子研究中心称："这些测试碰撞，是要建立起对撞机各机器部件及探测器的保护系统，避免它们受到偏离光束粒子的非正常轰击。"

大型强子对撞机能让包含数十亿质子的质子束以99.9%光速的速度与相反方向的质子束对撞。强大的磁场能够弯曲质子束，安装在隧道中的4个探测器会对碰撞过程进行监测并收集数据。为了探索新型粒子及维系它们的力，对撞出的亚原子碎片会接受一系列检测。

欧洲核子研究中心发表在其官方网站上的科普文章称，1万亿电子伏特大概相当于一只飞蚊的动能，但是在大型强子对撞机内部，能量被挤压到非常小的空间中，它小到大概只有蚊子的百万分之一，只有这样的强度才能让粒子彼此分开。

对撞实验的目标，是通过研究构成所有物质的基本粒子及控制它们的力，来寻找"宇宙从何而来"的答案。2012年，大型强子对撞机发现了赋予物质质量的希格斯玻色子，预言这个粒子存在的两位科学家因此被授予诺贝尔物理学奖。

第二节　电子器件与电子设备的新进展

一、研制电子器件的新成果

（一）开发晶体管的新信息

1. 制成高性能氮化镓晶体管

2011年9月22日，美国物理学家组织网报道，瑞士和法国科学家首次使用氮化镓在（100）－硅（晶体取向为100）基座上，成功制造出了性能优异的高电子迁徙率晶体管（HEMTs）。此前，氮化镓只能用于（111）－硅上，而目前广泛使用的由硅制成的互补性金属氧化半导体（CMOS）芯片队，一般在（100）－硅或（110）－硅晶圆上制成。这表明，新晶体管能同由（110）－硅制成的互补性金属氧化半导体芯片兼容，科学家可据此研制出兼具互补性金属氧化半导体芯片的计算能力和氮化镓晶体管大功率容量的混合电子元件，以获得更小、更快，能耗更低的电子设备。

晶体管主要由硅制成，用在高电压电路中，其作用是计算及增强电子射频信号。瑞士苏黎世联邦高等工学院的科伦坡·博罗内斯说："硅是上帝赐予工程师们的礼物。硅不仅是做基座，也是做半导体和芯片的基本材料。"

然而，硅也有缺陷。当温度超过200℃后，硅基设备开始出故障。氮化镓晶体管能应对1000℃以上的高温；它能应对的电场强度也是硅的50多倍，这使科学家们可用氮化镓制造出更快的电子线路。博罗内斯说："这一点对于通讯来说尤为重要，因为工程师们能借此更快更有效地处理信息。"

但科学家们一直认为氮化镓技术太过昂贵，不能取代硅技术。不过，最近工程师们开始利用氮化镓在构建动力电子设备方面的优势，希冀研发出更快、更耐热、能效更高的晶体管。

因为氮化镓和硅这两种材料的属性不同，很难将两者结合在一个晶圆上，并且在加热过程中可能也会产生裂痕。不过在最新研究中，博罗内斯和法国国家科学研究中心的科学家成功地将氮化镓种植在（100）一硅晶圆上，制造出了新的氮化镓晶体管，也解决了高温可能产生裂痕的问题。

（100）一硅基座的成本为每平方厘米50美分，比常用的蓝宝石或碳化硅基座更便宜，碳化硅基座的成本为每平方厘米5～20美元，大大降低了氮化镓技术的成本。科学家们也可以使用硅制造出直径为30厘米的大晶圆，用蓝宝石或碳化硅则无法做到这些。

另外，氮化镓具有良好的耐热性能，因此由其制成的动力电子设备几乎不需要冷却。博罗内斯表示，如果移动通信基站配备氮化镓晶体管，运营商将不再需要高能耗的冷却系统。照明能耗约占全球能耗的20%，用氮化镓制成的一个5瓦的灯泡与传统60瓦的白炽灯一样明亮，因此，氮化镓有助于为照明领域节省大量能源。

科学家们也已证明，氮化镓晶体管能更快发光，且频率可高达205G赫兹，足以使计算机、手机，以及动力电子设备更快、更小且更经济。

2. 制成可大幅节能的隧道场效应晶体管

2011年11月，瑞士洛桑理工大学教授阿德里安·约内斯库在为《自然》杂志撰写的一篇文章中提到，瑞士洛桑理工大学、IBM位于瑞士的实验室及法国原子能委员会下属的电子信息技术研究所等机构的研究人员，正在进行与隧道场效应晶体管有关的研究。他认为，到2017年，利用量子隧道效应研制出的隧道场效应晶体管，有望将计算机和手机的能耗减少到目前的1%。

现在的计算机包含无数个晶体管，仅CPU内就有不下10亿个晶体管，这些小的晶体管通过打开和关闭来提供用0和1表示的二进制指令，从而让我们能够发送邮件、观看视频、移动鼠标等。现在的晶体管使用的技术名叫“场效应”。通过该效应，电压诱导一个电子隧道来激活晶体管。但是，场效应技术正在慢慢达到其极限，尤其在降低能耗方面已经没有什么施展的空间了。

不过，隧道场效应晶体管技术则基于迥然不同的原理。在隧道场效应晶体管中，两个小槽被一个能量势垒分开。在第一个小槽中，一大群电子在静静等待着，晶体管没有被激活，当施加电压时，电子就会通过能量势垒并且移入第二个小槽内，同时激活晶体管。

根据量子理论，有些电子即便没有足够的能量穿过能量势垒，它们也能产生量子隧道效应。通过减少能量势垒的幅度，增强并利用量子效应将成为可能，因此，电子穿过势垒所需要的能量会大大减少，晶体管的能耗也会因此而显著下降。

约内斯库解释道，通过用隧道效应取代传统场效应晶体管利用的场效应，我们可以把施加于晶体管的电压从1伏特减少到0.2伏特。从实用角度来考虑，这种电压减少可将能耗减少到以前的1%。新一代微处理芯片将整合传统的场效应技术和隧道场效应晶体管技术。IBM公司和法国电子信息技术研究所研制出的模型，现已进入工业化生产阶段的前期，我们有理由相信，到2017年，隧道场效应晶体管将进入大规模制造阶段。

约内斯库认为，隧道场效应晶体管技术无疑是微处理器领域下一个巨大的技术进步。目前，计算机开发人员正在进行的一个研究项目是找到减少处理器能耗的办法，隧道场效应晶体管有望帮助他们实现这个目标。最终研究人员将要设计出超级小型化的零能耗的个人电子助手。

（二）开发芯片产品及技术的新信息

1. 开发芯片产品的新进展

（1）研制防辐射电子产品芯片。2015 年 7 月，有关媒体报道，联合国下属的国际电信联盟发表报告称，到 2015 年年底，全球手机、平板电脑等移动设备的数量将超越 70 亿个，互联网用户达到 32 亿人。从 2000 年到 2015 年，全球互联网普及率从 6.5%大幅提高至 43%。越来越多的人开始担心手机、电脑、电视等电子产品所产生的辐射会给身体带来危害。对此，瑞士斯维泰克公司经过 7 年的研究及测试，研发出一款防辐射芯片，用来防止和转化电子产品辐射对人体造成的损伤。

瑞士斯维泰克公司的抗辐射芯片内含 8 种天然矿物：电气石、方解石、橄榄石、黑耀石、玫瑰石英、顺吉石、紫水晶、矿物水晶。其基于渗透性的能量编程和射线防护装置抗辐射技术，通过对吸入射线磁辐射进行阻隔与过滤，对辐射产生物进行混合统一，可防止和转化 67%的电磁辐射，大大减少电磁辐射所产生的不良效果。明显减少受电磁场影响的细胞损伤风险，让辐射影响下生物 DNA 的损伤降到最小值，维护人体正常生物活动。渗透性的核心思想是自然与环保，它们利用矿物质作为天然盾牌，把有害的电磁辐射转化为活性的生物能量，为用户增添更多活力。

目前来说，防辐射技术分为屏蔽类和吸波类两种，屏蔽类主要采用的是阻隔方式，通过把电磁辐射进行反射以达到防护作用。市场上大部分防辐射产品都采用这一技术，如防辐射眼镜、防辐射服，但该技术并不能杜绝电磁辐射，只是把电磁辐射反射出去，同时还会造成二次辐射污染。

此外，就是吸波类技术。它是通过能量转换吸收方式，以达到防辐射的目的。相比于屏蔽类技术，吸波类技术是把电磁辐射吸收后经过转化释放出能量，它不仅不会反射电磁辐射，更不会造成二次污染，瑞士防辐射芯片正是使用了这种吸收和转化辐射的技术。

斯维泰克防辐射芯片内径 25～30 毫米，外观精致时尚。它采用激光雕刻及灌封包装技艺，可自定义芯片图案，实现个性化设计。它使用方便，芯片反面附有黏合剂，撕开背面贴片后，直接贴于电子产品的辐射源附近，适用于移动电话、电脑、电视和其他电子设备。由于具有小巧的体积、尖端的技术和便利的使用方法，使得它用在任何电子产品上均不影响该电子产品本身的功能，电子设备的网络信号也不受影响。

（2）研制实时模拟大脑信息处理的微芯片。2020 年 4 月，国外媒体报道，瑞士苏黎世大学神经信息学研究所吉亚科莫·印第维里教授领导的研究小组研制的一款微芯片，能够实时模拟大脑的信息处理。研究人员证实了复杂识别能力如何结合电子系统，形成一种神经形态芯片，他们能够组装和配置这些电子系统，使其具备真实大脑的功能。

建造一种人造大脑系统，并让其能像人类大脑一样有效工作，是许多科学家的研究目标。该研究小组现获得一项重大突破，能够理解如何配置神经形态芯片，从而实时模拟大脑信息处理能力。他们通过建立一个人造感官处理系统来呈现认知能力。

他们的技术核心是模拟生物神经细胞，当前许多神经信息学方法均局限于传统计算机上的神经网络模型，或者在超级计算机上模拟复杂的神经网络。很少有科学家研制电子电路，使其在体积、计算速度和能量损耗方面与真实大脑相提并论。印第维里解释道，我们的目标是模拟生物神经细胞和神经突触的微芯片性能。

这项创新研究，对于构造神经形态细胞等人造智能系统是至关重要的。目前，他们成功研制了一种神经形态系统，能够实时执行复杂的感官认知任务。他们证实该微芯片能够完成一项需要短暂记忆和决策判断的任务，这是认知测试所必要的典型特征。研究小组在计算机网络中结合神经形态细胞，能够执行神经处理模块，其作用相当于描述逻辑处理概念的“有限状态机器”。

印第维里说：“‘有限状态机器’在自动化模式中可以转换成神经形态硬件，这种网络连通性模式，更类似于哺乳动物大脑的结构。”

（3）研制出内部集成液体冷却系统的首个微芯片。2020 年 9 月 9 日，瑞士洛桑联邦理工学院电子学家埃利松·梅提奥里及其同事组成的研究团队，在《自然》杂志发表论文，报告了首个微芯片内的集成液体冷却系统，这种新系统与传统的电子冷却方法相比，表现出了优异的冷却性能。这一成果意味着，通过把液体冷却直接嵌入电子芯片内部来控制电子产品产生的热量，将是一种前景可观、可持续，并且具有成本效益的方法。

随着全世界数据生成和通信速率不断提高，以及不断努力减小工业转换器系统的尺寸和成本，人们对小型设备的需求与日俱增，这使得电子电路的冷却变得极具挑战性。

一般而言，水系统可用于冷却电子器件，但这种冷却方式效率低下，而且对环境的影响越来越大。例如，仅美国的数据中心每年就使用 24 太瓦时的电力和 1000 亿升水进行冷却，这与费城这样规模的城市的用水量相当。

工程师认为，把液体冷却直接嵌入微芯片内部，是一种很有前途和吸引力的方法，但目前的设计包括单独的芯片制造系统和冷却系统，因而限制了冷却系统的效率。鉴于此，该研究团队提出一种全新的集成冷却方法，对其中基于微流体的散热器与电子器件进行共同设计，并在同一半导体衬底内制造。研究人员报告称，其冷却功率最高可达传统设计的 50 倍。

电子电路的冷却被认为是未来电子产品最主要挑战之一。该研究团队总结称，一般冷却时通常会产生巨大的能量和水消耗，对环境的影响越来越大，而现在人们需要新技术以更可持续的方式进行冷却，换句话说，需要更少的水和能源。

对于此次的新成果，研究人员认为，这可以使电子设备进一步小型化，有可能扩展摩尔定律，并大大降低电子设备冷却过程中的能耗。他们表示，通过消除对大型外部散热器的需求，这种方法还可使更多的紧凑电子设备（如电源转换器）集成到一个芯片上。

2. 开发芯片制作技术的新进展

研制出芯片生产流程中的成像新技术。2017 年 3 月，瑞士菲利根保罗谢尔研究所米尔科·霍勒主持的研究小组，在《自然》杂志发表的一篇论文展示了一种可以生成集成电路（芯片）高分辨率三维图像的技术，研究人员事先并不知道所涉集成电路的设计。

现代纳米电子学发展至此，因其构造体积小、芯片三维特征复杂，已经无法再以无损方式成像整个装置。这意味着设计和制造流程之间缺少反馈，这样会妨碍生产、出货和使用期间的质量控制。

该研究小组使用叠层衍射 X 射线计算机断层扫描成像技术，生成了一个他们已知其设计的探测器读出芯片的图像。结果表明，通过这种方式生成的三维图像与芯片的实际设计相符。这样对该技术进行验证后，研究人员对一个商用处理器芯片进行成像操作。虽然在使用这项成像技术之前，对该芯片的设计信息所知有限，但是该技术的分辨率使他们能够观测到最细微的电路结构。

作者认为，该技术或能够优化医疗保健及航空等领域关键应用的芯片生产流程，识别其故障机制并进行验证。

二、研制电子设备的新成果

（一）开发存储设备及技术的新信息

1. 研发存储设备的新进展

把 DNA 变成能保存信息百万年的超级存储器。2015 年 8 月，国外媒体报道，瑞士联邦理工学院科学家罗伯特·格拉斯主持的一个研究小组，已经在数字存储领域获得突破，能够让信息在单一 DNA 分子中储存百万年。这项突破能够让人们建立数字档案馆，以 DNA 的形式存储所有信息，这种方法理论上能够让信息永久保存，而且不会出现任何数据丢失。

研究人员表示，他们已经找到新技术把 DNA 封装在玻璃杯中，这相当于创造出一种化石形态的数据存数方法。他们还创造出一种通常用于长距离无线传输的数学算法，以此消除写入 DNA 时的数据错误。研究人员说，他们展现了如何借助现代化学和信息工程学工具，保护以 DNA 形式存储的数据信息。

格拉斯说："在发现 DNA 的双螺旋结构后不久，人们就发现大自然的编码语言，非常类似于我们在计算机领域使用的二进制语言。在硬盘上我们使用 0 和 1 来代表数据，而在 DNA 中，我们拥有 4 种形式的核苷酸，A、C、T 和 G。"

人工合成的 DNA 分子能够在 71℃下保存一周时间，这相当于能够在 50℃下保存 2000 年。而且信息重新编译成原始信息时，并未出现任何错误。

这项技术所面临的问题，并非目前使用 DAN 储存信息的昂贵成本，而是无法快速简易地检索信息。格拉斯说："现阶段，我们只能够读取储存在其中的全部信息，而无法指向特定位置只读取一个文件。"

2. 研发相变存储技术的新进展

发明多位相变存储器技术。2011 年 11 月，国外媒体报道，在瑞士苏黎世，IBM 研究人员向世人首次展示了多位相变存储器技术。

相变存储器利用各种合金材料，利用结晶态和非结晶态下电阻由低至高的变化特性，通过不同的电压和电流脉冲触发，实现数据存储。过去，相变存储器会出现短期电阻漂移，从而导致存储阻力和读取错误。IBM 苏黎世研究中心的研究人员采用先进的调制编码技术，成功地解决了这一问题。

IBM 推出的是多位相变存储技术。它满足每单元存储多位数据的高存储容量需求，断电时存储数据不会丢失，写入和检索数据的速度比目前闪存存储器快 100 倍，并可持续使用至少 1000 万次。这项技术，由于具备存储速度快、耐久性、非易失性和高密度存储等特征，将为手机、云存储及企业大型数据存储，提供廉价、快速、耐久的存储设备。

3. 研发提高存储速度技术的新进展

（1）发现可使硬盘信息处理速度飙升的新技术。2012 年 2 月 7 日，一个瑞士科学家参加的国际研究小组，在《自然・通讯》杂志上发表研究报告称，他们发现了一种前所未有的磁记录方式，可使硬盘信息处理的速度提升上百倍，并兼有节能的功效，有望被用于制造每秒可记录太字节信息的硬盘。

目前，硬盘一般利用磁记录来存储数据，这需要磁盘的微小部分按特定方向代表 0 或 1 比特。这种磁记录技术以磁体南、北极的互相吸引和同名磁极的互相排斥为基础。为了通过磁极的换向记录 1 比特的信息，就需要施加一个外部磁场。所加的磁场越强，磁性信息记录的速度就越快。

该研究小组此次却证实磁体南、北极的位置，也可以通过施加超短波的热脉冲来反转，而且这种力量要比磁性介质内部的力量强劲得多，可使磁记录的过程变得更快。研究人员表示，用激光轰击磁体约百万兆分之一秒，可瞬间将温度提升至 800℃，达到磁极反转的效果。

研究人员表示，几个世纪以来，大家都坚信热只能破坏磁序，现在他们成功地证明了，它也是一种刺激基于磁性介质记录信息的方式。研究人员还指出，他们没有利用磁场和磁性介质来记录信息，而是借用热脉冲的强劲内力来记录信息。这种革新的方式，支持每秒钟记录数千吉字节（太字节）的信息，可比现有硬盘的运行速度提升数百倍。同时，由于无须施加磁场，这一过程也将比普通的磁记录方式耗费更少能量，达到节能的效果。

（2）研制大幅度提高磁存储速度的新技术。2017 年 9 月，瑞士苏黎世联邦理工学院材料系教授彼得罗·甘巴尔代拉领导的研究团队，在《自然·纳米技术》杂志上发表研究报告说，磁存储是已被使用数十年的存储技术，但它的一个问题是速度较低。为此，他们找到了大大提高磁存储速度的方法，有望让计算机在不久的将来用上高速的磁内存，从而大大减少计算机启动时间。

自从国际商用机器公司于 1956 年推出第一个磁盘存储器以来，磁存储器因其长寿命和低成本的优势，一直被用来存储信息，比如作为计算机的硬盘。传统磁存储器通过带电线圈产生的磁场变化来改变存储介质的磁性，从而实现存储信息，但其速度跟不上越来越快的计算机处理器，难以用作对速度要求高的内存。

瑞士研究团队说，他们利用被称为“自旋轨道转矩”的物理现象，可以不用通电线圈，仅用通电的特殊半导体薄膜材料就能改变存储介质的磁性，从而实现磁存储。

研究人员用新方法改变了一个直径约 500 纳米的钴金属点的磁性，发现在给其附近的导线通电后，在不到 1 纳秒的时间内，钴金属点的磁性就发生了改变。并且钴金属点可如此反复经历上万亿次的磁性变化，说明它可成为高速且耐用的存储介质。与传统线圈方式的磁存储器相比，新方法不仅速度快，还不会因为线圈的电阻而消耗能量，能效更高。

研究人员说，这一新技术有望让计算机的内存用上磁存储器。目前许多计算机的内存采用电存储器，关机断电后内存中的信息就会被清空，因此重新开机时需要较长时间。而磁存储可以在断电后仍然保留数据，如果计算机用上磁内存，有望大大减少开机启动的时间。

（二）开发电源设备的新信息

——开发灵感源于电鳗的超强电源

2017 年 12 月，瑞士弗里堡大学的迈克尔·梅尔及同事组成的一个研究小组，在《自然》杂志上发表研究报告称，他们开发出一种灵感源于电鳗的电源，它符合软体机器人的需求，即非硬质且不需要插入接通。

电鳗可以产生高达 100 瓦特的强大电力击昏猎物，它所依赖的不是电池，而是成千上万的发电细胞，这些细胞堆叠在一起可以大量放电。该研究小组开发了一种水凝胶基管状系统来模拟发电细胞的一些特征，并且精心设计了一个类似折纸一样的折叠结构，帮助控制放电。

这是首个利用潜在生物可相容性材料制成的软体、柔性、透明的电器官。研究人员总结表示，如果下一代设计可以改进性能，则这些系统也许将打开移植体、可穿戴设备和其他移动设备电源供应的新大门。

第三节　计算机与通信网络的新进展

一、计算机与人工智能的新成果

（一）开发计算机的新信息

1. 研制在单个细胞尺度精确模拟“人脑”的超级计算机

2012 年 4 月 15 日，英国《每日邮报》网站报道，由瑞士洛桑联邦综合理工学院的电脑工程师亨利·马克拉姆领导，英国剑桥大学韦尔科姆基金会桑格研究所研究人员等参与的一个欧洲科研团队，正打算让全球功能最强大的超级计算机变身为“人脑”。如果成功，那么这个“人造大脑”将彻底改变我们对阿尔茨海默病等神经疾病的理解，甚至让我们进一步洞悉人类如何思考、如何做出决定等。

该科研团队打算让计算机把所有大脑运行未解之谜的信息结合在一起，并把这些信息复制在屏幕上，甚至精确到单个细胞和分子的程度。他们希望该项目能在 12 年内“竣工”。

马克拉姆说：“人脑极其复杂，它拥有数十亿个相互连接的神经元，使神经科学家很难真正理解大脑的工作原理，而模拟大脑将使我们能操纵并测量大脑的各个方面。”

由超级计算机演变的“大脑”，位于德国杜塞尔多夫的一个研究机构内。它将突出展示围绕一个半圆形“座舱”而建立的几千幅三维图像。这样，科学家们能虚拟地“飞行于”不同的区域，并观察这些神经元之间的相互连接。

它旨在把全球目前正在进行的神经科学研究整合为一个平台，而全球每年约有6万多篇与神经科学有关的论文发表。项目完成后，科学家们可能会使用这台超级计算机测试新药，这会大大节省新药获批所需的时间，并研发出更智能的机器人和计算机。

2. 参与研制新型超级计算机

2018年1月13日，外国媒体报道，欧盟委员会近日透露，欧盟将计划投入10亿欧元用于研制两套世界级超级计算机系统。参与这一研制计划的有瑞士，以及法国、德国、西班牙、意大利、荷兰、比利时、卢森堡等13个欧盟国家，除了欧盟共同预算投资4.86亿欧元外，其余资金由参加该项目的成员国和民间企业分担。

根据欧盟的目标，这两套超级计算机系统最晚在2023年建成，计算能力希望达到每秒百亿亿次级别。新的超级计算机将能够实时处理海量数据，帮助欧盟提高能源和供水效率，改善对飓风、地震和气候变化的预测效果，助力新药研发和快速诊断。

（二）开发人工智能技术的新进展

1. 研究机器学习技术的新发现

发现量子比特加上机器学习可精准测量磁场。2018年7月，国外媒体报道，瑞士苏黎世联邦理工学院和俄罗斯莫斯科物理技术学院等单位的学者参加，由芬兰阿尔托大学专家主持的一个国际研究团队，提出了一种采用量子系统测量磁场的方法，新系统的精确度超过了标准量子极限。他们表示，从量子状态中快速提取信息，对于未来的量子处理器和现有超灵敏探测器来说都必不可少。此项研究，向利用量子增强方法进行传感迈出了关键的第一步。

在测量事物的精确程度方面，一个公认的经验法则就是所谓的“标准量子极限”：测量的精确度与可用资源的平方根成反比。换句话说，采用的资源（时间、辐射功率、图像数量等）越多，测量就越精确。所以，极度的精确意味着要使用极多的资源。

该研究团队挑战了这一极限：他们提出一种采用量子系统测量磁场的方法，证明让量子现象和机器学习“双剑合璧”充当磁力计，得到的精确度超过了标准量子极限。

研究人员在相关论文中称，利用超导人造原子（一种量子比特）的相干性，可以改善磁场测量的精确度。他们设计了一个由硅芯片和重叠铝带组成的微型设备，当设备冷却至极低温度时，电流在其中不再受任何阻挡，表现出与真实原子类似的量子力学特性。当用微波脉冲辐照时，人造原子的状态发生了变化。结果表明，这种变化取决于外部施加的磁场：通过测量原子，就可以计算出磁场的大小。

但为了超越标准量子极限，研究团队借用了机器学习领域广泛应用的模式识别技术。研究人员解释说："我们采用了一种自适应技术。首先进行测量，然后根据测量结果，让模式识别算法决定如何改变下一步采用的控制参数，从而实现了最快速的磁场测量。"研究人员还指出，从地质勘探到大脑活动成像，磁场探测都非常重要，新研究可在这些领域大显身手。

2. 应用机器学习技术的新信息

利用机器学习技术创建历史文献的动态数字化系统。2017 年 7 月，国外媒体报道，瑞士洛桑联邦理工学院数字人文科学实验室主任、计算机学家弗雷德里克·卡普兰主持的研究团队，正在从事一项名为"威尼斯时间机器"的项目，旨在以动态数字化形式制作包括威尼斯共和国最平静和最光辉时代在内的历史文献记录。

由于有着历史上重要且秩序井然的丰富文献，威尼斯是进行动态数字化系统实验的最佳城市。威尼斯是公元 5 世纪罗马帝国公民为躲避北方入侵者而建设的城市。那里荒凉的泻湖提供了迫切需要的保护屏障，它位于亚得里亚海北端的地理位置也具有战略优势。很快，威尼斯就成了西欧和东欧最终的贸易港口，这给它带来了财富和权力。

随着威尼斯帝国的成长，它发展出记录了巨量信息的行政系统：谁居住在哪里、进入及离开港口的每艘船只的细节、建筑或运河的每一次修饰和变更。现代银行起源于威尼斯最古老的街区里亚尔托，那里的公证人员会记录所有的贸易交流和金融交易。

非常关键的是，这些记录在动荡世纪里也被保存下来。当欧洲其他地方因为君主之间交战而动荡不安时，威尼斯从 18 世纪开始逐渐发展成一个稳定的共和国，为贸易蓬勃发展提供了所需要的和平与秩序。这些档案主要由拉丁语或威尼斯方言记录，从未被现代历史学家阅读过。现在，它们将与一些非常规数据资源，如绘画和旅行日志一道，被系统地纳入“威尼斯时间机器”，成为动态数字化文献系统的一部分。

卡普兰的职业生涯，都用在了将人工智能应用于人文领域上，其中大多数是语言学领域。他一直渴望用这些技术，在一个拥有两三个世纪珍贵档案的城市中建造一台时间机器。他生动地回顾了 2012 年首次进入威尼斯档案馆时的情况。时间在这个拥有 300 多间房屋的馆舍里似乎停滞了，那里既没有空调，也没有暖气。脆弱的文件从地板上一直砌到房顶，偶尔有泛黄的纸片从其边缘飘下。他说：“我完全被震惊了。看到距今 1000 年的档案馆的样子，知道其中大多数文献都尚未被阅读，我知道我们必须做这件事。”

当工程在 2012 年启动时，卡普兰知道它所需要的计算能力远远超过了自己拥有的。它将需要历史学家注解手稿，提供数据处理所必要的上下文背景。它还将需要档案管理人员，他们拥有对这些海量文献的精深知识。随后，跨学科合作立即开始，以收获不被外面世界所了解的，那一类模糊的档案知识。

达斯顿认为，时间机器项目有助于回答几乎无穷无尽的历史问题。例如它可以展示语言如何演化，以形容从新发现的国家带到威尼斯港的奇异动物，或者它可以在学者和科学家游历欧洲时跟踪他们的行踪轨迹。

卡普兰希望，威尼斯只是一个开端。“威尼斯时间机器”已经开始应用，该项目拥有来自全欧洲的合作者，它将会成为由欧盟资助的下一代数十亿欧元的旗舰项目之一。如果能够成功，它将在其他拥有类似重要档案的城市建立时间机器，形成动态数字化文献系统，并将它们联系在一起。

3. 推进人工智能技术发展的新信息

（1）促使人工智能发展让机器解决更多难题。2017 年 7 月，有关媒体报道，在瑞士，包括人工智能在内的科学技术研究备受重视。瑞士政府认为机器人技术是国家战略发展方向之一。他们通过组建国家人工智能与机器人专门研究机构等形式，大力发展人工智能，并通过机器获得解决一些难题的可行方法。

2010 年 12 月，瑞士通过洛桑联邦理工学院、苏黎世联邦理工学院、苏黎世大学，以及瑞士达勒莫尔学院四所大学联合组建国家机器人能力研究中心，确定主要任务是加强对可穿戴机器人及救援机器人的研究。此外，该中心的 20 名教授和 100 多名研究者还承担公众机器人教育，促进科研，并实现知识和技术商业转化的任务。

在瑞士国家机器人能力研究中心，创新者能接收到来自该中心成熟的、系统化的帮助，其中包括帮助创新者获得资金支持，完善商业计划以及建立与当地相关产业公司的联系，以便成熟的新项目能以最快的速度进入市场。

据统计，自 2001 年以来，瑞士政府在未来科技方面的重要技术领域建立的国家能力研究中心多达 28 个，其总体目标是推动瑞士科学、经济及社会等重要战略领域的长期研究。此类研究中心下面往往都有众多研究小组分布在各地，研究内容为国际前沿技术，并着力实现将知识、科技有效地向生产力转化。各研究中心的资金，主要来源于瑞士联邦政府的专项拨款、高等教育机构及社会资助单位等。其中瑞士国家机器人能力研究中心，接受来自瑞士国家科学基金长达 12 年的资助。

除了政府层面，瑞士还鼓励企业在瑞士设立人工智能领域的研究中心。世界搜索引擎巨头谷歌公司，2016 年便在苏黎世成立了人工智能研究中心。该中心主要专注于机器智能、自然语言的处理与理解及机器感知三个方面。该公司开发出的围棋人工智能程序阿尔法狗，曾因战胜世界围棋顶尖大师李世石而名声大噪。

瑞士人工智能实验室研发主任尤尔根·施密德胡贝尔说："人工智能是一种解决问题的科学方法，其目的是让机器有能力自动地解决越来越多的问题。人工智能的各项研究是为了更好地为人类服务，未来，我们希望人工智能产品既能够帮助我们认出忘了名字的老朋友，也能帮助我们更加准确地诊断病情。总之，最终是为了使我们有一个更加高质量的生活。"

（2）呼吁建立跨国人工智能技术研发中心。2018 年 4 月 25 日，英国《卫报》报道，为培养顶尖人才并将他们留在欧洲，瑞士与法国、英国、德国、以色列和荷兰等国科学家联合发表公开信，提议在欧洲创建一个大型跨国研究所，专门开展世界级的人工智能技术研究。他们相信，这样做将带来新的就业岗位并提振经济，也可使欧洲科学家在人工智能技术将如何改变世界方面拥有发言权。

拟建的人工智能研究所被命名为“欧洲学习与智能系统研究所”。该研究所将在有关国家设立主要研究中心，每个中心都将雇用数百名计算机工程师、数学家和其他科学家。参与国将把该研究所视为政府间组织，并为其提供资金。

提议建立该研究所的科学家，在公开信中敦促各国政府采取行动。他们称，在人工智能方面，欧洲已经落后于美国和中国，目前全球大部分领先的人工智能公司和大学都设在美国和中国。公开信还称，尽管欧洲有少数几个“人工智能研究热点地区”，但“那些地区的几乎所有顶尖人才都不断受到美国公司的追抢”。

《卫报》去年进行的调查显示，美国公司的这种“抢人”热潮，已经对欧洲的大学产生严重影响。为赚取 6 位数的薪水，一些博士生已经放弃学业，前往美国技术公司就职。很多大学受到巨大冲击，失去了一整代有天赋的年轻研究人员。创建这个新研究所的原因与创建欧洲核子研究中心的原因类似，欧洲核子研究中心于第二次世界大战后建立，目的是重建欧洲的物理学体系，并扭转最优秀人才及科学家向美国流失的局面。

二、研制开发机器人的新成果

（一）研发仿生机器人的新信息

1. 开发模仿人类行为机器人的新进展

研制能够自动与身边物体互动的婴儿机器人。2006 年 5 月，外国媒体报道，一个由瑞士、法国和意大利科学家共同组成的研究小组，创造出一个“婴儿机器人”，它能够自动与身边的物体互动，并通过不断实践学习使用这些物品的最佳方法。这一能力，使得这个机器人具有与人类婴儿一样发展运动技巧的能力。

“婴儿机器人”的躯干上只有一个手臂，它用一对摄像机当眼睛，并有一个能抓东西的手。它具有用桌子上的物体进行物理实验的内在愿望，并能够进行不同形式的互动，同时不断从错误中总结经验教训。例如，如果它没能稳稳地抓住一个东西，它就会记住这个错误并在下一次尝试不同的方式。目前，“婴儿机器人”已经学会掌握的一项能力，就是能将一只瓶子在桌子上滚来滚去。

研究人员解释说："我们用从发展心理学家和神经科学家那里学到的知识，来进行这一研究。我们所做的与神经科学家是相同的，只不过我们是从工程的角度来做的。"

"婴儿机器人"的"大脑"，实际上是一个由20台计算机共同运行不同神经系统的电脑组。一个软件能够模仿生物神经系统，并用同样的方法进行学习，即通过建立和调整人造神经元之间连接的力度进行学习。研究人员通过对神经系统软件的调节，以及对机器人学习行为的观察，能够测试不同的神经科学模式。

2. 开发模仿动物机器人的新进展

（1）研制传感技术更加敏锐的"老鼠机器人"。2005年12月，国外媒体报道，瑞士苏黎世大学神经生物学家米瑞姆·芬德领导的研究小组，研制成一种新型的"老鼠机器人"，它能通过胡须区分不同界面的质地，为传感技术打开一扇新的大门，使得传感技术更加敏锐，为未来制造出能够在无光线且极其狭窄的空间中自动运转的机器人提供了启示。

芬德解释说："这就好像是当你在一间黑暗的屋子里走动时，伸出双手四处摸索以避免撞上东西一样。"

芬德小组研制的机器人，直径长8厘米，上面装有两排真正的老鼠胡须，分别在机器人的两边。每根胡须尖上都粘着一个包着薄膜的麦克风。当胡须从某个物体上扫过的时候，薄膜就会变形，从而传出信号，该信号经放大后被记录在电脑中。

在实验中，老鼠机器人要在一个四面是墙的环境中摸索，感知周围的障碍物。当它与某个表面接触时就会停下来，用胡须扫过其表面，然后将数据记录在自己的电脑中。如果需要的话，它还能够重新调整自己的位置再进行一次效果更好的"阅读"。

不同的表面会产生不同的信号，引起不同的反应。当机器人接触到一个光滑的表面，如金属表面时，它就会在预置程序的指挥下稍稍退后，然后再向前迈进并重新触摸一遍。而当机器人遇到一个粗糙的表面，如砂纸或是纸板表面，它就会以更快的速度后退。

实验结果发现，这种机器人在每四次试验中有三次的判断都是正确的，并能够按照设定的程序行动。目前，芬德正在与苏黎世大学的一个学院合作，尝试为胡须传感设备加装视觉反馈功能。美国西北大学副教授米特拉·哈特曼说，尽管在此之前，也曾有人研制出过能够通过胡须避开障碍物、沿墙前进并区分质地的机器人，但芬德的机器人却是首个能够从任意角度和距离对不同的质地进行区分的。他还说，这就跟动物一样，在结合了其他传感形式之后，机器人身上的胡须用处会更大。例如视觉可以用来确定一个物体的大致位置，而胡须则能够帮助其判断该物体表面的细节特质。

（2）研制像昆虫一样飞行的微型机器人。2006 年 4 月，国外媒体报道，瑞士联邦理工学院克利斯托夫·茹弗里博士领导的研究小组研制出一个微型飞行机器人，重量只有 10 克，翼展为 36 厘米，能模仿昆虫的飞行。他们还将进一步缩小飞行机器人的体积，最终将使它成为仅有一只苍蝇大小。

茹弗里表示，许多人从昆虫身上获得灵感，但是迄今为止还没有研制出类似昆虫那样，能在封闭房间里飞行的机器人。的确，在房间里几乎所有的东西，如墙壁、角落、天花板、家具等物体，都会成为微型飞机的障碍物。为了及时发现这些障碍物，飞行机器人必须拥有很强的计算能力和大量传感器，但是这些组成部分都会增加其重量。通常，重一些的飞行机器人为了保持在空中，需要比轻一些的飞行机器人飞行得更快才行。当然，同样还会不可避免地遇到导航问题。

对昆虫的研究表明，苍蝇为了控制在空中的姿态，它会利用自己的复眼，同时通过双翅目，即不发达的第二对翅膀，帮助它在飞行中头朝下时不会发生翻转现象。苍蝇时常会沿直线飞行，发现障碍物时会一直飞到障碍物旁边时，才突然改变 90 度并重新沿直线飞行。

研究小组把苍蝇的这一飞行能力应用到自己研制的微型飞行机器人上：它利用 2 台低分辨率微型摄像机模仿苍蝇的视力，2 台摄像机分别安装在每个翅膀上。微芯片大小的陀螺仪起着双翅目第二对翅膀的作用。

在实验过程中，这种微型飞行机器人在一间长宽各为 7 米的房间里试飞，房间墙壁被涂成垂直的黑白条纹，结果它自动飞行了近 5 分钟。在此基础上，瑞士科学家抓紧研制更小的飞行机器人，它的尺寸可与苍蝇相比拟，并能自动调整自己的飞行高度。

（3）开发出用于“卧底”的蟑螂机器人。2007 年 11 月，瑞士、法国和比利时组成的一个国际研究小组在美国《科学》杂志上发表研究报告称，在实验中把几个作为“卧底”的蟑螂机器人，混入真蟑螂队伍中，通过程序控制以假乱真的蟑螂机器人，能明显影响整个蟑螂群体的决策，使它们的行为变得怪异。研究人员希望通过蟑螂机器人，来研究像蟑螂这样成群出没的动物如何进行“群体决策”。

蟑螂时常出没在厨房和卧室，给人们带来烦恼。它常躲在墙角旮旯里，出来后又爬行敏捷，难以消灭。现在，人们不用愁了，科学家已着手在蟑螂队伍中培养“卧底”。“卧底”能够影响和改变蟑螂的生活习性，引其出洞，以便剿杀。

法国的研究人员在分析研究蟑螂的行为后发现，蟑螂喜欢群体生活，但没有领袖，成员都很平等，而蟑螂常会跟随同伴行动。因此，研究人员认为，如果能在蟑螂队伍中培养“卧底”，就可能把蟑螂带出黑暗的角落。

这些蟑螂机器人外形上并不太像真蟑螂，但体积很小，和真蟑螂的个头差不多。研究人员给机器人外表敷了一个涂层。这种涂层是由不同化合物混合制成的，与真蟑螂身体表面的化学组成成分十分类似。因此，机器人会发出一种蟑螂气味，让真蟑螂确信这是自己的同类。

机器人放入真蟑螂群体后，很快就与真蟑螂“打成一片”。机器人开始参与到群体决策过程中，并显示出“影响力”。比如，蟑螂喜欢黑暗、成群活动，它们的活动决策由两个因素决定：那个地方有多黑、同伴们是否都去那儿。当面对明暗不同的两个藏身地点时，被研究人员编程的几个蟑螂机器人，选择了亮一些的去处。尽管行为稍显异常，但机器人却成了“带头大哥”，整个蟑螂群也跟着一起前往。

科研小组在报告中写道，这说明机器人的确可以改变动物的群体习性。他们希望这项实验和其他动物机器人研究，能够有助于理解动物行为及群体决策过程等。

研究人员认为，蟑螂机器人的成功研制及运用，将使人类在控制动物方面取得突破性进展。该项目负责人说：人类利用“内奸”控制动物，其实是非常古老的方法，猎人和渔民都是这方面的老手。不同的是，现在研究的是混入动物并与其沟通的机器动物。

不过，蟑螂似乎头脑稍微简单了些，对于和自己大小、气味差不多的东西都能欣然接受。专家指出，研制蟑螂机器人只是第一步，科学家还将研制防止羊群集体跳崖、鼓励鸡做运动的各种机器人。科学家们要想打入一群更高等的动物内部，可能就得想办法研制出更精密、更逼真的机器人。

（4）研制出一条轻易混迹于鱼群中的机器鱼。如果一个机器人混于鱼群里，它如何跟鱼进行交流、彼此之间会有什么样的反应呢？2017 年 11 月，有关报道称，为探索这个问题的答案，瑞士科学家组成的研究小组研发了一条机器鱼，它可以模拟斑马鱼混迹在鱼群之中。

设计机器鱼之前，研究人员深入研究了斑马鱼的生理特征，比如形状、颜色、纹理等。他们还研究了鱼的行动，如加速度、线速度、鱼的振动和动作及尾巴移动的规律。研究人员说，通过在动物身上寻找灵感，让机器人与动物交流，既可了解生物，也可了解机器人。

研究人员把机器鱼放进水族馆，让它与 5 个不同的鱼群交流。事实证明，机器鱼模拟真鱼是成功的，鱼群轻易就让机器鱼加入它们，没有什么问题。机器鱼还可以引导鱼群改变前进的方向。据研究人员介绍，鱼是相当复杂的动物。如果机器动物想混进昆虫群落，机器只需要喷出费洛蒙（昆虫分泌以刺激同种昆虫的化合物质）就行了。如果想把机器动物放进脊椎动物群，难度要大很多，无论是外观、移动还是振动方式都存在不小难度。

（二）研发应用型机器人的新信息

1. 研制服务机器人的新进展

计划开发能记住人名的料理家务机器人。2013 年 1 月，外国媒体报道，瑞士苏黎世大学人工智能实验室一个项目小组计划用 9 个月时间创造出一个小男孩模样的机器人，它的骨骼和肌肉组织与人类相似，能够记住人名和帮忙料理家务。

据报道，该机器人的身高将约 1.2 米，由骨骼和覆盖柔软皮肤的人工肌腱组成，目前尚不确定该机器人的具体相貌。研究人员表示，它应成为首个能够协助老年人日常生活的机器人助手。该项目负责人认为："欧美人口老龄化趋势促使我们思考，如何保障老人的自主生活，以及尽可能地帮助他们料理家务。我们认为，建造机器人助手，或成为未来解决这一问题的方案之一。”

2. 研制检修机器人的新进展

发明可检查下水道等区域的四足机器人。2018 年 12 月，国外媒体报道，瑞士联邦理工学院一个机器人研究小组研制出一款四足机器人，将其取名为 ANYmal，这个名字在发音上酷似 animal（动物），其主要功用是代替工人对下水道进行检查。

几乎所有的城市都有着庞大的地下基础设施，这些设施通常只能由专业检查员进行检查。这是一项危险而烦琐的工作，对于工作人员来说，诸如下水道等地，不仅空间狭窄难以进行检查和维修等工作，而且黑暗潮湿的环境也加剧了工作的危险程度。如果能够利用机器人对这些地方进行检查，工作效率将大大提高。

这款机器人能够进入人类无法进入的区域，一旦发现异常情况，它可以把图片和数据等信息反馈给地面上的工作人员，工作人员可以做到点对点的精准检查。尽管下水道缺乏光线，但该机器人配备的传感器，使其能以轻松的步伐穿过浅水道，同时对下水道区域进行检查。

除此之外，这款机器人还可做很多事情。它不仅可自主行走，还具有视觉、听觉和触觉等感官能力。例如，它能够读取机器上的气压显示，识别声音和识别物体，确定灭火器是否在正确的位置。机器人甚至可以自己执行某些手动任务。它配有一个额外的夹臂，可以打开门、处理垃圾或按下电梯按钮。它可以识别环境温度并检测空气中是否存在异常气体。

目前，这款机器人处于测试阶段，研究人员也正在对它进行改进，希望能尽早把它应用到实际需要的领域。

（三）研发机器人的其他新信息

1. 开发柔性机器人的新进展

（1）研制能在体内“游泳”的柔性微型机器人。2019 年 1 月，由瑞士苏黎世联邦理工学院布拉德利・内尔松主持，洛桑联邦理工学院塞尔曼・萨卡尔及英国剑桥大学同行参与的研究团队，在《科学进展》杂志上发表研究报告称，他们开发出一款柔性微型机器人。它像活体微生物一般，可在有液体的地方“游泳”，未来有望通过血管把药物送达体内的病灶组织。

内尔松说，自然界有许多随环境变化而变形的微生物，他们由此受到启发，开发了这款机器人。它由凝胶状纳米复合材料构成，凝胶内有磁性纳米粒子，可被电磁场控制，也可以自行在体内运动，不需要传感器或制动器即可变形。

据悉，这款机器人可在有黏性或快速流动的液体中移动，并不会引起身体的排斥反应。在通过狭窄的血管等曲折的系统时，它的速度、方向和可控性都不受影响。萨卡尔介绍道，这款机器人长度约 1 毫米，借助其他技术它还可以变得更小。他还说，这款机器人造价不高，目前研究团队正在改善其在人体体液内的运动表现。

（2）着手开发可自我修复的柔性机器人。2019 年 8 月 9 日，新华社报道，瑞士与英国、比利时、法国、荷兰等多国科学家组成的一个研究团队正在合作研发一种新型柔性机器人，它无须人类帮助就可实现自我检测和临时修复，从而继续开展工作。

这一项目目前已获得欧盟委员会的资助，预计耗资 300 万欧元。研究人员介绍说，自我修复材料未来可应用于不同类型的机器人，包括模块化机器人、教育机器人及进化型机器人等，都有很好的应用前景。报道称，研究团队将利用机器学习技术来对这些材料建模和整合，开发出具有自我修复能力的传感器和驱动装置，最终目标是把它们与机器人平台结合，以便开展一些特定任务。

2. 实施机器人产业发展的新计划

启动信息共享的机器人地球计划。2011 年 2 月 9 日，英国广播公司报道，由瑞士联邦理工学院马克斯·魏贝尔等 35 名欧洲科学家组成的研究团队启动了机器人地球计划，试图让机器人共享信息并存储它们的发现。这意味着机器人很快将拥有自己的互联网和维基百科。届时，当机器人执行任务时，它们能下载数据，并寻求其他机器人的帮助，更快地在新环境下工作。执行该计划的研究人员希望，该研究能通过给机器人装备人类创造出来的、不断丰富的知识库，让机器人更快地为人类服务。

魏贝尔表示，机器人地球的指导思想是研发出一种可行的方法，能够帮助机器人编码、交换信息，以及对知识进行再利用等。他说，现在大多数机器人都用自己的方式来看待周围的世界，几乎没有统一的标准；而大部分机器人学家也都让机器人用自己研发的方式来积累数据。这就让机器人学家很难共享知识或在某个领域取得重大突破，因为每个机器人学家都在解决同样的问题。

与现有状况不同，机器人地球项目希望能够定义机器人积累的信息，以便让所有机器人能发现并使用这些信息。魏贝尔介绍到，机器人地球既是一个通信系统，也是一个数据库。在这个数据库中，将会有机器人工作地点的地图信息、机器人遇到物体的描述，以及如何完成不同的行为的指令。

研究人员表示，该项目为期 4 年。现在，初期工作已取得一些阶段性的成果，例如他们已研发出一种方式：让机器人可以下载要完成的任务并执行该任务；机器人也可以将修改后的位置地图上传到该数据库中供其他机器人分享。魏贝尔说："机器人对人类的重要性与日俱增，诸如机器人地球这样的系统必不可少。"机器人地球也有望成为日益庞大的服务型和家居型机器人的助手，未来 10 年内，服务型和家居型机器人可能会"飞入寻常百姓家"。

三、开发通信网络技术的新成果

（一）推进通信网络建设的新信息

1. 研制互联网软件系统的新进展

开发出降低网络能耗的软件系统。2012 年 5 月 28 日，物理学家组织网报道，瑞士洛桑联邦理工学院嵌入式系统实验室的一个研究小组开发出一种软件系统，能监控和管理大型数据中心的能源消耗量，使其比当前的能耗量至少降低 30％，甚至 50％。

统计数字表明，瑞士的互联网能耗量占其全国总能耗的 8％，这一数字还将在未来几年内上升至 15％～20％。为了应对这种情况，该研究小组开发出一种被称为"电力监控系统和管理"的新工具，能够监视和追踪数据中心的能耗，也可被用于分配多个服务器之间的工作量。服务器是指一种管理资源并为用户提供服务的计算机软件，通常分为文件服务器、数据库服务器和应用程序服务器。运行以上软件的计算机或计算机系统也被称为服务器，可提供邮件收发、文件分享、业务操作和数据存储等互联网服务等。

这一系统由包括一组传感器的电子盒所组成，每个电子盒都可连接至机架的主电源，或直接连接至为服务器的电子元件供应能源的电缆。通过测量在某一时刻通过的电流，传感器能估算出消耗的能源，记录能耗的改变，并控制系统不至于过热。记录下的信息将传送至电力监控系统和管理软件所运行的中央处理器，并与室温等其他数据一同等待处理。系统能够创建一个显示服务器能耗变化的表格，使科学家可远程实时访问。

这一方案的优势在于它提供了一个对服务器群使用的精确概览。此外，新系统还能将一台计算机的工作负荷转移到另一台机器上。研究人员表示，由于一台服务器承担80%的工作量可比两台服务器分别运行40%的工作量耗能少得多，因此，此举可实现能源的大幅节约。

2. 推进量子通信网络建设的新进展

为开发长距离量子通信网络奠定重要基础。2022年3月22日，物理学家组织网报道，瑞士日内瓦大学米凯尔·阿夫泽利乌斯领导的研究团队，把一个量子比特存储在一个晶体内，持续时间长达20毫秒，创下新世界纪录，为开发出长距离量子通信网络奠定了重要基础。

量子通信和量子加密技术，已经成为提高通信安全的坚强基石。当信息通过光纤中的一个光子在两个对话者之间传输时，量子理论可以确保量子比特的真实性和保密性。但建立远程量子通信系统存在一个主要障碍：传输几百千米后，光子会丢失，信号也因此消失，为此，基于量子存储器的“中继器”由此而生。为使中继器能更好地发挥作用，需要让储存量子信息的时间持续长一点。

2015年，该研究团队成功把由一个光子携带的量子比特在晶体（存储器）内储存0.5毫秒。在此过程中，光子在消失之前可把其量子态转移到晶体的原子上，但这一持续时长不足以构建更大的存储网络，而后者是研发远程量子通信的先决条件。

这项最新研究在欧洲量子旗舰计划框架内，研究团队成功把一个量子比特存储了20毫秒。为此，他们使用了掺有铕的晶体，这种晶体能够先吸收光再发光。

研究团队称："我们在晶体上施加了千分之一特斯拉的小磁场，并使用了动态解耦方法，包括向晶体发送强烈的射频，旨在让稀土离子脱离环境扰动，并将存储性能提高近40倍。"

阿夫泽利乌斯表示："此项成果，创造了基于固态系统（晶体）的量子存储器的一个世界纪录。在保真度略有损失的情况下，我们甚至可以让时长达到100毫秒，这是远程量子通信网络领域的重大进展。"

尽管如此，他们仍有不少问题需要解决，比如进一步延长存储时间，在确保不失真的情况下，让存储持续时长超过100毫秒。此外，他们还必须设计出一次能存储超过一个光子（使光子发生"纠缠"）的新型存储器。研究人员说："我们的目标，是开发出一个在所有这些方面都表现良好的系统，并于十年内推向市场。"

（二）开发网络安全技术的新信息

1. 建成世界最大量子密钥分布技术网络

2009年7月，瑞士量子安全密码服务公司和瑞士日内瓦大学参加的一个欧洲科研团队，在《新物理学期刊》上发表研究成果称，他们经过共同协作联合建造了世界最大的量子密钥分布技术网络，成功地实现了将安全量子加密信息在一个8节点Mesh网络上传送。

研究人员表示，实验的平均链路长度为20～30千米，最长链路长达83千米，这一结果已完全打破了以往的所有纪录，从而使安全量子加密通信系统的实用化又迈出了巨大的一步。

2008年年底，通过使用西门子公司内部的玻璃纤维环路及横穿维也纳的4个附属网络，再加上奥地利圣帕尔滕附近的一个中继器，研究人员成功地进行了量子密钥分布演示，演示内容包括电话通信和视频会议，以及一个关于"基于量子加密的安全通信网络"功能的路由实验验证。

此项研究是量子力学技术发展的第一个实际应用，表明量子加密技术很快就能成为安全通信领域的基准。研究人员指出，他们的系统化设计首次允许量子密钥分布技术实现了无限制的可扩展性和互通性。

新发表的研究成果是在41个研究所和业界机构的努力下完成的。参与合作的成员除了上述两个瑞士单位外，主要还有奥地利理工学院、东芝英国研究中心、奥地利维也纳大学、法国国家科学研究中心、法国泰雷兹公司、德国慕尼黑大学、德国西门子公司等。

2. 首次演示不依赖设备的量子密钥分发实验

2022年7月，瑞士洛桑联邦理工学院、苏黎世联邦理工学院、日内瓦大学、英国牛津大学及法国原子能和可替代能源委员会共同组成的国际研究团队，在《自然》杂志上发表论文称，他们首次成功地开展了不依赖设备的量子密钥分发实验，有力证实可用量子纠缠“锁”住密码安全，从而朝着提供强大的安全通信实用设备迈出决定性一步。

安全通信就是保持信息的私密性。而令人惊讶的是，在现实世界的应用程序中，合法用户之间的大部分交易都是公开进行的。关键是发送者和接收者不必隐藏他们的整个通信。本质上，他们只需要分享一个“秘密”。这个“秘密”是一串比特，称为加密密钥，它使拥有它的每个人都能够将编码消息转换为有意义的信息，但问题是如何确保只有合法方共享密钥呢？

例如，在底层的密码算法中，最广泛使用的密码系统之一非对称加密算法（RSA）的密钥分配是基于未经证实的猜想，即某些数学函数易于计算但难以还原。更具体地说，非对称加密算法依赖于这样一个事实：对于今天的计算机来说，很难找到一个大数的素因数，而对它们来说，将已知的素因数相乘很容易得到那个数。因此，数学难度确保了保密性。

但是，今天不可能的事情在未来却可能会很容易实现。众所周知，量子计算机能比经典计算机更有效地找到质因数。一旦拥有足够多量子比特的量子计算机得以运用，非对称加密算法编码注定会变得可渗透。量子理论不仅为破解数字商务核心的密码系统提供了基础，而且还为该问题的潜在解决方案提供了基础，那是一种与非对称加密算法完全不同的密钥分配方式，其与执行数学运算的难度无关，而是与基本物理定律有关，这种方式就是量子密钥分发（QKD）。

1991年，波兰裔英国物理学家阿图尔·埃克特在一篇开创性的论文中表明，密钥分配过程的安全性可通过直接利用量子系统独有的特性来保证，而经典物理学中没有等效特性，这就是量子纠缠。量子纠缠是指在单独的量子系统上执行的测量结果中，体现了某些类型的相关性。重要的是，两个系统之间的量子纠缠是排他性的，因为没有其他任何东西可与这些系统相关联。

在密码学的背景下，这意味着发送者和接收者可通过纠缠的量子系统在他们之间产生共享的结果，而第三方无法秘密获得有关这些结果的任何信息。因为任何窃听都会留下明显标记入侵的痕迹。简而言之：多亏了量子理论，合法的各方可以超出对手控制的方式相互交流。而在经典密码学中，等效的安全保证被证明是不可能的。

多年来，人们意识到基于埃克特想法的量子密钥分发方案有一个更显著的好处：用户只需对过程中使用的设备做出非常一般的假设。基于其他基本原理的早期量子密钥分发形式，需要详细了解所用设备的内部工作原理。与此不同，量子密钥分发的新颖形式通常被称为“不依赖设备的量子密钥分发”，其实验呈现成为该领域的主要目标。现在，这种令人兴奋的突破性实验终于在该研究团队的手上实现了。

这项实验涉及两个单离子：一个用于发送器；另一个用于接收器，都被限制在单独的陷阱中，这些陷阱与光纤链路相连。在这个基本的量子网络中，离子之间的纠缠在数百万次运行中都能以创纪录的高保真度产生。

如果没有这种持续的高质量纠缠源，该实验就无法以实际有意义的方式运行。同样重要的是，要证明纠缠得到了适当的利用，需通过证明是否违反了贝尔不等式的条件来完成。此外，为了分析数据和有效提取密钥，需要在理论方面取得重大进展。

在实验中，作为“合法方”的离子位于同一个实验室，但是有一条明确的路线可将它们之间的距离延伸到千米，甚至更远。从这个角度来看，再加上德国和中国在相关实验方面取得的进展，现在将埃克特的理论概念转化为实用技术，有了明确的前景。

（三）开发网络应用技术的新信息

1. 开发金融系统网络应用技术的新进展

发现银行联网可能影响金融体系稳定。2017 年 3 月，瑞士苏黎世大学学者马蔻·巴多斯西亚主持的研究小组在《自然·通讯》杂志发表论文称，他们利用数据建模方法分析发现，增强银行间互动的市场整合和市场多元化过程，或会使金融系统趋向不稳定。此前，人们认为该过程会增强金融稳定性，但新研究提出，银行金融网络中正在浮现的复杂循环结构或将快速放大金融冲击造成的影响。

监管机构通过压力测试来评估全球金融系统的稳定性，这种测试通常孤立地研究各个机构。然而，银行网络日益相连的性质可能会导致困境被“传播”和放大，从而导致一种无法在个别机构层面上预测的集体效应。

此次，瑞士研究小组使用数据建模方法与来自50家银行资产负债表的原始数据，表明金融系统复杂性增加并不能增强其内在稳定性。他们发现，在金融机构及其相互间合约形成的网络中，一些特定的特征可能会导致不稳定性。通过扩大参与金融系统的银行数量，并增强它们之间的联系，个别机构如银行间借贷系统、共同持有资产单位等，成为多层合同中的一部分，因而有可能扩大金融冲击的影响。

研究人员把这些发现与对生态系统的观测结果做比较。在生态系统中，复杂性增加（物种间相互作用增加曾被认为能增强稳定性）也有可能破坏稳定性。

虽然预测银行体系潜在压力的测试愈发复杂，但它们通常都孤立地研究金融系统。研究人员提出，他们的方法考虑了金融困境在银行间合同网络中传播的后果，因此更为灵活。

2. 开发区块链架构网络应用技术的新进展

（1）运用区块链技术开发医疗付费平台。2019年4月17日，国外媒体报道，总部位于瑞士巴塞尔的利费根公司（Lyfegen）宣布完成75万瑞士法郎种子轮融资。投资方是来自瑞士的私人投资者。此轮资金将用于建立该公司“基于价值付费”的医疗付费平台，并与美国、欧盟等地区的合作伙伴开展医疗付费平台试点工作。

利费根公司于2018年成立，是一家医疗科技公司。它的创始人运用区块链技术开发了医疗付费创新平台，解决了基于价值付费的医疗领域的技术障碍。

区块链是借由密码学串接并保护内容的串连交易记录（又称区块）。每一个区块包含了前一个区块的加密散列、相应时间戳及交易数据（通常用默克尔树算法计算的散列值表示），这样的设计使得区块内容难以被篡改。用区块链所串接的分布式账本能有效记录每一笔交易，交易相关方可永久查验此交易。据悉，到2024年医疗保健区块链市场将增长到3907亿美元。

医疗付费平台通过区块链上的智能合约，使医疗费用支付者、医疗服务提供者和医药公司能够以可信、安全和合规的方式达成协议，并自动执行基于价值付费的定价合同，同时从基于价值付费的医疗模式中受益。此外，基于患者不同的医疗服务质量要求，医疗付费平台给医疗服务提供者、医药公司生成相应价格合同，促使医疗服务提供者给患者提供个性化医疗服务。

医疗付费平台连接到医院系统，用于检索患者的治疗结果，并根据医药公司和医疗费用支付者设定的条件确定应付的价格，医疗付费平台再实时给医疗费用支付者发送费用支付通知。该平台确保了数据安全性和真实性，这是制定基于价值付费定价协议的基础。

利费根公司创始人兼首席执行官吉里莎·费尔南多说："利费根公司为实施基于价值付费的医疗模式提供了技术保障，使基于价值付费成为可能。对于患者来说，这意味着他们可以获得市场上最好的治疗方法，并且获得最佳的治疗结果。"

他接着说："使传统医疗保健向可持续医疗保健转变是一个巨大的挑战，基于价值付费医疗付费平台是实现这一转变的重要手段。利费根公司将致力于为基于价值付费项目提供技术解决方案，我们很高兴与真正关心全球患者的人合作。"

（2）区块链架构正在成为许多行业的一项技术。2020 年 7 月，国外媒体报道，瑞士政府根据国内许多行业发展起来的区块链平台，决定成立一个叫作"区块链特别工作组"的全新机构，希望进一步巩固针对区块链初创公司和首次代币发行（ICO）的监管框架。

瑞士区块链特别工作组，由该国财政部长尤里·毛纳尔和经济与教育部长约翰·施耐德曼牵头组建，旗下还有联邦及地方官员及区块链初创公司和法律代表。

该区块链特别工作组将会与瑞士国家财政事务国务秘书处合作，重点关注首次代币发行和其他区块链公司的法律指导问题。瑞士国家财政事务国务秘书处是负责实施瑞士金融市场政策并代表政府处理与各国之间财务利益等问题的联邦机构。

对于区块链公司积极参与法律框架的对话，施耐德曼表达了高度赞扬，他表示：“区块链正在成为许多行业的一项技术，正在变得越来越重要，而不是仅仅应用于加密数字货币领域。区块链技术也为瑞士提供了很多机遇，而且也能在不少领域内降低风险。”

一直以来，瑞士都对区块链初创公司和加密数字货币组织表现出友好的态度，而且瑞士也是“加密谷”（Crypto Valley）所在地，该地区以拥有众多区块链初创公司而闻名。此外，瑞士政府联邦委员会2019年还提出了一个监管参考方案，希望能够为区块链初创公司在试验项目的过程中营造一个更加友好的环境。

第三章　光学领域的创新信息

早在1992年，瑞士就把光学技术作为4个应用背景很强的领域之一列入重点研究计划，支持其加强科技创新。21世纪以来，瑞士在光学原理及仪器领域的新成果，主要集中于成功拍摄出有史以来第一张光的波粒二象性照片；推进以单光子作为量子信息载体的研究，获得图像更清晰的新型X光透视技术，创造X射线显微技术拍摄断层图像的新纪录；利用光学技术操控酵母菌内特定基因开关，以光基因学技术帮助盲鼠恢复视觉。研制发光二极管和光子传感器；开发傅立叶变换式红外线分光仪、能自动对焦的智能隐形眼镜，推出可把红外线变成可见光的检测装置、用于探测X射线的消色差透镜，还开辟出显微镜研究量子的新用途。在激光技术与设备领域的新成果，主要集中于利用激光技术揭示近藤效应，连接超冷原子和机械振荡，还利用它在实验室再现伽马射线暴，进行人工降雨，开发新型高温超导材料，制成发射声音的耳蜗植入物，并为推进交通管理及自动化提供服务。同时，推出紧凑型激光焊接器、便携式太赫兹激光器和量子系统激光开关。

第一节　研究光学原理及仪器的新进展

一、研究光学原理与技术的新成果

（一）光现象及其性质研究的新信息

1. 光现象研究的新发现

发现特定条件下人眼也能看见红外光。2014年12月2日，物理学家组织网报道，一个瑞士科学家参加的国际研究小组在美国《国家科学院学报》上发表论文称，他们研究发现，在特定条件下，人的视网膜也能感觉到红外光。

任何科学教科书都会告诉你，我们是看不见红外光的。红外光就像X射线和无线电波，都在可见光谱以外。但该研究小组对此提出了不同看法。他们用强激光器发出红外光脉冲，照射小鼠和人类的视网膜，发现当激光脉冲很快时，眼睛就能感知到这种不可见光。

研究小组最初报告称，当用红外光照射时，研究人员能偶尔看到绿色闪光。但他们所用的光与激光笔不同，人眼是看不到的。研究人员说，人们看到了光，而这激光束是在可见光范围之外的，他们想知道人眼是怎样感觉到这些看不见的光的。

经过重复实验后，研究小组对多个激光器发出的光进行了分析。研究人员解释说："我们用了持续时间不同的激光脉冲，它们发出的光子总数是一样的。我们发现脉冲越短，人们越有可能看见它。虽然脉冲之间的时间极短，裸眼根本注意不到，但这种间隔的存在，对人们能否看到它却非常重要。"

通常一个光子被视网膜吸收后，会产生一个叫作感光色素的分子，由此开始了把光转变为视觉的过程。对于标准视力，每个感光色素分子都会吸收一个光子，由此产生大量感光色素。如果把许多光子"打包"在快速脉冲激光的一次短脉冲里，就可能让一个感光色素一次吸收两个光子，结合两个光子的能量就可能激活色素，让眼睛看到平时看不到的光。

研究人员说："可见光谱，包括波长在400～720纳米的光。如果视网膜里的色素分子被一对1000纳米波长的光子迅速接连击中，所提供的能量就与一个500纳米波长的光子相当，正在可见光谱范围内，这就是人们为何能看见它。"

这项研究第一次报告了眼睛能通过这种机制感知光线。通过较弱激光让事物变得可见并不新鲜，如双光子显微镜可以用激光来探测组织深处的荧光分子。

研究人员正在设法把双光子策略用于一种新型的检眼镜，以检查眼睛内部。方法是发射红外激光脉冲到眼睛里，刺激视网膜部分，研究正常眼睛和发生视网膜病变的眼睛在结构和功能上有什么不同。

2. 光性质研究的新进展

成功拍摄出有史以来第一张光的波粒二象性照片。2015年3月2日，物理学家组织网报道，量子力学告诉我们，光同时具有粒子性和波状性，但我们看到的要么是波状、要么是粒子。在爱因斯坦时代，科学家就一直在努力，设法同时、直接看到光这两方面的性质。最近，瑞士洛桑联邦理工学院科学家法布里奥·卡彭领导的研究小组，在《自然·通讯》杂志上发表研究成果称，他们成功拍摄出有史以来第一张光同时表现出波粒二象性的照片。

当紫外光照在金属表面时，会造成一种电子发射。爱因斯坦将此解释为入射光的“光电”效应，被认为只是一种波，也是一束粒子流。卡彭研究小组进行了一次“聪明的”反向实验：用电子来给光拍照，终于捕获了有史以来第一张光既像波，同时又像粒子流的照片。

实验设置大致为：发出一束激光脉冲照射微细的金属纳米线。激光给纳米线上的带电粒子增加了能量，使它们振动起来。光沿着这条微细纳米线以两个可能的方向传播，就像高速路上的车辆。当波以相反的方向传播互相碰在一起时，就会形成一种新的波，看起来像停驻在那里。在此，这种驻波成为实验中的光源，向纳米线的周围辐射。

实验中所用的技巧在于，研究人员发射了一束电子接近纳米线，用这束电子来给停驻的光波拍照，当电子和驻波在纳米线上相互作用时，它们要么加快、要么减慢。用超快显微镜拍摄这一速度改变的位置，就能使驻波变得可见，就像光的波性指纹。

而这种现象不仅能显示出光的波状特性，同时也显示了粒子特性。当电子接近光驻波时，它们会“撞击”光粒子，也就是光子，这会影响它们的速度，让它们的速度更快或更慢。这种速度的变化显示了电子和光子之间的能量“包”（量子）的交换，正是这些能量包的出现，显示了纳米线上的光的粒子性。

卡彭说：“这项实验第一次证明了，我们能直接拍摄量子力学现象及其矛盾的性质。此外，这项开创性研究的重要性，在于它能把基础科学拓展到未来技术上。能在纳米尺度拍摄并控制类似这种量子现象，也为量子计算机开辟了新途径。”

（二）光子研究的新信息

1. 推进以单光子作为量子信息载体的研究

2012 年 2 月，瑞士苏黎世联邦理工学院和德国马克斯·普朗克研究所联合组成的研究小组，在《物理评论快报》杂志上发表研究成果称，他们用单个光子激发单个分子，实现了两个单分子间的信号传送。在实验中，可让单个分子模拟光频，把单光子流传递给相距数米的另一个分子，如同两个站点之间的无线电通信。这为开展以单光子作为量子信息载体，由单个发射器进行信息处理的进一步研究铺平了道路。

过去20年，科学家已证明能探测到单个分子，也能生成单光子。然而，单个分子发现并吸收单光子的概率很低，由光子激发分子仍难以捉摸，因而通常需要每秒释放数十亿光子来轰击分子，才能从中获得一个信号。规避这一物理学难题的一般方式是，在原子周围构建一个腔洞，使光子能够长久囚禁其中，以保持两者良好的互动概率。

而此次实验的挑战之一，就是获取具有适当频率和带宽的单光子来源。研究小组利用了一个事实：当一个原子或分子吸收单光子时，它将过渡到激发态。在几纳秒后，激发态将衰变为最初的基态，并放射出单个光子。

在实验中，研究人员把两个嵌入有机晶体之中的荧光分子样本冷却到零下272℃。每个样本中的单个分子都能由光谱选择结合空间。为了生成单光子，单个分子将从“源头”样本中激发而出。当分子的激发态衰变时，放射出的光子将紧紧聚集于距离几米之外的另一个“目标”样本之上。为了保证样本中的单个分子能够“看到”入射的光子，研究小组必须保证它们处于同一频率。此外，珍贵的单光子也需要与单个目标分子进行有效的互动。

研究人员表示，这是两个量子光学天线之间长距离通信的首个例子。单个分子一般大小为1纳米，而聚集的光束却不能小于数百纳米。这通常意味着大多数的入射光都会环绕分子进行运动，而无须“看见”对方。然而，如果入射光子与分子的量子力学过渡产生共鸣，在这个过程中，分子可像天线一般发挥作用，抓住其附近的光波。

2. 成功使两根填充500个光子的光纤发生纠缠

2013年7月26日，物理学家组织网报道，量子物理学似乎一直涉及的是一些无限小的事物。而多年以来，瑞士日内瓦大学理学院教授尼古拉斯率领的研究团队，一直试图在更大规模，甚至宏观层面上观察到量子物理的性质。研究团队在《自然·物理学》上发表研究成果称，他们成功地让两根填充了500个光子的光纤发生纠缠，向实现宏观层面的量子纠缠迈出了重要一步。

30年以来，物理学家已经能够使光子对发生纠缠。不管两个光子之间存在的距离和障碍如何，第一个光子的动作会在瞬间冲击第二个光子。这种状况发生时，好像是一个单光子存在于两个不同的地方。

似乎可以直观地认为，应用于原子水平上的物理规则也可转移到宏观世界当中。然而，试图证明这一点并不容易。事实上，当一个量子系统大小增加，其与周围环境就会进行越来越多的互动，而这样却会迅速破坏其量子特性，这种现象被称为量子消相干。

尽管有这些限制，在技术的不断进步下，该研究团队一直在努力寻求突破。2011年1月，他们设法实现了晶体纠缠，从而超越了原子的维度。现在，他们又成功地使两个填充了500个光子的光纤发生纠缠。

为了做到这一点，他们先在微观层面上创建两个光纤之间的纠缠，然后将其移到宏观层面。这种微观量子纠缠态的生存过渡到更大规模世界的现象，甚至可以用传统的检测手段，即肉眼观察得到。而为了验证在宏观世界的纠缠存活，他们可以将其重新转换回微观水平。

尼古拉斯说："这次大规模实验为许多量子物理学的应用铺平了道路。在宏观层面的纠缠是该领域的主要研究方向之一，我们希望在未来几年可以实现大型对象间发生的纠缠。"

（三）光学技术开发与应用的新信息

1. 开发X光技术的新进展

（1）获得图像更清晰的新型X光透视技术。2008年1月，国外媒体报道，瑞士保罗·舍雷尔研究所与洛桑联邦高等理工学院联合组成的一个研究小组，成功地开发出一种新型X光透视技术。采用这项技术，可获得更清晰的图像，因此它在医疗和安保领域将有广泛应用价值。

研究人员说，这项研究成果还使获取X光图像的过程更简单、更经济。据悉，采用新技术获得的X光图像，能显示出利用以往技术无法显示的微小颗粒，可以使人们更准确、更及时发现乳腺癌或阿尔茨海默氏症等疾病。此外，这项新技术还可用于检查爆炸物，以及探测机翼或船壳的微创口或结构腐蚀，并且对所探测的材料不会造成损害。

(2) 创造X射线显微技术拍摄断层图像的新纪录。2021年9月27日，物理学家组织网报道，瑞士保罗谢尔研究所下属瑞士光源中心与德国亥姆霍兹柏林研究中心科学家共同组成的研究团队，用X射线显微技术在1秒钟内拍摄了1000张断层图像，刷新了材料研究领域的世界纪录。此前，他们1秒钟只能获得200张断层图像。最新研究有助于科学家对材料内部的快速变化和过程进行成像，有望在医学、材料学等领域“大显身手”。

计算机断层扫描技术能从各个侧面对身体的某部分进行X光透视，得出一幅三维图像，并据此创建出断层图像用于诊断。除了医学领域，该方法对于材料分析、无损质量检测或新型功能材料的开发也非常有用。如果能在更短的时间内获得三维图像，就可以更好地对样品中的快速变化和过程进行成像。

研究人员在创造这项新世界纪录的过程中，其他参数并不受影响：空间分辨率仍旧为几微米，却可以连续记录几分钟，这使他们可以记录材料或制造过程中更快发生的过程。

为获得X射线图像，他们把材料样本放置在自己开发的高速旋转台上，其角速度与相机的采集速度完全同步。研究人员解释说，这个转盘使用了特别轻的部件，它可以稳定地达到500赫兹的转速。此外，他们使用了一种新的高速相机和特殊光学器件，大大提高了灵敏度。借助上述改进，研究人员可以每秒采集1000个三维数据集，并在几分钟内生成一个巨大的数据流。

随后，该研究团队用各种样品证明了最新断层扫描技术的威力，如火花燃烧过程中发生的极快变化、液态金属泡沫中气泡的生长和合并过程等。以铝合金为基础的金属泡沫可用于电动汽车制造领域，气泡的形态、大小等对其强度和硬度非常重要。

2. 开发光学医用技术的新进展

研制无袖带光学血压监测技术。2018年6月，有关媒体报道，瑞士电子与微技术中心专家约瑟夫·索拉和马蒂亚·贝茨基负责的一个研究团队，已经研制成功独有的无袖带光学血压监测技术，并正在推向商业化。这种通过手腕提供持续且准确的血压测量的方法，代表了在精确长期监测、诊断和治疗高血压，以及防治心血管疾病领域所迈出的重要一步。

据世界卫生组织报道，1/3 的成年人患有高血压，相当于全球 15 亿成年人口。高血压可导致严重的并发症，如中风和心力衰竭。每年，该疾病会导致全球 750 万人过早死亡。高血压的矛盾之处在于大多数患有这种疾病的人，自己都不知道。因此，高血压被称为“沉默的杀手”。此外，目前用于血压测量的“黄金标准”，是在手臂四周包裹一个袖带进行测量。这项具有 110 年历史的技术较为麻烦，导致患者自我检测的自觉性较低。因此，医疗保健人员无法获取用于诊断并治疗高血压疾病的完整的、高质量的数据。

研究人员表示，他们研发的无袖带光学血压监测技术，把常见的光学传感器和经过临床验证的软件结合起来，测量个体手腕上的血压。这项技术以强大的专利组合为基础，瑞士电子与微技术中心在研究非闭塞性血压监测方面，积累了 15 年以上的经验，拥有 30 多份同行评审证书，以及急性和低急性期临床试验报告。

接下来的几个月内，研究团队将以可穿戴医疗手环形式发布其技术，该手环已经过欧盟认证和美国食品药品监督管理局批准。它将无缝融入人们的日常生活中，对高血压患者进行稳固、详细、舒适的监测，将使得患者和医疗保健人员更好地了解高血压的潜在病因，进而开发新方法来处理这种影响并危及生命的病症。

研究人员说，他们希望通过推广这种精确且舒适的高血压诊断和管理技术，能够帮助预防心血管疾病，拯救生命，并减少全球的医疗保健费用。

3. 应用光学技术的新进展

（1）利用光学技术操控酵母菌内特定基因开关。2011 年 11 月，瑞士联邦理工学院苏黎世分校自动化研究所所长约翰·莱格热斯领导的研究小组，在《自然·生物技术》发表研究成果称，他们成功地在计算机和普通酿酒酵母之间形成了一个“反馈环”，可用计算机精确地控制酵母菌内特定基因的打开和关闭。这项创新方法，可对利用微生物制造生物燃料或抗体等生物过程进行精确控制。

莱格热斯表示，在这项研究中，计算机通过控制闪光可打开和关闭某个特定基因的表达，让该基因“学会”达到和维持一个给定值。这是一种相对比较简单的方法，能让研究人员很好地控制复杂的生物化学过程，得到满意的结果。此前，已有很多研究人员尝试过其他方法，比如在细胞内部给细胞编码让其成为电路，或将基因放入细胞内等，结果都是差强人意。

该研究小组用酿酒酵母开始实验。酿酒酵母，在现代分子和细胞生物学中一般被用作真核模式生物，供研究人员进行各种生物实验。2002 年，一项研究发现，当酿酒酵母暴露于光线下时，其体内一种名为光敏素的分子会发生变化：红光让其处于“活跃状态”，而远红光又会将其变回稳定态。这表明光敏素的活动，能让制造给定蛋白的基因机制打开或关闭。

该研究小组使用上述技巧，确保当酿酒酵母制造特定蛋白时，会将相应的基因打开；使用一个在发射荧光过程中自身能发光的“信使”分子，也能追踪这种酵母菌的“一举一动”。他们制造出一个控制环：当红光照射时，可追踪有多少个酵母细胞正在表达该基因；也可用远红光来抑制这种基因表达。该研究小组还研发出一个计算机模型，以追踪每次光照应持续多长时间才能精确地让特定数量的基因表达得以维持。

研究人员表示，这项研究表明，生命内精确而微妙的生物机制能被用于很多实验中。这些实验，有助于我们更好地理解细胞信号传导机制。这项研究，还有望应用于生物燃料或抗体的制造过程中，通过转基因技术来增加产量。

(2) 用光基因学技术帮助盲鼠恢复视觉。2015 年 5 月，由瑞士伯尔尼大学索妮亚·克雷恩罗杰牵头，成员来自瑞士和德国的一个研究小组，在《科学公共图书馆·生物学》杂志上发表研究成果称，他们开发出一种新的光基因学工具，能让因感光细胞退化而失明的小鼠更好地恢复日间视觉。这一研究，将光基因技术治疗失明向临床应用推进了一大步。

遗传性失明，由眼中感光细胞逐渐退化导致，全世界有数百万人受其影响。虽然感光细胞被损坏，但视网膜深层的细胞仍完好无损，而深层细胞通常不会感光。新工具的疗法以光基因学技术为基础，将感光蛋白引入幸存的深层视网膜细胞，把它们变成“替代感光受体”，从而恢复视力。

克雷恩罗杰表示，新工具的思路在于，设计出作为门控的光激活蛋白，让特殊信号进入特殊细胞。就是说保留目标细胞的自然信号路径，只是修改它，让它能被光打开，而不需要前面神经元释放的神经递质。

为此，研究人员制作出一种嵌合感光蛋白，称为“Opto－mGluR6”，由黑视素（视网膜感光色素）的感光区和ON－双极细胞代谢型谷氨酸受体（mGluR6）拼成。黑视素的“光天线”能抵抗褪色，无论光照射的频率多高、强度多大，嵌合蛋白的反应力度也不会减弱。而mGluR6是化学受体，将其变成光激活受体后，能保证高度的光敏性和快速的“正常”响应性。由于Opto－mGluR6由两种自体视网膜蛋白组成，还可能被免疫系统“放行”。

研究证明，患有色素性视网膜炎的小鼠，经过治疗能恢复日间视觉。克雷恩罗杰说：“对感光受体退化性眼病患者来说，新疗法有望让他们重见光明，比如那些得了严重老年性黄斑变性的患者，这在65岁以上老人中很常见，约1/10的人都不同程度地受其影响。”与原有疗法相比，新疗法的主要进步在于患者能在正常的日光条件下看见物体，无须强光照射或图像转化目镜。

二、光学元器件与仪器设备的新成果

（一）研制光学元器件的新信息

1. 研制发光二极管的新进展

发现新量子点能使发光二极管更亮且反应更快。2018年2月，国外媒体报道，瑞士苏黎世联邦理工学院物理学教授马克西姆·科瓦连科、材料工程学教授大卫·诺里斯等组成的研究团队，发现铯铅卤化物的量子点可以使得发光二极管更亮，并且点亮速度更快。

报道称，量子点是一种纳米微晶体半导体材质，其直径仅有2～10纳米，相当于10～50个原子宽度而已。该研究团队研发出的纳米微晶体是由铯铅卤化物组成，并以钙钛矿晶格排列。

科瓦连科表示，这种纳米微晶体受光子激发后可以快速发光。他通过改变纳米微晶体的组成和大小，用以激发出不同波段的可见光，并将其应用到发光二极管和显示器上。

诺里斯解释道，利用光子激发纳米微晶体，可以使电子离开原来晶格的位置产生空穴；而电子—电洞对处于激发态，若电子—电洞恢复到基态才会发光。

不过大部分的量子点材料皆会处于黑暗状态，也就无法吸收光子的状态，使得电子—电洞对无法恢复到基态，因此发光时间受到了限制而发生延迟。而铯铅卤化物量子点则通常不会出现黑暗状态，因此可以立即发光。这就是铯铅卤化物量子点反应速度快、被激发后的光也更亮的原因。

2. 开发光子传感器的新进展

研制高灵敏度的纳米光子传感器系统。2018 年 6 月，瑞士联邦理工学院哈蒂斯·阿尔图格、安德烈亚斯·梯特尔和德拉戈米尔·内舍夫等科学家组成的研究团队，在《科学》杂志上发表论文称，他们开发出一款紧凑型、高灵敏度纳米光子传感器系统，无须使用传统的光谱学技术便能识别分子的特征吸收。他们已经将该系统用于聚合物、农药和有机化合物的探测。更为重要的是，这项技术还与互补金属氧化物半导体传感器技术兼容。

有机物分子中的化学键都有其特定的方向和振动模式，这影响了分子对光的吸收，使每个分子都有其独一无二的“指纹吸收”。红外光谱学通过检测样本是否吸收分子的指纹特征频率，来探测样本中是否含有给定分子。然而，这种分析需要尺寸庞大、价格昂贵的实验室仪器。该研究团队开发的系统包含一种工程化的表面，覆盖有数百个被称为超像素的微型传感器系统，可以为表面接触的每个分子生成不同的“条形码”。这些“条形码”可以使用先进的模式和分类技术（如人工智能神经网络），进行识别、大规模分析和分类。

这款开创性传感器系统不仅灵敏度高，且能够实现微型化；它采用了能够在纳米尺度捕捉光的纳米结构，因而对系统表面上的样品具有极高的灵敏度。阿尔图格说：“我们想要探测的分子是纳米级的。”该系统表面的纳米结构被分为数百个超像素组，每个超像素都以不同的频率共振。当一个分子与系统表面接触时，该分子对光的特征进行吸收，会改变它接触的所有超像素的振动。

梯特尔介绍说：“非常重要的是，这些超像素的排列方式，可使不同的振动频率映射于系统表面的不同区域。”这就获得了一种像素化的光吸收图，可以转译为分子条形码。整个过程都不需要使用光谱分析仪。

内舍夫接着说：“这款新传感器系统的潜在应用很广。例如，它可以用于制造便携式医疗测试设备，为血液样本中的每种生物标记物都创建条形码。”研究人员表示，这项技术还可以与人工智能结合，为从蛋白质和DNA到农药和聚合物的各种化合物，创建并处理分子条形码库，为人们提供一种新工具，快速、精确地从复杂样本中发现微量的化合物。

3. 开发光学机械晶格的新进展

创建首个大型可配置超导电路光学机械晶格。2022年12月，瑞士洛桑联邦理工学院基础科学学院一个研究团队，在《自然》杂志上发表论文称，他们建造了第一个大型可配置的超导电路光学机械晶格，可克服量子光学机械系统的尺度挑战。该研究团队实现了光机械应变石墨烯晶格，并使用新的测量技术研究了非平凡的拓扑边缘状态。

对微机械振荡器的精确控制是许多当代技术的基础，从传感和定时到智能手机的射频过滤器。腔光力学使科学家能够利用电磁辐射压力来控制介观力学对象。这大大提高了人们对其量子性质的理解，使推进基态冷却、量子压缩和机械振子远程纠缠等许多研究成为可能。

前沿理论研究曾预测，研究光学机械晶格有望带来大量物理学和动力学方面的创新性发现，比如量子集体动力学和拓扑现象。但要在高度可控的条件下造出这种实验性设备，构建可承载多耦合光学和机械自由度的光学机械晶格一直是个挑战。

此次，研究人员开发了一种用于超导电路光学机械系统的新型纳米制造技术，该技术具有高再现性和对单个设备参数极其严格的公差，使他们能将不同的位置设计得几乎完全相同，就像在自然晶格中一样。

作为晶格单一位置的一部分，关键元件是所谓的“真空间隙鼓面电容器”，它由悬挂在硅衬底沟槽上的一层薄铝膜制成。这构成了器件的振动部分，同时形成了一个带有螺旋电感的谐振微波电路。

石墨烯晶格具有非平凡的拓扑特性和局部边缘状态。研究人员在他们所谓的“光机械石墨烯薄片”中观察到了这种状态，该薄片由24个位点组成。该研究团队的测量结果与理论预测非常吻合，表明他们的新设备是研究一维和二维晶格拓扑物理的可靠实验平台。

光机械晶格的演示，不仅提供了在真实的凝聚态晶格模型中研究多体物理的途径，而且当与超导量子比特相结合时，还有望带来一种新型混合量子系统。

（二）研制光学仪器设备的新信息

1. 开发光学仪器的新进展

推出傅立叶变换式红外线分光仪。2005 年 12 月，国外媒体报道，瑞士 ABB 集团开发出傅立叶变换式红外线分光仪，通过对药液进行实时监测，它不仅能够提高最终产品的质量与成品率，同时还能减少药液的用量和废弃量。

研究人员说："这种傅立叶变换式红外线分光仪，利用光纤连接用于半导体制造工艺的检测单元。在不发生污染的非接触状态下，最多可对 8 个测量点进行管理。测量对象达 30 多种，包括氢氧化铵、过氧水、盐酸、氢氧化钾、氟化铵、氟化氢和醋酸等。不论溶液中是什么成分，每个测量点只需 51 秒即可完成测量。"

由于能够把分析系统本身安装在离测量点最远为 100 米的位置，因此能够在没有药液的空气环境中进行管理，还可与控制系统结合使用。由于半导体制造工艺的检测单元尺寸很小，因此不需改造生产线即可配置。而且采用了含氟树脂加工，耐腐蚀。此外，还安装了用于湿式工艺的管理与控制专用软件。该软件除具有显示各测量点药液成分和浓度、保存数据等功能外，还具有一旦相关数据超过容许范围就会报警的功能。

2. 开发视光学设备的新进展

研发能自动对焦的智能隐形眼镜。2019 年 9 月，有关媒体报道，瑞士一家从事隐形眼镜开发与生产的公司研制出一种"智能隐形眼镜"，可以在白内障手术中把它作为晶体插入眼睛。据称，这款隐形眼镜可以根据物体的距离实时自动对焦。

报道称，传统用于恢复白内障视力的隐形眼镜是单焦点人工晶状体，而这家瑞士公司则在开发、生产和销售多焦点产品。

该公司开发的智能隐形眼镜使用电子控制，自动调节光学系统的曲率以匹配镜片度数。研究人员对该产品评论道："除了恢复视觉调节外，患者和医生还可以通过应用控制系统，在白内障手术后随时校准镜片。"此外，其提到未来也可能与增强现实（AR）等功能相结合。

公司管理人员表示，他们不久将在巴黎举行的欧洲白内障和屈光手术协会年会，以及在德国举办的医疗设备展览会展会上展示该产品的原型。此外，其还计划再增加 2000 万美元，用于开发这种隐形眼镜。

3. 开发观测光学设备的新进展

（1）研制出可把红外线变成可见光的检测装置。2021 年 12 月，由瑞士洛桑联邦理工学院基础科学学院克里斯多夫·加兰德教授领导，中国武汉理工大学、西班牙瓦伦西亚理工大学及荷兰原子和分子物理学研究所科学家参加的一个国际研究团队，在《科学》杂志上发表论文称，他们开发出一种检测红外光的新方法，通过把红外光的频率变为可见光的频率，能把常见的高灵敏度可见光探测器的“视野”扩展到远红外线。相关专家评论说，这是光学领域研究的一项突破性成果。

人类眼睛可看到 400～750 太赫兹之间的频率，这些频率定义了可见光谱。手机摄像头中的光传感器可检测低至 300 太赫兹的频率，而通过光纤连接互联网的检测器可检测到大约 200 太赫兹的频率。

在较低频率下，光传输的能量不足以触发人类眼睛和许多其他传感器中的光感受器，而 100 太赫兹以下频率的中红外和远红外光谱，有着丰富的可用信息。例如表面温度为 20℃的物体，会发出高达 10 太赫兹的红外光，这可以通过热成像“看到”。此外，化学和生物物质在中红外区域具有不同的吸收带，这意味着可通过红外光谱远程无损地识别它们。

但变频并不是一件容易的事。由于能量守恒定律，光的频率无法通过反射或透射等方法轻易改变。

在这项新研究中，研究人员通过使用微小振动分子为介质向红外光添加能量，来解决这个问题。红外光被引导到分子，在那里被转换成振动能量。同时，更高频率的激光束撞击相同的分子，以提供额外的能量，并将振动转化为可见光。为了促进转换过程，分子夹在金属纳米结构之间，通过将红外光和激光能量集中在分子上，充当光学天线。

加兰德教授说：“新设备具有许多吸引人的功能。首先，转换过程是连贯的，这意味着原始红外光中存在的所有信息都忠实地映射到新产生的可见光上。它允许使用标准探测器，如手机摄像头中的探测器，进行高分辨率红外光谱分析。其次，每个设备的长度和宽度约为几微米，这意味着它可以合并到大型像素阵列中。最后，该方法具有高度通用性，只需选择具有不同振动模式的分子，即可适应不同的频率。”

（2）研制出用于探测X射线的消色差透镜。2022年3月14日，瑞士保罗谢勒研究所X射线纳米科学与技术实验室物理学家克里斯蒂安·大卫领导的研究小组，在《自然·通讯》杂志上发表论文称，他们开发出一种突破性的X射线消色差透镜。这使得X射线束即使具有不同的波长，也可以准确地聚焦在一个点上。新透镜将使利用X射线研究纳米结构变得更加容易，特别有利于微芯片、电池和材料科学等领域的研发工作。

要想在摄影和光学显微镜中产生清晰的图像，消色差透镜必不可少。它们可以确保不同颜色，即不同波长的光，能够清晰聚焦，从而消除模糊现象。

直到现在才开发出一种用于X射线的消色差透镜，这一事实乍一看可能令人惊讶，毕竟可见光消色差透镜已经存在200多年了。它们通常由两种不同的材料组成。光线穿透第一种材料分裂成光谱颜色，就像穿过传统的玻璃棱镜一样。然后，它通过第二种材料来逆转这种效果。在物理学中，分离不同波长的过程称为“色散”。

然而，大卫解释说：“这种适用于可见光范围的基本原理，并不适用于X射线范围。”对于X射线来说，没有哪两种材料的光学性质，在很大的波长范围内有足够的差异，从而使一种材料可以抵消另一种材料的影响。换句话说，X射线范围内材料的色散太相似了。

此次，研究小组没有在两种材料的组合中寻找答案，而是将两种不同的光学原理联系在一起。这项新研究的主要作者亚当·库贝克说：“诀窍是意识到我们可以在衍射镜前面放置第二个折射镜。”

研究小组用已有的纳米光刻技术来制造衍射镜，并用微米级的3D打印制造出折射结构，成功开发出用于X射线的消色差透镜解决了上述问题。

为了验证他们的消色差X射线透镜，研究人员在瑞士同步辐射光源使用了一条X射线光束线，还使用光刻技术来描述X射线光束，从而描述消色差透镜。这使得研究人员能够精确地探测到不同波长的X射线焦点的位置。

他们还使用一种方法对新透镜进行测试，这种方法将样品以小光栅步移过X射线束的焦点。当X射线束的波长改变时，用传统X射线透镜产生的图像变得非常模糊。然而，当使用新的消色差透镜时，这种情况就不会发生。

（3）开辟显微镜吸引人的新用途。2022年8月，瑞士洛桑联邦理工学院与德国马克斯普朗克研究所、哥廷根大学组成的一个国际研究团队，在《科学》杂志上发表论文称，他们首次在电子显微镜中以可控方式成功创建了电子—光子对。这一新方法，可同时生成两个成对的粒子，且能够精确地检测到所涉及的粒子。该研究结果扩展了量子技术的工具箱。

世界各地的科学家都在尝试把基础研究的成果应用到量子技术中。为此，通常需要具有定制特性的单个粒子。

该研究团队成功地在电子显微镜中耦合单个自由电子和光子。在哥廷根大学的实验中，来自电子显微镜的光束穿过由瑞士团队制造的集成光学芯片。该芯片由一个光纤耦合器和一个环形谐振器组成，该谐振器通过将移动的光子保持在圆形路径上来存储光。

研究人员解释说："当一个电子在最初的空谐振器上散射时，就会产生一个光子。在这个过程中，电子损失的能量正好是光子在谐振器中从无到有创造出来所需的能量。结果，这两个粒子通过它们的相互作用耦合成一对。"通过改进测量方法，物理学家可精确地检测所涉及的单个粒子及其表现。

研究人员强调，使用电子—光子对，只需要测量一个粒子即可获得有关第二个粒子的能量和时间的信息，这使得研究人员可在实验中使用一个量子粒子，同时通过检测另一个粒子来确认它的存在。这对于量子技术的许多应用来说都十分必要。

研究人员将电子—光子对视为量子研究的新机遇。该方法为电子显微镜开辟了吸引人的新用途。在量子光学领域，纠缠光子对已经改善了成像。通过该项工作，可用电子来探索这些概念。研究人员称，这是第一次将自由电子纳入量子信息科学的工具箱。更广泛地说，使用集成光子耦合自由电子和光，可为新型混合量子技术开辟道路。

第二节　开发激光技术与设备的新进展

一、开发应用激光技术的新成果

（一）微电子领域应用激光技术的新信息

1. 利用激光技术揭示近藤效应

2011 年 6 月 30 日，由瑞士、美国、德国的科学家组成的一个研究小组，在《自然》杂志上发表研究成果称，他们利用激光技术，已揭示出近藤效应状态下单电子活动特征。近藤效应，是指含有极少量磁性杂质的晶态金属，在低温下出现电阻极小的现象。

此前，人们的进展只能测量到近藤状态，却无法获知电子是如何与其周围环境发生纠缠现象的。而今，研究小组利用激光散射技术终于揭开单个电子与其周围环境产生的纠缠态，这为研究近藤效应提供了全新视角。

这项成果不仅有助于解决长期困扰理论物理学家们的难题，还能帮助实现在尽可能小的空间内存储信息，从而开辟出更广阔的运算能量新领域，推动量子计算机的进程。

2. 利用激光技术连接超冷原子和机械振荡

2014 年 11 月，由瑞士巴塞尔大学物理系教授菲利普·图特莱恩领导，安德里亚·乔克尔等专家参加的研究小组，在《自然·纳米技术》杂志上发表论文称，他们利用通过激光形成的超冷原子气体作制冷剂，把一种膜振动冷却到接近绝对零度，首次实现了超冷原子与机械振荡之间的连接。这一技术可用于给量子机械系统制冷，有望让量子物理实验系统变得更强大，并带来新的精密检测设备。

超冷原子气体是目前最冷的物质之一，是用激光束把原子陷落到一个真空室内，使它们运动得越来越慢，由此温度达到非常接近绝对零度。在这种温度下，原子服从量子物理法则：它们就像一个个小波包那样来回运动，能同时处在多个位置并互相叠加。目前已有许多技术利用这些特征，如原子钟及其他精密检测仪器。

在新研究中，研究小组就是用通过激光形成的这种超冷气体作为制冷剂，把一块 1 毫米见方的振动膜冷却到比绝对零度高出不足 1℃（零下 272.15℃以内）。据报道，该膜是一块 50 纳米厚的氮化硅膜，上下振动就像一面小鼓的鼓皮。这种机械振动是永远不会完全静止的，它表现了一种热振动，取决于膜的温度。

由于原子极微小，迄今造出的最大原子云也只由几十亿个超冷原子组成，比一粒沙子包含的粒子数还少，所以原子云制冷的力量极为有限。

乔克尔说："这里的诀窍是，希望膜以何种模式振动，就把原子的全部制冷力量都集中到这种振动模式上。原子与膜之间的相互作用，由激光束引起。激光对膜与原子产生了压力，膜的振动改变了光对原子的压力，反之亦然。”激光能跨越几米远的距离传递制冷效应，所以原子云无须直接与膜接触。这种连接作用还可以通过两面镜子组成的光学共振器放大，膜在两面镜子之间，就像三明治。在本实验中，虽然薄膜包含的原子数是原子云的 10 亿倍，但研究人员还是观察到很强的制冷效应。

以往科学家只是理论上提出，可以用光来连接超冷原子和机械振荡。本研究是世界上首次在实验中实现了这一系统，并用它来给振荡物体制冷。研究人员指出，如果进一步改进该技术，还可能把膜振动制冷到量子力学基态。

对研究人员来说，用原子冷却膜只是第一步。图特莱恩说：“与光致作用相结合，能很好地控制原子的量子性质，这为量子膜控开辟了新的可能。”人们有可能用相对宏观的机械系统来做量子物理实验，以前所未有的精确度检测膜振动，反过来开发出针对微小力和质量的新型传感器。

（二）天文气象领域应用激光技术的新信息

1. 天文方面应用激光技术的新进展

利用激光技术在实验室再现伽马射线暴。2018 年 1 月 17 日，美国趣味科学网站报道，一个由瑞士、法国、美国和英国等国的科学家组成的国际研究团队，在《物理评论快报》杂志上发表论文称，他们借助地球上最强烈的激光，首次在实验室中制造出“迷你”版伽马射线暴，证实了目前用于研究伽马射线爆发的模型是正确的。这项新成果有助于进一步理解黑洞的属性，以及宇宙的诞生甚至演化历程。

伽马射线暴是光的强烈爆发，是人们观测到的最明亮事件，持续时间仅几秒，有些甚至能被肉眼看到。不过，科学家并不真正了解其源头。有人认为，有些伽马射线暴是先进外星文明发出的信号；也有人认为，伽马射线暴源于黑洞等大质量天体。但研究伽马射线暴面临几个问题：它们不仅持续时间短，且源于遥远的星系，有些星系甚至距地球数十亿光年。

理论预测指出，黑洞释放出来的光束主要由电子和其反物质——正电子组成，这些光束必定拥有强烈的自生磁场，磁场周围粒子的旋转会释放出强大的伽马射线暴，但这些磁场如何产生却不为人知。

有人提出，厘清伽马射线暴的最佳方法是在实验室小规模再现它们。

该研究团队通过使用地球上最强烈的激光——卢瑟福·阿普尔顿实验室的双子星激光，成功创造了这一现象首个小规模“复制品”。

在最新实验中，研究人员首次观察到，一些在伽马射线暴生成中扮演重要角色的关键现象，比如持续很长时间的磁场自生等。这些观测，能够佐证与这些磁场的强度和分布有关的一些重要理论预测。简言之，实验独立证实了，目前用于研究伽马射线爆发的模型是正确的。

该研究团队发表的最新论文，为研究伽马射线暴的属性开辟了全新途径。了解伽马射线暴如何形成，将使人们能更多地了解黑洞，从而进一步研究宇宙的诞生和演化。

2. 气象方面应用激光技术的新进展

（1）利用激光技术进行人工降雨。2010 年 5 月，由瑞士日内瓦大学物理学家热罗姆·卡斯帕里安主持的一个国际研究小组，在《自然·光子学》杂志发表研究报告说，目前人工降雨技术一般是在空中播撒碘化银颗粒作为凝结核，促使水蒸气凝结，而他们发明了一种新技术，尝试用激光把空气分子离子化，使之成为天然的凝结核，从而达到人工降雨的目的。

据介绍，这种新技术的原理是向空气中发射一种高能量短脉冲激光，它会使照射路径上的氮气分子和氧气分子离子化。这些离子化的空气分子就成为天然的凝结核，促使水蒸气凝结为水滴。

研究人员向含有水蒸气的实验装置中发射这种激光，可以马上观察到直径约 50 微米的水滴形成，这些小水滴还会进一步合并为直径约 80 微米的大水滴。户外实验也显示，在空气湿度较高的情况下，发射这种激光可以促使空气中水滴的形成。

卡斯帕里安说：“这一技术目前还处于初级阶段，不能马上用于人工降雨，因为一束激光只能促使其所照射的路径上形成水滴。下一步研究将探索是否能通过用激光扫过天空的方式，促使水滴在更大面积的空气中形成。”还有观点认为，虽然一束激光不能直接用于人工降雨，但可以通过测量它所促使形成的水滴规模来判断空气湿度，从而帮助降雨预测。

（2）利用激光技术助力通信穿透云层。2018 年 10 月，国外媒体报道，瑞士日内瓦大学一个由光学专家组成的研究小组，为了能够更好地进行激光通信，正在研究如何运用激光技术来穿透云层。

激光通信是一种利用激光传输信息的通信方式。激光通信系统组成设备包括发送和接收两个部分。发送部分主要有激光器、光调制器和光学发射天线。接收部分主要包括光学接收天线、光学滤波器、光探测器。要传送的信息送到与激光器相连的光调制器中，光调制器将信息调制在激光上，通过光学发射天线发送出去。在接收端，光学接收天线将激光信号接收下来，送至光探测器，光探测器将激光信号变为电信号，经放大、解调后变为原来的信息。

激光通信有一个最大的缺点，即光线不能被阻断，一旦光路受阻，信息就无法传输，这一点在卫星与地面的天地通信中尤为严重，变化多端的云雾会产生“幕布”的作用。据悉，为防止云层阻挡激光的传输，瑞士研究小组正在致力于研究用超热激光在云层中烧出一个临时的“洞”，从而实现即使有云层遮挡也能进行激光通信。

相关研究人员表示，现在该技术已经能够穿透半米厚的人造云，而这种人造云中单位体积的水分含量是普通云的 1 万倍，也就是说在实际环境中这种激光束可以穿透几千米厚的云层。报道称，该技术会在 2025 年左右向全球推广，这对于激光通信的推广普及有着重大意义。

（三）其他领域应用激光技术的新信息

1. 材料方面应用激光技术的新进展

借助短红外激光脉冲实现材料的短时室温超导现象。2014 年 12 月，一个由德国马克斯·普朗克物质结构与动力学研究所安德烈·卡弗拉里研究员领导、瑞士和法国等国的科学家参加的国际研究小组，在《自然》杂志上发表论文称，经过一年的实验，他们借助短红外激光脉冲在一种陶瓷材料上成功实现了室温超导，虽然只有百万分之几微秒，但它是一个重大突破。这一成果，有助于开发新型高温超导材料，并发现这些材料的新用途。

据报道，该研究小组发现，用红外激光脉冲照射一种叫作钇钡铜氧化物的晶体时，它在室温下（300K）短暂地显出了超导性。他们认为，是激光脉冲使晶格中的原子出现了暂时改变，从而提高了材料的超导性。

最初，超导只是在接近绝对零度（－273℃）时少数金属中出现的现象，到 20 世纪 80 年代，物理学家发现了一类新的基于陶瓷的材料，能在−200℃左右无阻导电，称之为高温超导体。其中钇钡铜氧化物在技术应用上最有前景，有望用在超导电缆、发动机、发电机等方面。

钇钡铜氧化物晶体的结构很特殊：薄的氧化铜双层和厚的含钡铜氧层交替层叠。超导性就来自氧化铜双层，这里的电子能结合成库伯对，在各层间形成隧穿，就像幽灵穿过墙壁，这就是典型的量子效应。但晶体只在低于临界温度时才出现超导，那时库伯对才能通过厚的中间层在各个薄的双层间隧穿。在临界温度以上，厚层中的库伯对就会消失，使导电性变得很小。

该研究小组发现，激光明显改变了晶体中各双层间的耦合，但其确切机制还不清楚。研究人员说："我们向晶体发射红外脉冲，激发了特定的原子振荡。随后，我们很快用短X射线脉冲，检测了受激晶体的精确结构。"结果发现，红外脉冲不仅激发了原子振荡，而且改变了它们在晶体中的位置。这种短暂的冲击让二氧化铜双层变得更厚——变厚了2皮米，一个原子直径的1%，而双层间的厚层变薄了同样数量。这提高了双层间的量子耦合能力，使晶体能在室温下出现几皮秒的超导。

直到目前，超导磁体、发动机和电缆，还必须用液氮或液氦制冷到极低温度。如能省掉复杂的制冷程序，将是这项技术的重大突破。研究人员说，一方面，新发现有助于改进尚不完善的高温超导理论；另一方面，它能帮助材料科学家开发出临界温度更高的新型超导体，最终实现无须制冷的高温超导梦想。

2. 医学方面应用激光技术的新进展

研制以激光技术发射声音的耳蜗植入物。2017年11月，国外媒体报道，瑞士电子与微科技中心相关专家组成的一个研究小组，在德国汉诺威激光中心的支持下，开发新一代耳蜗植入物，它利用光脉冲刺激听觉神经，从而改善现有耳蜗植入物的功用。

传统耳蜗植入物依赖于一系列直接靠在内耳膜上的电极，并且利用电信号刺激下方的听觉神经。不过，植入它们可能进一步损伤听力，同时电流会很轻易地在神经组织中扩散，从而刺激附近细胞。对病人来说，这是一种噪音。

瑞士研究小组探索基于最近发现的光声效应，即细胞可被红外光脉冲刺激。不过，这到底是如何发生的一度成为一些争议的来源。一种理论认为，它之所以能起作用，是因为用光脉冲快速加热的神经细胞导致其去极化，从而触发动作电位；另一种理论认为，激光脉冲迅速加热内耳中的水分子，从而引发令头发振动的微小冲击；这和声波通常起作用的方式相似。

如今，德国汉诺威激光中心研究人员发现了支持后一种理论的证据：他们的系统在听觉神经完好但失去毛发细胞的豚鼠中无法发挥作用。瑞士研究小组表示，这支持了光声刺激理论。他们打算利用这种对声光效应的改良，开发以激光技术发射声音的新一代耳蜗植入物。研究人员说，研发这种设备是“产生自然光声的主动式植入物”项目的一部分，该项目耗资400 万欧元，由欧盟提供部分资助。

研究人员表示，他们下一步关注点是让该装置变得更加节能，从而使电池持续更长时间。现有耳蜗植入物将不会被代替。相反，很有可能两种技术会被结合起来，从而为患者提供既拥有更大灵活性又能随着时间流逝适应其需求的助听设备。

3. 交通及自动化方面应用激光技术的新进展

开发新的闪光激光雷达技术。2022 年 3 月 25 日，激光网报道，瑞士萨尔甘斯的瑷镨瑞思公司（Espros），与美国俄勒冈州的普力埃克特技术公司（PreAct）宣布了一项合作协议，将为汽车、卡车运输、工业自动化和机器人等领域的特定应用，开发新的闪光激光雷达技术。

此次合作结合了瑷镨瑞思公司的“超环境光强飞行时间技术”，以及普力埃克特公司可软件定义的闪光激光雷达的动态能力，旨在创造合作双方所称的下一代近场传感器系统设备。

普力埃克特首席执行官保罗・德莱什评论说：“我们的目标是提供高性能、可软件定义的传感器，以满足各行业客户的需求。展望未来，所有行业的车辆都将是软件定义的，而我们的闪光激光雷达解决方案从一开始就为支持这种基础设施而构建。”

汽车和卡车行业，继续把高级驾驶辅助系统和自动驾驶功能整合到车辆中，由于美国高速公路安全管理局刚刚宣布，要求在完全自动驾驶的车辆中进行人工控制，因此对超精确和高性能传感器的需求，以及对确保安全的自动驾驶至关重要。

瑷镨瑞思和普力埃克特联合创造的传感器，有望解决重要的高级驾驶辅助系统和自动驾驶功能，如交通标志识别、路边检测、夜视和行人检测。合作双方表示，其帧率和分辨率是市场上所有传感器中最高的。

除了为汽车和卡车运输提供解决方案外，这两家公司还将解决不断扩大的机器人行业面临的一些问题。根据联合市场研究机构发布的一份市场报告，全球工业机器人市场规模预计将在2030年达到1168亿美元。研究人员表示，闪光激光雷达技术系统正在着手实现广泛的机器人和自动化应用，包括二维码扫描、障碍物规避和手势识别等。

瑷镨瑞思公司总裁兼首席执行官彼特·德库依评论说："我们已经计划用普力埃克特的硬件和软件，来展示我们的3D芯片组的能力。通过将我们一流的测距芯片与普力埃克特的创新和驱动力相结合，我们将看到巨大的成果，客户将从这种伙伴关系中受益。"

二、研制激光设备的新成果

（一）开发新颖激光器的新信息

1. 推出紧凑型激光焊接器

2012年6月，有关媒体报道，瑞士激光焊接和切割系统供应商苏特克公司（Soutec）推出一款全新紧凑型汽车用激光焊接器，主要针对分散式设备小型产品的加工需求。

分散的全球汽车行业，随着新市场的增长，促使汽车制造商建立外围生产基地，经常远离主要生产工厂，以帮助减轻产量波动。这些协作平台不适合大容量或高性能定制毛坯激光焊接系统。同时，他们仍然需要过程可靠性和焊接质量。

因此，苏特克推出该款紧凑型激光焊接器，它可以焊接硼钢和一系列铝合金，也可以对厚度为0.5～3.0毫米的金属板材进行批量加工。用连续焊缝测量跟踪和质量控制系统调节线速，以确保有足够的材料一直出现在熔池范围。通过额外的填充焊丝能使金属板料之间闭合间隙＜0.3毫米。焊缝长度范围为200～2000毫米，可根据具体要求选择。

这款激光焊接器可以打包在40尺集装箱里海运，减少运输成本。它也可以方便地搬运到另一个位置，如果作为一个备份机器，具有生产上的灵活性。

2. 研制出小如米粒的便携式太赫兹激光器

2020 年 11 月 2 日，瑞士苏黎世理工大学物理学家杰罗姆·法斯特带领的研究团队，在《自然·光子学》杂志上发表研究成果称，他们研发出一种新型米粒大小的便携式太赫兹激光器，可用于饼干大小的插入式冷却器。这项研究将推动太赫兹激光器在医学成像、通信、质量控制、安全和生物化学等诸多领域大显身手。

此前，基于芯片的紧凑型激光器已经攻克了从紫外线到红外线的大部分电磁频谱，使开发相关数字通信、条形码阅读器到激光指示器和打印机的技术成为可能。但频谱的一个关键区域仍然未能突破，即位于红外光与微波之间的太赫兹频率。

2019 年，该研究团队研制出一种太赫兹量子级联激光器，由上百层砷化镓和铝砷化镓交替组成，工作温度为零下 63℃。这一发明，被认为是弥合半导体电子与光子源之间所谓“太赫兹间隙”的重大突破。然而，它仍然需要笨重而昂贵的低温冷却器。苛刻的冷却条件，把紧凑型太赫兹激光器技术限制在实验室的环境中。

如今，这种限制已不复存在。此次新成果指出，研究人员采用清洁三能级系统设计策略，在一块芯片上制造出一种米粒大小的太赫兹量子级联激光器（约为 4 太赫兹），其工作温度为－23℃，在饼干大小的插入式冷却器工作温度范围之内。

意大利国家研究委员会纳米科学研究所的凝聚态物理学家米里亚姆·维蒂洛说：“这是一项了不起的成就，因为提高太赫兹激光器的温度一直是研究的长期目标。”

研究人员表示，室温太赫兹源可与室温下工作的太赫兹探测器配对，目前他们正在开发这一技术。这种结合可能推动太赫兹成像仪等技术的出现，或者在机场、航空公司等地检测是否有隐藏的爆炸物、非法药物，甚至假药等。

（二）开发激光设备的其他新信息

1. 提高激光器效率研究的新进展

发现可使激光器更有效率的新方法。2006 年 3 月，有关媒体报道，瑞士纽夏特大学与英国伦敦皇家学院科学家组成的一个研究小组，采用特殊排列的纳米微晶，在不需要粒子数反转的情况下实现了光的放大。这种新方法可望使激光器变得更有效率。

一般激光器中的活性介质多半是气体或晶体，其中的原子必须先被激发，使多数电子位于两条能阶中较高者（达到粒子数反转），通过的光束，刺激电子落入低能阶而发出相同波长的光，才能产生激光。现在，该研究小组却发现，如果以脉冲把两条能阶中电子波函数的量子相位耦合起来，则不需要居量反转系统也能发光。虽然科学家已经在气体中实现观察上述现象的条件，但在此之前仍未在固体中观察到。

纳米微晶由于量子尺寸效应之故，具有类似原子的离散能阶，因此被称为人造原子。该研究小组以砷化铟镓及砷化铝铟制造出一层半导体纳米微晶，该结构含有三条能阶，其能量大小及间距可以通过改变纳米微晶层的厚度及成分加以调整。被激发的电子可以跃迁至第二能阶，或跃迁至第三能阶再到第二能阶。研究人员利用激光脉冲来控制上述两种过程的电子相位，使其产生交互作用，结果发现在相干的情况下，即使高达80%的电子仍在基态，系统仍会发光。

这项实验也可用来达成电磁致透明效应。以脉冲激光激发电子在原子的两条能阶间跃迁，在一定的条件下，电子与光子间的量子干涉效应能使跃迁概率降为零，于是第二道频率与此共振的探测激光器将能在没有吸收的情况下穿越该介质。

该研究小组观察到材料的折射率，因量子干涉效应而增加了数个数量级，材料中的光速因而大幅降低。研究人员表示，这个现象可望应用在光储存及量子计算上。

2. 研制量子系统激光开关的新进展

研制出把光场转化为机械振动的量子系统激光开关。2010 年 11 月 11 日，瑞士洛桑联邦理工大学光子和量子测试实验室与德国马克斯普朗克量子光学研究所科学家组成的国际研究小组，在《科学》杂志上发表论文称，在他们研发的一套设备中，穿过一个光学微共振腔的一束激光光线，能够被第二束更加强烈的激光光线控制，因此，该设备就如同光敏晶体管。光敏晶体管是指在有光照射时能输出放大的电信号，而无光照射时便处于截止状态的三极管，它不仅有光电转换作用，而且还能放大光信号。

研究人员表示，他们推出的这套设备具有独特的开关耦合系统，可以把光子和机械振动耦合在一起。这有望在通信和量子信息技术领域“大展拳脚”，可用于研发新颖的全光缓存器、控制量子层级的光学机械系统等。

该研究小组研制的光学微共振腔具有两个特点：①它把光线收集在一个细小的玻璃结构中，引导这束光线进入一种循环模式。②这种结构就像玻璃酒杯一样，会以非常精确的频率震动。但这种结构非常纤细（只有人头发丝直径的几分之一），其振动频率是玻璃酒杯振动频率的 1 万多倍。

当光束射入该设备时，光子会产生辐射压力，这种压力会被共振腔放大。其结果是，压力不断增强，导致共振腔变形，将光线和机械震动耦合在一起。如果使用两束光线，具有机械振动的两束激光之间的交互作用，会制造出一种光学“开关”：较强的“控制”激光能够打开或者关闭较弱的“探测”激光，正如电子晶体管中出现的情况一样。

把辐射转化为震动被广泛应用于移动手机中，例如手机接收器可以把电磁辐射转化为机械振动，有效地过滤信号。但是，科学家一直不能使用光来进行这样的转化。现在，这套设备首次把光子光场转化为机械振动，这将在通信领域大有用武之地。例如研究人员可以设计出新奇的全光缓存器，在几秒钟之内存储大量光学信息。

目前，全球各地的研究人员正想方设法控制量子层级的光学机械系统，这种新颖的可开关耦合系统可以被作为混合量子系统的一个重要接口，帮助研究人员扫清相关障碍。

第四章　天文领域的创新信息

瑞士在探测太阳系领域的研究成果，主要集中于证明外地核中存在的唯一轻元素可能是氧，证实下地幔受到地球生命发展的影响，绘出太平洋下方地球核幔边界最大尺度超低速带三维结构。认为地球上的水可能并非来自彗星，发现地球早期大气或像金星的一样有毒，揭示低密度岩浆积累会导致超级火山喷发。用人工智能算法探测月球永久阴影区，发现月球继承地球地幔中的稀有气体，发现月球在过去25亿年里不断远离地球。探测火星次表层与内部结构，探测火星陨石撞击与火山影响，还对彗星与陨星进行研究。在天文领域研究的其他成果，主要集中于绘制出迄今最大三维宇宙地图，用布基球实验分析解开宇宙光百年之谜，对宇宙暗物质组成提出不同见解。首次用计算机模拟出类银河星系，搜寻并探测系外行星，确认太阳系外存在新形式的“超级地球”，认为富含氢氦的系外行星长期宜居。同时，研制小微卫星紧凑型新发动机，开发清理太空轨道上垃圾碎片的卫星。

第一节　探测太阳系的新进展

一、地球探测研究的新成果

（一）探测地球内部构成要素的新信息

1. 地球地核探测研究的新进展

证明外地核中存在的唯一轻元素可能是氧。2014年5月，物理学家组织网报道，一个由瑞士、法国和英国的科学家组成的研究小组，在美国《国家科学院学报》上发表论文称，他们通过地震数据、实验室实验和理论模型研究得出结论，证明氧是外地核中唯一的轻元素。该论文描述了研究人员如何在实验室中排除了在外地核中可能存在的其他轻元素，而只留下氧。

据报道，外地核的组分及其轻元素的含量一直都是化学家和地球物理学家关心的重要课题。科学家们此前曾认为外地核主要由铁构成，而通过对地震、火山爆发等数据的分析，测得地球当时的转动惯量，发现同等条件下，地球外核应该比纯铁的密度低。随后对陨石成分的测量分析让大多数人相信，外地核中除了铁外还有少量的镍。再后来，又有科学家猜测当地核遇到地幔时，应该还有一些其他元素趁机进入地核当中，其中可能存在的元素包括硅、碳、氧、硫和氢等，其中硫和氧的可能性被认为最大，但一直以来都没有人能够通过单独的地震数据或实验模型证明这一点。

为了解决这一问题，新研究中研究人员通过对铁和镍进行加热加压的方式，在实验室中模拟地球的内核，而后逐一添加被怀疑的轻元素进行实验。通过使用密度泛函理论，一个又一个的可疑元素被剔除了，最终只留下了氧。他们的计算表明氧元素占地球外核的 3.7％。

研究人员承认，他们关于地核中存在氧的理论并不新鲜，这项研究的价值是通过实验等数据证实了这一猜测。氧在外地核中存在的理论将改变此前对早期地球的假设，意味着那时候的地球将更加温暖。

即便如此，也不是所有的科学家都认同这一结论，尤其是硫的缺乏，目前不少陨石中都包含有硫，且硫也被认为是火星内核的重要组成成分。因此，要说服绝大多数的科学家，这项研究还有更多的工作要做。

2. 地球地幔探测研究的新进展

证实下地幔受到地球生命发展的影响。2022 年 4 月，瑞士苏黎世联邦理工学院地球科学系一个研究小组，在《科学进展》杂志上发表论文称，他们研究证实 5.4 亿年前动物种群大爆发永久性地改变了地球，其影响深度到达了地球下地幔。

地球碳循环受到沉积物质向地幔俯冲的强烈影响。沉积俯冲通量的组成，在地球历史上发生了较大的变化，但这些变化对地幔碳循环的影响尚不清楚。

研究人员基于对 150 多个来自地幔深处的金伯利岩样品的碳同位素组成分析发现，年龄不到 2.5 亿年的年轻金伯利岩的成分与较老岩石的成分差异很大。年轻的金伯利岩的碳同位素 δ13C 值接近典型的地幔值，而年龄小于 2.5 亿年的金伯利岩显示更低、分异度更大的 δ13C 值。研究人员看到了寒武纪大爆发中，金伯利岩组成变化的决定性触发因素，这个相对较短的阶段发生在大约 5.4 亿年前的寒武纪开始时的几千万年。

在这个剧烈的转变期，几乎所有现存的动物部落都是第一次出现在地球上。海洋中生命形式的显著增加决定性地改变了地球表面，这反过来又影响了海底沉积物的组成。对于地球的下地幔来说，这种转变是相关的，因为海底的一些沉积物，也就是死去生物的物质沉积，通过板块构造进入地幔。沿着俯冲带，这些沉积物连同下面的洋壳被输送到很深的地方。通过这种方式，作为有机物质储存在沉积物中的碳也到达了地幔。在那里，沉积物与来自地幔的其他岩石混合，经过一段时间，估计至少 2 亿～3 亿年，在其他地方再次上升到地球表面，例如以金伯利岩岩浆的形式。

值得注意的是，海洋沉积物的变化留下了如此深刻的痕迹，因为总的来说，只有少量的沉积物沿着俯冲带被输送到地幔深处。这证实了地幔中俯冲的岩石物质不是均匀分布的，而是沿着特定的轨迹移动的。除了碳元素，研究人员还检测了其他化学元素的同位素组成，例如锶和铪这 2 种元素显示出与碳相似的模式。这意味着，碳的特征不能用其他过程来解释，比如脱气，否则锶和铪的同位素就不能与碳的同位素相关联。

研究人员称，新的发现为进一步研究打开了大门。这些观测结果表明，地球表面的生物地球化学过程，对深部地幔有着深远的影响，揭示了深层碳循环与浅层碳循环之间的紧密联系。例如磷或锌等元素，它们受到生命出现的重大影响，同时也为认识地球表面过程如何影响地球内部提供了线索。

3. 地球核幔边界探测研究的新进展

绘出太平洋下方地球核幔边界最大尺度超低速带三维结构。2022 年 2 月 24 日，瑞士伯尔尼大学丹·鲍尔博士与中国科学技术大学孙道远教授课题组合作形成的研究小组，在《自然·通讯》杂志上发表论文称，他们对地球核幔边界大尺度超低速异常体结构的研究取得重要进展，获得了太平洋下方迄今为止所发现的最大尺度超低速带的三维结构。

地球核幔边界广泛分布着超低速带，它是核幔边界存在的一种结构异常。大多数现有观察到的超低速带聚集在下地幔大尺度低速体的边缘，其详细特征在地球演化研究中具有特殊意义。

已有研究指出，太平洋下地幔大尺度低速体的北部边界存在超大尺度柱状超低速带，但由于缺乏南—北方向数据，该超低速带的位置、大小等信息尚不清楚。2016 年以来，随着阿拉斯加地区地震监测台站数量不断增加，利用南—北、东—西两个方向的地震数据来“绘出”该区域内大尺度低速体的边界与超低速带三维结构成为可能。

研究小组通过对两个方向不同的地震波的测量，确定太平洋大尺度低速体北部边界处的高度约 900 千米、大尺度低速体内部的横波速度扰动，以及大尺度低速体向北倾斜的边界特征。他们进一步利用波形拟合的方法，得到超大尺度超低速带的三维结构，其尺寸约 1500 千米×900 千米，高度约 50 千米，S 波波速降为 10%。根据超低速带内部的横纵波速度扰动比值，研究人员认为它是由化学异常所造成的。

结合大尺度低速体、超低速带及古老俯冲板片的位置关系，研究小组对超大尺度超低速带的形成提出假说，认为太平洋大尺度低速体的北部边界处，存在长期稳定由俯冲板片主导的水平地幔汇聚流，小尺度的超低速带在地幔流的作用下，不断在大尺度低速体的边缘处累积，最终形成现在探测到的超大尺度超低速带。同时，由于地幔流的作用，大尺度低速体也形成了向北倾斜的形态。

相比之下，太平洋大尺度低速体东北缘探测到的小尺度超低速带，是剪切地幔流将大尺度超低速带不断破碎化所造成，而其中导致的强烈的热不稳定性，可能会触发地幔热柱的产生，因此，夏威夷热点下方地幔热柱的起源更可能来源于大尺度低速体东北部边界。

研究小组的假说与动力学研究结果有很好的相关性。这一成果显示了更精确的地震图像，对认识地球下地幔动力学过程具有重要意义。

（二）探测地球外部构成要素的新信息

1. 地球水圈探测研究的新进展

认为地球上的水可能并非来自彗星。2014 年 12 月 10 日，欧洲航天局当天报道，瑞士伯尔尼大学一个研究小组在《科学》杂志上发表论文认为，67P/丘留莫夫－格拉西缅科彗星上水蒸气的构成，与地球水有显著差异。这说明，地球上的水可能并非来自彗星。

许多科学家认为，在太阳系形成早期，由于大量彗星和小行星撞击地球，给地球带来了水。若想判定地球上的水是否源自某一天体，就要分析该天体上水蒸气中重氢（氘）与氢的比例。若比例与地球水相当，则说明地球上的水可能来自该天体。

目前，人类探测的主要是周期在200年以内的短周期彗星。其中，67P彗星是木星族彗星，公转周期在20年以下；另一种是哈雷族彗星，公转周期20～200年，最著名的就是哈雷彗星。

1986年，哈雷彗星“回归”地球。当时的探测结果显示，哈雷彗星上水蒸气的重氢比例高于地球。3年多后，木星族彗星“哈特雷2号”的分析结果表明，其水蒸气中的重氢比例与地球一致，地球之水来自彗星的理论又开始盛行。

现在，瑞士研究小组报告称，“罗塞塔”彗星探测器于2014年8月初进入环绕目标彗星的轨道，该探测器在一个月内发回的50多个分析结果显示，与地球水相比，67P彗星水蒸气中的重氢比例是地球的3倍多，比哈雷彗星还高。

研究人员认为，这说明木星族彗星的特性并不像先前想象得那么一致。地球上的水可能来自其他木星族彗星，也可能源自其他类型的天体。地球之水从何而来，依然谜团重重。

此外，火星和木星轨道间许多小行星，它们所含重氢的比例与地球水近似。尽管小行星的含水量较低，但大量小行星撞击地球，也有可能导致地球水诞生。

2. 地球大气圈探测研究的新进展

发现地球早期大气或像金星的一样有毒。2020年11月25日，《新科学家》杂志网站报道，瑞士苏黎世联邦理工学院保罗·罗西及其同事组成的研究小组在一项新研究中指出，地球年轻时，其表面可能被岩浆海洋覆盖，而从沸腾的海水中升起的气体构造的大气层，可能与如今金星上的大气层一样有毒。

这项研究指出，在地球诞生初期，被一颗火星大小的天体“撞了一下腰”，产生了这些岩浆海洋。此外，撞击产生的热量也将年轻行星的不少地方融化并创造了月球。此后，随着岩浆海洋逐步冷却，一些化合物从熔融混合物中凝结出来，形成大气层。

为弄清楚地球初期的大气层究竟是什么样子，研究小组使用一种名为空气悬浮的技术，让一小块岩石漂浮在气体喷射流上，同时用激光把它加热到大约 1900℃，融化它。

罗西说："这种漂浮于大约 2000℃左右的融化大理石，有点像处于熔融状态的微型地球，大理石周围流动的气体就像'迷你'版大气层。"

然后，研究人员通过添加和去除不同的化合物来改变气体喷流的成分，重复了上述实验，以试图厘清年轻地球大气层的可能组成。熔融样品中的氧气含量根据气体成分的不同而发生变化。他们将这些融化大理石与地幔中的岩石样品进行比较，以确定哪种大气层与我们的地质记录最匹配。

研究小组发现，一个充满二氧化碳且氮含量相对较低的密集大气层，与我们的地质记录最匹配，这有点类似现在金星的大气层。研究人员解释说，地球比金星凉，这使液态水得以保留在地球表面，从大气中提取二氧化碳，并阻止地球经历失控的温室效应，而金星正是经历了这一温室效应才变成现在炎热的地狱。

（三）探测地球超级火山的新信息

——研究揭示低密度岩浆积累会导致超级火山喷发

2014 年 1 月，物理学家组织网报道，一个由瑞士、法国和英国的研究人员组成的国际研究团队，在《自然·地球科学》上发表论文称，他们使用数值模拟和统计技术识别出影响火山活动频率和即将释放岩浆量的情况，以确定影响火山频率和震级的因素，从而揭开超级火山爆发之谜，有助于预测未来灾难。

在地球上，大约有 20 个已知的超级火山，包括印度尼西亚北苏门答腊的多巴湖、新西兰的陶波湖、靠近意大利那不勒斯稍小的坎皮佛莱格瑞。超级火山喷发很少发生，平均每 10 年只有一次。一旦发生，其对地球气候和生态将造成灾难性的后果，堪比一个小行星对地球的撞击。

该研究团队对不同大小火山的爆发条件进行了超过 120 万次的模拟，

演示出不同状况喷发的不同原因。小且频繁的火山喷发，是由已知的一个叫作岩浆补给的过程引起的，其给予岩浆房围墙以压力直到断裂点；而较大且不太频繁的火山喷发，是由火山底下低密度岩浆缓慢积累驱动引起的。

研究人员还用这个新模型，预测了地球上火山可能喷发的最大规模。这是科学家首次在火山爆发的频率及幅度和对其预测之间建立物理链路。火山爆发的大小是出了名的难以预料。例如在意大利斯特隆博利岛，火山岩浆每隔 10 分钟喷出，两天即可填满一个奥林匹克游泳池。然而，火山最后一次大喷发是在超过 7 万年前发生的，喷涌而出的岩浆足以填补 10 亿个游泳池。

研究人员解释说："我们估计岩浆库最多可以包含突发性岩浆 3.5 万立方千米，其中约 10%会在大爆发的过程中被释放，意味着最大的火山喷发可能释放约 3500 立方千米的岩浆。"

这项新研究，确定了参与爆发频率和大小的主要物理因素，如 2010 年在冰岛由埃亚法特拉火山引起的火山灰云。研究人员说："了解什么在控制这些不同类型火山的运行状况，是一个基本的地质问题。一些火山定期渗出数量不大的岩浆，而另一些会击打罕见的超级火山的顶端。此项研究工作表明，这种运行状况，决定于从火山底部岩浆供应地壳浅部的速度和地壳本身的强度之间的相互作用。"

二、月球探测研究的新成果

（一）探测月球永久阴影区的新信息

——用人工智能算法探测月球永久阴影区

2022 年 8 月，瑞士苏黎世理工大学天文学家瓦伦丁·比克尔领导的一个国际研究小组，在《地球物理研究快报》上发表论文称，他们利用人工智能算法观察到月球上的永久阴影区。该人工智能有望"照亮"永久阴影区，尤其是那些尽管旋转但自然阳光仍无法到达的区域。该研究也包含在美国国家航空航天局"阿尔忒弥斯 1 号"任务计划中，有助于为其将来的登月计划确定着陆点。

据澳大利亚《科学警报》杂志报道，认为月球有“暗”面是一种常见的误解。因为月球有自转，所以月球也是有昼夜的，只不过月球只有一面面向地球，地球上的观测者看不到其“暗”面。然而，也有部分区域永远不会接收到任何光照：在高纬度地区和月球极地地区，一些深坑和凹坑有“高墙”保护陨石坑底部不受强烈太阳辐射的影响。

研究人员认为，月球上这些神秘的坑洞中可能存在许多未被发现的东西，比如“水”。

在美国国家航空航天局月球勘测轨道飞行器的帮助下，研究人员设法分析了陨石坑内部。输入一种名为荷露斯（HORUS）的机器学习算法，可以清理月球勘测轨道飞行器数据中的噪音，并揭示潜伏在月球阴影中的物体。该研究团队利用荷露斯对阿尔忒弥斯计划勘探区中 44 个直径超过 40 米的永久阴影区域进行了成像。

研究人员表示，目前阿尔忒弥斯任务宇航服在寒冷的陨石坑阴影区使用时间仅为 2 小时，新研究将帮助规划探索月球永久阴影区的路线，让宇航员和机器人最大限度地利用时间。

研究人员还指出：“月球南极地区之所以如此引人入胜，是因为月球的轴向倾斜，太阳在其地平线附近徘徊，撞击坑下沉的地面永远看不到阳光，永远处于阴影中。”因此，这些阴影区域比冥王星表面还冷，温度为－240～－170℃，接近绝对零度。

比克尔说：“没有证据表明，在阴影区表面有纯净的冰，这意味着冰一定是与月球土壤混合在一起的，或者存在于月球表面之下。”

到目前为止，该研究小组已经调查了 6 个以上的潜在阿尔忒弥斯计划登月着陆点。这项研究结果可能会对未来的任务产生直接影响。

（二）月球与地球之间关系研究的新信息

1. 发现月球继承地球地幔中的稀有气体

2022 年 9 月，瑞士苏黎世联邦理工学院一个研究小组，在《科学进展》杂志上发表题为《月球内部的原生稀有气体》的论文。他们的文章指出，月球继承了地球地幔中固有的稀有气体氦和氖。这一发现，为现今流行的“大碰撞”理论，即月球是由地球与另一个天体碰撞而形成的观点增加了巨大限制。

研究人员对成对的、非角砾状的月海玄武岩中稀有气体进行分析，结果表明，该套玄武岩中火山玻璃含有本土稀有气体，包括太阳型氦和氖。基于该样品的岩石学背景，以及岩浆矿物中缺乏太阳型氦、氖及“过量 40 氩”的特征，排除玄武岩熔融体对含太阳风的风化层的同化或太阳风注入玄武岩的可能性。同时由于缺乏球粒状原始氦和氖信号，基本排除了外源型污染。

研究人员表示，虽然这些气体不是维持生命所必需的，但了解这些稀有气体是如何在月球的形成中幸存下来的，将有助于学者开发新的模型，也能更全面地展示这些最易挥发的元素是如何在太阳系和其他星球的形成中被保存下来的。

2. 发现月球在过去 25 亿年里不断远离地球

2022 年 10 月，瑞士日内瓦大学与荷兰乌得勒支大学联合组成的一个研究小组，在美国《国家科学院学报》上发表研究成果称，他们不是通过研究月球本身，而是通过读取地球上古老岩层中的信号发现了月球离地球慢慢“远去”的长期历史。

在澳大利亚卡里吉尼国家公园，一些峡谷中有着 25 亿年前的分层沉积物。这些沉积物由独特的铁层和富硅矿物组成，曾经广泛沉积在海底，现在发现它们是地壳最古老的部分。例如乔弗瑞瀑布悬崖，就显示出红棕色铁层与更暗条层错落相间的纹理。

1972 年，澳大利亚地质学家特伦德尔提出，这些古老岩层的周期性模式，可能与所谓的“米兰科维奇周期”导致的过去气候变化有关。这种周期是每 40 万年、10 万年、4.1 万年和 2.1 万年变化一次，对气候、动植物迁徙和进化都造成影响。这些变化的特征，可通过沉积岩中的周期性变化来解读。

地球和月球之间的距离与米兰科维奇周期之一，即气候岁差周期的频率直接相关。这个周期是由地球自转轴的摆动或随时间变化的方向引起的。这一周期目前的持续时间为 2.1 万年，但在过去月球离地球更近的时候，这一周期会更短。

该研究小组对澳大利亚带状铁构造的分析表明，这些岩石包含多个尺度的旋回变化，大约以 10 厘米和 85 厘米的间隔重复。研究人员把这些厚度与沉积物的沉积速度结合起来发现，这些周期性变化大约每 1.1 万年和 10 万年发生一次。

分析表明，在岩石中观察到的 1.1 万个周期可能与气候岁差周期有关，其周期比目前的约 2.1 万年要短得多。使用这个岁差信号来计算 24.6 亿年前地球和月球之间的距离，研究人员发现，当时月球距离地球大约 6 万千米。

三、火星与系内其他星体探测的新成果

（一）探测研究火星方面的新信息

1. 探测火星次表层与内部结构的新进展

（1）获得火星地下 200 米深处的次表层影像。2021 年 11 月，瑞士苏黎世联邦理工学院塞德里克·施梅尔茨巴赫主持的一个研究小组，在《自然·通讯》杂志上发表论文称，他们利用美国国家航空航天局“洞察号”火星探测器采集的地震数据进行分析，获得了火星埃律西昂平原地下约 200 米深处的次表层影像，可知熔岩流之间夹着一层浅浅的沉积层。这项研究结果将增进对火星地质历史的进一步认识。

据介绍，火星一直是大量行星科学探测的目的地。这次“洞察号”的任务，是首次专门利用地震技术测量火星的次表层。2018 年 11 月，“洞察号”火星探测器降落在火星的埃律西昂平原地区。

瑞士研究小组利用“洞察号”采集的地震数据，分析了埃律西昂平原的构成。他们通过这些数据分析了深度达 200 米的浅次表层，发现该地区有一个浮土层，主要为沙质，约 3 米厚，它的下面有一层约 15 米厚的粗糙块状喷出物，主要是陨石撞击后被喷出又落回表面的岩石块。在这些表层下，他们发现了约 150 米厚的熔岩流，与预期的次表层结构基本一致。

他们利用当前文献中的撞击坑计数进行测年，发现浅层可追溯至 17 亿年前的亚马逊纪，更深的熔岩流可追溯到 36 亿年前的西方纪。

研究人员还发现一个 30～40 米厚的地层，其地震速度较低，提示其中沉积物质的硬度不如更硬的玄武岩层。他们研究认为，这个地层可能由夹在西方纪和亚马逊纪玄武岩之间的沉积物组成，或是由亚马逊纪玄武岩本身的沉积物组成。

（2）首次使用地震数据揭示火星内部结构。2021 年 7 月 23 日，瑞士苏黎世联邦理工学院天文学家西蒙·斯塔勒与该校地震学家阿米尔汗等人组成的研究小组，在《科学》杂志上发表论文称，他们第一次使用地震数据来探测地球以外行星的内部，这是了解火星形成和热演化的重要一步，他们研究发现火星地核要比想象中的厚许多。

3 年前，美国国家航空航天局的“洞察号”火星探测器携带一种被称为“内部结构地震实验”的六传感器地震仪在火星上降落，任务是记录地震波穿过陆地内部结构的过程，从而探索这颗红色星球的地壳、地幔和地核。

自“扎根”火星以来，“洞察号”在其着陆点测量了大约 733 次地震。科学家基于其中 35 次地震的数据揭示火星的内部结构，估计火星地核的大小、地幔的结构和地壳的厚度。

这让人们第一次知道，另一个与地球相似的行星内部是什么样：夹心蛋糕一般的地壳结构、比预期更薄的地幔、含有更多轻元素的液态核心，等等。

“洞察号”的发现表明，火星有一个巨大的液态核心。它的最外层距离地表约 1560 千米。阿米尔汗说：“火星半径仅为地球半径的 1/2 左右。火星地核的半径为 1830 千米，比预期的要大。而地球核心的半径约为 3480 千米，这意味着火星的核心也约为地球核心半径的一半。”

斯塔勒表示，“洞察号”在任务中确认火星地核的大小是十分难得的。他说：“科学家花了数百年的时间来测量地球的核心；在阿波罗任务之后，他们花了 40 年的时间来测量月球的核心。而‘洞察号’只用了两年时间就测得火星地核的大小。”

2. 探测火星陨石撞击与火山影响的新进展

（1）探测到火星上最大陨石撞击产生的地震。2022 年 10 月，由瑞士苏黎世理工学院地球物理研究所金东彦等组成的研究小组，在《科学》杂志上发表论文称，通过“洞察号”发现的绝大多数地震，都产生了与火星深处岩石运动相关的传统原生和次生地震波，而 2021 年新探测到的地震波是在火星的最上层，并穿过了地壳，可以肯定这是陨石高速撞击造成。同时，他们还探测到这次撞击在火星上造成了数千英里的地震波，并形成近

150 米宽的陨石坑。

2018 年，美国国家航空航天局的“洞察号”探测器在火星表面部署了 SEIS 地震仪，自此以来，科学家们监听到 1300 多次地震的信号。2021 年 12 月 24 日发生的陨石高速撞击事件导致了 4 级地震，并立即激起科学家的兴趣，因为它包含所谓的“表面波”的组成部分。

金东彦说：“这是第一次在地球以外的行星上观测到地震表面波。即使是阿波罗登月任务也未能做到这一点。”

研究人员分析，在“洞察号”着陆器和撞击地点之间，地壳具有非常均匀的结构和高密度。此前报道称，“洞察号”正下方有三层低密度火星地壳，新研究意味着着陆点下方地壳结构可能无法代表火星地壳的一般结构。

研究人员根据新的表面波数据及对地壳普遍均匀性的分析，似乎反驳了“火星二分法”理论认为南北结构不同之说，他们认为南北半球的结构在相关深度可能“惊人地相似”。

（2）发现火山对塑造火星表面仍有影响。2022 年 10 月，瑞士苏黎世联邦理工学院领导的一个国际研究小组，在《自然・天文学》杂志发表论文称，他们利用“洞察号”火星探测器发回的数据，研究了火星上 20 多次地震事件，发现震中起源于科柏洛斯槽沟附近，该地区可能存在岩浆矿床，这是一个由断层线形成的裂隙区域。这些地震讲述了一个新的事件，这个事件表明，火山作用仍然在塑造火星表面方面发挥着积极的影响。

根据地震数据，科学家们得出结论，低频地震表明存在潜在的暖源，这可以用今天的熔岩（喷出地表的岩浆）和火星上的火山活动来解释。具体地说，他们发现地震主要发生在科柏洛斯槽沟的最内部。

当他们将地震数据与同一地区的观测图像进行比较时还发现，不只是在风的主导方向，在围绕科柏洛斯槽沟地幔单元周围的多个方向上，都有较深的尘埃沉积。

研究人员解释说：“深色尘埃意味着地质证据表明，最近的火山活动可能是在过去 5 万年内，这在地质学上相对年轻。现在，我们有足够的数据来看到某些统计模式，我们能够定位发生在火星上的地震。”研究人员指出，“洞察号”任务自2018年以来测量到的许多大大小小的地震，都可以归因于科柏洛斯槽沟地区。

看着广袤干燥、尘土飞扬的火星地貌的图像，很难想象大约36亿年前火星非常活跃，至少在地质意义上是如此。来自科柏洛斯槽沟附近的地震表明，火星还没有完全“死亡”。

科柏洛斯槽沟是以希腊神话中的一种生物命名的，即守卫冥界的“地狱猎犬”。在这里，火山区正在下沉并形成平行的地块或裂缝，把火星的地壳“撕”开，就像蛋糕烘焙时出现在顶部的裂缝一样。研究人员说：“我们所看到的，可能是这个曾经活跃的火山地区的最后残余，或者也有种可能是，岩浆现在正向东移动到下一个喷发地点。”

（三）探测研究彗星与陨星的新信息

1. 探测彗星方面的新发现

发现彗星67P要比以前想象的年轻。2016年11月，物理学家组织网报道，瑞士伯尔尼大学天体物理学家马迪·扎特茨主持的研究小组，在《天文学和天体物理学家》杂志上发表的两篇论文显示，他们根据计算机模拟得出如下结论：在45亿年前的太阳系形成期间，彗星67P/楚留莫夫—格拉西缅科并没有获得现在的鸭子形态，虽然它包含最原始的物质，但形成目前结构应不超过10亿年。

基于“罗塞塔号”彗星探测器的数据，科学家假设彗星67P是太阳系初始阶段的产物，其特有的鸭形结构是由两个物体在大约45亿年前温和碰撞形成。

在第一篇论文中，研究人员计算了在碰撞中毁坏像彗星67P这样的结构所需的能量。彗星67P有一个弱点，即鸭形结构“头”和“身体”之间的“颈部”。扎特茨说：“我们发现，即使在低能量碰撞的情况下，这种结构也很容易被破坏，因此，像彗星67P这样的物体不可能存在很长时间。”他认为，随着时间的推移，大量碰撞产生的能量足以破坏这种双瓣结构。因此，它目前的形状不是原始形成的，而是通过几十亿年的碰撞演化而来。他说：“彗星67P现在的形状可能发生在10亿年内。”这意味着它比以前想象的要年轻。

在第二篇论文中，研究人员调查了当前鸭形结构是如何由碰撞导致的。在他们的计算机模型中，有一个直径为200～400米的小物体，撞到一个大约5000米的橄榄球形旋转体，冲击速度在每秒200～300米，明显超过了大物体约每秒1米的逃逸速度，所产生的能量也不至于彻底摧毁它，结果，目标物体分裂成两部分，受彼此引力影响，随后合并成类似彗星67P的双瓣结构。

研究人员强调，这一结果并未否认彗星的成分包含太阳系初期的原始材料，受到的冲击能量只是让其形状发生了变化而已。

2. 探测陨星方面的新发现

研究表明含有金刚石的陨石来自“失落行星”。2018年4月17日，瑞士洛桑联邦理工学院科学家法尔汉·纳贝伊领导的一个研究团队，在《自然·通讯》杂志发表的一项行星科学研究称，他们在著名的橄辉无球粒陨石中发现的金刚石，源自早期太阳系的一颗“失落行星”。这一发现同时证明，曾存在过大型原行星，正是它组成了今天我们所处太阳系内的类地行星。

天文学界有一种假设认为，在早期太阳系中，几十颗月球至火星大小的原行星，通过撞击和吸积方式形成了人类的生存家园——地球，以及水星、金星、火星等太阳系内的类地行星。而橄辉无球粒陨石被认为可能是这些原行星的残余。但是，过去的研究一直没有找到证据表明它确实来自原行星。

2008年，一块橄辉无球粒陨石掉落在苏丹努比亚沙漠中，在它降临地球之前，科学家们就对其展开追踪，并把它命名为“阿尔马哈塔·西塔”。研究发现，它不仅仅是一块普通的陨石仔细分析后，科学家确定这块陨石里含有金刚石（钻石）的原石。

此次，瑞士研究团队检查了这块陨石，分析了其中所含金刚石的内嵌微小结晶物。他们通过透射电子显微镜，发现这些金刚石应在20吉帕斯卡（GPa）以上的压力下形成。研究人员表示，如此高压意味着这些金刚石最初形成于一颗水星至火星大小的原行星中，时间约在早期太阳系一开始的几千万年里，而且这类型的陨石就是这颗“失落行星”最后的残余。

第二节　天文领域研究的其他新进展

一、宇宙及银河系探测的新成果

（一）探测宇宙概貌与宇宙光的新信息

1. 探测宇宙概貌的新进展

2020年7月22日，新华社报道，瑞士洛桑联邦理工学院发表声明，该校天体物理学家保罗·克奈布等组成的一个国际研究团队，完成对宇宙中数百万个星系和类星体的分析，并绘制出迄今为止最大的三维宇宙地图。

报道称，这份地图是“扩展重子振荡光谱巡天”项目的研究成果，也是世界最大星系巡天项目“斯隆数字巡天”的一部分。该成果建立在世界各地数十家机构数百名研究人员超过20年合作的基础上，由“扩展重子振荡光谱巡天”项目耗费数年完成。

克奈布是“扩展重子振荡光谱巡天”项目的发起者。他说：“在2012年发起这个项目时，目的就是获得一份能反映宇宙整个历史的三维地图，在其中显示遥远星系的分布等。”

目前理论认为，宇宙产生于约138亿年前的大爆炸。通过理论分析和天文观测，研究人员此前对宇宙的远古历史和最近的膨胀史都有相当了解，但中间却存在一个约110亿年的认知缺口。有关研究人员表示，新成果终于填补了这一空白，是宇宙学领域的重大进展。

2. 探测宇宙光的新进展

用布基球实验分析解开宇宙光百年之谜。2015年7月15日，瑞士巴塞尔大学化学家约翰·迈尔、英国化学家哈里·克罗托和美国伊利诺伊大学香槟分校天文学家本·麦考尔等组成的一个国际研究团队，在《自然》杂志上发表研究成果称，他们通过对布基球光吸收情况的实验分析，证明漂浮在恒星际空间的碳笼是造成宇宙光特征的原因，而这一特征已经让天文学家困惑了将近百年。

1919年，美国加利福尼亚大学利克天文台研究生利亚·海格注意到，由某些恒星释放出的一些特定波长的光会变得暗淡，而这似乎与恒星本身无关。随着越来越多地发现此类特征，天文学家将其归因于星际气体中的分子在光线前往地球的路途上吸收了它们的波长。科学家进而把这些区域称为“星际弥散带”。目前，天文学家已经在银河系及周边星系中发现了约 400 个星际弥散带。

尘埃颗粒、碳链，甚至漂浮的细菌，都成了解释这种特征的候选因素，但它们都缺乏站得住脚的证据。如今，在空间条件类似的实验室中，对布基球光吸收进行的一项分析，获得了与 1994 年观测到的星际弥散带直接匹配的证据。于是，它们成为第一个得到解释的星际弥散带。

这一发现为鉴别漂浮在星际空间的其他分子打开了一扇大门。因发现布基球而与同事分享 1996 年度诺贝尔化学奖的克罗托表示：“对我而言，这是一篇年度科学论文。”

迈尔介绍说：“自从布基球在 1985 年设计，用来模拟富含碳的衰老恒星上气体流动的试验中被偶然发现以来，科学家一直希望能够在太空中找到它们。”然而直到 2010 年，美国国家航空航天局的斯皮策红外线空间望远镜，才首次在一颗白矮星的残骸中发现了布基球。而早在 1993 年，迈尔研究团队已经测量了被布基球吸收的光波长，并且天体物理学家迅速发现了同宇宙中的星际弥散带模式的一种试验性匹配。但是在不知道类似空间条件下气态布基球的表现之前，谁也不敢断言这就是一个决定性的匹配。

迈尔研究团队通过测量接近绝对零度和极端高真空时布基球的光吸收情况，来分析这种分子的表现。迈尔说：“创造类似于星际空间的条件，可谓是一项技术上的挑战。这项实验技术的发展，花了大约 20 年的时间。”

麦考尔说：“这一发现如果能够成立，那真是一个巨大的胜利。”但麦考尔强调还需要对星际弥散带进行更多的天文学测量，从而毋庸置疑地证明，它们确实与在迈尔实验室研究中得到的模式相匹配。

迈尔表示，这一研究结果“相当具有吸引力”，其他星际弥散带很可能是与布基球相关的分子，它们或许与金属和其他元素绑定在一起。但他补充说，对其进行实验室验证将是非常苛刻的。他说：“我可能需要再活一辈子才能完成这项工作。但或许有几个年轻人正在世界的某一角落进行着这项工作。”

克罗托表示，在星际空间发现布基球，意味着它们可能比之前预想的更为丰富。他强调，这项研究表明布基球在数百万年的时间里都能够保持完好无缺，并且可以在恒星之间穿越极远的距离。克罗托说："这真的令人非常兴奋，这种巨大的气态分子，能够普遍存在于银河系的星际介质当中。"

布基球是一种由60个碳原子构成的分子，又名足球烯，是单纯由碳原子结合形成的稳定分子，它具有60个顶点和32个面，其中12个为正五边形，20个为正六边形，其相对分子质量约为720。布基球具有金属光泽，有许多优异性能，如超导、强磁性、耐高压、抗化学腐蚀，在光、电、磁等领域有潜在的应用前景。

（二）探测宇宙暗物质的新信息

1. 声称可能发现暗物质信号

2014年12月12日，每日科学网报道，瑞士洛桑联邦理工学院粒子物理和宇宙学系奥列格·瑞查尔斯基与阿列克谢·波雅尔斯基领导的研究团队，在《物理评论快报》上发表研究成果称，他们通过研究大量的X射线数据后相信，可能发现了暗物质粒子的蛛丝马迹。

研究人员表示，他们通过分析英仙座星系团和仙女座星系发出的X射线，可能发现了被科学家苦苦追寻的暗物质信号。该研究团队利用欧洲航天局的X射线多面镜牛顿天文望远镜收集了成千上万个信号，在排除那些从已知粒子和原子发出的信号后，一种异常的东西引起了他们的注意。

研究人员在研究星系动力学和恒星的运动时，遇到了一个谜团：有一些东西在莫名其妙地失踪。据此，他们推测一定有一种看不见的物质，它们不与光发生作用，但整体上通过万有引力相互作用，这种物质被称为"暗物质"，它们可能至少占整个宇宙的80%。暗物质至今完全是一种猜测，除了万有引力以外，它们的运行规律不符合任何一种物理学标准模型。

据报道，出现在X射线光谱中的信号是一种微弱的、非典型的光子发射，它们无法被追溯到任何一种已知物质。最重要的是，这种信号在星系中的分布与科学家对暗物质的设想完全一致：在物质的中心强烈且集中，在物质的边缘微弱且分散。这种信号来源于宇宙中非常罕见的事件：一个光子伴随着一个假想中的粒子（可能是惰性中微子）的毁灭被发射出来。

为了验证这一发现，研究团队把目光转向银河系的X射线数据，对其进行同样的观察。瑞查尔斯基认为，如果得到证实，这一发现将为粒子物理学研究开辟新途径并开启天文学的新时代。波雅尔斯基补充说："它的证实，有可能催生新的专门用来研究暗物质粒子信号的望远镜，借助它，科学家可以知道如何追踪到太空中的暗结构，并最终重新构建出宇宙是如何形成的。"

2. 认为暗物质或许并非由粒子组成

2015年4月2日，《每日邮报》报道，瑞士洛桑联邦理工学院大卫·哈维、英国杜伦大学计算宇宙学教授理查德·梅西，以及爱丁堡大学相关专家组成的一个研究小组，在《科学》杂志上撰文指出，通过对星系团之间碰撞的深入观察，他们标示出暗物质在其中的位置，并认为暗物质或许并不是由粒子组成的，相反，它就像某种"液体"一样。这一研究对很多暗物质模型提出了挑战。

尽管暗物质占宇宙总物质的80%以上，但科学家们仍对其知之甚少，目前只知道暗物质会通过重力与宇宙物质相互作用，例如暗物质会加速星系团内星系的运动等。星系团由数百个星系组成，包含大量恒星、行星和气体，其中90%的物质都是暗物质。当星系团彼此因为庞大的质量相互吸引时，会发生碰撞，从而迫使各自的暗物质相互作用。科学家们表示，这种独特的碰撞是迄今为止显示暗物质存在的最好证据。

研究小组借用钱拉德X射线天文台和哈勃太空望远镜，对72个距离地球超过10亿光年的星系团之间的碰撞进行深入研究。他们惊奇地发现，当星系团发生碰撞时，暗物质"粒子"会毫无障碍地相互穿过。

哈维指出："这或许表明，暗物质粒子自身并不会相互作用，因为如相互作用的话，会导致其速度下降，或者暗物质可能不以人们熟知的方式与其他物质相互作用。"研究小组据此得出结论，暗物质可能并不像科学家们以前认为的那样，由某种人们迄今未发现的类似质子的粒子组成。相反，他们提出了很多新理论，从暗物质可能是液体到其或许根本不存在等。他们还认为，暗物质可能比人们最初认为的还要怪异。哈维说："通过这一研究，我们认为，暗物质远非粒子那么简单，不过还需要其他科学研究来佐证我们的结论。”

梅西表示，他们还通过对星系受到暗物质作用产生的变形模式进行分析，绘制出了暗物质的方位图。

（三）探测银河星系的新信息

——首次用计算机模拟出类银河星系

2011 年 8 月 29 日，美国物理学家组织网报道，瑞士苏黎世理论物理研究院与美国加利福尼亚大学科学家联合组成的一个研究小组，首次通过计算机模型，模拟了 6000 多万个暗物质和气体粒子间的相互作用，经过超级计算机 9 个月的漫长运算，仿照银河系生成了相同形状的旋臂星系结构。该模型解决了当前主要宇宙模型中长期存在的问题，成为该领域迄今分辨率最高的模型。

这个模拟星系名为“厄里斯”（Eris），中心由明亮的古老恒星和类似银河系核心结构的其他物质组成，围绕核心的巨大旋臂构成了平面星系盘。它的外部轮廓、核球与星盘比例、星系中的主要星体等关键特征，都是科学家通过对银河类星系观测而得。

模拟结果支持主流认可的“冷暗物质”理论。所谓“冷暗物质”，是指一类运动缓慢且无法被“看到”的物质，宇宙中的星系演化是万有引力和暗物质之间相互作用的结果。大爆炸之后，最初的物质存在微小的密度不均匀，它们之间通过万有引力作用形成了最初的暗物质团，这些暗物质团吞并了较小的原始物质后变得越来越大。宇宙中不到 20％的普通物质形成了恒星和行星，它们落入大团暗物质产生的“重力井”中，就形成了中心含有一个暗物质光环的星系。

研究小组首先从低分辨率开始，模拟最初的暗物质演化成一个类银河星系的控制中心，然后放大中心光环区，引入气体粒子并大幅度提高分辨率，再追踪粒子间的相互作用的演化。他们使用具有超高分辨率的美国国家航空航天局昴宿星团超级计算机，仅数据处理就花了 140 万个小时。在“厄里斯”星系中，设置的临界密度让一些高密度区域更容易形成恒星，从而更接近真实星系的情况。

过去 20 年来，科学家一直想用计算机再现这一过程，却无法生成像银河系那样的星系。对于这次模拟，研究人员说："真实的星系是由恒星聚集而成，要模拟这一过程非常困难。我们第一次用计算机模拟了高密度气体云团，这些云团是恒星的出生地，最终形成了类似银河系的旋臂星系。模型还推测了冷暗物质的情况，为星系形成提供了基本框架。"

研究人员还指出，在那些高密度区域，当恒星爆发成超新星时，能量会进入星际间物质，将大量气体吹出星系。超新星爆发在星系内造成了气体外流，否则它会形成更多恒星和一个更大的核球。恒星聚集和超新星能量喷发造成了模拟差异。

二、系外行星探测的新成果

（一）搜寻与探测系外行星的新信息

1. 搜寻系外行星的新发现

发现狮子座首个拖着尾巴的行星。2015 年 6 月，瑞士日内瓦大学天文台天文学家大卫·埃伦赖希等组成的研究团队，在《自然》杂志上发表研究成果称，他们首次发现一个诡异现象：一个海王星大的小行星似乎伪装成彗星，拖着长长的、像彗尾那样的气云在宇宙中飞行。

这颗奇怪的像彗星一样的行星被命名为 GJ436b，正在围绕着一颗红矮星的轨道飞行，它的体积大约是地球的 22 倍。巨型气云的发现要归功于美国国家航空航天局的哈勃太空天文望远镜和钱德勒 X 射线望远镜。这颗行星距离地球 33 光年，在狮子座中。虽然它比地球大得多，但它与所绕恒星的距离，只有水星与太阳距离的 1/13。

埃伦赖希说："我们被这颗星球上逃逸出来的大量气体惊呆了！"它周围的气云由氢组成，包裹行星的气云头部，长度达 300 万千米，宽度是恒星的 5 倍；巨大气云的尾巴长度不能确定，因为研究团队的观察能力不能全面完整覆盖它，但是计算机模型显示，其长度可能达到 1500 万千米。

埃伦赖希表示，此前的研究预测，行星距离其恒星越近，温度升高后，越有可能被"吹"出如彗尾一样的尾巴，但一直没有发现这种现象，GJ436b 是第一个被检测到的这类行星。

2. 探测系外行星的新发现

首次在系外行星大气中发现铁元素。2018 年 8 月，瑞士伯尔尼大学天文学家延斯·霍伊梅克斯和凯文·亨领导的研究小组，在《自然》杂志发表的一项研究成果，确认在系外行星 KELT－9b 的大气中探测到铁和钛元素。

KELT－9b 属于超高温类木行星，这类行星是恒星和气态巨行星之间的过渡天体，天文学家此前曾预测它的大气无云。虽然铁是丰度最高的过渡金属元素，但由于耐火性较好，天文学家从未在系外行星大气中直接探测到铁。不过，在高温状态下，大气中的铁和其他过渡金属元素并不以结合分子或云粒子的形式存在，而仅以原子的形式存在，天文学家由此预测在 KELT－9b 的可见光波长范围内能检测到铁元素谱线。

该研究小组在西班牙加那利群岛拉帕尔马岛的国家伽利略天文台，借助望远镜上装载的北方高精度径向速度行星搜索器光谱仪，于 2017 年 7 月 31 日至 8 月 1 日夜间，对 KELT－9b 的高分辨透射谱中的金属元素谱线进行辨认。

研究人员分析了 KELT－9b 从其母星前面经过时采集的数据，检测到了中性铁原子和一次电离铁（Fe 和 Fe^{+}）及一次电离钛（Ti^{+}）。该研究小组还发现，检测到的 Fe^{+} 谱线比 Fe 谱线强度要大，意味着 KELT－9b 大气温度在 3727℃以上。

之前研究显示，KELT－9b 大约有木星大小，由于紧挨着母星，炙热的 A 类恒星 KELT－9 面朝恒星的一面温度极高，因此科学家将 KELT－9b 的日间温度设为 3727℃，这比大多数恒星都要热。科学家曾猜测，KELT－9b 大气层中没有分子存在，该大气层是由金属原子组成的。当然，炙热母星散发出的极端紫外线辐射也在不断攻击和侵蚀着该大气层。

（二）研究类地或宜居系外行星的新信息

1. 探索类地系外行星的新进展

确认太阳系外存在新形式的“超级地球”。2018 年 12 月，由瑞士苏黎世大学计算科学研究所天体物理学家卡罗琳·多恩主持，英国剑桥大学同行参加的一个研究小组，在《皇家天文学会月刊》上发表论文称，他们确认太阳系外存在一种新形式的“超级地球”，其“地核”并非铁核，但却富含钙、铝及其氧化物，而且可能闪烁着红宝石和蓝宝石。这也意味着，

“超级地球”的构成远比科学家预期的更加多样化。

在仙后座，距离我们 21 光年远的地方，有一颗名为 HD219134 b 的行星，公转周期为 3 天，质量约为地球的 5 倍，是一颗所谓的“超级地球”。然而与地球不同的是，研究人员发现该星球的核心并非含有大量铁，而是富含钙和铝。多恩表示，这颗“超级地球”很可能有红宝石和蓝宝石交相辉映，而这些宝石其实是外太阳系中常见的氧化铝。

研究人员使用理论模型研究行星的形成，并将结果与观测数据进行比较。众所周知，在它们形成的过程中，诸如太阳之类的恒星周围都会存在诞生行星的气体和尘埃盘。当原行星气体圆盘散开时，像地球这样的岩石行星就是由剩余的固体形成的；当气体盘冷却时，一些构件从星云气体中凝结出来。研究人员表示，通常情况下，这些构件都是在铁、镁和硅等元素凝聚的区域形成的，由此产生的行星就具有类似地球的成分和铁芯。而且到目前为止，已知的大多数“超级地球”都是在这些区域形成的。

但 HD219134 b 现在被确认属于一种全新的、与以往完全不同的系外行星。这样的行星并不能像地球一样有磁场，而且由于内部结构如此不同，它们的冷却行为和大气也会与普通的“超级地球”不同。这颗系外行星最早在 2015 年被斯皮策太空望远镜发现，当时美国国家航空航天局形容它为“科学研究的金矿”，因为它的出现能够帮人类进一步认识行星和类似太阳系系统的形成。

2. 探索宜居系外行星的新见解

研究认为富含氢氦的系外行星长期宜居。2022 年 6 月，瑞士苏黎世大学的一个研究团队在《自然·天文学》杂志上发表的一项建模研究显示，大气主要由氢气与氦气组成的岩质系外行星，能在其表面维持温带条件和液态水长达几十亿年。以上结果表明，即使是大气与地球相去甚远的行星，也可能在其历史上是长期宜居的。

人类一直想要揭开“地球是否唯一”“地球为何成为生命摇篮”等关乎自身命运的重大科学问题，而探索太阳系外宜居行星正是回答这些问题的必要途径，这也让寻找宜居星球成为天文学的研究前沿之一。

由于年轻恒星周围的行星形成物质盘中，本来就有氢气和氦气，因此所有行星吸积的大气主要由这两个元素组成。在太阳系的岩质行星中，这种原始大气被替换成了更重的元素，如地球上的氧和氮。不过，距离其恒星有一定距离的大型岩质系外行星或能保留以氢和氦为主的大气。

瑞士研究团队分析了这类行星的演化。研究人员利用一个数值模型，预测了液态水能在富含氢氦的系外行星表面存在的时间。他们发现，根据这类行星的质量，以及它与恒星的距离，只要大气足够厚（是地球大气厚度的 100～1000 倍），其维持温带表面环境的时间最长达 80 亿年。

研究团队指出，虽然仍需开展进一步研究以解答许多遗留问题，如这类行星形成的可能性及液态水是如何出现的，但以上结果表明，它们的宜居条件可能与地球上的条件很不一样。他们指出，在研究其他行星的宜居性时应保持开放的思想。

三、研制航天器的新成果

（一）开发小微卫星推进器的新信息

——研制出小微卫星紧凑型新发动机

2012 年 5 月，国外媒体报道，由瑞士洛桑联邦理工学院专家领导，成员来自荷兰、瑞典、瑞士和英国的一个研究团队，在欧盟第七研发框架计划 190 万欧元的资助下，针对小微卫星的主要缺陷，研究开发出一种新型的微型紧凑型发动机，从而开启低成本开发空间和观测地球的新时代。

进入 21 世纪以来，地球轨道小微卫星因为其巨大的制造和发射成本优势，在世界范围内得到迅速发展。小微卫星的主要优势在于其价廉物美，一般情况下，其制造成本在 200～500 欧元之间，而大型卫星的制造成本往往在数千万欧元，甚至数亿欧元。小微卫星的主要缺陷是，一旦发射进入指定地球轨道，就很难再对其进行变轨，因此其应用范围受到一定限制。

新型微型发动机作为关键辅助装置，专门为瑞士正在研制的空间碎片清理卫星而设计，包括无线电子控制系统和自备燃料在内，总重量 200 克，体积呈现 10 厘米立方体。研究人员经过测算发现，如果把小微卫星从进入地球轨道的速度 2.4 万千米/小时，加速提升至月球轨道速度 4 万千米/小时，需要 6 个月的时间，但仅需要 1 升燃料。

新型微型发动机也称作“离子发动机”。它的运行，不是利用传统意义上的燃料通过燃烧反应产生推进力，而是利用被称作离子液体的化学溶剂 EMI－BF4，溶剂由带电荷的分子，即离子构成。“离子发动机”通过控制 1000 伏的电场加速离子，并将离子从末端喷嘴口喷出产生推力。电场的正负极每秒转换一次，从而保证充分利用溶剂中的正负离子。

（二）研制清理太空碎片卫星的新信息

1. 开发清理太空轨道上垃圾碎片的卫星

2012 年 2 月，美国物理学家组织网报道，瑞士洛桑联邦高等理工学院教授、宇航员克劳德·尼科里埃尔等组成的“瑞士空间中心”项目组，将发射一颗“清道夫卫星”，它是专为清除散落在太空轨道上的垃圾碎片而特别设计的。

报道称，该项目组正在兴建造价约 1100 万美元、被誉为“清空一号”的卫星家族的首颗卫星。这颗卫星将在 3～5 年内发射，其首要任务是去攫取瑞士分别于 2009 年和 2010 年曾发射升空的两颗卫星。

美国国家航空航天局表示，在环绕地球的轨道上，有超过 50 万个报废火箭、卫星碎片及其他杂物。这些残骸以每小时接近 2.8 万千米的速度飞驰，快得足以摧毁或损坏卫星或航天器，这样的碰撞还会产生更多的碎片飘飞在太空中。尼科里埃尔说：“意识到太空碎片的存在及其叠加的运行风险，非常必要。”

项目组科学家称，建造这样的卫星意味着得过三大技术关卡：①应对轨道问题，该卫星应能够调整其路径与目标保持一致。研究人员在实验室寻找到一个新的超紧凑型发动机来做到这一点。②卫星需要在较高速度中紧紧抓稳碎片而不出现闪失。科学家们正在研究一些植物和动物如何紧握东西的技能，并以此作为备用模式。③“清空一号”可以去抓获太空轨道中的碎片或废弃卫星，将其遣返地球大气层燃为灰烬。

瑞士航天中心主任福尔克·盖斯说，将来会尽可能地设计出具有可持续性的多种类卫星，以提供和出售这种专门清理空间碎片的卫星家族的全套现成系统。

2. 落实全球首项用卫星清理太空碎片的任务

2019 年 12 月，欧洲空间局网站报道，该机构已委托瑞士初创企业清洁太空公司（ClearSpace）提交方案，于 2025 年发射“清道夫卫星”，清理欧洲空间局位于轨道上的一块 100 千克重的碎片。这一任务，将使欧洲空间局在新的在轨服务和碎片清理市场上拔得头筹。

清洁太空公司由瑞士洛桑联邦理工学院人员组成，将于近期提交“清洁太空－1”任务的相关方案，计划于 2020 年 3 月启动该项目，这也是首个从轨道上清除太空碎片的任务。

清洁太空公司创始人兼首席执行官卢克·皮盖说：“我们在太空中拥有近 2000 颗仍在工作的卫星，3000 颗已经失效的卫星。未来几年，卫星的数量将增加一个数量级，还可能出现多个由成百上千颗卫星组成的巨型星座。显然，我们需要‘拖车’将一些失效卫星从拥堵的地方移走。”

欧洲空间局“清洁太空”计划负责人路易斯·因诺森蒂也表示：“即便从明天开始停止所有太空发射任务，但预测显示，太空物品之间不断发生碰撞也会产生新碎片，整个轨道上的碎片数量将持续增加。因此，我们需要开发新技术，避免产生新碎片并清除已有碎片。”

因诺森蒂说：“美国国家航空航天局和欧洲空间局的研究表明，稳定轨道环境的唯一方法是主动清除大碎片。因此，我们将通过主动清除在轨碎片的新项目，开发必要的制导、导航和控制技术以及会合和捕获方法。”

此次“清洁太空－1”任务的目标，是清除“织女星二次有效载荷适配器”。这一碎片目前位于 660 千米左右的轨道上，重约 100 千克，大小与一个小型卫星相当，其形状相对简单而且结构坚固，这使它非常适合成为首次太空清理任务的目标。

第五章　材料领域的创新信息

瑞士一直重视材料领域的创新，不仅把材料科学与技术列入重点研究计划，而且还制定专门的纳米技术计划促进纳米材料的研发。21 世纪以来，瑞士在无机材料领域的研究成果，主要集中于观测到人造元素 112 的运动特性，观察到镁合金产品的降解状况，首次发现二氧化钒材料具有学习特性，制成最小单原子磁铁。创造出由 18 个原子组成的环碳分子，开发出新型建筑材料。在有机高分子材料领域的研究成果，主要集中于研制出强韧轻巧的聚丙烯腈纤维纱线，开发聚合物或树脂为基础的复合材料，研制新型塑料，开发橡胶、织物和涂料的助剂，研制纺织面料与造纸原料，开发利用木材纤维素与木质素。在纳米材料领域的研究成果，主要集中于开发出控制单个纳米粒子运动的“纳米阀门”，用两种不同金属制成纳米晶体，开发出纳米粒子自组装胶体，用纳米材料打印出最小喷墨图像，制成首个纳米生物制动器，以及仅由 16 个原子组成的最小分子马达。推进石墨烯及其他二维纳米材料研究，用石墨烯研制出分子传感器和超导量子干涉装置，首次经“敲打”合成碳结构分子三角烯。

第一节　无机材料研制的新进展

一、研制金属材料的新成果

（一）探索金属元素与金属矿藏的新信息

1. 研究金属元素性质的新发现

观测到人造元素 112 具有类似水银的运动特性。2006 年 6 月，国外媒体报道，由瑞士伯尔尼大学和波舍研究所、俄罗斯杜布纳核研究中心和波兰电子技术研究所的专家组成的一个国际联合研究小组，成功地对人造元素 112 的两个原子进行化学测试，并首次发现该元素的运动特性。这一最新的放射化学实验显示，人造元素 112 的运动特性类似于水银，而非早先猜测的如稀有元素氡。

早在几年前，俄罗斯物理学家在杜布纳核研究中心的实验中就发现了一种新元素，根据放射性蜕变特性理论，这种元素被归类为“超重原子核岛”，并猜测这种岛在元素周期表中的排位不仅依据其质子数，而且还要依据其原子核内的中子数。然而这种猜测始终没有得到实验的证明，其原因是这种通过钙原子高能粒子束轰击，由重离子加速器产生的人造元素，每周只能得到很少几个原子。

该联合研究小组利用俄罗斯杜布纳的实验设备，在两个月内，利用钙原子高能粒子束轰击钚靶，通过核聚变反应从元素 112 的蜕变中得到 283 个同位素。蜕变过程中有 4 秒钟的半衰期，科学家利用这 4 秒钟，两次观测到同位素原子的运动特性，它类似于液态重金属水银，而不是原先猜测的如稀有元素氡。这是科学家首次成功地对“超重原子核岛”的特性进行了化学测试。报道称，该项目得到瑞士国家基金会的支持。

2. 研究金属矿藏形成过程的新进展

发现原始微生物或在最大金矿形成中扮演关键角色。2015 年 2 月，有关媒体报道，哪里有金子，哪里可能就有生命。一些原始生物，可能在地球上迄今所知最大的金矿形成过程中扮演了关键角色。这个过程，仅可能发生在陆地上开始出现生命，并在它们形成富氧大气环境之前的机遇窗口。其意味着，类似的金矿不可能是现在才形成的，并给科学家提供了寻找金矿的新线索。

自从 1886 年发现其至今，南非威特沃特斯兰德盆地已淘出近 4 万吨黄金。这些黄金积累自 30 亿年前。但这一过程是如何发生的，一直在地质学上存有争议。

毫无疑问，该金矿首次在地球表面露头，是因为如今位于南非东北部的卡普瓦尔克拉通花岗岩山脉的金矿矿脉受到侵蚀，使这种贵金属从形成这座山的火山岩中露头。但尚不明确为何大量黄金会位于威特沃特斯兰德盆地西南部数百千米远的地方。

多数研究者认为，这是卡普瓦尔克拉通山的一些黄金金属片段受到侵蚀，经过河流搬运，并被卸载在较浅的湖泊中，即如今含金量丰富的盆地。瑞士联邦理工学院的克里斯托夫·海因里希说：“这种观点认为，黄金是由机械搬运和沉积作用的合力搬运至此，就像淘到溪流和山间中的那些金子一样。”但是他不同意这种看法。

海因里希认为，黄金首先被火山雨进行了化学溶解，然后被河流冲入盆地。此后，被生长在盆地浅湖中的微生物藻类分解并逐渐沉淀出水面。其观点的核心是，30 亿年前的地球大气环境中几乎还没有氧气，氧气是在此后 5 亿年出现的大氧化事件中才由藻类和蓝细菌形成。在此之前，地球大气充满了含硫气体如硫化氢，这些气体由火山喷发而出，并通过酸雨的方式降落在山上，形成可溶性硫化合物，然后这些化合物被河流吸收，最终被原始生物分解，留下今天丰富的金元素矿藏。

海因里希表示，这是唯一的可能，因为当时大气中几乎没有氧气。他说：“氧气会分解含金的硫化物。”如果确实如此，这可能会为当前金矿探测提供新的地质学线索，使探测工作集中在砾石丰富的地区，如发生在美国加州淘金热的地区。

（二）探索合金与金属氧化物材料的新信息

1. 研究合金材料产品的新进展

观察到人体植入镁合金产品降解速率。2019 年 11 月，由瑞士苏黎世联邦理工学院金属物理与技术实验室约尔格·洛夫勒教授领导，其指导的博士生玛蒂娜·希霍娃为主要成员的研究小组，在《高级材料》杂志上发表论文称，他们首次在纳米尺度上观察到生物医学应用的镁合金的腐蚀。这为更好预测人体植入物的降解，开发量身定制的植入物材料迈出重要一步。

镁及其合金正越来越多地用于医学，它可以作为骨外科手术中的植入物材料，例如螺钉或钢板等；也可以作为支架材料，用于扩张心血管外科中狭窄的冠状血管。

与不锈钢、钛或聚合物制成的常规植入物相比，轻金属具有生物可吸收的优势，因此不需要第二次手术就可以从患者体内取出植入物。镁还会促进骨骼生长，从而有利于骨折愈合。

但是纯金属镁太软，因此不适合此类手术应用。为了获得必要的强度，必须添加合金元素，通常是稀土元素钇和钕。由于这些物质对人体而言是异物，因此它们可能会在拆除植入物时在人体内积聚，其后果尚难预料。对于儿童来说，这种植入物更是不适宜。

洛夫勒研究小组开发了一种新的合金家族，除了镁以外，还含有低于1%的锌和钙元素。这些元素与镁一样，具有生物相容性，可以被人体吸收。

根据制造工艺的不同，在新开发的合金中会形成由三种合金元素形成的沉淀。这些沉淀物的大小各不相同，通常只有几十纳米。但对于增强植入物材料良好机械性能必不可少，并且可能会影响材料的腐蚀速度。然而，要将这些生物相容性镁合金广泛用于外科手术，应用仍面临重重障碍。主要是因为我们对在所谓生理条件下体内金属的降解机理了解甚少，因此无法获得这种植入物在体内保留多长时间的可靠预测。

该研究小组借助分析透射电子显微镜，能够在几秒到几小时的模拟生理条件下，以前所未有的纳米分辨率详细观察镁合金的结构和化学变化。这项现代技术证明了以前无法获得的脱合金机制，该机制可确定镁基质中沉淀物的降解。

研究人员能够近乎实时地观察到，钙和镁离子在与模拟体液接触时如何从排泄物中逸出，而锌离子仍然保留并积累。结果排泄物的化学组成连续变化，这也证明了它们的电化学活性在沉淀物中动态变化的事实，即加速了植入物材料的降解。

希霍娃说："这种认识扭转了先前的教条。迄今为止都假设镁合金中析出相的化学成分在腐蚀过程中保持不变，这种假设导致大多数关于人体植入物持续时间的预测是错误的。"

由于有了新的发现，现在可以设计镁合金，从而更好地预测它们在体内的降解行为，并对其进行更精确的控制。这对儿童植入手术尤其必要，因为儿童体内的镁植入物降解速度比成人快得多。另外，支架用镁合金的降解速率明显慢于骨板或螺钉的降解速率。希霍娃说："凭借对详细腐蚀行为的了解，我们已经朝着为不同患者和医疗应用量身定制合金的目标迈出了关键一步。"

2. 研究金属氧化物材料的新进展

首次发现二氧化钒材料具有像大脑一样的学习特性。2022 年 8 月，瑞士洛桑联邦理工学院功率和宽带隙电子研究实验室的一个研究小组，在《自然·电子学》杂志上发表研究成果称，他们发现电子产品中使用的二氧化钒，能够“记住”先前外部刺激的全部历史。这是第一种被确定为具有如此属性的材料。

该研究小组在研究二氧化钒的相变过程中发现，二氧化钒在室温下松弛时具有绝缘相，并在 68℃时经历陡峭的绝缘体到金属的转变，其晶格结构发生变化。传统上，二氧化钒表现出易失性记忆，即材料在消除激发后立即恢复到绝缘状态。研究人员在进行了数百次测量后，观察到材料结构中的记忆效应。

研究人员把电流施加到二氧化钒样品上，当电流加热样品时，它会导致二氧化钒改变状态，一旦电流通过，材料就会恢复到初始状态。研究人员把第二个电流脉冲施加到材料上，发现改变状态所需的时间与材料的历史直接相关。研究人员解释说，材料似乎“记住”了第一个相变并预测了下一个相变。这种记忆效应与电子态无关，而是与材料的物理结构有关。

研究小组发现二氧化钒能记住其最近的外部刺激长达 3 个小时。这就像是很好地复制了大脑中发生的事情，因为二氧化钒开关的作用就像神经元一样。

这项发现的重要性在于，观察到的记忆效应是材料本身的固有特性。工程师依靠内存来执行各种计算，对通过提供更大容量、速度和小型化来增强计算过程的材料的需求量很大，二氧化钒满足所有这些条件。更重要的是，它的连续结构记忆使其与传统材料不同，传统材料把数据存储为依赖于电子状态操作的二进制信息。

（三）开发磁性材料的新信息

——研制出世界最小的单原子磁铁

2016 年 4 月，英国《独立报》网站报道，瑞士洛桑联邦理工学院物理学家哈拉尔德·布伦领导的研究小组成功研制出世界上最小的磁铁，它只有一个原子大小。科学家们称“它是有史以来最稳定的版本”，有望成为未来计算机不可或缺的零件。

目前，硬盘、SD卡等磁性存储设备都已成为日常生活的一部分，但随着计算机越来越小，这些存储设备也要求越来越小。很难找到比单个原子更小的事物，因此，制造此类罕见的单原子磁铁被看成是未来制造微型计算机的必要步骤。但单原子大小的磁铁很难保持磁化状态，这意味着，如果将其用在数据存储设备内，它们无法让数据保存很长时间。报道称，该研究团队使用一种开创性技术，把稀土元素钬的原子放在氧化镁薄膜上，规避了这个问题。因为钬的电子结构能让磁场不受干扰，借用这种方法，他们制造出了一个能保持磁性的原子大小的磁铁。眼下，这一磁铁只是一个模型，制造难度非常大且耗费时间。另外，它只能在零下233℃左右的低温保持稳定。但研究人员表示，它是一个重大的突破，未来或能改变我们利用计算机的方式。

二、开发无机非金属材料的新成果

（一）研制碳素材料的新信息

1. 开发碳素材料的新技术

发明把骨灰变成“钻石”的新技术。2004年10月，国外媒体报道，瑞士格劳宾登州一家公司发明了一种新技术，能把骨灰制成像钻石一样闪亮的人工合成晶体。这一发明将改变传统的丧葬习俗，人们可佩带这些人工晶体与逝者永远相伴。

据介绍，这种特殊的人工合成晶体，是把骨灰净化后在1500℃高温和5万帕高压下，经3～4周形成的一种类似钻石的结晶体。因逝者生前生活环境不同，饮食习惯不同，他们的骨灰最终会呈现出深浅不同的蓝色。

这家公司的成品“钻石”通常被镶嵌在花岗岩底座上，如果死者亲属愿意，也可把死者的姓名与生卒年份用激光刻在“钻石”上。

2. 开发碳素材料的新产品

创造出由18个原子组成的环碳分子。2019年8月，由瑞士IBM苏黎世研究实验室物理学家凯瑟琳娜·凯撒领导的研究小组，在《科学》杂志上发表论文称，他们创造出一种名为环碳的分子，并对其结构进行了成像：该分子是由18个碳原子组成的环。碳素家族又增添了一个新成员！

碳可谓自然界中最“多才多艺”的元素之一，有多种用途和形式的碳，包括钻石、石墨、石墨烯、巴基球、碳纳米管等。

化学家认为，应该有可能制造出环状的碳分子，但时间流逝许多年，却没有人能够做到这一点。针对这种情况，研究人员从氧化环碳分子着手，在氧化环碳分子内，碳原子排列成环，原子上附着有一氧化碳基团。这些基团有助于分子保持稳定，因此，去除一氧化碳创造环碳并非易事。研究人员利用原子力显微镜，通过对分子施加电压成功去除了一氧化碳，得到了一个裸露的碳环。

随后，他们用显微镜对其进行成像。环碳很容易与其他物质反应，为了将其隔离，他们在食盐的惰性表面制造出了环碳。之前的研究已发现了气体中存在环碳分子的迹象，但无法给这种分子成像并确定其结构，而且，科学家们也不清楚每个原子之间的键究竟是什么样。新研究解决了这一争论：环碳原子由单键和三键交替连接在一起形成。这将有助于科学家改进用于预测未知分子结构的复杂计算机计算。

根据以往的经验，新形式的碳总会给人带来惊喜。但由于环碳不稳定，它不能被封存起来进行进一步研究，因此，目前还不清楚这种新分子会有多大潜力。

（二）研制建筑材料的新信息

1. 发明有望使建筑物隐形的可透视固体材料

2006年2月19日，瑞士纳沙泰尔州大学与英国伦敦帝国理工学院联合组成的一个国际研究小组，发表题为《开发可透视固体新材料》的简报称，他们已经创造出一种新的光学效应新材料，也就是说，诸如墙壁这样的固体物质在将来是可以透视的。

对此，有关媒体报道说，超人凭借眼中发射的X光射线与罪恶周旋，令世人拍案叫绝，自那以后，拥有可以穿透墙壁的“透视眼”就成为人们的一个梦想。科学家现在相信他们可能已经迈出了达到这一目标的第一步，在不远的将来，“透视眼”有望变成现实。

研究人员表示，最近几年，科技界对微小晶体的研究取得长足发展，促使这样一种理论问世：如果建筑物的墙壁使用了这种材料，住房者就可以随意炫耀自己的“透视眼”了。这一发现将革新21世纪的建筑工艺。房产承包业，将更便于检查砖结构后面或里面的管线；警察和士兵也将有能力窥视潜伏在墙壁之后的威胁。

报道称，研究小组决定公布他们实现“透视眼”的最新尝试结果时，已对这项研究的详细内容做出严密封锁。然而，研究部门向记者发出的现场报告最新进展情况邀请函，还是透露出不少非常令人兴奋的线索。据悉，这种光学效应与一种新材料的开发有关，其原理是利用物质内的原子运动。研究人员在前一天证实，实验室已经取得了虽然很小但是成功的第一步，把人类像超人一样拥有“透视眼”的距离拉近。

需要解释的是，他们的研究不是让人类的双眼像超人一样放射X光射线，而是建筑物本身可以用肉眼透视，从而达到建筑物隐形的效果。研究人员说：“利用微小的，在特殊情况下肉眼看不见的水晶体研究，已经取得突破。这种新材料，潜在的使用价值令人兴奋，对人类生活将产生深远影响，但就目前来说，利用这种新材料为时尚早。”

2. 开发出一种可用于新老建筑的太阳能瓷砖

2020年3月，国外媒体报道，瑞士一家初创公司（Freeuns）已经开发出一种用于建筑光伏一体化的太阳能瓷砖，声称可将其同时使用于历史性老建筑和新造建筑。

公司首席执行官约翰·莫雷洛表示，这种瓷砖有三种型号，大小尺寸可以调节到完全取代传统的纤维混凝土屋顶瓷砖，所有三种型号都可以100%覆盖屋顶表面，其中包括一些复杂的屋顶布局。每一块瓷砖都有一个电气安全电路，可避免火灾风险。产品采用双钢化玻璃制造，因此具有超强的抗火性能。

其中标准款太阳能瓷砖的规格为525毫米×460毫米，每平方米产电量154瓦，不含税的价格为292瑞士法郎。莫雷洛表示，这只是一个指导性价格，因为实际价格可能会根据项目的复杂程度而有所浮动。据称这种带有银色线条的亮黑色瓷砖，将会是新建或翻新建筑材料的一个理想选择，因为它提供了一种现代化的建筑风格。

第二节　有机高分子材料研制的新进展

一、研制聚合物及塑料的新成果

（一）聚合物制品开发的新信息

1. 开发聚合物纤维的新进展

研制出强韧轻巧的聚丙烯腈纤维纱线。2019 年 12 月，国外媒体报道，瑞士苏黎世联邦理工学院科学家参与、德国安德烈亚斯·格雷纳教授牵头的一个研究团队，在《科学》杂志上发表论文称，对于人造纤维来说，它们可以是坚固的，也可以是坚韧的，但两种特性往往不能兼而有之。与此不同，他们开发的一种新材料却同时兼备了这两种特性。

简而言之，强度是承受力而不会永久变形的能力，而韧性是承受力而不会断裂的能力。据报道，这种新型纤维不仅兼具这两种特性，而且还非常轻巧且可完全回收。

每根人造纤维的宽度大约相当于一根头发，实际上它是由 4000 多根聚丙烯腈纤维组成的。这些小得多的聚丙烯腈纤维称为原纤维，是通过电纺丝工艺生产的。它们使用少量的聚乙二醇双叠氮化物纵向黏合在一起。

结果是单根人造纤维由许多连接的原纤维组成，拉伸并加热该纤维，然后将其冷却几个小时后，其仍处于拉伸状态。据说成品具有与蜘蛛丝相似的品质。一根细如头发的人造纤维，可用于反复提起 30 克重量的物质，而不会折断或永久拉伸。现在研究人员希望，一旦技术进一步发展，这种多纤维聚丙烯腈纤维就可在纺织、航空航天或医药等领域得到应用。

研究人员说："可以肯定，我们的研究结果为新型的具有前瞻性的材料打开了大门。这些材料有望不久将在工业上得到实际应用。在聚合物科学中，我们的纤维将能够为进一步研究和开发高性能功能材料提供有价值的服务。"

2. 开发聚合物复合材料的新进展

（1）以聚合物与陶瓷的复合材料制成人造骨。2004 年 10 月，有关媒体报道，瑞士联邦综合理工大学的一研究小组开发出一种可替代断裂骨骼的人造骨，它能够让骨质细胞迅速生长，自身却随着骨质细胞的不断成熟而“溶解”，并最终给发育好的新骨骼让路。

研究人员发现，一些聚合物和陶瓷材料构成的新复合材料，便于逐渐被人体吸收，于是以其为材料，研制出一种像骨头一样坚硬而又有小孔的新型人造骨。

这种新材料的外形可以模仿断裂的骨骼，并作为替代品植入人体。此后，人造骨能让骨质细胞附着并渗透进来。有关实验显示，新材料中的毛孔使这些细胞可以交织在一起，并逐渐成熟生长为骨头，而人造骨则随着骨质细胞的逐渐“丰满”而自行“溶解”。研究人员准备先把这种人造骨在动物身上试验 5 年，然后进行人体临床实验。

（2）用聚丙烯与玻璃纤维制成热塑性复合材料。2009 年 6 月，瑞士跨骏塑胶贸易公司（QPC）推出一系列轻型的增强热塑性复合材料，包括片材和预制坯料。由于该复合材料密度较小，其每单位重量产生的硬度要比传统的玻璃纤维毡增强热塑性片材高，同时，这种材料与金属、普通玻璃纤维片材，以及聚丙烯和尼龙长纤维热塑性复合物相比，具有可减轻重量、设计更灵活、成本更低的优势。因此，使其成为轻型玻璃纤维毡增强热塑性复合材料的理想替代品。

研究人员介绍，通过采用低压成型技术，这种新型复合材料很容易黏附于织物、纱布、泡沫材料、干粉涂膜及坚固的聚丙烯表面，因此可以很方便地进行模内装饰。此外，还可以利用一种黏附薄膜，而使其黏接在涂铝线圈的片材上。目前，该公司正在考虑将这种铝塑层压制件用于制造汽车的车顶模塑件。

研究人员表示，这种复合材料，适合于制造汽车车底屏蔽防护装置、承重板、车顶内衬、车门装饰、行李架、车顶模塑件、发动机盖及车后行李箱盖等。

玻璃纤维毡增强热塑性复合材料片材，是由聚丙烯粉末和切碎的玻璃纤维复合而成的。新研制的复合材料，与其制造工艺不同，它是采用织物生产所用的干工艺技术来生成，表现为由聚丙烯和玻璃纤维掺和的毛状物。在连续生产过程中，该掺和毛状物，被加热到高于聚丙烯熔点的温度，再将其层压到黏接膜或纯聚丙烯膜的表面层，最后切成坯料。考虑到使用被切碎的过短的玻璃纤维模制零件时，往往会发生树脂从纤维中分离的现象，因此跨骏塑胶公司选用了长度为78毫米的玻璃纤维，以生成防止分离的三维基质。

研究人员表示，该工艺可使玻璃纤维很好地分布在聚丙烯中，同时也能很好地控制材料的膨松过程。当玻璃纤维片材遇热时，会膨松扩展而使厚度达到原来的5倍，这是因为玻璃纤维由压缩状态的固结坯料中舒展开来所导致的。因此，跨骏塑胶公司通过改变玻璃纤维的含量，来调整片材的膨松度。一般当玻璃纤维含量较高时，膨松度会增加，密度减小，从而使最终产品的硬度与重量之比升高。

该公司用这种新材料坯料制作产品时，采用了低压“热冲压”工艺。该工艺使用了一种双面型铝质板模具，据说该模具的成本和研制周期都比钢质模具要少得多。使用这种模具以后，坯料在成型过程中只产生很小的变形，所生产出的最终制品，在不同的壁厚处具有不同的强度，厚的地方通常是硬度很高，而薄的地方虽然硬度不高，但抗拉强度却很高。

在德国，跨骏塑胶公司能够生产出玻璃纤维含量为20%～60%的片材。目前，玻璃纤维含量等级为40%～55%的产品已实现商品化。其中，40%玻璃纤维含量的片材，适合于制造车底屏蔽装置、承重板及可开式车顶；55%玻璃纤维含量的片材，适合于制造车顶内衬。

不久前，位于德国曼海姆市的一家公司，用这种新型复合材料为宝马汽车公司制成车底屏蔽防护装置，这是该材料首次成功地实现商业化应用。这种车底屏蔽防护装置，是由4个该复合材料玻璃纤维含量为40%的部件组成的。由于它们用于增强的聚丙烯膜是从2个面层挤压而成的，因此其耐冲击、耐磨损、防潮能力都得到了提高。与过去的玻璃纤维毡增强热塑性组件相比，其重量减轻了30%，阻力系数也得到了减小，而且这种产品还具有良好的消音功能。

据介绍，制造宝马汽车车底屏蔽防护装置的模具是一个包括4部分组件的多腔模具，它带有一个可在成型过程中给产品钻洞的辅助机械装置，工作效率很高。把一块常规坯料送入这种多腔模具后，在不到60小时的工作时间内就可完成对上述4部分组件的模制。

同宝马汽车公司原来的车底屏蔽防护装置相比，新型复合材料制造的这种部件，重量并没有明显的降低，但其最大的优势是可以充分利用产品不同厚度处所具有的功能。例如，产品中央部分的厚度为 4 毫米，从而优化了比硬度值，同时具有降噪的功能，而周边的厚度只有 1 毫米，从而提高了接合力和密封强度。

目前，跨骏塑胶公司已经开始了将其复合材料应用于汽车和越野车的外部车板方面的研究和开发工作。他们的研究重点是把预喷制的铝层黏附在该复合材料的核心上，以制成汽车车顶模塑件。由于铝材衬里的热膨胀系数与该复合材料的数值相差无几，因此，可以减少该制件的弯曲变形。同时，涂铝线圈还可以减轻产品的重量。

（3）研制出可自修复的树脂基复合材料。2019 年 3 月 11 日，有关媒体报道，瑞士洛桑联邦理工学院材料工艺实验室一个研究小组，通过全新的自有专利技术开发出一种先进的树脂基复合材料，可在结构受到损伤后轻易实现自我修复。

报道称，这种尖端树脂基复合材料或将在航空航天飞行器、风力涡轮机、汽车及各类运动装备中得到广泛应用。当风电涡轮叶片或飞机等被不明飞行物等重物击中后，受损的零部件必须接受整件的更换或利用树脂进行结构修补。但是更换零部件价格昂贵，而利用树脂进行修复又会使结构增重并一定程度上改变性能。

现在，该研究小组已经找到一种快速容易的方法来修复复合材料结构中出现的裂纹或裂缝。研究人员介绍说，这项全新的技术是利用了在复合材料中加入的自修复剂。当复合材料结构受损后，只需要简单地将受损部位的材料加热到 150℃，即可在很短的时间内实现实时修复树脂中出现的裂缝。局部的加热过程激活了复合材料内部修复剂，受损部位实现迅速愈合，并且不会改变结构原有性能。

这种全新问世的技术可在各类复合材料结构中应用，使用后的效果可使得原有结构寿命至少延长 3 倍。修复后的材料基本性能和初始抗裂能力与传统的复合材料相同。更为重要的是，这项技术与主流复合材料制造工艺兼容，因此不需要对生产设备进行重组。

研究人员表示，对于风力涡轮机和储能罐来说，预计该技术尤其受用。到 2020 年，仅是维护全世界范围内的现有的风力涡轮机，就需要花费约130亿瑞士法郎。这项新技术的出现，有望大大降低维护成本。

值得注意的是，该技术的使用条件仍然受到一些限制，如果复合材料结构受到的损伤造成了内部纤维的破坏，材料将无法愈合。但由于复合材料结构的损伤往往首先从树脂受损开始，因此这种利用外部热量实现自修复的自愈系统在大多数情况下仍然奏效。

此外，为了推广这项技术在航空航天领域的应用，研究人员使用玻璃纤维增强的树脂基复合材料，制造了应用于航天器中的零部件，并展示了其愈合过程中的工作原理。该零部件曾在巴黎举行的复合材料展览中进行展出。目前，研究人员正在筹划建立一个初创公司，以便进一步推销这种新材料。

（二）塑料及其制品开发的新信息

1. 开发环保型塑料的新进展

（1）研制出不污染环境的自毁塑料。2004年8月，有关媒体报道，瑞士一家塑料加工公司开发出化学自毁塑料。这种化学自毁塑料是在塑料制品上面喷洒一种特制配方的溶液，使其与塑料发生化学反应，并使塑料逐渐溶解，成为可被水冲洗掉的无害物质，不再污染环境。

据介绍，采用这种新型塑料生产的复合塑料薄膜制成食品或其他物品的包装袋后，一旦将包装袋撕开，涂有特种试剂的内层吸收空气中的水分与带有反应基的聚合物进行反应，薄膜会像穿孔似的慢慢地被分解掉。这种塑料还被大量用来制造厕所便桶的坐垫，使用时不怕水，而废弃时却极易被水分解掉。

（2）用新方法快速制造出可再生的生物塑料。2018年7月24日，由瑞士苏黎世联邦理工学院科学家马西莫·莫比戴尔里领导的一个研究团队，在《自然·通讯》杂志上报告了一种生产塑料聚合物的新方法，可以获得与传统塑料特性相似但是更可持续的生物塑料，且过程仅需30分钟。这项研究表明，基于可再生资源的生物塑料瓶级聚乙烯呋喃酸酯，已经能够在超短时间内制造出来。

2018年，联合国环境署首次聚焦一次性塑料污染问题，并把本年度世界环境日的主题定为“塑战速决”，这是因为我们的地球正在被塑料包围。位于加利福尼亚和夏威夷之间的巨大海洋塑料堆积区，目前正漂浮着超过

7.9 万吨的塑料垃圾。联合国环境署称，如不加以限制，到 2050 年，海洋里的塑料垃圾将比鱼类还多。

与常规塑料相比，可持续聚合物通常性能较差，包括变色和热降解两方面都无法适应特定的日常应用。科学家研究认为，聚乙烯呋喃酸酯具备一定的潜力，但它在形成后便会开始降解，这是因为生产过程中它的反应时间非常长的缘故。

此次，该研究团队提出一种开环聚合方法，借此形成瓶级聚乙烯呋喃酸酯长直链。根据这个方法，首先利用一种高沸点溶剂使初始材料较小的环状聚乙烯呋喃酸酯链，与锡基催化剂混合；一旦聚合物产物开始形成，它就在反应条件下熔化，促进初始材料转化。研究团队表示，使用该方法可以在 30 分钟内完成反应，形成的聚乙烯呋喃酸酯具备所需特性，而且降解和变色问题已降至最低。

2. 开发塑料日常用品的新进展

（1）发明防水并溶于水的塑料包装容器。2004 年 7 月，有关媒体报道，瑞士勃兰德公司研制成一种既防水又能溶于水的塑料包装容器，它具有一般塑料包装容器的各种性能，并且也能防水，而在需要时可用不同的方法溶于水。

据介绍，这种包装容器用既防水又能溶于水的塑料制成，该塑料是先将一种惰性的、带有水溶性反应基的单体聚合，进而共聚，得到一种不溶于水的聚合物。然后，用一种特殊的助剂把不溶于水的聚合物激活，从而得到水溶性塑料。它溶解于水的速度可随意调节。

（2）开发出微波炉专用能自行分解的塑料薄膜。2007 年 11 月，有关媒体报道，瑞士一家塑料加工公司推出一种新型薄膜，是专供微波炉烧烤覆盖用的特殊塑料制品。

该薄膜耐高压，防雾性能好。用它在微波炉中加热各种菜肴，既安全又方便。在加热进程中，水蒸气产生的压力可安全地通过薄膜释放出来。同时，它是一种自行分解型塑料，可在自然条件下逐渐溶解，不再污染环境。

这其中奥秘是，在它身上喷洒了一种特殊配方的溶剂，可与塑料发生反应，使塑料逐渐溶解，成为可被水冲洗掉的物质。用这种新型塑料生产的复合塑料薄膜制成食品、饮料包装后，一旦将包装撕开，涂有特殊试剂的内层吸收空气中的水分，与带有反应基的聚合物发生反应，薄膜会像穿孔似的慢慢分解掉。

3. 开发塑料泡沫制品的新进展

（1）推出节能效果显著的聚苯乙烯墙体隔热泡沫。2004 年 9 月，国外媒体报道，瑞士一家建筑公司选用巴斯夫公司为其提供的新材料，实现了现代建筑既舒适又节能的目标。这种新材料叫作可发性聚苯乙烯墙体隔热泡沫，该公司用这种材料在瑞士完成首个根据生态效益型恒温房标准建造的复合式住宅项目。据悉，采用这种建筑材料，再加上其他措施，该住宅比传统房屋节能 90%。

该公司完成的住宅项目包括三座复式楼和四座别墅楼，全按照经过认证的恒温房屋标准建造。恒温房屋很大程度上依赖于使用高效的保温设施减少热量损失。

恒温房的石墙涂有可发性聚苯乙烯墙体隔热泡沫。与于传统保温不同，这种银灰色的隔热泡沫所含的远红外吸收体和反射体可减少泡沫的热传导性。因此这种保温板比传统的膨胀聚苯乙烯板薄 20%，但保温性能相同。例如，1 平方米、0.1 米厚的这种保温板，在 50 年的时间里可节约 1200 升的加热用原油。

（2）用聚氨酯制成比混凝土还坚固的神奇泡沫。2018 年 7 月，国外媒体报道，瑞士 SIKA 公司研发出一种神奇泡沫，它外表与人们平时见的发泡胶类似，都是膨胀型聚氨酯泡沫，但又不像发泡胶那么脆弱，它可以快速固化成高强度的材料，号称可以代替混凝土，是专门为安装围栏和其他地面支撑架子设计的。

把它固化起来，干的活与使用混凝土一样需要搅拌和挤压，但操作过程要简单得多。它采用的是连体式包装，两个袋子里分别装着预先配好的聚氨酯树脂，使用前要先把它们挤压到一起；然后再反复摇晃使它们充分混合，20 秒就够了；接着剪开袋子，把混合好的液体倒进坑里。注意观察，可以看到倒进去的液体会在 3 分钟内迅速膨胀成泡沫，把围栏柱子与坑之间的缝隙全给填满。操作期间一定要抱紧插入的围栏柱子，使它保持垂直，不然歪了以后可再也掰不回来了，最后，只要在泡沫半凝固时用小刀刮掉多余的部分就行了。两个小时后泡沫就会完全固化，报道称其牢固程度要胜过混凝土。因为一般用混凝土填坑固定围栏柱子，多多少少都会留有缝隙，而且周围的泥土松动也会影响到其牢固性，而这种泡沫膨胀起来后能在坑里的各个方向延展，见缝就钻，甚至能把周围的沙石和树根等紧紧黏住。

二、研制有机高分子材料的其他新成果

（一）研制有机高分子材料助剂的新信息

1. 开发橡胶助剂的新进展

研制出具有非污染性的橡胶用臭氧防老剂。2005 年 6 月，世界著名的塑料橡胶助剂生产企业瑞士汽巴（Ciba）精细化学公司，开发出一种新型的橡胶用臭氧防老剂并获得审查通过，现已公开销售。

该产品是一种新型的胺类防老剂，具有防臭氧老化、防氧化和改进动态疲劳性能的特点。其最大特征是非污染性和低着色性，且迁移性小；对水不溶解，在酸液中也几乎不被抽出；在各种溶剂中长时间浸渍，仍能保持产品特性。

目前，橡胶行业广泛使用的橡胶防老剂仍是具有污染性的对苯二胺类防老剂，而瑞士的新产品则是一种新型的非污染性胺类防老剂，是对苯二胺类防老剂的最理想替代产品，特别适用于接触食品的橡胶产品，如胶管、密封圈、衬垫、输送带等，也可用在有长期耐热要求的汽车发动机垫及雨刷胶条等方面。

其样品经过安全试验，已获得满意效果，被认为是符合食品、汽车及各种工业制品方面的污染性及抽出性要求的理想产品。目前，该产品已在德国、日本得到应用于食品橡胶的认可，美国、法国、意大利也在申请审查中，因此该产品不久将在世界范围内获得推广。

2. 开发纤维织物助剂的新进展

开发出纤维织物的阻燃剂。2006 年 3 月，瑞士汽巴精化公司开发出一类新型阻燃剂，它是一种用于纤维素纤维织物的反应型阻燃剂，其分子中含有 N—羟甲基。在焙烘过程中可以通过交联剂与纤维大分子中的羟基交联，形成共价键，自身也可以与纤维素大分子的羟基交联，故具有高耐久

性，且手感好，降强较少，白度较好，因此得到了广泛的应用。

需要指出的是，这种阻燃剂含有游离甲醛，织物整理后在储存和使用过程中会释放出游离甲醛。为此，研究人员用多元羧酸作交联剂，再用该阻燃剂对棉织物进行阻燃整理，以获得低甲醛释放的阻燃织物。

研究人员表示，用多元羧酸代替含甲醛的常规交联剂，一方面降低了整个阻燃体系的甲醛含量，也降低了阻燃织物上的游离甲醛释放；另一方面减少了阻燃剂和交联剂的用量，改善了这类新型阻燃剂的应用性能。

3. 开发有机涂料助剂的新进展

研制出微胶囊水溶性涂料的稳定助剂。2007 年 5 月，瑞士汽巴精化公司（Ciba Specialty Chemicals）在本年度欧洲涂料展销会上，推出通过创新微胶囊技术制成的水溶性涂料稳定助剂，这是该技术在涂料领域的最新成果，引起参会观众的浓厚兴趣。

采用汽巴精化微胶囊研发的水性涂料用稳定助剂，在测试中已经可以达到和传统溶剂分散型涂料同级的稳定效果，同时保证涂料其他性能不受到任何影响。在汽巴精化产品的展位上，通过创新微胶囊技术制成的其他涂料助剂产品，也让人们眼前一亮。

汽巴精化涂料部门负责人赫尔曼·安格尔介绍说，汽巴精化在很早之前就开始利用微胶囊技术加工涂料分散助剂了，经过长时间的研发，在本次展会上，汽巴精化集中推出了创新微胶囊技术的涂料产品。

研究人员指出，这是涂料助剂领域的一个里程性的进步，因为微胶囊技术在水溶性涂料领域的应用，将会大大限制传统溶剂型涂料的市场，从而减少有机溶剂涂料带来的污染和相关问题。同时该涂料稳定剂也与其他助剂有着很好的协同效应，使得涂料助剂功能在水性体系中发挥更大的效用。

据悉，首先问世的创新微胶囊技术涂料稳定助剂，是受阻胺光稳定剂和紫外线吸收剂。

（二）研制纺织面料与造纸原料的新信息

1. 开发纺织面料的新进展

研制出可调温的智能型纺织面料。2006 年 5 月，瑞士希尔公司（Schoeller）推出可弹性调整温度的创新智能型纺织面料，其产品创新的关键是具有“形态记忆功能”的仿生学温度薄膜。它可弹性调节水气渗透力，能根据天气变化微调穿衣的温度，迅速排出湿气，并且高度防水及防风。满足了消费者对于衣服的透气功能、舒适感和运动灵活度的基本需求。

这项创新成果，借鉴了自然界中冷杉球果的温度效应。冷杉球果是大自然应对温度和气候变化的最佳范例，每当气温下降或潮湿时，球果便关闭鳞片，一旦天气回暖及干燥时，鳞片则再度打开。希尔公司薄膜技术采用类似的模式，其创新研发的这种薄膜，被称为“形态记忆材质”，它可视使用者的体温和气候的变化等情况调整到最适中的温度。

研究人员表示，该薄膜可设定温度范围，当周围环境温度或体温提高时，身体需排除的湿气也随之增加，薄膜随即产生反应：亲水薄膜高分子结构敞开来迅速释放大量的蒸气，而体温开始下降时，水气便无须排出。此时，薄膜将回复闭锁状态（所谓形态记忆功能），除了维持体温亦能抵挡寒意。

希尔公司把智能型薄膜研制方法与新型积层膜技术融合在一起。这里的积层膜，采用圆孔聚氨酯方便排出水蒸气，其孔隙设计不仅利于空气流通，湿气也容易由此蒸发，提高了穿着舒适度。该产品经过在酷热或严寒天候下的测试，符合世界级蓝色标识标准。目前开发出的弹性和无弹性纺织面料已经走向市场。

2. 开发造纸原料的新进展

把马铃薯淀粉用作造纸原料。2006 年 11 月，国外媒体报道，瑞士汽巴精化公司与芬兰技术研究中心共同组成的国际研究小组对外声称，他们已经开发出一种新造纸技术，利用一种源于马铃薯淀粉的材料来代替油基填料和涂布颜料生产出新纸种。

这种淀粉纸是完全可降解的，且比传统的用矿物填料（如高岭土、滑石粉、碳酸钙）生产的纸要轻 20％～30％。这种新技术的制造工艺可行性已经在美国西密歇根州大学的中试纸厂得到证实，但还需要工厂化试验。

由于该技术能使造纸厂家减少对环境的影响，同时又能节约成本，因此引起世界范围内的广泛关注。利用新材料生产可以在较低的操作温度与压力下进行压光，节约了能源。此外，对纸机的磨损降低，也减少了机器的维护成本。由于所生产的纸相对较轻，可以减少运输成本，一旦被回收利用，则可以转换成生物能，比传统纸排放更少的废气。

最初，试图以天然材料原淀粉来代替油基填料和涂布颜料。后来对马铃薯淀粉进行了化学改性，使其像所要替换的油基填料那样具有疏水性，但质量更轻。

研究人员称，马铃薯淀粉可以用于造纸过程，但该技术在商业应用时，其关键的成本效益是否可行还不能得到证明。芬兰技术研究中心已经为该技术申请了3项专利。

（三）开发利用木材纤维素与木质素的新信息

1. 用新技术把木材纤维素和木质素转化为化工原料

2016年7月，国外媒体报道，石油不仅是最重要的化石能源，也是众多基础性重要化工原料的来源，因此研发可再生的石油替代物与可再生新能源研发同样具有重要意义。瑞士国家重点科研计划项目“木材资源化综合利用”，在这方面的研究取得阶段性成果。研究人员成功开发出新技术，把木材纤维素和木质素两种主要成分转化为化工原料。这项新成果，有望为寻找石油替代物开辟新的途径。

瑞士洛桑联邦理工大学的研究团队成功开发出一种新催化工艺，能够把木材中的纤维素转化为羟甲基糠醛，这是一种生产合成材料、肥料和生物燃料的重要原料。他们的技术特点是开发出一系列离子盐液态催化工艺，一次反应转化率可达到62%，不需要高温高压和强酸性环境，而且反应选择性良好，能有效抑制副产物的生成。这项技术，也可用于从其他植物中获取纤维素，工业应用前景很广。

另一项新技术是瑞士西北高等技术大学研究团队的研究成果，他们利用菌类分解腐烂木材获得的转化酶，成功把木质素转化为芳香族化合物如香兰素，为制备溶剂、杀虫剂、药物和合成材料提供基础性原料。木质素是木材细胞壁的主要成分，占木材质量的15%～40%，以往木材中的木质素大部分被作为燃料未获得充分利用，因此该项技术更具有突破性意义。它还实现了催化酶的循环使用，把催化酶结合在涂覆了二氧化硅的铁纳米颗粒上，反应完成后通过磁场把催化酶与铁纳米颗粒分离，最多重复循环使用可达10次。

在瑞士国家重点科研计划项目“木材资源化综合利用”的框架下，还有其他一系列新技术的研发，如苏黎世联邦理工大学正在研究如何从木材废料中获得琥珀酸的新技术，以期形成相互补充的综合性的“生物炼制”绿色化工新技术和新工艺体系，为木材作为石油替代物提供技术支撑。

2. 用木材纤维素纤维制成电磁屏蔽材料

2020 年 7 月，国外媒体报道，瑞士联邦材料科学与技术实验室的一个研究团队，分别在《美国化学学会·纳米》和《先进科学》杂志上发表论文，表明他们以木材纤维素纤维为原料开发出一种新的气凝胶材料，可以阻挡多种频率，形成了他们所描述的迄今为止世界上最轻的电磁屏蔽材料。

遏制电子元件产生的电磁辐射，是电子设备设计者必须考虑的一个重要因素，但如今的金属基屏蔽材料或多或少存在着一些弊端。该研究团队正是针对这种情况，寻找新的更合适的屏蔽材料。

研究人员表示，阻挡电子设备中的电磁辐射对维持其性能至关重要，因为如果这些场没有与周围环境隔离，就会影响信号传输或附近电子设备的功能。他们以往经常使用薄金属片来完成这项任务，但这些金属片会增加设备的额外重量，而且不一定能与设计完美结合。

瑞士研究团队一直在研究替代材料，希望能生产出更轻、可塑性更强的新产品，这让他们找到了来自木材的纤维素纤维。这些纤维素纤维被细化到纳米级大小，并与银纳米线结合在一起，形成了一种轻质多孔的气凝胶。经过测试表明，它具有优异的电磁辐射屏蔽效果，密度仅为每立方厘米 1.7 毫克。

在纤维素纤维和银纳米线的成分产生屏蔽效果的同时，材料的多孔性也起到了作用。当电磁场遇到孔隙时，会在空隙内反弹，产生二次电磁场，实际上抵消了原有的电磁场。根据研究人员的说法，这种综合效应几乎能够阻挡 8～12 吉赫范围内的所有辐射。同时，所需的吸收水平可以通过调整材料的孔隙率、银纳米线的数量和厚度来调整。

研究人员表示，他们还能够通过把银纳米线换成碳化钛板来进一步减轻重量，碳化钛板的作用就像“砖头”，而纤维素纤维则是“砂浆”。研究人员说：“这种碳化钛纤维素气凝胶组合，是迄今为止世界上最轻的电磁屏蔽材料。”

第三节　纳米材料研制的新进展

一、研制纳米产品的新成果

（一）探索纳米粒子的新信息

1. 研究纳米粒子性质的新进展

开发出控制单个纳米粒子运动的“纳米阀门”。2018 年 5 月，物理学家组织网报道，瑞士苏黎世联邦理工大学一个研究团队在《自然·纳米技术》杂志发表论文称，他们开发出一种“纳米阀门”，能在纳米尺度上控制微细管道里单个粒子的运动，有望用于研究纳米粒子的性质，帮助开发新型材料和药物。

研究团队在新闻公报中说，这种阀门适用于金属或半导体纳米粒子、病毒微粒、脂质体、抗体分子等多种微粒，在材料、化学和生物医学等领域都将找到用武之地。

在纳米尺度上，物质的性质与宏观状态下大不相同，其运动无法用机械阀门控制。据研究人员介绍，为了打开和关闭超薄通道中的纳米颗粒流，他们用到了电力。他们在硅芯片上蚀刻出直径为 300～500 纳米的通道，将需要安装阀门的部位收窄，并在这个“瓶颈”外侧安装电极。施加特定的电场，能对通道中的微粒产生作用力，决定它能否通过“瓶颈”。

实验显示，纯水中的纳米粒子平时无法通过“瓶颈”，对于这些粒子来说，阀门处于关闭状态；施加电场则可使粒子通过“瓶颈”，相当于阀门打开。然而，对于盐溶液中的纳米粒子，情况刚好相反，阀门平时是打开的，施加电场后关闭。在实际应用中，盐溶液中的病毒、抗体等生物粒子可以被轻易操控。

研究人员利用带阀门的三叉管道，使混在一起的两种纳米粒子流向不同的出口，实现分离。这意味着，设计出相应的管道系统和电场，能筛选、过滤特定性质的粒子。他们还成功地将单个粒子引导到两个阀门之间的区域，将其禁锢在狭小空间内，这能减少粒子无规则运动的干扰，便于观测粒子性质。

研究人员还与苏黎世大学的科学家一起，成功使用该系统操控直径仅10纳米的半导体粒子和抗体微粒。

2. 制造纳米粒子及其产品的新进展

（1）成功用两种不同金属制成纳米晶体。2021年9月，瑞士苏黎世联邦理工学院电子研究所一个研究小组，在《科学进展》杂志上发表论文称，他们开发出一种新技术，利用液态金属穿透固态金属的融合过程，成功用两种不同金属制成纳米晶体。

研究人员已经利用这种方法，生产出不同的金属间化合物纳米晶体，如金－镓、铜－镓和钯－锌。合并过程本身可以精确控制，通过将二次原子作为酰胺引入溶液中，精确控制纳米晶体中金属的比例。最终金属间化合物纳米晶体的尺寸，可以根据初始纳米晶体的尺寸和加入的第二种金属尺寸实现精确预测。

（2）开发出可制造智能材料的纳米粒子自组装胶体。2013年6月，瑞士联邦理工学院约瑟佩·弗菲主持的研究小组与剑桥大学埃利卡·艾瑟领导的研究小组合作组成一个联合研究团队，在《自然·通讯》杂志上发表论文称，他们共同开发出一种新技术，用DNA链给纳米粒子涂上一层涂层，能控制并引导两种不同胶体的自动组装。这种胶体粒子可用于制造新奇的自组装材料，如智能递药补丁、随光变色的新奇涂料等。

胶体，是一种物质在另一种物质中均匀分布而形成的。日常生活中人们能看到许多胶体，如牛奶、泡沫塑料、发胶、涂料、泡沫刮胡膏、胶水，甚至灰尘、泥浆、烟雾等。胶体有很多独特的性质，如布朗运动、电泳、丁达尔效应（光进入胶体发生散射并呈现出不同色彩）等，但更特殊的性质在于它们的自组装能力：只在本身粒子的相互作用下就能自然地聚集在一起，形成一种稳定的结构性排列，而无须外力干预。通常只要温度、光照等外部环境因素发生变化，胶体就会做出反应而发生这种自组装。

在生物性胶体中，如DNA、蛋白质及其他大分子，自组装通常是自组织的第一步，支撑着许多分子结构。但就技术方面来说，自组装胶体用途更广泛，人们对其研究得也更多。

如果两种或更多种不同的胶体在一起，它们的自组装会怎样？联合研究团队共同解决了这一问题。艾瑟小组用不同的DNA链给荧光聚苯乙烯小球涂上一层涂层，让小球外表变得毛毛的，作为粒子相互作用的手段，也可以用于标记不同的粒子，还能利用 DNA 序列的适配性给粒子间的相互作用编程。

利用 DNA 链接的涂层胶体，研究人员能控制两种不同胶体微粒的自组装进程。两种胶体以一种“双混”的形式混合在一起，最终形成了新的结构，并且它们聚集得更快，由此生成一种结构性“基架”，可以在上面装配其他东西。利用 DNA 碱基对的选择性，研究人员对胶体外形的控制达到了前所未有的程度。

此外，他们还发现一种获得自组装结构的方法。由于胶体微粒对温度变化的反应，提供了高度特异性和可编程性，自组装结构在很大程度上取决于温度变化。弗菲说：“从某种意义上说，新结构保留着它们制备历史的‘记忆’。”

研究人员根据胶体外形数据和粒子相互作用的动态数据推断，这种方法并不局限于纳米级物体，还可用于整个胶体范围。此外，他们预测这种方法还有许多应用，如光反应涂料或智能补丁，智能补丁里填充着装有抗体或退烧药的粒子，并能随体温或 pH 值变化起反应，释放出这些粒子。

（二）探索纳米材料的新信息

1. 研究纳米材料的新发现

首次在碳纳米管中观察到场致发光现象。2010 年 12 月，瑞士与德国、波兰等国的科学家组成的国际研究小组，在《自然·纳米技术》杂志上发表研究成果称，他们在一项新研究中首次观察到碳纳米管中缺口间的分子，在电流通过时能够发光，这种现象称为“场致发光”。

研究人员表示，这是首次在碳纳米管—分子—碳纳米管连接设备中观察到场致发光。该研究的最大意义在于，成功将分子嵌入这种首尾对结构中，制造了坚实的固态设备，而且能精确控制缺口和分子的大小，让它在施加电压时发光。这项研究还首次从分子电子学角度证实，设备空档处的分子出现了光学标志。

碳纳米管在分子电子学方面有很多应用。研究人员正在用不同的分子制造出不同发光波长的多种设备，这一重要的基础性研究，有助于制造微型化、高能高效计算机，并拓宽了分子电子学视角，比如以单分子为基础开发光电子元件。

2. 研制和使用纳米材料的新进展

（1）研制出超大容量纳米信息存储材料。2005 年 10 月 27 日，国外媒体报道，瑞士综合理工大学和法国巴黎第七大学专家组成的研究小组，开发出一种名为“自动组合结构”的材料制造技术，进而制成新型超大容量的纳米信息存储材料。

报道说，研究小组在零下 143℃的真空状态下，把钴原子凝聚在金晶体材料上，根据研究人员事先安排好的一种结构来排列组合这种材料表面的钴原子。数百个原子，可以形成一个大接点，这些接点又相互组合，自动形成一个有序的结构体系。研究人员由此得到的纳米级材料，其结构可以突破信息存储的不少极限，使硬盘的信息存储密度进一步加大。

据介绍，在目前的硬盘中，信息主要被存储在一个很薄的钴合金晶粒片上。1 比特的信息需要占 1000 个晶粒。而研究小组新开发的技术，使存储 1 比特信息仅占用 1 个晶粒，1 平方厘米这种纳米材料的信息存储量达到 4 万亿比特。

目前，这种材料的缺点是只有在零下 230℃时才有磁性记忆能力。高于这一温度，新材料的接点就会出现性能不稳定，导致信息丢失。研究人员下一步将致力于加强新材料的稳定性。据报道，在微电子技术领域实现微小化、单位面积内存储能力最大化，是重要的研究方向。目前的成熟技术很难满足市场对存储能力的要求。未来，利用纳米技术将能在上述两方面不断获得进展。

（2）使用纳米材料打印出迄今最小喷墨图像。2015 年 12 月 20 日，英国广播公司报道，由瑞士纳米科学家帕特里克·加利克等组成的研究小组，使用纳米材料打印出迄今为止世界上最小的喷墨图像。他们打印出的热带小丑鱼彩色图像长 0.12 毫米、宽 0.08 毫米，其宽度和复印纸的厚度差不多。研究人员表示，他们的成果已经获得吉尼斯世界纪录的认证。

这张小丑鱼的图片不到真实小丑鱼大小的 1/3000，是以每英寸 25000 点的像素打印出来的。图像一共使用了红、绿、蓝三种色彩，每层色彩的单个粒子点之间相距 500 纳米。这些微小粒子可以根据不同的大小释放出不同的光。最小的点释放出蓝色的光，中间尺寸的点释放出绿色的光，最大的点释放红色的光。

粒子点生成的光非常强烈，这使它对电视制造商有很大的吸引力，索尼、三星和 LG 都已经研发出使用纳米材料的电视。

加利克说："你可以想象，未来把一种塑料薄膜放入打印机中，另一端就会打印出一个显示屏。"这种用纳米材料打印出的产品具备显示屏的一切功能。

（三）探索纳米制成品的新信息

1. 开发纳米机器的新进展

（1）研制出世界上首个纳米生物制动器。2007 年 3 月，国外媒体报道，瑞士联邦材料测试与研究实验室参加的一个欧洲研究团队，开发出一种基于脱氧核糖核酸（DNA）的转换器，名为 DNA 制动器或分子发电机。科学家认为，作为世界上第一个纳米生物制动器，它的研制成功，为在活的生物有机体和计算机之间建立联系架设了桥梁。

据报道，这个 DNA 制动器的大小只有一根头发的千分之一，因此肉眼根本无法看到它。这个 DNA 制动器的组成包括一组固定在极小芯片上的 DNA，一个带有磁性的珠子，还有一个提供动力的生物发动机，它通过活的生物细胞三磷酸腺苷所发出的能量提供动力。

这些组件在一起工作时，能够创造出发电机的效果，然后再转化成电流。最终，安装了这种 DNA 制动器的装置发出电子信号，这些信号再被传送给计算机。于是，这个 DNA 制动器就通过电子信号将生物世界和硅元件世界联系在一起。除了能在计算机上使用外，这个 DNA 制动器还能用于毒素的快速检测。此外，它还可用于生化防卫，作为一种生物传感器探测空气中是否存在病原体。

科学家们相信，DNA 制动器的未来应用前景十分可观。从用于界面连接的分子尺寸的机械装置到由计算机控制的机械手，在这些装置中都可以找到 DNA 制动器的影子。

该成果是一项多国合作的结晶，除了瑞士联邦材料测试与研究实验室外，其他参加研究的还有英国朴次茅斯大学、英国国家物理实验所、法国国家地球科学实验室、荷兰代尔伕特理工大学、葡萄牙国家系统与计算机科学研究所等。欧盟委员会发起的"资助新兴科学和技术活动"为这项研究提供了200万欧元的资助。

(2) 制成仅由16个原子组成的最小分子马达。2020年6月16日，物理学家组织网报道，由纳米专家奥利弗·格洛宁负责，成员来自瑞士联邦材料测试和研究实验室及洛桑联邦理工学院的研究小组，开发出世界上最小的分子马达，其由16个原子组成，并且可以在同一个方向稳定旋转，有望将能量收集推升至原子级。此外，该马达恰好在经典运动与量子隧穿间的边界移动，也可以供科学家研究量子隧穿过程及其中能量耗散的原因。

格洛宁说："这一最小马达不足一纳米，使我们接近分子马达的极限尺寸。"

研究人员解释道，一台分子机器的功能与其在宏观世界中的对应物体相似：将能量转换为定向运动。自然界中也存在这样的分子马达，如肌球蛋白。肌球蛋白是运动蛋白，在生物体的肌肉收缩过程与细胞间输送其他分子方面发挥重要作用。

与大型马达类似，新分子马达由一个定子（固定部分）和一个转子（运动部分）组成，转子在定子表面旋转，可以占据6个不同的位置。格洛宁指出："为使马达真正发挥作用，至关重要的是定子必须使转子只能沿一个方向移动。"结果表明，该分子马达具有99％的方向稳定性，这使其与其他类似的分子马达区别开来，为原子级能量收集开辟了一条途径。

此外，量子物理学定律指出，粒子可以隧穿：即使转子的动能在传统意义上不足，转子也可以克服屏障隧穿。这种运动通常在没有任何能量损失的情况下发生。因此从理论上讲，在传统物理学向量子力学过渡的区域，转子朝两个方向旋转的概率一样，但该分子马达朝同一方向旋转的概率为99％，表明隧穿过程中存在能量损失。

研究人员总结道："这一迄今最小分子马达，不仅为分子科学家开发了探索微观世界的工具，也可供科学家研究量子隧穿过程及其间能量耗散的原因。"

2. 开发纳米医用制品的新进展

制成可对抗心血管疾病的纳米"定时炸弹"。2012年6月10日，物理学家组织网报道，因动脉硬化导致的动脉狭窄和心血管疾病，是全球死亡的主要原因，直到现在，仍没有治疗方式能够仅定位病变区域，从而提升药效并减少副作用。为了辅助填补这一缺失，瑞士日内瓦大学有机化学系的安德里亚斯·祖布霍尔与巴塞尔大学等机构的专家组成的一个研究团队，研发出一种纳米“定时炸弹”，能够识别病变区域并针对其进行治疗，且不会对健康区域造成伤害。

在瑞士，每年有超过 2 万民众死于由动脉硬化引发的心血管疾病，占该国总死亡人数的 37%。虽然没有已被认定的特定动脉硬化生物标记，但有一个物理现象与血管变窄相关，即剪切应力。这种力与血流平行，其因血流的波动而造成，由变窄的动脉所诱导。

正是利用这一现象，研究团队开发了一种纳米容器，其可在狭窄动脉的剪切应力作用下专门针对病变区域释放血管舒张药物。通过重新排列如脂质体等经典纳米容器中磷脂等特定分子的结构，科学家能够使其成为透镜状，而不是普通的球形。

为实现这一点，化学家以酰胺键替代了连接磷脂头尾两部分的酯键，这种有机化合物能够促进磷脂之间的相互作用。一旦被修改，分子将与水化合产热形成球形液体，随后在冷却后凝固成透镜状。

研究人员构建了心血管系统模型，并以阻塞程度不同的聚合物管代表健康和狭窄的动脉。接着，人造心外“泵”将与这些动脉相连，以模拟由血管变窄而诱发的剪切应力。科学家将纳米容器注入系统后，分别在健康和狭窄的动脉区域进行了取样。结果显示，大量活性药物聚集在了病变区域，健康区域则分布很少。

借助透镜的形式，纳米容器将沿健康动脉移动而不会对其造成破坏。除了在遭受狭窄动脉的剪切应力之外，这种新型纳米容器一直十分稳定。而这也正是这项技术的目的，即血管舒张药物只会作用于狭窄的动脉，这将大幅提升治疗效率，并能有效降低相关副作用。祖布霍尔指出：“简单地说，我们开发了现存技术尚未发掘的方面，这项研究将为心血管疾病患者提供新的治疗视角。”

二、探索纳米技术的新成果

（一）开发用于纳米产品制造的新技术

1. 开发出制造纳米传感器的喷墨印刷技术

2004 年 7 月，国外媒体报道，瑞士巴赛尔大学的亚历山大·比茨与美国国际商用机器公司苏黎世实验室同行组成的一个研究小组，开发出一种喷墨印刷的新纳米技术，能够在悬臂梁上沉积薄薄的分子层。通过这个分子层的反应，形成纳米机械悬臂，它可以用来作为化学或生化的传感器。

比茨表示，以具有传感功能的分子层覆盖悬臂数组，是把微机械结构改变成纳米机械传感器的关键，不过以光刻技术为主的传统微制造技术很难应用在悬臂传感器上，而新开发的喷墨印刷方法具有快速、多变及适合大规模处理的特性，因此成为最被看好的技术。

报道称，比茨研究小组以喷墨法在镀金的悬臂上沉积了自组成烷硫醇单分子层，以便用来探测离子浓度或 pH 值。若将硫醇接上单股的 DNA 低聚体，此悬臂便可用来探测基因片段。研究人员发现，在巨观溶液中通常要花几分钟进行的表面化学反应，在喷墨法的微小液滴中只需几秒钟就可完成，这使得喷墨法能快速形成自组成单分子层及 DNA 低聚体。

该研究小组还制作了具有八只悬臂的气体传感器，其中每只悬臂都分别镀上了不同的聚合物。纳米机械悬臂可应用在生物科技、医疗检验、气体传感、制造及环境监控上。

2. 开发出制取纳米金属粉末的超声雾化技术

2005 年 11 月，瑞士一个纳米技术研究小组开发出一种新振子进行双重超声雾化，可工业化生产纳米结构金属粉末。新雾化装置把两种超声雾化方法，即超声气体雾化与张力波雾化有机结合起来，克服了它们各自的局限性。

据悉，新装置分两步击碎熔态金属，从而解决了熔体流直径不能过大的问题。熔态金属流首先导向由超声频率激发的管状共振器的内壁，熔态金属润湿这种振动基体通过张力波雾化被击碎。同时，在进入同一管中的惰性气体中产生非稳态冲击波，这种压力脉冲进一步击碎张力波雾化的熔滴。

研究人员表示，它的一大进步是开发出“锤”型超声振子，比传统的两金属块三明治振子提高了频率、振幅与相位调制。这说明，不管什么液态金属，只要选取适宜的超声参数，都可进行高流速张力波雾化。它的另一大进步是采用了难熔合金管振子，一直到 2000℃都能保持良好的声学特性，满足润湿要求，保持对熔态金属的耐蚀力。

（二）运用纳米技术研发产品的新信息

1. 运用纳米技术研制合成分子的新进展

用纳米技术研制出迄今最大的稳定合成分子。2011 年 1 月，《新科学家》网站报道，瑞士联邦理工学院迪尔特·斯格鲁特和他的同事与德国研究人员一起组成的一个国际合作研究小组，运用纳米技术制造出迄今最大的稳定的合成分子 PG5。这项纳米技术为制造精密分子结构，以容纳药物、连接多种物质铺平了道路。

巨型分子 PG5 直径约 10 纳米，质量相当于 2 亿个氢原子，结构好像树枝，大小和烟草花叶病毒相仿。

斯格鲁特说，为了制造这种大分子，研究小组从标准的聚合反应开始，先把小分子连接起来形成长链，做好碳氢骨架后，再为其加上由苯环、氮及碳和氢构成的分枝。经过几次类似的过程，再给每一个分枝加上次级分枝构成像树一样的结构，就成了 PG5。整个过程需要合成 17 万个分子键。

2. 运用纳米技术研究染料分子的新进展

用纳米技术为染料分子拍摄到物质波相干图案。2012 年 3 月 26 日，物理学家组织网报道，一个由瑞士巴塞尔大学、奥地利维也纳大学和以色列特拉维夫大学等机构的研究人员组成的国际小组，在《自然·纳米技术》上发表论文称，他们用纳米成像成功地为一种染料分子拍摄了一段量子电影，揭开分子物质波相干图案逐渐增强的形成过程，把物质的波动性和粒子性、随机性和决定性、定域性和非定域性形象化地展现出来。

按照量子物理学理论，复杂粒子也具有波动性。物理学家理查德·费曼曾提出，物质波也会带来相干效应。人们已经能观察到一些电子、中子、原子和分子的物质波相干。

该成果的研究实验中，使用了最先进的分子裁切和纳米成像技术，瑞士巴塞尔大学提供特制的染料分子，是一种高荧光染料酞菁及其衍生物分子，原子量分别为 514（AMU）和 1298（AMU）。以色列特拉维夫纳米技术小组用聚焦离子束将氮化硅切成仅 10 纳米的薄膜（约 50 层氮化硅），作为分子栅。

研究小组利用激光控制微蒸发源，按照所需的密度和相干性产生了一束染料分子，并让染料分子穿过氮化硅分子栅，以减小分子间范德华力的影响，当分子随机打在探测屏幕上，便可实时拍摄下每个分子的量子相干图案逐渐加强的过程。实验中所用的广域荧光显微镜，其空间分辨率达到10纳米，能显示出每个分子的位置和确定的整体相干图案。

研究人员指出，他们在实验中结合了显微技术，可用于分子束的产生、衍射和探测，有助于把量子干涉实验拓展到更多更复杂的分子，甚至原子干涉仪。对物理教学而言，该实验也具有重要意义，它以肉眼可见的方式形象地揭示了单个粒子复杂的量子衍射图，让人们实时地看到这些图案在屏幕上出现，并持续几个小时。在实际应用方面，有助于深入了解固体表面分子性质，为将来研究原子薄膜衍射提供了一种新方法。

三、研制二维纳米材料的新成果

（一）探索石墨烯的新信息

1. 研究石墨烯特性的新进展

发现石墨烯上原子磁化状态或可“私人订制”。2014年11月4日，一个由瑞士、德国和美国的科学家组成的研究团队，在《物理评论快报》上发表论文称，他们针对石墨烯上原子的磁化状态如何被石墨烯所生长的金属基底材料“操控”展开研究，揭示出其中的奥秘，并认为这一发现可以应用在未来的计算装置上。

石墨烯是目前已知的最薄的一种材料，单层石墨烯只有一个碳原子的厚度。目前石墨烯的制备方法有很多种，但是其必须在特殊的基底上生长，才能实现大规模批量制备，比如具有催化活性的金属基底铜、镍等。

在研究吸附于单层石墨烯上的钴原子时，研究人员注意到其产生了面内磁化；但是，当石墨烯生长于钌基底上时，钴原子的磁化效应又摇身一变，成为面外磁化。经过多次实验，研究人员认为，通常来说，石墨烯上原子的磁化状态会受到所用初始金属基底材料类型的影响。这一发现，意味着磁化过程可以“私人订制”，为基于原子自旋状态而制备的自旋电子器件材料带来了新可能。

更进一步，研究人员还发现，碳原子与基底材料之间相互吸引力的强弱取决于基底材料的金属种类。例如，如果用钌做基底，可观察到强吸引力；但如果基底换成铱或铂，则表现出极其微弱的吸引力。研究人员解释说，这是因为所使用的金属材料不同，碳原子和金属原子之间的距离远近也不同；反过来，这也意味着碳原子和金属基底两者之间的电子转移同样会受到影响，最终不同类型的石墨烯片层得以产生。

有待解决的问题是，这种磁化状态能持续多久。如果这种磁化状态可以稳定持续下去，再加上它能“私人订制”，那么这类原子具有被制成电子存储媒介的潜力，每一单个原子能够用来存储一比特数据，而当前的硬盘设备大概需要 100 万个原子才能存储一比特数据。甚至，它们还能够用来代表一个量子比特，这是量子计算中的量子信息单位。因为这一应用前景，下一步，研究团队将着眼于寻找哪种原子能够将磁化状态保持更长时间。

2. 研制石墨烯产品的新进展

（1）利用石墨烯研制出分子传感器。2015 年 7 月，瑞士洛桑联邦理工学院生物纳米系统实验室与西班牙光子科学研究所联合组成的研究小组，在《科学》杂志上撰文宣称，他们利用石墨烯独特的光学和电子学属性，研制出一种具有超高灵敏度的分子传感器，可以探测蛋白质或药物小分子的详细信息。

在红外吸收光谱学这种标准的探测方法中，光被用来激活分子。不同分子的振动不同，借由这种振动，分子会显示其存在，甚至表现自己的“性格”。这些蛛丝马迹可在反射光中“读出”。但在探测纳米大小的分子时，这一方法的表现差强人意。因为照射分子的红外光子的波长约为 6 微米，而目标分子仅几个纳米，很难在反射光中探测到如此微小分子的振动。

于是，石墨烯受命于危难之间。研究人员解释道，如果让石墨烯拥有合适的几何形状，它就能将光聚焦在表面上的某个特定点上，并“倾听”附着其上的纳米分子的振动。他们通过使用电子束轰击并使用氧离子蚀刻，在石墨烯表面制成一些纳米结构。当光到达时，纳米结构内的电子会振荡，产生的“局域表面等离子体共振”可将光聚集在某个点上，其与目标分子的尺度相当，因此能探测纳米大小的结构。

除此之外，这一过程也能揭示组成分子的原子键的属性。研究人员称，当分子振动时，连接不同原子的原子键会产生多种振动，不同振动之间的细微差别，可提供与每个键的属性及整个分子的健康状况有关的信息。为了找出每个原子键发出的“声音”从而确定所有的频率，需要用到石墨烯。在实验中，研究人员对石墨烯施加不同的电压，让其“调谐”到不同的频率，从而能“阅读”其表面上的分子的所有振动情况，而使用目前的传感器无法做到这一点。研究人员说：“我们让蛋白质附着在石墨烯上，并用这一方法，得到了分子全方位的信息。”

研究人员表示，这种简单的方法表明，石墨烯在探测领域拥有不可思议的潜能。尽管他们研究的是生物分子，但这一方法或许也适用于聚合物和其他物质。

（2）研制出首个石墨烯超导量子干涉装置。2022 年 11 月 1 日，瑞士苏黎世联邦理工学院固态物理实验室克劳斯·恩斯林领导的研究团队，在《自然·纳米技术》杂志上发表论文称，他们利用石墨烯制造出了首个超导量子干涉装置，用于演示超导准粒子的干涉。这项研究成果有望促进量子技术的发展，也为超导研究开辟了新的可能性。

2004 年，石墨烯横空出世，自此引发广泛关注并获得大力发展。石墨烯是目前已知最薄、强度最高、导电导热性能最好的新型纳米材料。随着研究的不断深入，其更多特性也一一浮出水面。双层扭转石墨烯，即两个原子层相对于彼此稍微有所扭转，是近几年的研究重点。一年前，该研究团队证明，扭转双层石墨烯可用于制造超导设备的基本组成部分约瑟夫森结。

在本次研究中，该研究团队利用扭曲石墨烯制造出首个超导量子干涉装置，用于演示超导准粒子的干涉。传统超导量子干涉装置正广泛应用于医学、地质学和考古学等领域，其灵敏的传感器能够测量磁场的微小变化，但其只与超导材料一起工作，因此在工作时需要使用液氦或氮气进行冷却。

新研制的石墨烯超导量子干涉装置的灵敏度并不优于传统铝制超导量子干涉装置，且必须要冷却至绝对零度之上 2℃，但是整体来说它更有优势。恩斯林指出：“本次研究成果大大拓宽了石墨烯的应用范围，此前我们已经证明石墨烯可用于制造单电子晶体管，现在又增加了超导设备。在量子技术中，超导量子干涉装置可以容纳量子比特，因此可用作执行量子操作的元件。此外，通常情况下，晶体管由硅制成，超导量子干涉装置由铝制成，不同材料需要不同加工技术，但现在它们都可由石墨烯制成。”

恩斯林补充道，石墨烯内存在不同的超导相，但还没有一个理论模型来解释它们。本次成果也将为超导研究带来新的可能性，有了这些组件，也许能更好地理解石墨烯中的超导性是如何产生的。

（二）探索二维纳米材料的其他新信息

1. 研究和寻找二维材料的新进展

（1）推进新型无机二维材料研究。2015 年 8 月，有关媒体报道，瑞士洛桑联邦理工学院物理学家安德拉斯·基什在 2008 年成立自己的纳米电子研究小组，自此开始，便致力于探索一类一直隐没在石墨烯光芒下的无机二维材料。

基什说：“尽管石墨烯很神奇，我认为除了碳之外，我们还应当关注其他各种各样的二维材料。”他们研究的这些材料，有一个长长的名字，叫作“过渡金属二硫族化合物”，但它们却有着十分简单的二维结构。金属二硫族化合物几乎和石墨烯一样薄，也有着与石墨烯相当的透明度和柔性。

到 2010 年，基什研究小组成功制成第一个单层二硫化钼晶体管，并预测这种晶体管有朝一日将会发展成小尺寸、低电压需求的柔性电子器件，这意味着它们将比传统的硅晶体管能耗更低。具有半导体性并不是它的唯一优势，研究显示，二硫化钼既能有效吸收光，又能有效发射光，使得它在太阳能电池和光电探测器方面有着诱人的应用前景。

短短几年之间，世界各地的实验室都加入了追寻二维材料的行列。基什说：“最初是一种，接着是两种、三种，然后忽然间就成了二维材料的天地。”关于二维金属二硫族化合物的论文，从 2008 年的一年几篇增长到了现在每一天就发表 6 篇。

物理学家认为，可能约有 500 种二维材料，不仅是石墨烯和金属二硫族化合物，还有单层金属氧化物及像硅烯和磷烯这样的单元素材料。

基什说：“每一种材料就像一块乐高积木，如果你把它们放在一起，也许就能堆积出全新的东西。”二维材料最激动人心的前沿之一，却是把它们堆叠成依然很薄但的确是三维的结构。利用各种各样的二维超平材料迥异的性质，可以制造一整个完全由原子级厚度组件构成的数字电路，这将创造出之前闻所未闻的器件。

基什说："与其设法找一个材料然后说它就是最好的，也许不如用某种方式将它们结合在一起，这样就能综合利用它们的不同优势了。"这就意味着，我们可以将不同二维材料构成的组件堆叠起来，制造小型、密集的三维电路。

（2）通过超级计算机寻找新一代晶体管的二维材料。2020 年 8 月，瑞士苏黎世联邦理工学院和洛桑联邦理工学院联合组成的一个研究团队，在《美国化学会·纳米》杂志上发表研究成果称，他们通过超级计算机的"模拟显微镜"仿真，针对制造微型高性能晶体管的用途，对 100 种可能的二维材料进行模拟和评估，发现了 13 种有前途的候选材料。

自从发现石墨烯以来，二维材料一直是材料研究的重点。二维材料，是指电子仅可在两个维度的纳米尺度上自由运动的材料，如纳米薄膜、超晶格、量子阱。二维材料是伴随着从石墨材料中分离出单原子层石墨烯而提出来的，它是纳米材料家族的重要成员。

纳米材料是指材料在某一维、二维或三维方向上的尺度达到纳米尺度。纳米材料可分为零维材料、一维材料、二维材料、三维材料。零维材料是指电子无法自由运动的材料，如量子点、纳米颗粒与粉末。

随着电子部件小型化日益加强，研究人员正为克服由此所带来的负面作用而冥思苦想：在用常规材料（如硅）制成的纳米级晶体管的情况下，会发生量子效应，从而削弱其功能。例如，这些量子效应之一是额外的泄漏电流，即流经"误流"而不通过源极和漏极触点之间提供的导体的电流。据信摩尔定律指出，每单位面积集成电路的数量每 18 个月加倍，由于元件小型化带来的挑战越来越大，摩尔定律会在不久的将来达到极限。这最终意味着，由于量子效应不能再使鳍式场效电晶体的硅基晶体管变得更小，而它几乎配备了当前制造的每台超级计算机。

瑞士研究团队进行的这项新研究表明，可以使用新的二维材料解决这样的问题，这就是他们在"代恩特峰"上进行的模拟建议。"代恩特峰"是位于瑞士国家超级计算中心的超级计算机，以瑞士阿尔卑斯山的皮兹·

代恩特山峰命名。

研究团队在“代恩特峰”上进行了复杂的模拟，筛选出超过 10 万种材料；他们提取了 1825 个有希望的组件，可以从中获得二维材料层。

研究人员从这 1800 多种材料中选择了 100 种候选材料，每种材料都由一个原子单层组成，可能适用于构建超大规模场效应晶体管。他们在显微镜下研究了其性能。换句话说，他们通过超级计算机“代恩特峰”，首先使用密度泛函理论确定这些材料的原子结构，然后把这些计算与所谓的量子传输求解器相结合，以模拟流过虚拟产生的晶体管的电子和空穴电流。所使用的量子传输模拟器，是由该研究团队与另一个研究团队共同开发的，其基本方法于 2019 年获得了戈登·贝尔奖。

晶体管生存能力的决定性因素是电流是否可以通过一个或多个栅极触点最佳控制。由于通常比纳米薄的二维材料的超薄特性，单个栅极触点可以调节电子流和空穴电流，从而完全打开和关闭晶体管。

研究人员说：“尽管所有二维材料都具有这种特性，但并不是所有的材料都适合实际应用，只有那些在价带和导带之间具有足够带隙的材料，才能符合制作晶体管的要求。”具有合适带隙的材料可防止所谓的电子隧穿效应，从而防止电子引起的漏电流。研究人员正是在模拟中寻找这样的材料。

他们的目标是找到可以提供每微米大于 3 毫安电流的二维材料，既可以作为电子传输的 n 型晶体管，也可以作为空穴传输的 p 型晶体管，并且其沟道长度可以小到厚度只为 5 纳米，而不会影响开关性能。研究人员说：“只有满足这些条件，基于二维材料的晶体管，才能超越现在超级计算机所使用的称为鳍式场效电晶体的硅基晶体管。”

考虑到这些方面，研究人员确定了 13 种可能的二维材料，可以用它们来构建未来新一代的晶体管，并且还可以使摩尔定律得以延续。其中一些材料是已知的，例如黑磷（HfS_2），但研究人员强调，其他材料是全新的，例如 Ag_2N_6 或 O_6Sb_4。

研究人员表示：“由于通过超级计算机‘模拟显微镜’仿真，我们创建了最大的晶体管材料数据库之一。基于这些研究结果，我们希望激发研究人员使用二维材料剥落新晶体并创建下一代逻辑开关。我们相信，基于这些新材料的晶体管，可以替代由硅或目前流行的过渡金属硫族化合物制成的晶体管。”

2. 人工合成二维材料的新进展

首次经“敲打”合成碳结构分子三角烯。2017 年 7 月 13 日，由国际商用机器公司瑞士苏黎世实验室的科学家里昂·格罗斯领导的一个研究团队，在《自然·纳米技术》杂志刊登了一项重大研究成果：他们开创了一种全新的化学合成方式，利用显微镜针头手工“敲打”原子，首次成功合成并捕捉到能稳定存在 4 天之久的三角烯分子。这一全新结构，将在量子计算、量子信息处理和自旋电子学等领域展现巨大应用潜力。

与原子厚材料石墨烯内碳原子呈六边形类似，三角烯分子含有 6 个六边形碳结构，这些六边形通过共用边长结合成三角形。但外侧两个碳原子因相距太远无法配对，其内分别含有的未配对电子，使得三角烯极不稳定，一旦“合成”就会立即被氧化，虽然三角烯的衍生物在 20 世纪 50 年代就有报道，但至今为止传统化学方法始终无法获得稳定存在的三角烯分子。

格罗斯研究团队之前已经证明，扫描探针显微镜能用来指导化学反应过程并合成出不稳定中间体。这次，他们将双氢三角烯前体沉积到盐、固体氙或铜的表面，将显微镜针头置于前体分子正上方，通过针尖向前体分子施加两个连续压力脉冲，移走前体中的氢原子，从而合成出三角烯。在高真空低温条件下，合成的三角烯分子在铜表面能稳定存在 4 天之久，这个时间足够科学家们进行显微镜拍照，获得其形状和对称性等特性。

研究人员还对三角烯的磁学特性进行检测，结果表明，三角烯内两个未配对电子的自旋方向始终保持整齐划一，这一量子力学特性赋予三角烯独一无二的电学应用。研究人员预言，三角烯将在量子计算和量子信息处理方面应用广泛，特别是在自旋量子学领域，将用于开发通过操控电子自旋来编码和处理信息的电子设备。

第六章　能源领域的创新信息

瑞士矿产资源匮乏，生产、生活所需能源和工业原料主要依赖进口。石化燃料中只有少量煤矿可供开采，但水力资源丰富。近年来，瑞士提出快速大规模扩展可再生能源，特别是大力发展光伏发电。这样，开发利用太阳能将与水力发电一起，逐步成为瑞士本国能源供应的主体。21 世纪以来，瑞士在开发利用太阳能领域的研究成果，主要集中于开发低成本染料敏化太阳能电池、高效率硅与钙钛矿太阳能电池，以及白色光伏组件。研制太阳能集中器和发电逆变器，利用高山优势修建太阳能光伏电站。同时，探索利用阳光、水和二氧化碳制造燃料，并建立以阳光和空气生产燃料的实验系统。在开发能源领域的其他成果，主要集中于研发可避免起火风险的全固态钠电池，用石墨烯提高钠电池储能和寿命，推出用于多功能车的新一代锂电池，实现锂电池安全性新突破，制成全球首个基于甲酸的燃料电池。讨论安全利用核能，修订核聚变领域一条基本定律。研制柔性超级电源，尝试把多余的电能转化为气体。开发地下水、热电材料和人体的热能。

第一节　开发利用太阳能的新进展

一、研究太阳能发电的新成果

（一）研发太阳能电池及组件的新信息

1. 研制太阳能电池的新进展

（1）开发低成本染料敏化太阳能电池。2012 年 11 月，由瑞士洛桑理工大学科学家凯文·西沃拉领导的研究小组，在《自然·光学》上发表了他们研究的阶段性成果。它表明，研究小组正致力于利用丰富而廉价的氧化铁（铁锈）和水，研发一种新型染料敏化太阳能电池，以利用太阳能制备氢气。

染料敏化太阳能电池是一种模仿光合作用原理的太阳能电池，主要由纳米多孔半导体薄膜、染料敏化剂和导电基底等几部分组成。它因原材料丰富、成本低、工艺技术相对简单，在规模化工业生产中具有较大优势，对保护人类环境具有重要意义。

1991年，瑞士洛桑理工大学教授格兰泽尔在染料敏化太阳能电池领域取得重大突破，成功研制出可利用水直接生产氢气的太阳能电池。此后，科学家们一直致力于研究低成本、高转换率且能规模化生产的染料敏化太阳能电池。

在通常情况下，研究人员大多采用氧化钛、氧化锡和氧化锌等金属氧化物作为纳米多孔半导体薄膜。西沃拉研究小组所遵循的基本原理与格兰泽尔相同，但采用氧化铁作为半导体材料。其研制的设备是一种完全自备式控制，设备所产生的电子用于分解水分子，并将其重新组成为氧气和氢气。该研究小组人员利用光电化学技术，致力于解决困扰氢气制备的最关键问题——成本。

西沃拉说："美国的一个研究小组，已把染料敏化太阳能电池的转换效率提高到12.4%。尽管它在理论上前景很诱人，但该方法生产电池的成本太高，生产面积仅为10平方厘米的电池，其成本就高达1万美元。"因此，西沃拉研究小组一开始就给自己设定了一个目标，即仅采用价格低廉的材料和技术。

西沃拉指出，他们研制的设备中最昂贵的部分是玻璃面板。目前新设备的转换效率依然较低，仅为1.4%～3.6%，但该技术潜力很大。研究小组还致力于研制一种简易便捷的制作工艺，比如利用浸泡或擦涂的方式制作半导体薄膜。西沃拉说："我们希望，未来几年内，把转化效率提高到10%左右，生产成本降为每平方米80美元以下。如果能实现此目标，就能较传统的制氢方法更具竞争力。"

西沃拉预计，采用氧化铁作为半导体材料的串联电池技术，其转换效率最终将能够达到16%，同时成本也将会很低廉，这是该技术的最大优势。如果能够以廉价的方式成功储存太阳能，这项发明将能够大幅度增加人类利用太阳能的力度，可成为利用可再生能源的一种可靠方式。

（2）开发出创效率纪录的硅与钙钛矿太阳能电池。2018 年 6 月，国外媒体报道，由瑞士物理学家弗洛伦特·萨利和耶利米·沃纳主持，成员来自洛桑联邦理工学院与瑞士电子与微技术中心的研究小组，已经开发出一种新的硅与钙钛矿太阳能电池组合技术，效率达到 25.2%，这是此类太阳能电池组合技术的全新纪录。

目前，市场上的硅太阳能电池的效率最高可达 20%～22%，但该技术已没有更大的发展空间。近年来，钙钛矿作为一种理想的替代品，其效率从 2009 年的 3.8%提高到 2016 年的 20%以上。

在一个太阳能电池中同时使用钙钛矿和硅，可能有助于发挥这两种材料的优势。钙钛矿在把绿光和蓝光转换为电能方面效果出色，而硅则专用于转换红光和红外光，因此它们可以捕获更宽的光谱范围。研究人员表示："通过结合这两种材料，我们可以最大限度地利用太阳光谱并增加发电量。我们所做的计算和工作表明，30%的效率应该很快就能实现。"

2. 研制太阳能电池组件的新进展

开发出用于太阳能电池的白色光伏组件。2014 年 10 月 29 日，物理学家组织网报道，瑞士电子与微技术研究中心一个研究小组表示，他们在研究太阳能电池过程中已经开发出一种白色的光伏组件。这种白色光伏组件从外部看起来没有太阳能电池常见的方形格子和连线。除白色外，未来还将有更多的颜色可供选择。该技术能使太阳能电池与建筑物更好地融为一体，为光伏材料在建筑中的广泛应用铺平道路。

研究人员称，几十年以来，建筑师们一直寻求一种方式来定制太阳能电池的颜色，使这种环保材料能够与建筑完美融合。普通的蓝黑色太阳能电池最大的问题是视觉不美观，这往往是设计师弃用的主要原因。但专门为建筑设计的集成式光伏产品目前在市场上并不多见，要想改变太阳能电池的颜色更是天方夜谭。白色是最受设计师们欢迎的颜色，但对于太阳能电池而言，这似乎是完全不可能的，因为白色会反射光线而不是吸收光线。

报道称，为了解决这个问题，该研究小组采用了一种新技术，借助一种特殊的过滤装置让光谱中其他光线发生散射，而只允许红外线通过，并将其转化为电能。

这家非营利性研究机构表示，该技术也可以用于现有模块顶部或者在屋顶、建筑物表面直接组装成全新的模块。除了用于建筑物，该技术还有望在从消费电子到汽车行业在内的众多领域获得应用。

研究人员称，更易被人接受只是这种太阳能电池众多优点之一，由于白色具有反光作用，这种太阳能电池能够在20～30℃的条件下工作，低于目前标准的太阳能电池，使用寿命更为长久。白色光伏组件也有助于保持室内温度，节约空调费用，提升建筑节能效果。出于上述目的，美国的几个城市已经将屋顶粉刷成白色。未来，他们还将开发出透明的和其他颜色的太阳能电池。

（二）研制太阳能发电设备的新信息

1. 开发太阳能集中器的新进展

研制可使采集率提高10倍的向日葵形太阳能集中器。2013年4月25日，国外媒体报道，由瑞士苏黎世联邦理工学院、库尔技术经济应用科学大学和布克斯州际技术学院等机构的科学家组成的研究小组，从向日葵身上获取灵感，研制出向日葵形太阳能集中器。他们表示这种集中器将让太阳能领域发生革命性变化，它利用数个反射镜将阳光聚焦到转换器芯片上，可用来为偏远地区提供电力。

研究人员希望这项计划能够研发出具有经济可承受性的光电系统，能够收集80%的阳光并将其转换成电量。这一系统可以在任何缺少可持续能源、可饮用水和冷空气的地区建造，成本只有类似系统的1/3。这一系统的原型采用一个巨大的抛物柱面反射器，由数个小镜构成，它们与一个追踪系统相连。追踪系统根据太阳的位置确定最理想的角度。抛物柱面反射器把阳光反射到多个装有光电芯片的微通道液体冷却接收器。每个芯片的尺寸为1厘米×1厘米，如果按照每天日照时间8小时计算，平均可产生200～250瓦电量。

瑞士技术与革新委员会给该研究小组拨付了一笔为期3年的240万美元研究资金，用于这一项目的研发工作。这一项目被称为“经济型高聚光太阳能光伏发电及光热系统”。

研究人员表示，该系统的整个接收器共有数百个光电芯片，能够提供25千瓦电量。光电芯片安装在微结构层，微结构层负责将液体冷却剂输送到距离芯片只有几十微米的位置，冷却剂的作用是吸收热量，效率是当前系统的 10 倍。

2. 开发太阳能发电逆变器的新进展

供应光伏电站用的中央逆变器。2013 年 10 月，国外媒体报道，总部位于瑞士苏黎世的科技企业 ABB 集团已经向以色列 3 座地面光伏发电站供应了 25 台中央逆变器，而这 3 座光伏发电站的装机总量为 17 兆瓦，已于上月底成功并入以色列国家电网。

ABB 集团供应的 25 台逆变器功率均为 630 千瓦，该公司还供应了 11 台当地设计并预先制造的逆变站，适用于 2 个或 4 个中央逆变器。

ABB 集团分区经理表示，他们设计的绿色解决方案适用于炎热且多尘的环境，而且无须空气调节系统。该公司还可利用他们的监测系统来监测逆变器所有的运行信息。

ABB 集团当地业务人员补充道，ABB 集团产品交付签署了为期 10 年的服务合约。这种中央逆变器极其高效且易于维护，而 ABB 集团当地的技术支持也是 ABB 集团中央逆变器的成功关键。所有这些都为客户提供了切实且畅销的解决方案。

（三）拓展太阳能光伏发电的新信息

1. 建立太阳能光伏电站的新进展

（1）让太阳能光伏电站登上阿尔卑斯山。2019 年 1 月，瑞士雪崩研究所与瑞士联邦理工学院联合组成的研究团队，在美国《国家科学院学报》上发表的研究报告显示，他们开展的一项新研究旨在探索阿尔卑斯高山地区安装光伏系统的潜力。其目的是利用高山地区的优势，减少冬季由于雾、云和较低太阳辐射而导致的太阳能发电量季节性减少。

研究报告称，提升高海拔地区光伏系统发电量的关键，是太阳能电池板的放置角度必须比通常角度更陡峭，以便利用冬季的高辐照度和高地面反射辐射。如此安装太阳能电池板可大幅降低设施安装所需的地表面积，而更陡峭的倾斜角度可多获得高达 50％的产电量。

研究人员表示，在阿尔卑斯雪山上安装太阳能电池板，有可能帮助瑞士实现该国在 2050 年能源战略中所设定的目标：让该国的五座核电站在运行寿命结束时全部停运。

该项研究显示，相较于瑞士高原建筑物屋顶上的装置，高山地区光伏系统的产电量将会更大，因而更能弥补该国由于放弃核电设施而带来的供电不足的问题。它还显示，当太阳能光伏安装在高海拔地区后，能显著填补未来风力发电、水力发电和地热发电的缺口。

（2）在阿尔卑斯山水库大坝上建立太阳能光伏电站。2019 年 12 月，国外媒体报道，位于瑞士巴登的公用事业企业阿克斯波公司（Axpo），正在瑞士格拉鲁斯州的穆特希水库建设一处发电设施。预计该电厂将实现高负荷运转，尤其是在整个冬季。

已经有数项研究表明，建在山区的光伏系统即使在冬季也能发出大量电能。阿克斯波公司想要通过在穆特希水库海拔近 2500 米的水坝壁上建造一座 2 兆瓦发电厂，来证明这一结论。公司还计划将该项目提交至瑞士联邦能源局作为一个创新项目。

据悉，这座发电厂将包括大约 6000 个组件，部署在大约 1 万平方米的面积上。上方部的组件阵列倾斜角度为 77 度，下方部的组件采用 51 度的阵列倾斜度。预计其年发电量有望超过 2.7 吉瓦时。该公司透露，仍在与潜在合作伙伴商讨按照长期电力购买协议实现电力采购的可能性。

该公司可再生能源部负责人克里斯托夫·萨特宣称：“穆特希水库大坝非常适合光伏发电。”他认为，选址非常理想，因为大坝面朝南方，并与电网相连。他声称，这里的海拔高度也是促进太阳能发电的一个因素。

按公司预计，整个系统将在冬季实现约一半的年发电量，而在相对平坦的低地位置，类似规模的发电厂冬季发电量只有全年的 1/4 左右。

高海拔项目有几个优势，没有雾是其中之一，因为晴朗的天空意味着太阳辐射更多。除了双面组件能在下雪时多发电的优势外，这些组件在低温下也具有更高的效率。

瑞士在冬季消耗的电量远超过其发电量。随着瑞士和其他国家的许多大型发电厂开始离网，在未来几年冬季购电可预见地将变得越来越难。近年来，瑞士在高原上建造了许多光伏系统，但尚未有效解决冬季用电问题。

阿克斯波公司认为，高海拔光伏系统有望支持实现瑞士政府制定的 2050 年能源战略。该公司发电和电网部门负责人安迪·海兹表示：“我们发现光伏发电设施的确能够生产大量电能。当然，要真正改变现状，仅有穆特希水坝上的一座发电厂是不够的。我们必须将光伏项目部署在不属于保护区域，并且已经过妥善开发的位置。而且还必须满足政治和经济方面的先决条件。”

2. 推进太阳能光伏发电的新举措

发布快速扩展太阳能光伏发电等可再生能源的研究报告。2020 年 11 月 26 日，国外媒体报道，瑞士联邦能源局当天发布了《能源展望 2050＋》研究报告。报告显示，瑞士将快速大规模扩展可再生能源，尤其是光伏发电领域。同时该报告还显示，到 2050 年，瑞士光伏装机容量将获得大幅度提升。

该报告显示，目前的电力价格和个人投资者的商誉无法刺激足够的增速来完成这一目标，因此，这一目标将通过改善投资条件来实现，政府机关需要迅速地做出政策，建立强有力的投资激励措施。

报告中展示了瑞士如何在不增加对电力进口依赖的情况下，完成对化石燃料和核能的淘汰。该报告表明，除了现有的水力发电以外，太阳能正在成为能源供应的主体。报告指出：“必须迅速扩展光伏电池的可再生电力生产，并且扩展的程度必须远远超过今天的水平。”

该报告显示，预计到 2050 年，光伏装机容量将达到 37.5 吉瓦，这一数值与当前的光伏装机量相比相当于增加了 13 倍；此外，光伏发电每年将提供约 34 太瓦时的电力，占总消耗量的 40％左右，其中包括阿尔卑斯地区部分抽水蓄能电站中的蓄水泵，而即使在每年的秋冬季，太阳能发电也能满足总消耗量的 32％。

此前在 2007 年发布的《2035 年能源展望》中，最大预估到 2035 年太阳能发电量为每年 1.9 太瓦时，实际上，瑞士已在 2018 年提前实现了这一目标。但是，34 太瓦时发电量仍低于瑞士国家太阳能协会方案的预估值。国民议会议员罗杰·诺德曼撰写的《保护气候的太阳》提到过这个数字，预计到 2050 年的年太阳能发电量为 45 太瓦时，安装的光伏容量为 50 吉瓦。造成这一数据差异的原因，是由于政府专家对共约 8 太瓦时的风能和水力发电的扩张，以及对能源效率增长持相当乐观的预期。

从能源规划角度来看，要完成这一目标，瑞士从 2025 年起必须达到人均1000兆瓦以上的电力，而2020年，这一数值大约只有400兆瓦。这也表明，在当前的政策条件下是很难实现这一目标的。

因此，迫切需要新的融资手段来建立激励机制，尤其是在大型光伏项目建设方面。在此情况下，瑞士试图通过计划中的《能源法》修订案和议会倡议等方式，来形成强有力的政策导向机制，从而促进大型光伏系统快速增长。

二、开发利用太阳能的其他新成果

（一）利用阳光制造燃料的新信息

1. 探索用阳光、水和二氧化碳来制造燃料

（1）运用太阳能反应器把水与二氧化碳变为液态燃料。2011年4月7日，美国物理学家组织网报道，瑞士与美国科学家共同组成的一个研究小组研制出一种太阳能反应器。该太阳能反应器采用低成本的新型催化剂，可集中太阳的热量，通过热化学循环方法把水和二氧化碳转变为氢气和一氧化碳，而大量的氢气和一氧化碳结合在一起可形成液态燃料。

科学家很早就知道如何把水和二氧化碳转变为氢气和一氧化碳，但如何高效、批量且低廉地转换，一直困扰着各地专家。其中的一只“拦路虎”是转换过程需要昂贵且稀有的铂或铱等元素来作催化剂，以促使反应发生。

该研究小组把目光投向二氧化铈。金属铈的氧化物二氧化铈常用于自洁烤箱内壁，可作催化剂使用。铈储量丰富，因此，在完成同样任务时成本更低。

新方法分两步进行：首先，使用太阳光散发的高温，把二氧化铈分解为铈和氧气；然后在低温下把二氧化碳和水变为一氧化碳和氢气。

研究人员说：“当把二氧化铈加热至约1500℃高温时，会自动地从其结构内释放出氧气；接着将其冷却，氧气离开后留下的空白需要新氧气来填满。在约为900℃的较低温度时，铈、氢气和碳都需要氧气，但铈的需求更强烈，于是，它就会从水和二氧化碳中‘掠夺’氧气来填满这些空白，因此，水和二氧化碳就变成了氢气和一氧化碳。”

研究人员表示，实验设备包括两部分：第一部分是目前安放在瑞士保

罗谢勒研究所的太阳能收集器，它是一套巨大的曲面镜，可大范围收集太阳光；第二部分是由美国加州理工学院研制的圆柱状容器，其内壁布满了二氧化铈。

科学家让这两个设备“联姻”，首先用积聚的阳光加热圆柱内的二氧化铈，然后朝反应器中输入水蒸气和二氧化碳，并测量流出的氢气和一氧化碳的数量。

研究人员表示，铈储量丰富，是铂储量的10万倍，因此，可将反应成本减少几个数量级。但目前这个把太阳光、二氧化碳和水转变为液态燃料的反应器，转换效率不足1%。科学家表示，热动力学分析表明，理论上转换效率可达15%以上。此外，科学家也希望能找到比二氧化铈更好的燃料，同时降低发生反应所需要的高温和低温。

（2）利用阳光把水和二氧化碳合成为制造煤油的原料。2014年4月29日，国外媒体报道，瑞士苏黎世联邦理工学院、德国航空航天中心、鲍豪斯航空协会和壳牌公司宣布联合组成的一个国际研究小组，利用阳光把水和二氧化碳合成为液态烃，该物质可用来制造煤油。

首先，研究人员在太阳能反应器中把金属氧化物分解为金属离子和氧离子，该过程所需的2000℃高温可借助聚光的太阳能接收器获得。然后，让水蒸气和二氧化碳穿过太阳能反应器，两者与此前分解出的金属离子和氧离子反应，生成由纯度很高的氢气和一氧化碳混合而成的合成气。

用这种合成气生产煤油可借助已有技术，即所谓的“费托合成法”完成。该方法以上述合成气为原料，在铁系催化剂和特定条件下合成液态烃，其中含轻质烃较多的液态烃可用来生产煤油。

报道说，该研究小组已用这套新工艺成功制造出煤油。此后，该小组将进一步优化太阳能反应器等设备，探索将该工艺用于工业化生产航空煤油的可能性。这项研究工作是2011年1月启动的“太阳能·飞机”项目的组成部分，该项目受到欧盟为期4年的资助。

（3）用廉价催化剂把阳光、水和二氧化碳转化为燃料。2017年6月，瑞士联邦理工学院化学家迈克尔·格雷策领导的研究小组，在《自然·能源》杂志上发表论文称，他们以一种廉价的新型化学催化剂，把阳光、水和二氧化碳转化为燃料。虽然目前的转化率还不够高，不足以同像汽油这样的化石燃料展开竞争，但有朝一日，这项技术有望带来无限量合成液体燃料的方法。

研究人员指出，当二氧化碳被分解成氧气和一氧化碳时，转化就开始了，一氧化碳可以与氢结合，从而制造各种碳氢燃料。例如添加 4 个氢原子可以产生甲醇，这是一种能够驱动汽车的液体燃料。

在过去的 20 年中，研究人员已经发现了一系列催化剂，能够实现第一步，即当电流通过水而产生气泡时分离二氧化碳；一种得到最充分研究的铜与氧的廉价而丰富的混合物，被称为氧化铜。但长期从事分离二氧化碳催化剂研究的格雷策指出，问题是这些催化剂分离的水要比二氧化碳更多，从而最终形成了氢分子。格雷策强调，锡似乎能够钝化帮助催化剂分离水的热点。其结果是，几乎所有的电流都用来合成更需要的一氧化碳。有了新的见解，他的研究小组尝试着加快催化剂的研制工作。

为了实现这一目标，研究人员利用氧化铜纳米线重新制造了他们的电极，使其具有进行二氧化碳分解反应的一个高比表面，随后用一个原子厚的锡层覆盖在电极表面。

该研究小组在论文中报告称，这个策略奏效了：它把 90％的二氧化碳分子转化成一氧化碳，而氢和其他副产品则构成了其余部分。研究人员还把他们的装置安装在太阳能电池上，结果显示在被捕获的阳光中，有创纪录的 13.4％的能量被转化为一氧化碳的化学键。

研究人员指出，这比植物的光合作用要好得多。因为植物储存的能量只有约 1％的效率，而且它在最近把催化剂与微生物结合生成燃料的混合工艺中表现也是非常好的。

研究人员表示，目前把二氧化碳转化为燃料的努力仍处于基础研究领域，因为它们尚无法以接近精炼原油的价格生产燃料。

尽管如此，随着可再生能源发电发展的突飞猛进，如今偶尔也会产生比电网所能处理的更多的电力。所以，科学家们正在寻找一种可行的方法来储存多余的电力。格雷策说："这可能会推动化学燃料储存能量的进一步发展。"

（4）用太阳能塔把水和二氧化碳制成航空燃料。2022 年 7 月 20 日，苏黎世联邦理工学院教授阿尔多·斯坦因菲尔德领导的一个研究团队，在

《焦耳》杂志上发表论文称，他们设计了一种使用水、二氧化碳和阳光来生产航空燃料的生产系统，该系统已在野外现场条件下实施，这一新设计或将帮助航空业实现碳中和。

斯坦因菲尔德说："这是首次在完全集成的太阳能塔系统中，展示从水和二氧化碳到煤油的整个热化学过程链。以前通过使用太阳能生产航空燃料的尝试，大多是在实验室中进行的。"

航空部门在导致气候变化的全球人为排放量中约占 5%。目前，在全球范围内，尚没有清洁的替代方案可为长途商业航班提供动力。

作为欧盟"太阳能燃油"项目的一部分，该研究团队开发了一种新系统，它利用太阳能生产可直接使用的燃料。这些燃料，是煤油和柴油等化石衍生燃料的合成替代品。研究人员说："太阳能制造的煤油与现有的航空燃料完全兼容，可用于喷气发动机的燃料储存、分配和最终使用。它还可以与化石衍生的煤油混合。"

2017 年，该研究团队开始扩大设计规模，并在西班牙马德里先进材料研究所能源研究基地建造了一座太阳能燃料生产厂。该工厂由 169 块太阳跟踪反射板组成，这些反射板将太阳辐射定向并集中到安装在塔顶的太阳能反应堆中。然后，集中地由太阳能驱动反应器里的氧化还原反应循环，该反应器包含由二氧化铈制成的多孔结构。不消耗但可以反复使用的二氧化铈把注入反应器的水和二氧化碳转化为合成气，合成气是氢气和一氧化碳的定制混合物。随后，合成气被送入气液转换器，最终被加工成液态碳氢化合物燃料，包括煤油和柴油。

研究人员说："这座太阳能塔式燃料厂的运行设置，为可持续航空燃料的生产树立了一个技术里程碑。"

在工厂运行 9 天期间，太阳能反应堆的能源效率约为 4%。研究团队正在改进设计，以将效率提高到 15%以上。例如，他们正在探索优化二氧化铈结构以吸收太阳辐射，并回收氧化还原循环期间释放的热量。

2. 探索用阳光和空气来制造燃料

开发用阳光和空气生产燃料的实验系统。2021 年 11 月 4 日，瑞士苏黎世联邦理工学院工程学专家阿尔多·斯坦菲尔德及其同事组成的研究团队，在《自然》杂志发表研究成果称，他们研制出一种用阳光和空气生产燃料的实验系统，且该系统能在日常条件下运转。这项研究或为生产碳中和的碳氢燃料铺平道路，但在现阶段，生产流程仍需进行大量优化和改进。

航空和航运目前约占人为二氧化碳排放总量的8%。碳氢燃料是一种很有前景的替代燃料源，这是一种合成版本的石油衍生液态烃（例如煤油、汽油或柴油都是液态烃），能在太阳能的帮助下用水和二氧化碳制成。之前演示过这种太阳能燃料生产过程的独立步骤，但在现实条件下建立完整的生产系统一直很有难度。

此次，瑞士研究团队描述了一种安装在实验室屋顶的太阳能燃料系统，该系统由3个关键单元组成：一是直接空气捕获装置，能从空气中提取二氧化碳和水；二是太阳氧化还原装置，能利用太阳能把二氧化碳和水转换为一氧化碳和氢的混合物（合成气）；三是气转液装置，能把合成气转换为液态烃或甲醇。该实验系统能在间歇性太阳辐射下顺利、稳定地运转，在一天7小时的典型工作时间里能产生32毫升的甲醇，验证了太阳能燃料生产流程的技术可行性。

研究团队评估了他们的系统所需的升级方案，从而有望满足全球范围内的航空煤油消耗量（2019年为4140亿升）。据估算，所有太阳燃料生产厂的总土地足迹大概在4.5万平方千米，相当于撒哈拉沙漠面积的0.5%左右。不过，第一代商用太阳能燃料厂生产的这类燃料将比它们能取代的化石煤油更贵。

这种装置制造的燃料是碳中性的，因为它们燃烧释放的二氧化碳与制作时提取的二氧化碳量一样。研究人员认为，考虑到建设太阳能燃料厂所需的初始投入成本较高，有必要制定支持政策来推进这些燃料的大规模部署。

（二）探索开发利用太阳能的新方法

1. 发明高效存储太阳能的新方法

2005年6月，国外媒体报道，瑞士保罗·谢尔研究所能源专家克里斯蒂安·威克特、苏黎世联邦工业大学能源技术研究所教授阿尔多·斯坦菲尔德，以及瑞典、法国和以色列等国家的专家组成的国际研究小组，第一次成功地利用太阳能从金属原料中制成可储存能量。

研究小组利用自己发明的太阳能技术，在以色列建成一座300千瓦的太阳能反应炉，能利用1200℃左右的太阳能温度来制成所需的锌原料。该反应炉已经成功投入运作。

把氧化锌转变成锌，是一种利用化学方式储存可运输式太阳能的有用方法。锌能够用于锌基空气电池，或者通过与水蒸气发生作用生产氢气。这两种方法都是把锌与氧再次结合产生氧化锌，然后在太阳能反应炉中再度被利用，先形成气态锌，再形成金属锌原料。

威克特指出，通过各国专家共同合作，经过广泛试验后，在以色列魏茨曼科学学院成功运作了一座300千瓦的太阳能反应炉。

该太阳能反应炉第一次试验时，使用了30%的可利用太阳能，结果每小时生成了45千克的金属锌原料，超过了预期目标。研究人员希望进一步试验能产生更高的效率。工业规模的此类工厂太阳能利用率可达到50%～60%。该太阳能化学试点工程的成功，为高效的热化学处理方式打开了道路，太阳能可以以化学燃料的形式进行储存和运输。锌与煤、焦炭或碳的生物质相结合作为反应剂，而在该反应炉中，只用了通常反应剂量的1/5。太阳射线通过一系列镜子作用集中在反应炉混合剂上，随后以气体形式出现的锌浓缩为粉末状金属锌产品。

研究小组对于高温太阳能的研究，结合了基本的物理和化学知识及太阳能反应堆技术。其长期的目标是利用清洁、普遍和可持续的能源来开发燃料。斯坦菲尔德说："太阳能燃料可以被用作无污染的能源供应者，因此是解决气候变化的有效方法之一。"

2. 开发能量可存、可移动的太阳能利用新方法

2010年12月24日，瑞士和美国相关专家共同组成的一个研究小组在《科学》杂志上发表研究成果称，他们设计出一种新的太阳能利用装置。这种装置从植物处获得灵感，利用金属氧化物为媒介，把太阳能转化为可储存和可移动的能量。

研究人员利用石英窗和特殊孔洞把太阳光线聚拢到一个圆筒里，筒壁布满二氧化铈。二氧化铈在加热和冷却的不同过程中，其结合氧原子的能力会出现一定差异。研究人员借助这种特性，在使用催化剂和设定某种特定温度的条件下，向装置导入二氧化碳和水，就可生成了一个氧化碳和氢

气。如果在这一装置单独引入二氧化碳将单独生成一氧化碳，单独引入水则单独生成氢气。

这一装置底部设了一个通道，用于导出氢气和一氧化碳。氢气可以给汽车用氢燃料电池提供能量，而一氧化碳是原料气“合成气”的主要组成部分。另外，该装置同样可用于生成甲烷。

研究人员说：“铈是储量最丰富的稀土元素，对二氧化铈的应用是太阳能利用装置设计中一个重大突破。当前该新装置只是个雏形，效率不高，仅能转化和储存0.7%～0.8%进入装置的太阳能。他们相信，改进装置绝热性能和缩小用于聚拢太阳能的特殊孔洞，能够把太阳能转化率提高到19%，达到商用要求。”

第二节　能源开发领域的其他新进展

一、研制电池方面的新成果

（一）开发钠电池的新信息

1. 研发可避免起火风险的全固态钠电池

2017年11月，国外媒体报道，由瑞士联邦材料测试与开发研究所材料学家阿恩特·雷姆霍夫负责，日内瓦大学理学院物理化学专业教授汉斯·哈格曼、博士生莱奥·杜赫讷等参加的研究团队，设计出新款全固态电池样品，该款电池能够存储更多的电能，同时确保电池的安全性及可靠性。此外，该款电池采用钠材料作为锂的廉价替代品。

电池的正常工作与以下三个部件密切相关：阳极（负极）、阴极（正极）及电解质。当今电子设备所采用的电池，基本上是锂离子电池。当电池放电时，锂离子将从阴极流向阳极。

尽管锂金属分量极轻，可提升电池的储能，但为防止形成锂树突（锂枝晶），从而导致电池短路乃至造成电池起火，商用电池阳极通常采用石墨而非锂金属。

为此，研究人员把重心放到“固态”电池的优点上，旨在应对新兴市场的需求并进一步提升电池的性能，即提升充电速度、储能容量和安全性。新款电池采用固态电解质，为防止树突的形成，采用金属阳极，在提升储能的同时确保电池的安全性。

哈格曼解释道："但目前还务必要找到一款适合的固态离子导体，且确保该材质无毒、化学及热能性质稳定，使钠离子能够自由地在电池的两极之间移动。"

研究人员研发了一款硼基物质，这是一种闭合型的硼，使钠离子能够自由流动。此外，由于该物质是无机导体，可避免充电起火的风险。换言之，该材料的特性颇具发展前景。

杜赫讷说："难点在于要建立电池三大层级（固态钠金属构成的阳极、亚铬酸钠构成的阴极、闭合型硼构成的电解质）间的紧密联系。"

研究人员把部分电解质溶解于溶剂中，然后加入了亚铬酸钠粉末。当溶剂蒸发后，把阴极、电解质及阳极堆叠，再将各层压紧形成这款固态钠电池。他们随后对电池进行测试。雷姆霍夫说："研究团队所采用的电解质的电化学性能稳定，可耐受 3V 电压。在同等电压下，许多早前测试的固态电池会损坏。"

研究人员补充道："目前已进行 250 多次的电池充放电试验，电池容量仍有最初的 85%，且电池功能正常。但如果要投放市场的话，还需要再进行 1200 次充放电试验。此外，我们还需要在室温下测试该款电池，从而确认是否有树突生成，并调高电压进行测试。目前，各项试验均在进行中。"

2. 用石墨烯提高钠电池储能及其使用寿命

2020 年 6 月，由瑞士洛桑联邦理工学院拉斯洛·福罗负责的研究小组，以费尔伦茨·西蒙为第一作者在《美国化学学会·纳米》杂志上发表论文称，他们用掺杂钠的石墨烯开发了一种新型材料结构，用这种结构做钠离子电池阳极，可以提高电池的存储容量和使用寿命。

近来，人们对典型锂离子电池中存在许多材料方面的担忧，已经有许多案例的记录。电池供应商、汽车制造商和其他参与者正在与世界各地的研究机构合作，开发依靠更丰富材料的储能解决方案。

在固定储能材料领域内，由于钠的天然含量比锂丰富得多，而且钠电池化学成分的起火风险也低得多，因此它具有一定竞争优势。然而，目前钠离子电池技术并没有获得广泛的商业应用。主要原因是钠的能量密度比锂低得多，特别是在电动汽车和消费电子产品领域，电池的能量密度及其相关的物理尺寸是决定因素。

瑞士研究小组专家表示，他们这项研究可能为提高钠离子电池的容量开辟新的途径。西蒙说："锂正在成为一种关键材料，因为它被广泛用于手机和汽车电池，但实际上，钠可能是一种更便宜、更丰富的替代品。这促使我们寻求一种新的电池结构：掺杂钠的石墨烯。"

提高钠离子电池容量的一个挑战是，钠颗粒不能很好地插入锂离子电池通常使用的石墨电极。研究人员经过反复试验，发现用石墨烯取代石墨，能够成功地把钠涂在材料上。

该研究小组使用一种依赖液态氨作为催化剂的化学过程来驱动反应，并能生产出由几层高钠含量的石墨烯组成的材料。研究人员在刊物上描述了他们在轻碱原子掺杂石墨烯超长自旋寿命中的研究方法。

这种材料还在自旋电子学领域开辟了潜在的新途径，而自旋电子学在晶体管和数据存储领域的应用非常重要。尽管这仅是一个非常早期的发现，但研究人员对它的商业潜力却充满信心。西蒙说："我们的材料可以在工业规模上合成，并且仍然能够保持其优良的性能。"但是研究小组也承认，要使用此技术开发出实际产品，还有很多工作要做。他们总结道："随着电池需求近乎指数级的增长，这项研究为创新开辟了非常有希望的可能性。"

（二）开发锂电池的新信息

1. 推出用于多功能车的新一代锂电池

2021 年 12 月，有关媒体报道，瑞士电池系统制造商依柯伏特公司（Ecovolta）的一个研究小组，正在推出新一代牵引电池研究人员称，这款锂离子牵引电池专为电动商用车、机器和船只设计。

依柯伏特公司表示，新电池系统的特点是每千克电池重量高达 172 瓦时的高能量密度、可扩展性和广泛的安全功能。根据该公司网站主页上的信息，目前可用的一代也达到了 172 瓦时/千克。然而，据说机械结构、材料、电池连接和电池管理都得到了改进。

其他重要数据：改进后的电池系统可在 48 伏和 96 伏的电压下工作，

有四种不同的存储尺寸可供选择，并具有适用于不同应用和安装空间的互连选项。原则上，它可以在整个系统级别使用高达 400 伏的电压。集成电池管理系统基于汽车标准 ISO26262。

据制造商称，电池集成是通过各种车载充电器的标准化接口来实现的。此外，据说新一代牵引电池具有标准的安全概念，可在电流增加时，自动把有缺陷的电池与电池组的其余部分分开。

依柯伏特公司的业务与技术总监安德烈亚斯·斯奇曼斯基解释说："我们的客户欣赏我们电池的紧凑设计和能量密度。定制的牵引电池通常需要对系统进行详尽的认证。通过把多个依柯伏特公司生产的这款电池互连形成一个完整的系统，存储单元通常不再需要个性化和重新认证。这降低了开发成本和上市时间。"

2. 宣布锂电池安全性实现新突破

2022 年 6 月 29 日，电子工程网报道，瑞士电池制造商勒克兰谢公司（Leclanché）表示，在不影响电池性能的情况下，实现了锂离子电池安全方面的新突破。通过在电解液配方中加入一种特殊的添加剂，热失控的风险已经降低了近 80%。

外部测试实验室测试员说，他们对勒克兰谢的 60 安培电池在进行一系列行业标准的钉子穿透测试中，证实了这种性能。勒克兰谢公司研究人员表示，尽管测试电池被刺穿并导致内部短路，但它们显示出，火灾风险比没有阻燃添加剂的相同电池低得多。新款电池预计将从 2023 年第一季度开始投入生产。

报道称，勒克兰谢公司电池是采用专有的生产工艺制造的。对于电解质的生产，该公司使用水基工艺而不是 N－甲基吡咯烷酮等有机溶剂。这使生产对环境的影响大大降低，二氧化碳排放量也减少。研究人员说，该工艺在过去 10 年的商业生产中已经得到了证实。

勒克兰谢公司表示，这种电池对铁路、卡车和公共汽车市场的用户来说尤其重要，它能大大降低车辆起火的风险。公司首席执行官阿尼尔·斯里瓦斯塔瓦说："我们已经能够开发出一种高性能和高能量密度的锂离子电池。而且它表现出来的高安全特性，对性能或寿命没有任何负面影响，这是对电池技术的一个重要改进。"

（三）开发电池的其他新信息

1. 研发出全球首个基于甲酸的燃料电池

2018年5月，国外媒体报道，由瑞士洛桑联邦理工学院等机构组成的一个研究小组，研发出世界上首个基于甲酸的燃料电池。与传统的氢燃料电池需要使用氢气相比，它所需的甲酸更易储存和运输，适合为偏远地区提供环保能源。

在环保能源的发展过程中，把氢气作为燃料应该是一个重点方向。氢气燃烧时不会产生污染物，环保性能优异，因此过去已研发出氢燃料电池等设备。但问题在于氢气的体积能量密度非常低，要产生可实用的能量，所需氢气在气态下的体积庞大，氢气压缩储存和运输也面临许多困难。

甲酸可以由氢气和二氧化碳反应生成，也可通过化学反应让其释放出氢气，1升甲酸可生成590升氢气。甲酸在正常条件下呈液态，易于储存、运输和处理，且全球产量持续稳定，已经广泛用于农业、皮革、橡胶、化学和制药等行业。

该研究小组宣布，他们已研发出一种基于甲酸的燃料电池。其主要结构包括两部分：第一部分是可使用钌基催化剂从甲酸中产生氢气的装置；第二部分是质子交换膜燃料电池装置，使用前一部分送来的氢气发电。

据介绍，这套装置标称功率800瓦，大概相当于200台智能手机同时充电所需的功率。

这套装置还有维护成本低、技术可扩展等优点，可同时应用于家庭和工业用途。只要甲酸供应保持稳定，燃料电池就能作为环保能源长期运行。研究人员认为，它非常适合为偏远地区提供环保能源。

2. 发布用于商用车的标准电池系统

2021年2月，有关媒体报道，瑞士电池企业勒克兰谢公司（Leclanché）发布一款其自主研发的用于商用车的标准电池系统。这款标准动力电池名叫“帕克”（Pack），代号：INT—39。

这款动力电池的相关信息如下：能量39.4千瓦时，标称电压657伏，容量60安培，采取水冷冷却方式，重量372千克，尺寸为407毫米×612毫米×1266毫米，质量能量密度106千瓦时/千克，IP防护等级为IP65。

根据勒克兰谢公司公布的信息，这款帕克电池的定位在商用车，比如市政车、货车、大巴和工程建设车辆等所用的标准箱体。

根据实际的需求，可以把帕克电池在商用车上装备的数量进行扩展。目前支持扩展到 8 个上述帕克电池，即整个帕克电池系统的能量可达 315 千瓦时。目前安装的方式可位于之前传统油箱的安装位置或者车顶。

另外，终端客户可以采用即插即用的方式。同时支持物联网功能，终端用户在用这款电池装备电动大巴车队后，可以通过界面记录远程数据，并可以实时查看电池状态、性能和相关的检测数据。

二、能源开发的其他新成果

（一）开发利用核能的新信息

1. 维护和使用核电站的新进展

（1）全民公决否决限期逐步关闭核电站的建议。2016 年 11 月 28 日，中新网报道，瑞士 27 日举行全民公决，否决了一项为瑞士逐步关闭核电站制定严格时间表的建议。瑞士现有 5 座核电站，发电量占全国发电总量的 38%。在日本福岛核电站事故发生后，瑞士政府表示将在 2050 年前逐步完成瑞士向再生能源的过渡。

根据瑞士绿党提出的建议，瑞士应在 2017 年关闭全国 5 座核电站中的 3 座，并在 2029 年关闭全部核电站。瑞士媒体所做的投票结果调查显示，55%的选民在公投中对这项建议投下反对票，赞成票占 45%。

瑞士政府认为，核电站应该在安全的情况下继续运作，不应该为关闭核电站设定时间表。但是环境保护人士坚持认为，任何核电站的运作都不能超过 45 年。这意味着，瑞士至少有两座核电站应立即关闭。瑞士商界领袖和政府都表示，过早关闭核电站会造成能源短缺，并增加对化石能源的依赖性。

（2）在争议声中重启世界最老核电厂。2018 年 3 月 21 日，有关媒体报道，尽管环保团体抗议声不断，瑞士贝兹诺核电厂的营运商于当天发表声明表示，电厂的主要反应堆历经 3 年维修，现已重启。这家核电厂启用于 1969 年，位于瑞士北部邻近德国的阿尔高州，是全球最古老的商业运转核电厂。

营运商阿克斯珀公司（Axpo）在声明中说，这座电厂有两座反应堆，为了维修防震和防洪设备、升级信息技术系统，均在2015年3月关闭。维修工作包括9000项作业，以及2万多项对电厂系统与零件的例行检测。声明表示："核电厂达到可供长期运营60年的所有安全技术要求。"

2011年日本福岛核事故之后，关于瑞士核安全的辩论日益激烈，检验的重要标准就是贝兹诺核电厂。随后瑞士宣布逐步废核及关闭4座核电厂，但未确定明确的时间表。

2. 研究核聚变方面的新进展

修订核聚变领域的一条基本定律。2022年5月，瑞士洛桑联邦理工学院瑞士等离子体中心物理学家保罗·里奇领导的国际研究团队，在《物理评论快报》杂志上发表的论文表明，他们修订了核聚变领域的一条基本定律。新定律指出，科学家们实际上可以在核聚变反应堆中安全地添加更多氢燃料，从而获得比之前想象的更多的能量。

核聚变是未来最有希望的能源之一，涉及两个原子核合并成一个释放出巨大的能量，太阳的热量正源自氢原子核聚变成更重的氦原子。国际热核聚变实验反应堆旨在复制太阳的聚变过程，创造出高温等离子体，为聚变提供合适的环境，最终产生能量。

等离子体是类似于气体的物质的电离态，由带正电荷的原子核和带负电荷的电子组成，密度仅为空气的百万分之一。将聚变燃料氢原子置于极高温度下，迫使其电子与原子核分离而产生等离子体，这个过程发生在名为"托卡马克"的环形结构内。

里奇说："在托卡马克内制造等离子体的限制之一，是可以注入的氢燃料量。1988年，核聚变科学家马丁·格林沃尔德提出的定律，将燃料密度与托卡马克的小半径和在托卡马克内部等离子体中流动的电流相关联，自此'格林沃尔德极限'一直是聚变研究的基本原则，国际热核聚变实验反应堆的建造也基于此定律。"

里奇同时指出，尽管格林沃尔德的理论在一些研究中非常有效，但在另一些情况下，如国际热核聚变实验反应堆的继任者核聚变示范电厂，会极大地限制其运行，因为它表明不能把燃料密度增加到某个水平以上。

鉴于此，里奇团队与其他托卡马克团队合作设计了一个实验，可使用高度复杂的技术精确控制注入托卡马克的燃料量。他们在现有世界上最大的几个托卡马克装置，如位于英国的欧共体联合聚变中心开展了试验，同时分析了限制托卡马克内氢燃料密度的物理过程，以推导出一个可关联燃料密度和托卡马克尺寸的第一性原理，并使用世界上一些最大的计算机进行了模拟。

最终，他们推导出与实验结果非常吻合的托卡马克燃料极限的新方程。新方程假定，就国际热核聚变实验反应堆内添加的燃料而言，格林沃尔德极限可提高近两倍，这意味着国际热核聚变实验反应堆等装置可以使用几乎两倍的燃料来产生等离子体，从而产生更多能量。核聚变示范电厂将以比现在的托卡马克和国际热核聚变实验反应堆高得多的功率运行，因此也可以增加更多燃料。

（二）开发利用电能的新信息

1. 研制柔性超级电源的新进展

开发出世界首个模拟发电细胞的“电器官”。2017 年 12 月 12 日，由瑞士弗里堡大学科学家迈克尔·梅耶领导的一个研究小组，在《自然》杂志发表的一项研究成果显示：他们研制出首个模拟发电细胞的“电器官”。这是一种利用生物相容性材料制成的柔性超级电源，灵感源于电鳗，符合软体机器人的需求，并将在移植物、可穿戴设备上发挥巨大潜力。

自然界一向被视为人类各种技术思想及重大发明的源泉，科学家们研究自然界生物体的结构与功能原理，并依据这些原理发明出新的设备和技术。研究人员此次研发的模拟发电细胞的超级电源，正是从“水中高压线”电鳗身上获得灵感。电鳗是一种以短暂强力放电而闻名的鱼类，可以瞬间产生高达 100 瓦特的强大电力击昏猎物。奇妙的是，它还能随意放电、自行掌握放电时间和强度。电鳗所依赖的不是电池，而是成千上万的发电细胞，这些细胞堆叠在一起可以大量放电。

研究人员借此开发出一种水凝胶基管状系统，可以很好地模拟发电细胞的相关特征。他们还精心设计了一个类似折纸一样的折叠结构来帮助控制放电，由此最终得到的电源，能够产生与电鳗相仿的电压。

研究人员表示，随着技术与生物体的融合不断推进，具有生物相容性、机械顺从性并且能捕捉生物系统内部化学能的电源，已成为一种必需。而今问世的是世界首个利用生物相容性材料制成的软体、柔性、透明的“电器官”，非常符合软体机器人的相关需求——非硬质且不需要插入接通。

研究人员表示，下一代设计如能改进性能，则该系统将更广泛用于移植物、可穿戴设备和其他移动设备电源，真正打开“电器官”供应的大门。

2. 研究酒店节约电能的新举措

利用实时反馈减少酒店客人淋浴用电。2018 年 11 月，瑞士苏黎世联邦理工学院学者维雷纳·蒂芬贝克主持的一个研究小组，在《自然·能源》杂志网络版上发表论文称，在酒店客人淋浴时，实时反馈他们的用电情况，可以减少他们的用电量。

过去关于能源反馈式干预的研究依赖于志愿者被试，而且侧重于家庭能耗情况。这些被试可能比一般大众更有节能的动力，而且家庭用户拥有减少能耗的金钱激励。为了更全面地评估反馈式干预是否有可能帮助节约能源，需要随机选择和节能结果无利益关系的被试。

该研究小组开展了随机对照试验：在 6 个瑞士酒店的淋浴设施上安装智能电表，被试为不用自己支付电费的酒店客人。相较于只显示水温的房间里的客人，实时反馈淋浴能耗的房间里的客人，用电比前者少 11.4%。根据节能结果，研究人员估计酒店平均可以在 2.2 年内收回智能电表的成本。与其他节能投资相比，速度相对较快。

以上发现证明了这种易于实施的可扩展反馈式干预的有效性，它有望以最低的初始成本，达到省钱节能的双重效果。

3. 开发把多余电能转化为气体的新技术

用垃圾与污水为原料开展电转气生产。2022 年 6 月，国外媒体报道，俄乌战争爆发之后，面对长期依赖国外天然气的局面，瑞士国内对于能源结构转型的讨论变得更加火热。2022 年 4 月，苏黎世州的一家市政公司声称自己成为瑞士国内首家环保型的电转气工厂。

电转气概念来自欧洲能源行业讨论的一个热点话题。这个讨论内容，是指把多余的电能转化为可长期储存的氢或甲烷等气体、液体和固体的化学能源技术。瑞士这个项目，则是一个把多余电能转化为气体的案例。更特别的是，这个项目的原料来自附近的垃圾焚烧厂和污水处理厂。这个电转气的项目地址，位于瑞士苏黎世州迪蒂康区的一个垃圾焚烧发电厂内，而垃圾焚烧厂旁边还有当地的一个城市污水处理厂。

发展太阳能和风能是新能源开发的一个重要途径，但是太阳能和风能会受到季节和昼夜变化的影响，而且不能储存。例如在欧洲，夏季电力需求低于冬季，但太阳能系统在温暖季节生产的电力显著多于冬季。这意味着，如果瑞士要大规模布局光伏发电，夏季的时候将有大量剩余电力，甚至会使电网超载，而来自垃圾焚烧发电厂的电力也失去了价值。他们需要想办法解决这种不平衡，因此，需要可以灵活使用的能源和存储，大至国家能源机构，小至具体的发电厂，都要为这种多出来的电能想出路。

他们有人因此提出，把这些可再生电能转化成天然气，是不是值得尝试的方法呢？毕竟天然气方便储存和运输，可以把夏季收集的能量留到冬季使用。这个电转气的项目，正是在这样的背景下诞生的。

这个项目的甲方是理煤可公司（Limeco）。它成立于 1959 年，负责迪蒂康和周边几个小市镇的垃圾焚烧和污水处理业务。这给这个项目提供了天时地利人和的便利，因为垃圾发电厂和污水厂都归它运营，两个厂区相连接，又恰好能提供核心原材料，简直就是理想的示范项目地点。

瑞士联邦能源办公室主任贝努瓦·瑞瓦兹在项目揭幕仪式上表示：“这个项目，意味着瑞士在减少对进口天然气的依赖上，迈出关键一步。这个电转气工厂，展现了瑞士自身生产可再生气体能源的可能性。”

苏黎世州议员马丁·诺伊科姆则认为，新落成的处理系统显现了苏黎世州的决心：“我们想在 2040 年前实现气候中和的目标。理煤可公司和它的合作伙伴也给大家证明，这个目标是可以实现的。”

据说早在 6 年前，瑞士能源企业瑞士电力公司首先提出建造电转气工厂。瑞士电力公司是 22 个公共事业机构的联盟，其中包括理煤可公司。瑞士国家科研机构保罗·谢尔研究所的能源研究员克里斯蒂安·鲍埃尔表示，在迪蒂康区投入运行的这套设备，是目前应对剩余电力的可行选择。他还说：“由于现在太阳能发电的剩余量尚不多，所以还不是电转气技术大展身手的时候。但从更长远来说，从 2035 年开始，如果瑞士大规模发展光伏发电，电转气的潜力是巨大的。”

哪些地方适合安装电转气系统呢？理论上说，有二氧化碳的地方都是理想的选址，例如水泥厂、垃圾发电厂或者污水处理厂等。因为产氢的电解器的安装相对方便，而甲烷的合成也不一定需要生物反应器。尽管如此，在瑞士专家看来，污水处理厂是最合适的选址，因为瑞士很多污水厂都有厌氧消化器。这个项目的技术供应商维塞斯曼公司（Viessmann）预计，如果瑞士100多座污水厂都安装这套系统，其产能可以满足25万人的能耗需求。

目前，理煤可公司连同另外8个瑞士能源供应商，都觉得有必要对电转气技术进行投资。在这个项目上，他们一共筹集了1400万瑞士法郎。理煤可公司表示，会向其合作伙伴分享这个示范项目的技术经验，并为联邦政府制定法律框架提供信息建议，以便在未来几年内建造更多的电转气工厂。

（三）开发利用热能的新信息

1. 开发地下水热能的新进展

提出“热干岩层法”发电前景光明。2004年5月，德国媒体报道，瑞士能源专家表示，地热发电在未来能源生产中将占据显著位置，利用“热干岩层法”汲取高温高压的地下水发电的应用前景光明。

瑞士能源技术协会主席维利·格雷尔说：“我相信今后20年内，借助地热装置产生的电量有望达到全球发电总量的10%。”格雷尔负责德国西门子公司在瑞士的发电项目。他认为，与只能利用和输送火山活跃地区地下热源的方法相比，“热干岩层法”适用于地球上更多的地方，因而其开发前景广阔。

“热干岩层法”，主要针对地下4～6千米深的结晶岩岩层，那里分布着大量的高压水，水温约200℃。采用这一方法时，需首先在地面上用水泵把水通过事先打好的钻孔注入结晶岩岩层，并通过另外两个生产钻孔把高温高压的地下水提取上来。高温高压地下水，将直接被输送至地面的一个热交换装置，并由它推动蒸汽轮机旋转，从而带动发电机发电。从蒸汽轮机中排出的被冷却的地下水，会被重新注入地下。

格雷尔说：“位于瑞士巴塞尔的一家发电厂，将在商业运营中采用‘热干岩层法’。”据他介绍，与其他可再生能源相比，利用地热发电更有竞争力，采用“热干岩层法”的发电费用约为每千瓦小时12欧分。据专家介绍，地热资源储量巨大，集中分布在地壳构造板块边缘一带。地热资源中的高温高压地下水或蒸汽的用途最大，它们主要存在于干热岩层中。

2. 开发热电材料的新进展

设计制造出冷原子热电系统模型。2013 年 10 月，由瑞士苏黎世联邦理工学院蒂尔曼·艾斯林格领导的一个研究团队，在《科学》杂志上发表研究成果称，他们设计制造出一种新奇的“冷原子热电系统”模型，有望大幅提高热电材料的电流强度，也将有助于人们模拟并设计出新的热电材料。

用热发电一般有以下过程：先让一种可燃物燃烧，随后将液体加热带动力学涡轮运动，最终产生电流。在热电材料中，整个循环由天然的热力发动机操作完成，不过这一方法效率低下，而且就目前已知的材料来说，热电发电器的效率远低于热电厂的效率。

该研究团队设计制造出的模型，位于一个由玻璃制成的真空室内，由锂原子气体所包围。研究人员使用激光将气体冷却到接近绝对零度。在此条件下，气体内原子的一举一动就类似于物质内的电子。为了模拟热电材料，原子被一束激光所捕获，从而制造出了一个空间上不断变化的结构，其中的原子像物质内的电子一样移动。

使用被激光捕获的原子来模拟复杂材料的行为，是苏黎世联邦理工学院科学家们屡试不爽的方法。过去 10 年，他们用这种方法研究了超导体甚至一些导电设备，现在又开始模拟热电材料。艾斯林格说：“使用简单的‘配方’，我们就模拟出了效率可与天然材料相媲美的热电材料。”

尽管目前该研究仍处于“襁褓”阶段，但他们表示，这项实验可能会对材料科学产生重大影响。研究人员说：“我们的实验有望作为一种基准。”该研究团队打算在未来两年内研究更复杂的系统。

研究人员表示，这种“冷原子热电系统”有助于人们更好地理解热电。因为天然材料非常复杂，很难对其做实验，借用这一系统可以进行理论和实验间的对比，而且也可以探究材料内出现的瑕疵和混乱可能会产生什么影响。新实验也使科学家们能采用一种可控的方式对热电的基础过程进行研究，这将有助于未来热电材料的模拟和设计。

目前，热电技术主要用于为太空探测器（比如“好奇”号火星车）或传感器等小型设备供电，但专家们希望，这一技术未来能用于更多领域。汽车公司正在测试不同的热电系统，希望能利用汽车排放的尾气发电，从而将油耗节省 3%～5%。其他消费应用包括通过身体热为手机或手表充电等。

3. 开发人体热能的新进展

研究用人体热能给手机充电的技术。2021 年 4 月 27 日，瑞士资讯网报道，由苏黎世联邦理工学院旗下的一家初创企业由负责人曼布里尼牵头成立的一个研究小组，开发出可以把人体热量转化为电能的技术，“人体发电”或将成为可能。

报道称，人体会在运动、发烧或从事体力劳动后产生热量。然而，大部分热量都释放到了周围环境中，白白浪费掉了。

该研究小组利用皮肤表面与周围环境之间的温差发电技术，把电能传送到与身体接触的电器，如手环、胰岛素泵、助听器或者体温监控器等，目的是让医疗器械利用人体热量产生自给自足的电能。曼布里尼说，通过这种方式，可以摆脱因电池续航而需要更换电池的问题。

据悉，人体发电技术目前主要针对耗电量较低的医疗设备。鉴于智能手机消耗越来越大，该公司下一步将研究用人体热能为手机充电的可行性。

第七章　环境保护领域的创新信息

瑞士在环境污染治理领域的研究，主要集中于发现洁净大气中也能形成气溶胶，发现汽油车排出碳颗粒物多于某些柴油车，首次确定欧洲大气污染有害成分来源。研究表明全球植树有望储存大部分碳排放，研制减少温室气体排放的材料和设备。建设和完善城市雨水循环利用系统，发明零能耗的空气中水蒸气收集装置；发现甜味剂可作水质污染检测指标，发现塑料污染殃及北极水域，开发出高效的油污吸附剂。用废弃生物质制成新型塑料，研制出防爆垃圾桶。另外，对防治铁路噪声污染做出专门研究。在生态环境保护领域的研究，主要集中于研究水系变动趋势及其对生态环境的影响，探索冰川生态环境变化及其保护措施。发现南大洋碳吸收能力强于预期，发现冰盖消退引发火山爆发或影响海洋氧含量。借助炸药制造雪崩场景来进行灾害预测，研究探测森林生态系统变化的新设备。探索气候变暖的发展趋势，研究气温上升的限定幅度，发现气候变暖会直接影响山区植物的变迁趋势；发现春季北极臭氧层损耗会改变北半球气候。加强居住生活环境保护，建造节能环保的居住建筑和公共建筑，以生态优先美化农村环境。

第一节　环境污染治理研究的新进展

一、大气污染防治研究的新成果

（一）防治大气污染研究的新信息

1. 实施大气污染防治的研究项目

启动大气污染物与气候变化相互作用的研究项目。2012 年 5 月 4 日，有关媒体报道，瑞士科学家参加的一个研究团队在欧盟第七研发框架计划资助下，正式启动研究欧洲大气污染物与气候变化相互作用的大型研究项目。

该研究团队设计制作的大气监测飞船，拟于 2012 年 5 月 14 日开始为期 20 周的欧洲低空科学探索旅行，横跨多个欧洲国家上空，采集分析大气中的化学物质成分，所获取的数据将作为未来科学研究的基础，积极应对气候变化和改善欧洲的空气质量。

监测飞船独一无二的长期低空飞行，将前所未有地在距地面 2 千米以内的低层大气空间，对欧盟进行化学污染物空中分布的全面检测。实测数据将用于与地面计算机模拟系统，以及已有气候变化知识进行相互验证和对比研究，从而增强人们对人类活动排放的绝大部分空中化学污染物与大气元素相互作用机理的理解。监测飞船携带超过 1 吨重的仪器设备，可以在海拔高度 2 千米以内的低层空间盘旋，垂直升降行动自如，一次升空可飞行工作 24 小时。

监测飞船的此次检测飞行，将主要集中于对羟基自由基和微细气溶胶（或悬浮颗粒物），即影响气候变化和人类健康主要化学物质的数据采集。羟基自由基因为具有降解空气污染物的作用，有时也被称作“大气清洁剂”，研究人员希望通过对化学物质所测数据及其形成演变过程的分析研究，增加有关大气化学污染物、大气自身清洁机制和气候变化之间相互作用的知识。该项研究由联合国政府间气候变化委员会专家工作小组指派，同时将为欧盟制定 2013 年应对气候变化和改善空气质量政策提供科学依据。

2. 大气污染防治研究的新发现

（1）发现洁净大气中也能形成气溶胶。2016 年 5 月，由瑞士菲利根保罗谢勒研究所尤斯·巴尔滕施佩格领导的研究团队，在《自然》杂志上的论文称，他们研究发现，即便在没有硫酸污染的洁净大气中也能形成气溶胶。该发现提出了一种气溶胶形成新机制，打破了“化石燃料排放是形成大气气溶胶的必要条件”这一传统理论，人类活动对气候变化的影响或将因此面临重新评估。

大气气溶胶是大气中固态和液态悬浮颗粒物的总称，根据构成可分为沙尘气溶胶、碳气溶胶、硫酸盐气溶胶等。在大气科学研究中，常用气溶胶代指大气颗粒物。气溶胶不仅影响人类健康，还与大气能见度、降水、辐射，以及云、雾、霾的形成直接相关。

大气中的硫酸大部分来自化石燃料排放，此前一直认为这是形成气溶胶的必要条件。但是白天它的浓度太低，无法解释观测到的气溶胶生成速率。因此不少人认为还有其他烟雾，如高度氧化的生物质参与其中，帮助稳定新形成的硫酸盐颗粒。科学家们想知道，气溶胶是否能在不依靠任何硫酸的情况下形成，但此前的研究一直无法排除这一污染物。

该研究团队发现，挥发性极低的有机生物质会在无硫酸的情况下导致初始颗粒增加，之后高挥发性有机生物质的介入会强化这一过程。把这一发现运用到全球气溶胶模型中，就能导致整个大气中云凝结核浓度的显著变化。研究人员称，这项研究发现了一种气溶胶形成新机制，为人们看待目前地球大气状况及前工业时代气溶胶形成提供了一个新视角。

（2）发现汽油车排出的碳颗粒物比某些柴油车高。2017 年 7 月，由瑞士保罗谢尔研究所相关专家组成的一个研究团队，在英国《自然》杂志旗下的《科学报告》上，发表一项环境科学研究成果称，实验室初始测试数据显示，汽油车产生的碳颗粒物排放量比加装了黑烟过滤器和催化剂的柴油车多。

汽车行驶时产生的废气含有上百种不同的化合物，而碳颗粒物由碳黑、一次有机气溶胶（包括燃烧产生的固体颗粒物）、大气中半挥发性有机物通过物理和化学吸附形成的二次有机气溶胶等组成，是车辆尾气中的有毒成分，不但直接危害人体健康，还会对人类生活的环境产生深远影响。

一般认为，柴油车排放出来的尾气，毒性远比一般车辆大。但加装了黑烟过滤器的柴油车及汽油车占有毒成分尾气排放的比重，一直未得到量化。

此次，瑞士研究人员通过实验室测试，量化了 11 辆汽油车和 6 辆加装了黑烟过滤器的柴油车分别在 22℃和零下 7℃时所排放的碳颗粒物。结果发现，在 22℃的条件下，汽油车的碳气溶胶平均排放量比柴油车高 10 倍；而在零下 7℃的条件下，前者比后者高 62 倍。研究团队还发现，测试的柴油车没有产生可检测到的二次有机气溶胶。

论文作者总结称，没有加装黑烟过滤器的柴油车，其颗粒物排放量远高于测试用车，在一定时间内，它们占颗粒物排放总量的比重将是最大的。

研究团队也强调，由于车辆尾气对取样位置、车龄和环境温度敏感，因此有必要开展进一步的研究，计算整体废气排放情况。

（3）首次确定欧洲大气污染有害成分来源。2020 年 11 月 18 日，瑞士保罗·谢尔研究所科学家卡斯帕尔·德伦布彻及其同事组成的一个研究团队，在《自然》杂志发表的一项欧洲空气质量分析报告，首次向人们指出，降低颗粒物浓度的缓解策略不一定能降低这类污染物的氧化潜势，这种氧化潜势被认为会对健康造成危害。研究表明，欧洲的颗粒物质量来源和氧化潜势的来源并不相同。

颗粒物是空气污染的一个组成部分，与高水平的颗粒物相关的空气质量差，被认为是全球五大健康风险之一，而空气中的颗粒物也被发现与全球数百万个早死现象相关。

目前，预估这些颗粒物对健康造成的风险一般基于它们的浓度，但颗粒大小和构成也被认为发挥了作用。其中，大气颗粒物的氧化潜势就被用于表征颗粒物对人体健康的影响。颗粒物的氧化潜势，是指它们增加细胞内分子氧化的能力，其可能导致细胞损伤。因为氧化潜势是颗粒物影响健康的众多方式之一。但是，研究人员一直无法确定可以控制氧化活性的颗粒物的来源。

此次，该研究团队在瑞士多地进行空气污染采样，并评估了它们的氧化潜势。随后，研究人员把测量结果与空气质量模型相结合，量化了整个欧洲的颗粒物和氧化潜势的来源。

研究团队发现，颗粒物质量浓度主要受到矿尘、植被排放间接产生的二次有机气溶胶，以及人为排放间接产生的铵盐、硝酸盐、硫酸盐等二次无机气溶胶的控制。而相比之下，氧化潜势的主要来源是人为排放，包括车辆非尾气管排放（如刹车导致的排放）产生的金属，以及主要来自居民生活（如燃烧木头）的二次有机气溶胶。

（二）减少温室气体排放研究的新信息

1. 研究减少温室气体排放的新发现

研究表明全球植树有望储存大部分碳排放。2019 年 7 月，由瑞士苏黎世联邦理工学院教授汤姆·克劳瑟等组成一个研究小组，在《科学》杂志上发表论文称，全球植树造林的潜力巨大，如果把可绿化面积全部用上，这些树木有望储存自工业革命以来由人类活动导致的大部分碳排放，有效帮助应对全球变暖。

研究人员分析了近 8 万张高清卫星图片，他们认为在不影响现有城市和农业用地的前提下，全球新增可绿化面积的潜力达 17 亿～18 亿公顷，可增加树冠覆盖面积约 9 亿公顷。联合国粮食及农业组织的数据显示，目前全球森林总面积约 55 亿公顷，其中树冠覆盖面积约 28 亿公顷。

研究人员计算后认为，如果上述可绿化面积全部用于植树造林，成林后可储存约 2050 亿吨碳，这相当于工业革命以来人类活动导致的碳排放的大约 2/3。研究还显示，如果考虑到全球城市和农业用地的绿化潜力，另外还有约 14 亿公顷的可绿化面积。克劳瑟说，如果全球现在行动起来，可让大气中的二氧化碳减少 25%，回到约一个世纪前的水平。

这项研究显示，位居全球可绿化面积潜力前列的国家包括俄罗斯、美国、加拿大、澳大利亚、巴西和中国，这 6 个国家的潜力之和占到全球一半以上。美国航天局 2019 年早些时候发布的卫星数据表明，全球从 2000—2017 年新增的绿化面积中，约 25%来自中国，贡献比例居全球首位。

2. 研制减少温室气体排放的环保材料

开发减少火力发电厂二氧化碳排放的环保材料。2012 年 5 月，瑞士苏黎世理工大学能源技术研究所的研究人员，开发出一种高效减少火力发电站排除烟尘中的二氧化碳的环保材料。这种合成岩粉材料，其吸附火电厂排除的二氧化碳的能力远远高于现使用的白云石；在高温作用下，内含的碳酸钙与二氧化碳生成反应并转换成钙；如果重新加热，会将二氧化碳释放，材料重新还原。

这种合成新材料的性质与白云石相同，但内含碳酸钙率高出 30%。因此，使用相同数量的这种岩粉材料，对二氧化碳的降解能力远超过使用白云石。而且这种合成新型碳酸钙岩粉材料不需要过多加热，不失为一种替代现有过滤技术的理想新型节能环保材料。

3. 研制减少温室气体排放的机器设备

开始启动全球最大的“吸碳”机器。2021 年 9 月，《卫报》报道，瑞士克莱梅沃斯公司（Climeworks）与一家冰岛公司联合组成的研究小组，开发出一款名叫“虎鲸”的“直接空气捕集器”，已在冰岛的海利舍伊地热发电站投放市场。据悉，它耗资1500万美元制成，是减缓气候变化的工具，在满负荷运转时，每年将捕获4000吨二氧化碳。

“虎鲸”由一堆金属“空气洗涤器”组成，内部是化学过滤材料，这些空气洗涤器用风扇从周围空气中吸入二氧化碳，然后用化学过滤器将其抽走。一旦过滤器里二氧化碳饱和，收集器就会关闭，将没有更多的空气进入。

接下来，发电站的电力将会对收集器内部及捕获的二氧化碳进行加热。这会从过滤器中释放出二氧化碳，并以浓缩形式将其提取出来。二氧化碳与水进行混合后，可以被永久储存在深层地质层中，以用于制造燃料、化学品、建筑材料和其他产品。据报道，通过自然矿化，二氧化碳会与玄武岩反应，并在几年内变成石头。

克莱梅沃斯公司联合首席执行长兼联合创始人詹·伍兹巴赫说：“‘虎鲸’是直接空气捕获行业的里程碑成果。实现全球净零排放还有很长的路要走，但我们相信就‘虎鲸’而言，已经向实现这一目标迈出了重要的一步。”

碳捕获和储存的支持者认为，这项技术可以成为应对气候变化的重要工具。然而，批评人士认为，该技术运营费用仍然非常昂贵，可能需要数十年才能大规模推广。

二、水体污染防治研究的新成果

（一）合理利用水资源研究的新信息

1. 循环利用雨水研究的新进展

建设和完善城市雨水循环利用系统。2015年8月，有关媒体报道，瑞士是世界上最富裕的国家之一，同时也可谓是世界上最节省的国家之一。瑞士并不缺水，境内湖泊众多，有1484个，最大的日内瓦湖面积约581平方千米。但瑞士政府一向提倡节约用水，鼓励民众在下雨时吸水、蓄水、净水，并通过大力建设和完善雨水管网系统，促使雨水得到循环利用。

20世纪末开始，瑞士在全国大力推行“雨水工程”。这是一个花费小、成效高、实用性强的雨水利用计划。通常来说，城市中的建筑物都建有从房顶连接地下的雨水管道，雨水经过管道直通地下水道，然后排入江河湖泊。瑞士则以一家一户为单位，在原有的房屋上动了一点儿“小手术”：在墙上打个小洞，用水管把雨水引入室内的储水池，然后再用小水泵将收集到的雨水送往房屋各处。瑞士以“花园之国”著称，风沙不多，冒烟的工业几乎没有，因此雨水比较干净。各家在使用时，靠小水泵将沉淀过滤后的雨水打上来，用以冲洗厕所、擦洗地板、浇花，甚至还可用来洗涤衣物、清洗蔬菜水果等。

如今在瑞士，许多建筑物和住宅外部都装有专用雨水流通管道，内部建有蓄水池，雨水经过处理后使用。一般用户除饮用之外的其他生活用水，用这个雨水利用系统基本可以解决。瑞士政府还采用税收减免和补助津贴等政策鼓励民众建设这种节能型房屋，从而使雨水得到循环利用，节省了不少水资源。

在瑞士的城市建设中，最良好的基础设施是完善的、遍及全城的城市给排水管道和生活污水处理厂。早在17世纪，瑞士就已出现结构简单、暴露在道路表面的排水管道，迄今在日内瓦老城仍能看到这些古老的排水道。从1860年开始，下水道已经被看作公共系统重要的组成部分，瑞士的城市建设者开始按照当时的需要建造地下排水系统。瑞士今天的地下排水系统则主要修建于第二次世界大战后。当时，瑞士出现了大规模的城市化发展，诞生了很多卫星城市。在这一时期，瑞士制定了水使用和水处理法律，并开始落实下水管道系统建设规划。

在瑞士，日常生活污水和雨水是通过不同的管道进行处理的。早在140年前，苏黎世就建立了污水净化设施。生活污水通过单独的管道流到污水处理站进行净化处理，未经收集的雨水则通过简单的过滤处理后流入湖水或其他自然水体。污水和雨水流入不同的管道，含有大量油污的厨房污水就不会流入雨水管道并堵塞管道，应该说这在一定程度上有利于避免大规模降水时造成的城市洪涝现象。

由于瑞士城市里下水口密布，排水管道设置合理，污水处理系统遍布全城，再加上一些古老的下水道至今仍能发挥作用，因此瑞士的地下排水系统基本可以应对排水的需要，城市里很少发生洪涝现象。

2. 收集利用空气中水蒸气研究的新进展

发明零能耗"空气凝水"装置。2021 年 7 月 8 日，俄罗斯卫星通讯社报道，瑞士苏黎世联邦理工学院的一个研究小组，率先发明以零能耗从空气中凝结水蒸气的装置。该设备可让带有辐射防护罩的自冷系统 24 小时不间断工作，这为解决全球水资源匮乏问题带来希望。

目前，一些饮用水短缺的地区，不得不对海水进行淡化处理，但这会消耗很多能量。一些距海较远的地区连这样的机会都没有。现在，这个问题可以通过凝结空气中的水蒸气来解决。瑞士研究小组发明的这个装置能够全天候集水，即便在烈日之下也适用，而且完全不消耗能量。

该装置由一个锥形罩和一块玻璃板构成。玻璃板带有特殊涂层，可以反射阳光、散去热量。它可以把自身热量降低到比周围环境低 15℃。在装置内部，水蒸气会凝结成水。这个过程，就像冬天隔热不良的窗户上发生的冷凝现象一样。

以前的技术通常需要把凝结的水从表面擦掉，但这样会消耗一些能源。然而，要是没有这个步骤，大部分凝结的水会附着在表面上而无法使用。现在，瑞士研究小组发明的装置，是在玻璃底部涂一层用特制聚合物打造的超防水涂层，这样凝结的水就可以自行收集在一起，并滑落到接水的桶里。

（二）防治水体污染研究的新发现

1. 发现甜味剂可作水质污染检测指标

2009 年 6 月，有关媒体报道，瑞士联邦研究中心环境化学家伊格拉兹·伯奇领导的研究小组发表的一项研究成果表明，一些在人们生活环境中随处可见的甜味剂，可以成为鉴定污水处理厂及其他排放源向环境排放污染水的一个检测指标。

甜甜的味道在舌间回绕，之后慢慢进入体内，这就是甜味剂给人的感觉。但很少有人会意识到，人工甜味剂给人带来的味觉快感，通过人体排出后，它竟然没有任何变化。

伯奇表示："污染地下水的来源是多种多样的，对于这些污染源，我们并没有深入的了解。现在我们可以使用甜味剂来追踪家用地下水是否被污染。"

污染地下水不仅是环保问题，同时也是大众健康问题。一旦水源进入生活环境中，就难以鉴定是来自工业水、农业用地、交通、家用水，还是其他来源的水。科学家一直不断地寻找检测标签来帮助他们追踪污染源的来源，同时有可能的话减少这些污染源的输入。

此前，科学家纳入考虑范围的包括咖啡因、药品及个人卫生用品成分。但是，这些化学物质有的很容易遭到破坏，有的则数量太少，有的很容易从水里分解渗入土里。伯奇研究小组在考虑人工甜味剂是否能做到这一点。

研究小组从10个污水处理厂收集到一些未处理和已处理的废水样本，同时也采集到城市地下水样本、水管水样本，以及苏黎世附近和偏僻的阿尔卑斯地区的河流水、湖泊水。在每个样本中，研究人员试图寻找4种甜味剂：安赛蜜（AK糖）、糖精、蔗糖和环己氨基磺酸盐。研究证实，在没有经过处理的水样中，四种甜味剂都被找到了。而在处理过的水样中，90%的糖精及99%的环己氨基磺酸盐已被除去，蔗糖比较顽固，但是浓度很低。

不过经过处理后，一定数量的安赛蜜残存在水样里，没有受到处理程序的破坏。研究人员在未经处理的废水中测量了10毫克甜味剂，相当于人类每人每天所要摄入的含量，然后又在处理过的废水中提取了同样多的甜味剂进行测试。研究人员说："在这些水样里，安赛蜜的浓度非常高。假如预测一下，可以得知，在经过污水处理厂后，它是所有物质中没有被处理掉、依然保持很高的物质。"

研究同时表明，在偏僻的阿尔卑斯湖里并没有发现安赛蜜，而人口规模越大，附近流域里安赛蜜的浓度也越高。研究也发现在100个地下水样单位中，有65个单位显示含有安赛蜜，甚至到自来水样中也含有少量的安赛蜜，这一结论表示安赛蜜十分稳定。

伯奇表示，水里安赛蜜含量很少，不用担心其对人类身体健康产生威胁，也不会影响水的饮用味道。由于安赛蜜十分易于检测，可以把它作为判定水质污染源是否来自家庭生活的有效工具。他接着说："我们基本上证明了，这些甜味剂从数量上可以作为判定标签。但是有一个方面，研究人员还没有得到证实，即安赛蜜是否会对鱼类和环境产生影响，这些检测还未进行完毕。"

2. 发现塑料污染殃及北极水域

2019年8月14日，有关媒体报道，北极地区为何存在如此多的微塑料颗粒还是一个谜。研究人员推测，一些污染可能是船只在冰面上摩擦造成的，一些可能来自风力涡轮机。瑞士和德国科学家组成的研究小组发表的一项研究结果称，他们根据取自北极、瑞士阿尔卑斯山和德国积雪的样本，在北极发现的大量微塑料，有很大一部分很可能是从空中被带到那里的，微塑料被风吹到很远的地方并在下雪时落下来。

人类活动造成了塑料污染，而洋流运动和水体交换则导致塑料污染范围的扩张。研究人员说："北冰洋连接大西洋和太平洋的海域有重要的海上航道，比如格陵兰海、巴伦支海等。海上船舶通行排放的塑料垃圾从低纬度地区向高纬度地区漂流，最后聚集在海湾角，或者沉到洋底。洋流运动使漂浮在海上的塑料垃圾形成了一个传送带。北极环境比较特殊，处于这一传送带的末端，形成一个死角，所以容易聚集塑料垃圾。"

据报道，全球每年有超过 3 亿吨塑料产生，而海洋上漂浮着至少 5 万亿个塑料碎片。联合国估计，迄今为止已有 1 亿吨塑料倾倒进全球海洋。全球塑料污染的范围远比人们想象得更大，两极地区均出现了不同程度的塑料污染。

（三）研制水体污染防治的新材料
——开发出高效油污吸附剂

2006 年 1 月，有关媒体报道，瑞士日内瓦贝尔纳・卜熙集团经过多年试验，研制出一种叫作"黑绿"的高效强力吸附剂。

从现场实验可以看到，在盛满水的洁净玻璃盆内倒入机油和汽油黑色混合物，再把几小块粉红色泡沫块放入水盆，几分钟后，所有的油污物就被吸得一干二净。

这种清洁产品以炼油副产品酚为基本成分制成，可广泛应用于油污和化学污染后的排污。它体重轻，1 立方米仅 8 千克，而吸污量为自重的 75 倍，对人、动物、植物均无任何污染。其原材料成本低廉，操作简便，投入污染源再回收就可以清除油污。回收后的"黑绿"可以成为无污染的生态能源。

三、废弃物与噪声污染防治的新成果

（一）防治固体废弃物污染研究的新信息

1. 利用废物制造塑料的新进展

用废弃生物质制成新型塑料。2022 年 6 月，国外媒体报道，瑞士洛桑联邦理工学院基础科学学院耶雷米·卢特巴赫教授领导、洛伦茨·曼克等专家参加的研究小组，开发出一种类似于聚对苯二甲酸乙二醇酯（PET）的生物质衍生塑料，它符合取代几种现有塑料的标准，同时也更环保。

摆脱化石燃料和避免塑料在环境中堆积，是应对气候变化挑战的关键。传统塑料之所以如此广泛，是因为它们结合了低成本、热稳定性、机械强度、加工性和兼容性等诸多优点。任何塑料替代品都必须赶上或超过这些优点，一直以来，这项任务非常具有挑战性。

卢特巴赫说：“我们基本上只是用廉价的化学品‘烹制’木材，或其他不可食用的植物材料，比如农业废弃物，一步就能生产出塑料前体。”通过在塑料的分子结构中保持糖结构的完整性，该化学方法比目前塑料替代品的生产方式要简单得多。

这项技术基于卢特巴赫研究小组在2016年的一个发现：添加一种醛可以稳定植物材料的某些部分，并避免在提取过程中破坏它们。通过重新利用这种化学物质，研究人员能够重建一种新的有用的生物基化学物质作为塑料前体。

曼克说：“通过使用一种不同的醛，即乙醛酸而非甲醛，我们可以简单地用‘黏性’基团将糖分子夹在中间，这样它们就可以充当塑料的构件。”这种简单的技术能够把高达25%的农业废弃物或95%的纯糖转化为塑料。

新型塑料的全能特性，使它们可用于包装、纺织品、医药、电子产品等各个方面。研究人员已经制造了包装薄膜、可以制成衣服或其他纺织品的纤维，以及用于3D打印的细丝。卢特巴赫表示：“这种塑料具有非常令人兴奋的特性，特别是在食品包装等应用方面。它的独特之处在于，存在完整的糖结构，使这种塑料非常易于制造，也很容易降解。”

2. 开发处理固体废弃物的新设备

研制出防爆垃圾桶。2006年5月，国外媒体报道，瑞士苏黎世一家企业研制出一种防爆垃圾桶，引起巴黎、伦敦等城市市政当局的兴趣。

报道称，这种防爆垃圾桶是用不锈钢板制成的，桶体嵌有高强度聚碳酸酯透明玻璃，从外部可以看到丢进桶内的物体。瑞士军备采购检验中心对防爆垃圾桶进行测试，在桶内放置一枚手榴弹，引爆后桶体裂成两半，但上千块弹片全部留在桶内。

据悉，巴黎市政府订购了3个防爆垃圾桶用于测试。大约10年前，由于巴黎凯旋门发生垃圾桶炸弹爆炸事件，巴黎市政府撤掉了香榭丽舍大街上的垃圾桶，改用透明塑料袋。

（二）防治噪声污染研究的新信息

——开发出防治铁路噪声污染的程序

2010年10月，瑞士联邦政府宣布，他们委托有关专家，成功研发出用于防治铁路噪声污染的计算机程序，以减少噪声对铁路沿线居民的侵害。

由埃帕声学与噪声控制实验室专家领衔的研究小组，受瑞士政府委托，耗时近4年完成了该计算机程序的研制。研究小组在建立程序的过程中，充分考虑了列车车型、车速、周边地形、建筑、路基结构和天气等变量。为确保程序的精确性，他们收集了在瑞士铁路网上运行的1.5万辆列车的噪声，形成了巨大的数据库。通过数据分析，程序可以得出降低特定地段噪声污染的最有效办法。

据介绍，该计算机程序不仅能为现有铁路网降噪，还能在新铁路网的规划中发挥作用。研究小组希望，它能成为瑞士乃至其他欧洲国家的标准。此外，他们还打算将该计算机程序用于降低公路和射击场等公共设施周围的噪声。

第二节　生态环境保护研究的新进展

一、生态环境变化研究的新成果

（一）研究水系冰川生态环境变化的新信息

1. 探索水系生态环境变化的新进展

研究水系变动趋势及其对生态环境的影响。2014年3月7日，瑞士苏黎世联邦理工学院博士生陈嘉俞及其同事，与美国研究人员一起组成的一个研究小组，在《科学》杂志上发表研究成果称，江河是天然的分界线，但江河川流不息，却非亘古不变。为了预测河流的变动趋势，他们设计了一个可预测水系未来变动的模型，用以了解水系稳定性对未来生态学及环境保护的重要影响。

陈嘉俞说：“从高空往下看，河流就像无数树木覆盖着陆地的表面，这些河流的枝干夜以继日刻画着地表的山与谷。而河流能维持在目前的位置多久，却是科学界一直未能回答的重要问题。”

研究小组开发的预测模型把重点放在分水线上。分水线是流域四周不同水流方向的界线，分水线两侧的降水分别注入两个流域。如果在分水线某一侧河流的侵蚀速率快于分水线另一侧，则会导致地貌不平衡，分水线就必须变化，以重新达到平衡。

但直接测量各河流的侵蚀速率并不是件容易的事，有些缺乏定年材料的地区速率更无从得知。由于河流的侵蚀速率与其集水区的面积和河道的坡度有关，而这些信息可以轻易地从地形数据分析获得，他们利用此关联并假设河流的侵蚀速率与地表的抬升速率相等，推算河流平衡时的理论高度。若一分水线处于稳定状态，则其两侧河流此高度将会相等，否则会有差异，借由此高度的差异，即可得知河流未来移动的方向。

研究人员挑选了中国大陆的黄土高原和中国台湾中央山脉东翼，以及美国东南岸 3 个地区验证这一模型。研究表明，黄土高原上汇入黄河的两条支流及其周围地貌似乎已经变得相对稳定；而在年轻且地壳构造运动活跃的中国台湾中央山脉东翼一些地区，以及美国东南岸的一些河流网络，仍处于不断变动之中。

陈嘉俞说：“此研究发现，河流的变动比过去所想象的还要活跃。这一模型使我们能够知道一地的地貌是否达到平衡状态，找到过去曾发生变动但尚未达到平衡的地区，以及预测未来变动的方向，并可应用在构造运动、气候、河流生态学、物种迁移及生态系统演变等与地形相关的研究上。”

2. 探索冰川生态环境变化的新发现

（1）发现瑞士冰川体积缩小一半。2022 年 8 月 22 日，法新社报道，瑞士苏黎世联邦理工学院丹尼尔·法利诺教授与瑞士联邦森林、雪地及景观研究所专家等共同组成的研究小组，在《冰冻圈》杂志上发表论文称，他们重建了 1931 年瑞士冰川的模型，并与 21 世纪的相关数据相比较，最终得出结论：冰川体积在1931—2016年之间缩小一半。

这项研究涵盖瑞士约86%的冰川区域的变化情况。研究人员比对不同年份图像之间的差异后发现，瑞士冰川体积变化巨大。例如，菲舍尔冰川在数十年间由一片巨大的“白色海洋”消减到只剩零星遗存。此外，研究发现瑞士冰川体积的减少速度也在加快，仅在2016年之后的6年间，瑞士冰川体积就缩小了12%。

研究人员在声明中表示，冰川的消退不是持续的，在20世纪20年代和80年代，瑞士冰川体积曾在短期内出现大规模增长。法利诺表示，尽管在未来，冰川存在短期内出现增长的可能，但其总体体积缩小的大趋势不可忽视。

(2) 发现瑞士冰川创有记录以来最高融化率。2022年9月28日，路透社报道，瑞士冰川今年融化掉总量的6%，创下一个多世纪前有记录以来的最高融化率。据报道，由于冰川融化严重，数十年前坠毁的飞机残骸得以重见天日，几千年来一直被冰雪覆盖的岩石现出真容，部分小型冰川更是彻底消失不见。

专家指出，2022年夏天瑞士冰川消融情况这么严重，与2021年年冬天降雪量极低、连续两个夏季的高温酷暑有关。以往，冬季降雪通常能弥补夏季冰川的消融，而地面覆盖的白雪则能起到反射阳光的作用，从而避免冰川消融；如今，冰川的自然生态系统已被扰乱。

阿尔卑斯山区半数以上冰川集中在瑞士，但目前瑞士气温升高的幅度达到全球平均值的两倍。专家对瑞士冰川消融速度之快感到震惊和担忧。有专家表示，知道瑞士冰川会消融，但没想到现在就看到冰川消失得这么快。有研究认为，如果温室气体排放持续增加，阿尔卑斯山区的冰川到2100年将消失80%以上。还有分析认为，在全球变暖趋势下，不管采取什么减排措施，许多冰川都将消失。

3. 保护冰川生态环境的新举措

以“盖被子”方式防止冰川融化。2018年3月，法新社报道，瑞士隆河冰川是阿尔卑斯山最古老的冰川，也是广受欢迎的旅游目的地。然而由于全球气候变化，在过去10年中，它正在迅速萎缩。迄今为止，隆河冰川已有约40米的冰层消失。因此，为了防止冰川融化，瑞士环境部想出了一个绝招——给冰川盖上毛毯。

据报道，在过去的8年里，每年夏天，瑞士人就会用毯子把隆河冰川给严严实实地包裹起来。这种白色的帆布毯子能反射阳光，以减少冰川吸收热量而减缓融化速度。这种看似匪夷所思的做法却效果显著。瑞士冰川学家大卫·沃尔肯表示，这种做法是完全可行的，使用毯子遮盖，能将冰川的季节性融化减少70%。

近年来，随着全球气候变化加剧，为保护极地地质，地质学家们进行过各种头脑风暴，提出了千奇百怪的方法。在2017年春天的欧洲地球科学联盟的年度会议上，有个研究小组提议，在瑞士的莫尔特拉奇冰川上进行人工吹雪，以帮助反射太阳光。

有人甚至计划实施更大规模的干预措施，比如在冬季用风力泵将海水喷射到北冰洋的冰面上，以形成更厚的冰层，阻止冰盖融化。还有科学家曾提出了一种设想，希望在水下建造人工土丘，用来支撑脆弱的冰盖，以阻止它们进一步崩塌。

（二）研究海洋生态环境变化的新发现

1. 发现南大洋碳吸收能力强于预期

2015年9月11日，瑞士苏黎世联邦理工学院环境物理学家尼古拉斯·格鲁伯与挪威卑尔根大学生物地球化学家克里斯托夫·海因策等组成的研究小组，在《科学》杂志上发表研究成果称，随着温室气体浓度上升，环绕南极洲的广阔海洋在某一时刻将不可避免地从大气中吸收更多的二氧化碳。这项新成果，把数百万个分散的实地观测结果整合在一起，从而便于更清楚地了解全球变暖最重要的缓冲区南大洋的活动变化。

研究人员表示，如今发现南大洋每年从大气中吸收大量二氧化碳，人们终于扭转了之前对于其年度温室气体摄入量下降的担忧。

根据这项研究可知，2011年，海洋吸收了44亿吨二氧化碳。这一数值比当年人类活动释放的二氧化碳多10%，同时也大约是其10年前吸收的二氧化碳数量的两倍。发现海洋吸收二氧化碳的能力增长，标志着几年前发表的一项研究结果的彻底转变。该研究指出，在20世纪八九十年代，海洋吸收二氧化碳的能力已经下降，并预测这种趋势将持续下去。

格鲁伯说："这一发现，并不意味着，我们对于未来气候变化的预测，将会发生戏剧性的转变。”当然，这项成果表明，与研究人员之前的预期相比，海洋碳吸收能力的变化要更为剧烈与复杂。

据悉，一项始于2007年的国际合作项目建立的数据库，尝试着汇集全球海洋表面的二氧化碳数据。该研究小组为了完成他们的分析，使用了这一数据库中将近300万个表面二氧化碳读数。鉴于早期研究人员曾随着改动稀疏读数之间的数值，进而导致一个并不准确的海洋二氧化碳摄取图景的产生，研究小组则同时参考其他属性的测量数据，如海洋表面温度及海水盐度等，用以填补空白。

格鲁伯研究小组重建了1982—2011年的海洋历史，从而清楚地表明，海洋从21世纪初期便增大了其碳吸收能力。这项研究同时证实了之前报告的20世纪八九十年代海洋碳吸收能力的减缓。在当时，风的模式推动南大洋表面的海水向北移动，导致来自海底的海水出现上涌现象。由于这些海水中已经富集了大量的二氧化碳，因此海洋吸收更多温室气体的能力瞬时大打折扣。

海因策表示，最新的研究让他兴奋不已，因为它使得研究人员能够准确监控南大洋的变化。他说，以往的气候模型，假设海洋吸收二氧化碳能力的变化要小于陆地吸收二氧化碳能力的变化。但是新研究表明，这一假设可能是站不住脚的。了解了这一点，将有助于研究人员更准确地预测风、海洋与大气，将如何响应不断增长的二氧化碳排放，以及由此带来的气候变化的影响。

格鲁伯强调，海洋增加的二氧化碳吸收能力可能还缘于海水正在变得越来越酸，这可能会干扰某些海洋生物基于碳酸钙的外壳的形成。他指出，气候学家不能指望南大洋永远保持一个强大的碳汇。他说：“目前，南大洋吸收二氧化碳的势头非常强劲，这很好。但我不认为我们能够自然而然地假设这种趋势将一直持续下去。”

南大洋是世界第五个被确定的大洋，是世界上唯一完全环绕地球却未被大陆分割的大洋。南大洋是围绕南极洲的海洋，是太平洋、大西洋和印度洋南部的海域。以前一直认为，太平洋、大西洋和印度洋一直延伸到南极洲，南大洋的水域被视为南极海，但因为海洋学上发现南大洋有重要的不同洋流，于是国际水文地理组织于2000年确定其为一个独立的大洋，成为五大洋中的第四大洋。

2. 发现冰盖消退引发火山爆发或影响海洋氧含量

2022 年 11 月 3 日，中新网报道，瑞士苏黎世联邦理工大学杜江辉和同事及同行组成的研究小组，在《自然》发表论文称，冰盖消退引发的火山爆发，可能导致末次冰消期（约 1.7 万～1 万年前）北太平洋的低氧水平。这项研究发现，凸显出不同地球系统间的复杂耦合对海洋生态系统的影响。

该论文介绍，预计随着全球变暖，海洋次表层的脱氧现象将增加，并对依赖氧气生存的海洋生态系统有强烈影响，特别是在太平洋北部和东部的低氧地区。但由于年年情况多变不定，很难确定引发和维持过去长期脱氧的机制。

研究小组通过检查东北太平洋阿拉斯加湾的两处海床沉积物，产生了海洋氧化的高分辨率记录。他们发现，末次消冰期科迪勒拉冰盖消退后，北太平洋的最初脱氧立即出现，与海床沉积物中火山灰增加相关。

这一发现表明，冰盖融化触发火山爆发，这是由地壳在失去冰的下压力后隆起过程中的压力变化所致。火山灰中的铁肥化了这一区域的海洋，助长了生物生产力，导致了持续的脱氧。随后，研究人员还继续鉴别了过去 5 万年间更古老的与冰盖消退有关的脱氧事件。

在《自然》同时发表的“新闻与观点”文章中，来自中国南方科技大学和加拿大多伦多大学的同行专家指出，在今天，海洋某些区域缺氧，或许会影响到世界上最广泛而又最未经探索的海洋生态系统，对食品安全带来未知后果。他们补充说：“这项最新成果指出，迫切需要提高对生物地球化学反馈如何影响全球海洋健康的认识。”

（三）探测生态环境变化的新方法与新设备

1. 研究预测雪崩生态灾害的新方法

借助炸药制造雪崩场景来进行灾害预测。2015 年 2 月 3 日，《每日邮报》报道，瑞士积雪研究所科学家组成的一个研究小组，利用炸药在瑞士西昂附近的锡安山谷引发大规模雪崩，希望借此来研究和预测雪崩事件。与此同时，勇敢的摄影师抓拍到许多雪崩的壮观场景。照片显示，大量积雪以时速 80 千米的速度冲下山坡，而科学家们就在雪崩途经附近的掩体中观察。研究人员还使用地震传感器记录可引发雪崩的地面震动情况。与此同时，摄影人员抓拍到宛如银河奔泻的雪崩场景，以方便与地震数据对比，从而评估雪崩规模大小。此外，研究人员还分别收集雪崩前、雪崩发生时及雪崩后的积雪温度数据。

研究人员希望能够了解更多有关雪崩形成的情况。他们认为，“板状雪崩”是最致命的雪崩，其会引发大量积雪急速崩泻。而最大的雪崩是粉雪崩，时速可达 300 千米，雪量可达 1000 万吨。

2. 研制探测生态灾害受害者的新设备

研发可拯救灾民生命的便携探测器。2020 年 5 月，国外媒体报道，在发生地震等灾难之后，迅速找到埋在废墟下活着的受害者是极其重要的。由瑞士苏黎世联邦理工学院索梯里斯·普拉兹尼斯教授领导的一个研究小组创建的一种新设备，可以比以往更加容易地找到受害者，成本也更低。

目前，救援人员主要使用嗅探犬或声音探测器搜寻受害者、搜索呼救者。然而，受过专业训练的嗅探犬的数量往往有限，而声音探测器在寻找无意识的人方面用处不大。还有一些系统可以检测人体释放的化学物质，但是它们体积庞大而且价格昂贵，且并不总是能够检测到低浓度的这些化学物质。

现在瑞士研究小组研发的新设备制造成本低，体积也不大，可以随身携带或安装在无人机上，它装有 5 个传感器。其中 3 个传感器能够检测出人们在呼吸中或从皮肤上释放的特定化学物质，这些化学物质是丙酮、氨和异戊二烯。另外两个传感器，能够检测湿度和二氧化碳，两者都会出现在被困人员附近。

在实验室测试中，传感器阵列能够检测浓度低至十亿分之三的目标化学物质。据报道，这对便携式检测器而言，是前所未有的。研究人员已制定计划，准备在类似灾难后果的现场条件下测试设备。

3. 研究探测森林生态系统变化的新设备

发明远程探测森林生物多样性的新系统。2017 年 11 月 20 日，瑞士资讯报道，瑞士苏黎世大学与美国加州理工学院、美国国家航空航天局喷气推进实验室联合组成的国际研究小组，日前在《自然》杂志上发表论文称，他们开发出一套新系统，利用安装在飞机上的激光扫描仪来测量生物多样化与森林的健康。

研究人员表示，他们利用安装在飞机上的激光扫描仪来测量树林的体积、形状与结构，获取树冠层的高度、树叶及树枝的密度等数据。根据这些数据能推算出许多信息，例如一片森林怎样吸收阳光来分解二氧化碳等。

报道称，除了激光扫描仪，这种方式还利用“影像光谱学”，让研究人员对森林中树木的活动与健康状况有了更多了解。例如，他们可以使用该技术来查明某棵树是否缺水，观测器如何适应环境。

各种研究表明，森林生态系统的稳定与生产力同植物多样性息息相关。总的来说，越是生物多样化的森林，其抵抗病虫害、火灾、风暴的能力也越强，还能够应付环境条件的更大变化。截至目前，追踪森林植物还需依靠极具劳动力密集型的实地勘测工作。

二、研究影响生态环境的气候变化

（一）研究气候变暖及其对生态环境的影响

1. 探索气候变暖发展趋势的新发现

（1）发现气候变暖或酝酿极端天气。2015 年 4 月 27 日，苏黎世瑞士联邦理工学院气候科学家埃里希·费舍尔与本校气候专家雷托·克努蒂等组成的研究小组，在《自然·气候变化》杂志上发表研究报告称，全球变暖已经深刻地改变了极端高温、降雨和降雪的可能性。

研究人员发现，由人类活动导致的气候变化，目前造成了 75%的日常酷热，以及 18%的暴雨或降雪事件。他们提醒，更进一步的全球变暖将急剧增加发生此类天气的风险。研究人员所提及的是一种“适度”的极端，即他们定义为在当前情况下，预计每 1000 天发生 1 次的事件。

费舍尔说：“在一个确定的意义下，气候变化不会导致任何单一的气候事件。但一个更加温暖更加潮湿的大气层，无疑会有助于产生更加频繁的极热与极湿天气。”

研究人员发现，自从工业革命开始以来，尽管全球平均气温仅上升了 0.85℃，但天气的局部变化已经非常明显了。

这一发现与较早前关于气候和极端天气的研究结果相一致。例如，2011年发表在《自然》杂志上的一篇论文发现，气候变化已经使2000年以来出现在英格兰及威尔士的灾难性洪水概率翻了一番；而一项更早前的研究则指出，欧洲出现2003年大面积热浪的可能性也增加了许多。

科学家发现，费舍尔研究聚焦的人类对“适度”极端的影响，也会随着气温每升高1℃而有所增加。研究人员指出，如果全世界的平均气温比前工业时代水平升高了2℃，人类活动导致的气候变化将引发40%的暴雨和暴雪及96%的酷热。

与平均温度升高1.5℃相比，平均温度升高2℃后发生极端高温的概率是前者的2倍，同时也是当前水平的5倍。费舍尔说：“一个气候事件越是罕见、越是极端，我们将其归因于气候变暖造成的风险的比例就会越高。”

研究小组分析了来自25个气候模型的模拟结果。他们首先确定了在1901—2005年之间发生了多少次极热或极湿事件。随后把这些数据与2006—2100年极端天气频率和严重程度模型模拟结果进行比较，研究人员并没有分析严重性的任何变化如何对全世界不同地区的社会及生态系统造成影响。费舍尔表示，即便如此，这一研究结果与观察到的自20世纪50年代以来暴雨和酷热的增加相一致，它强有力地支持把全球变暖控制在2℃以内的政策努力。

（2）研究显示全球变暖可能导致极端天气更频繁。2021年8月23日，有关报道称，瑞士科学家、联合国气候委员会成员卡斯珀·普拉特纳参与撰写的报告《气候变化2021：自然科学基础》，全面评估了2013年以来世界气候变化科学研究方面取得的重要进展，它显示未来极端天气可能会变得更加频繁。

报告指出，毋庸置疑的是，人类活动已经引起了大气、海洋和陆地变暖。1970年以来的50年是过去2000年以来最暖的50年。1901—2018年全球平均海平面上升了0.2米，上升速度比过去3000年中任何一个世纪都快，2019年全球二氧化碳浓度达410ppm（ppm为浓度单位，即每百万个干空气气体分子中所含该种气体分子数），高于200万年以来的任何时候。2011—2020年全球地表温度比工业革命时期上升了1.09℃，其中约

1.07℃的增温是人类活动造成的。

报告指出，只有采取强有力的减排措施，在2050年前后实现二氧化碳净零排放的情景下，温度升高有可能低于1.6℃，且在21世纪末降低到1.5℃以内。过去和未来温室气体排放造成的许多气候系统变化，特别是海洋、冰盖和全球海平面发生的变化，在世纪到千年尺度上是不可逆的。

报告指出，全球变暖对整个气候系统的影响是过去几个世纪，甚至几千年来前所未有的。20世纪70年代以来，热浪、强降水、干旱和台风等极端天气事件频发且将继续。在整个21世纪，全球沿海地区的海平面将持续上升，导致低洼地区更频繁、更严重的沿海洪水和海岸侵蚀。

报告还预测，在未来几十年里，暖季将变得更长，冷季将更短，同时极端高温等将变得更加频繁，对农业和人体健康带来更大挑战。普拉特纳指出，类似2021年夏天欧洲的极端天气事件未来将会更频繁，人类活动和温室气体排放是气候变化的主因。

2. 探索“全球变暖间歇期”的新见解

研究解释“全球变暖间歇期”模型及分歧。2017年5月4日，瑞士苏黎世联邦理工学院科学家伊塞琳·梅德豪格领导的一个研究小组，在《自然》杂志发表的一篇文章报告称，1998—2012年“全球变暖间歇期”，不会改变人们对人类行为如何影响气候长期变暖的理解。

研究小组综述了过往文献，并对自所谓“间歇期”以来收集到的各种模型和观测证据进行重新评估。在1998—2012年，地表温度似乎没有像气候模型预测的一样上升，一些模型也似乎与观测证据出现了矛盾。

这一现象使人们对有关气候系统的现有认识产生了怀疑。至少在一些地方引起疑问，包括对人类活动引起的气候变化和自然变化率的理解等。然而研究小组发现，分歧在很大程度上是使用不同的数据集、不同时期和对间歇期的不同定义导致的。他们表示，通过对模型和观测结果的适当处理，这种差异是可以被调和的。

观测结果表明，虽然经历了明显的间歇期，但全球气候仍在变暖，2015年和2016年，是有记录以来最温暖的两个年头。研究人员表示，间歇期与人们目前对气候系统的整体理解并不矛盾。

3. 探索气温上升幅度限制的新发现

研究表明地球容不得在限定值内再升半度。2016 年 4 月 21 日，国外媒体报道，史上首个关于气候变化的全球性协定《巴黎协定》提出，将全球平均温度升幅与前工业化时期相比控制在 2℃以内，并继续努力、争取把温度升幅限定在 1.5℃内。瑞士与德国、奥地利、荷兰等国的科学家联合组成的研究小组，在《地球系统动力学》上发表的研究报告称，如果全球温度升幅从 1.5℃到 2℃，这增加的 0.5℃将会给气候变化带来重大影响。

研究表明，到 2100 年，因全球变暖，如果温度升幅从 1.5℃到 2℃，这增加的 0.5℃将意味着全球海平面将再上升 10 厘米，并且较长时间的热浪会导致几乎所有的热带珊瑚礁处于危险之中。研究人员表示，他们考虑了 11 个不同的指标，包括极端天气事件、水的供应、作物产量、珊瑚礁退化和海平面上升等，研究显示，温度升高 1.5℃和 2℃，这些指标将有显著的差异变化。

他们发现，在全球一些热点地区，预计温度升幅 2℃对气候的影响显著大于 1.5℃的情况，例如地中海地区，会遭遇因气候变化引起的持续干燥。随着全球气温上升 1.5℃，该地区的淡水供应将比 20 世纪末减少 10%。而上升 2℃时，研究人员预计淡水供应则会减少 80%左右。

在热带地区，因这 0.5℃升温造成的气候变化的差异，可能对作物产量带来不利后果，特别是在美国中部和非洲西部。平均而言，当气温升幅从 1.5℃上升到 2℃，当地热带玉米和小麦减产的数量将增加两倍。

研究结果进一步表明，气候风险发生的威胁程度超出之前的想象，并为支持应对气候变暖实力脆弱的国家发出的呼吁提供了科学证据。

4. 探索气候变暖影响生态环境的新发现

发现气候变暖会直接影响山区植物的变迁趋势。2012 年 3 月，瑞士科学家参与的一个研究团队，在欧盟研发框架计划的资助支持下承担了“可持续发展、气候变化及生态系统”项目研究。他们在《自然》杂志上发表的研究成果称，气候变暖会对山区植物的变迁趋势产生直接影响。

该研究团队在 2000—2009 年之间进行了长达 10 年的全球气候变暖对山区植物种类变迁的大型研究。他们的研究显示，全球气候变暖，对山区

植物种类的变迁具有明显而重要的影响，

一般情况下，山区的海拔越高气温越低。考虑到山区海拔高度和气候温度是影响山区植物种类变迁的主要因素，研究人员在世界五大洲范围内的 17 座山脉区域选择了 60 处观测地点、确定了 867 个植物种类作为观测对象。2001—2008 年期间，观测点的气温持续变暖，研究人员从确定的 867 个观测植物种类中排除“喜暖”植物种类后，最终筛选出 764 个植物种类作为研究对象。期间，研究人员根据观测和收集到的数据建立了一个数学模型，并绘制出全球气候变暖、海拔高度和温度对山区植物种类变迁的影响图。

研究人员称，尽管全球各测试点的具体数据有所不同，但对欧洲各测试点的数据模型进行分析比较，山区植物种类变迁的趋势具有很强的可比性，因此变迁影响图对全球各大洲具有指导意义。

研究人员在研究过程中证实：①生态系统中的山区植物种类，无论停留或迁移，均对气候变暖表现出快速的相适应状态；②所观测的植物种类随着时间的推移一直进行着变化；③山区植物种类在向适应气候变暖的过程中，必须面对原生植物种类的激烈竞争，或自身衰落或使原生植物种类退化消失。

（二）研究气候变化的其他新信息

1. 探索臭氧层影响气候变化的新发现

发现春季北极臭氧层损耗会改变北半球气候。2022 年 7 月，由瑞士苏黎世联邦理工学院科学家玛丽娜·弗里德尔负责的一个研究团队，在《自然·地球科学》杂志发表的论文表明，由于人类排放破坏臭氧层气体，致使在北极反复出现的春季臭氧损耗会暂时改变北半球的气温和降雨模式。

该论文介绍，来自太阳的紫外辐射具有潜在危害，要吸收这些紫外辐射，地球大气的臭氧层至关重要。近几十年来，人类活动释放氯氟烃等气体，导致臭氧层受到破坏，影响了大气的能量平衡。南极上空持续存在的臭氧层空洞对南半球地表环境的影响已为人所知，但人们尚不了解北半球是否有类似的地表气候影响。

该研究团队通过分析 1980—2020 年 40 年间的气候数据，识别出北极上空臭氧层出现明显损耗的年份。他们发现，通常在春季臭氧水平特别低的时间段的几周以后，欧洲北部会出现较湿润的状况，而欧洲南部和欧亚地区则会出现较为温暖、干燥的环境。

研究人员使用两种气候模型（包括对臭氧化学的准确体现），成功分离了臭氧损耗的效果和不相干的大气环流过程。他们发现，臭氧损耗使平流层（第二层地球大气）更冷。这一冷却效果拉长了极地涡旋进一步存在于春季的时间，而极地涡旋会把寒冷的北极空气带向南面，导致北半球的地表温度和降水异常。

研究人员总结说，考虑臭氧层的反馈，对改进北半球提前数周乃至数月的气候条件预测可能大有帮助。

2. 开展积极应对气候变化的宣传活动

制作世界最大明信片，用以呼吁积极应对气候变化。2018 年 11 月 18 日，国际在线报道，一幅尺寸打破吉尼斯世界纪录、旨在呼吁全球积极行动应对气候变化的巨型明信片，呈现在瑞士阿莱奇冰川上，该明信片由 12.5 万张常规明信片拼接而成，占地面积 2500 平方米。

据主办方瑞士发展合作署介绍，这些明信片由 12.5 万名来自 35 个国家的 6～20 岁儿童及青少年以“气候变化”为主题自由创作而成，其中 80％来自发展中国家。

主办机构负责人加斯表示，每一张明信片都表达了年轻一代对减缓全球变暖的关注与承诺。他说：“本次活动的目的在于发出一个强有力的信号，即 12.5 万名年轻人提出必须承担改善气候变化的责任，因为我们只有一个地球。你可以看到每张明信片上都写下了承诺，有人说我会节约用水，有人说我不开车而是尽可能多地使用公共交通工具，有人说我会随手关灯，也有人说我不使用塑料瓶。事无大小，因为我们需要为子孙后代做好环保。”

三、居住生活环境保护的新成果

（一）建造节能环保居住建筑的新信息

1. 借助数据收集系统打造智能节能居住建筑

2018 年 1 月，瑞士洛桑联邦理工学院的一个研究小组在《建筑自动化》杂志上发表的研究成果称，他们开发出一套能全面收集建筑内能源使用数据的系统，希望借此打造智能节能居住建筑，优化资源配置。

现如今，建筑内可收集数据的系统已十分普遍，比如有的系统会在人进入房间时自动亮灯，有的系统会在人离开公寓时调低暖气温度，但这些系统均独立运行，人们无法通过它们全面准确获知整栋建筑的电力需求。

为此，该研究小组最新开发出一套数据收集系统。该系统可应用到任何类型的建筑中，并能从建筑中所有联网设备获取数据。

目前，研究人员正探索如何利用新系统所获数据建设智能电网。例如，可以让一些电器在用电高峰到来前趁电费较便宜时启动；又如，人们习惯 22～26℃之间的室温，在电网负荷较大时，可以考虑将室温控制在上述区间的下限。研究人员说，将居住建筑能源需求与智能电网结合，可实现资源的最佳配置，既能保证用户的舒适性，又可降低成本、节能环保。

2. 建造有利于保护环境的居住和公共建筑

2021 年 10 月 6 日，中国商务新闻网报道，在北京国际设计周期间，瑞士驻华大使馆围绕建筑与科技举办了智慧引领可持续展，包括“不为环境，何以建筑：阿尔卑斯山区可持续建筑获奖作品展”与“科技能否拯救世界：保护环境，瑞士方案展”两大主题展。在这里，人们看到的不止有自然淳朴的乡村文化和阿尔卑斯山区的人居小木屋，也有科技创新与前沿审美相结合的先锋建筑。

据瑞士驻华公使沈鹤鸣介绍，一直以来，瑞士在创新、高端科技、可持续发展等领域都是全球领军角色。在建筑与科技领域，瑞士的创新与可持续理念都得到了很好的诠释。

“不为环境，何以建筑：瑞士阿尔卑斯山区可持续建筑获奖作品展”着眼于居住建筑在保护环境中所发挥的积极作用，通过分析瑞士阿尔卑斯山脉周边地区的环保建筑解决方案，展现可持续建筑应用的五个维度：建筑使用寿命、节能减排情况、空间体量的控制、天然材料的使用、景观融合度。

该展览是始自瑞士的全球巡回展，主要呈现了具有可持续性的新建筑和翻新建筑，以及能够改善阿尔卑斯地区人们生活质量的解决方案。展览上能够看到很多令人惊叹的案例，如位于瑞士茨韦西门的蒙特罗萨小屋，外墙上的光伏板把太阳能转化成电能，从而向这座位于2883米海拔的避难屋提供高达90％的能源供应。位于瑞士萨雷斯的农业中心，其大型公共建筑是采用低机械化的方式建造在瑞士布里格镇圣·乌苏拉，有一栋建造时使用了15吨羊毛的社区公寓楼，这些羊毛来自约1.2万头当地饲养的绵羊，是建筑物保温的绝佳天然材料。

而“科技能否拯救世界：保护环境，瑞士方案”主题展，呈现的是瑞士在获取清洁饮用水、保持生物多样性并发展可持续农业、零排放出行、废弃物的有效减少与循环回收，以及减少气候变化的影响等领域的前沿科技和解决方案。

沈鹤鸣介绍，瑞士拥有世界一流的研究机构、强大的创业部门和吸引顶尖人才的实力，是世界上最具创新性的国家之一。因此，瑞士在为可持续发展的未来提供尖端解决方案方面具有独特的优势。

瑞士以风景如画闻名遐迩，这里有秀美峰峦、清澈江河、碧绿牧场、悠闲牛群，令人神往。瑞士也是一个矢志发展清洁科技的创新之国，发展清洁科技，目的是让自然资源更可持续，推动向可再生能源的转型，实现更丰富的生物多样性。

沈鹤鸣说：“中国通过大规模、高速推出创新技术，证明了其对可持续发展的承诺。而在减少对气候变化、生态失衡和污染的影响方面，瑞士具有创新精神的初创企业和大公司已经开发出一些有价值的解决方案。在建筑领域，目前瑞中两国已有不少很好的合作案例，相信未来还将有更多好的合作。”

（二）打造优美生活环境的新信息

——以生态优先美化农村环境

2021年8月，有关媒体报道，瑞士国土面积小，丘陵山地多于平原，耕地面积有限，农业规模小且成本高，农业人口在总人口中占比很低。多年来，瑞士持续致力于乡村治理，全国各地的乡村，包括偏僻小村普遍整洁有序、环境优美，邮政电信服务和道路交通网等基础设施全面覆盖，堪称舒适宜居。

瑞士生态环境型乡村模式的核心，是使农业农村不断适应生态系统，把乡村的农业经济价值与生态、人文、休闲旅游等附加价值相结合，涵盖收入及生活质量、发展需求、农业转型、环境保护和旅游观光等可持续发展各要素。宏观农业农村政策框架辅之以有针对性的措施，使得农村，特别是山区生活条件和经济发展得以持续改善。

瑞士把完善基础设施列为农业农村发展的第一要务，并通过立法来保障和督促联邦政府和州政府落实执行，其中重点是道路交通运输、水电供应和电信服务等。包括定期维护、翻新和扩建基础设施；保障山区丘陵地带、夏季牧场及特殊农作物区和农业企业的水电供应，以及未开发或开发不足地区的电信服务；通过政府财政拨款和民间自筹资金等方式，完善农村学校、医院、天然气管道和交通等公共服务体系。

与此同时，围绕生态农业主题不断优化农业农村发展结构。针对农村，尤其是农业保护区，推广生态平衡项目，改善农村供排水和灌溉系统，加强水资源和土壤管理，对耕地实施长期保护；整合农村土地权益冲突，重组土地所有权和租赁权安排，协调农村定居点和农业生产区之间的利益关系；兼顾各利益攸关方关切，制定农村发展战略及政策措施时突出包容性；协调农村大型基础设施及土地开发项目，谨慎使用土地资源，保护生计。

瑞士还制定国家级农业农村发展规划，为各方提供政策指导框架。既有可直接实施的具体措施，也有中长期规划，包括扩大农业生态网络，协调农业发展与自然保护的关系，推动城市与乡村之间建立相互依存和多样性互补关系，发展环保型和可持续型农业和食品工业等。把乡村建设及繁荣提升到战略高度，将改善农村，特别是山区生活条件和经济状况作为一项长期任务。

在区域层面，制定区域发展规划，促进农业农村区域合作。联邦政府和地方政府通过立法和政策措施支持区域农业农村发展项目。区域合作突出发展经济这一主要目标，促进农业政策与区域发展政策更好地协调，推动各方合作，兼顾生态和社会文化项目，确保那些想为农村发展做出贡献的区域利益集团获得政府政策工具的支持。在资金方面，为农业农村发展提供经济援助、金融支持和技术扶持。联邦政府和州政府制定激励政策，包括向农民和农业企业发放资金补助、提供无息投资贷款和无息商业援助贷款等。

瑞士还注重美化乡村环境，增强农村吸引力。通过营造环境优美、独具特色、交通便利的乡村，发展高价值的旅游休闲和文化项目，提升农业农村价值链，推进农村发展多样化，优化农村土地功能和用途，在确保农业生产的同时保护自然和文化景观。

第八章　交通领域的创新信息

瑞士为了解决国家面临的紧迫问题，设立了国家科研计划，由瑞士联邦政府最终确定研究课题，开展跨学科和跨领域的研究。查阅新近实施的瑞士国家科研计划课题，可以发现“交通对环境的影响”是其中资助项目之一。在国家政策的扶持下，节能环保的太阳能飞机和电动汽车获得快速发展。21 世纪以来，瑞士在空中交通工具领域的新成果，主要集中于设计出进行环球飞行的太阳能飞机，进而开展太阳能飞机的飞行实践。试用无人机快递邮包，研制具有类昆虫多面“复眼”的无人机、可躲闪障碍物的无人机，还开发出用手势控制无人机的新技术。制成保护飞行员的充液式抗荷服，以及可让人像鸟一样飞翔的飞行夹克。在陆上交通工具领域的新成果，主要集中于研制出运输集装箱的电动平板车、无人驾驶的小型电动巴士，完成液流电池汽车行驶测试；为全球最大电动汽车快速充电网络提供充电机，研发可让电动汽车续航千千米的锂电池，抢占电动汽车固态电池的技术高地。另外，探索帮助司机避免拥堵的智能系统，并对雪橇与摩托车展开研究。在陆上交通运输设施领域的新成果，主要集中于发现能快速找出两点之间最短线路的化学方法，雷蒂亚铁路被列入世界遗产名录，研发铁路自然灾害早期预警系统；建成峡谷上空的超长吊桥。研发出处理货物输送的高性能交叉带式分拣机系统。

第一节　研发空中交通工具的新进展

一、有人驾驶飞机研制的新成果

（一）太阳能飞机设计制造的新信息

1. 设计出进行环球飞行的太阳能飞机

2005 年 9 月，美国《技术评论》报道，在欧洲航空局和瑞士理工学院帮助下，瑞士热气球冒险家贝特朗·皮卡德与机械工程师安德烈·博尔施贝格共同创办的瑞士太阳驱动公司，设计出一种由太阳能推进的飞机，并希望能于2010年进行环球飞行。

为了让飞机两翼上铺展足够的光电电池，为飞机提供所需电力，预计这种飞机的翼展将达80米，几乎接近于空中客车A380喷气客机的翼展，但其重量不足2000千克。这要求整个机体必须采用特殊材料和设计，并有最佳的电器元件、电池和动力管理系统。

皮卡德曾于1999年在同事的帮助下，成为首位驾乘热气球完成环球不间断飞行者。现在，研究人员已建造出计算机模型，并提出太阳能飞机的基本设计。参与这项设计的电气工程师说："仅推进系统，就要求模拟从飞机螺旋桨一次旋转前进的距离到马达直径等100个参数。"

据悉，该飞机将采用由特殊聚合物保护的复合材料结构部件和光电电池板，保证它们能在零下60～80℃不同温度下正常工作。飞机所用部件原型计划于2006年完成、2007年制造、2008年开始试飞。预计完成这架太阳能飞机需要5000万美元，目前，该公司已筹集到其中的1/3。

2. 展出首架可昼夜飞行的太阳能飞机

2007年11月5日，瑞士太阳驱动公司官方网站报道，瑞士太阳驱动公司设计的太阳能飞机的样机，当天在瑞士杜本多夫军用机场展出。专家说，设计这种飞机的目标，是最终使其在仅靠太阳能的情况下实现载人环球飞行。这是名为"太阳驱动"的太阳能飞机的第一阶段样机。它由超轻碳纤维材料制成，翼展达63.4米，相当于空客A340型飞机，而重量却仅相当于一辆家用轿车。公司创办人之一贝特朗·皮卡德说，之前世界上还从未有过尺寸如此大而重量如此轻的飞机。

皮卡德介绍说，机翼上装有1.2万对太阳能电池板，为机上4台电动机供电。飞机白天飞行时，可将多余的太阳能电力储备到高性能蓄电池中供夜间飞行使用，因此可实现昼夜飞行却不需要一滴航空燃油。

样机计划两年内进行首次试飞，将在试飞的基础上收集数据，以便建造第二架翼展80米、重2000千克的样机。"太阳驱动"太阳能飞机项目预计耗资1亿瑞士法郎，由欧米茄公司、德意志银行和达索飞机公司等共同资助，项目第一阶段已经筹资6500万瑞士法郎。

（二）太阳能飞机飞行实践的新信息

1. “太阳驱动”号太阳能飞机抵达跨洲飞行第一站

2012年5月25日，瑞士太阳驱动公司官方网站报道，在经过约17小时的持续飞行之后，首次挑战洲际飞行的全球最大太阳能飞机“太阳驱动”号，于当地时间5月25日凌晨1点28分降落在其第一站——西班牙马德里巴拉哈斯机场。飞行员安德烈·博尔施贝格虽满脸疲惫，却开心无比地从驾驶舱中缓步移出。他说：“真是难以置信，我穿越云层而且还毫不犹豫地凌驾其上，这增强了我们对今后太阳能飞机能力的信心。”

消息一出，即引起网络一片沸腾，很多人在留言板中禁不住发问：“这架飞机太单薄，碰到下雨、气流或强风会不会掉下来？要是没电了，不就成滑翔机啦？”更有甚者说：“太阳能的密度太低，所以这类飞机或者汽车只能是个示范模型，没有什么真正应用价值。”还有人说：“如果速度更快，一直追着太阳飞行，岂不可以成为一架‘永动机’”？

那么，这架太阳能飞机究竟身怀怎样的本领，在我们未来生活中起到怎样的作用，它不断刷新的佳绩又预示着什么呢？

著名热气球冒险家贝特朗·皮卡德曾说过：“21世纪最伟大的冒险不再是登月，因为这已经实现了，现在就是要转移社会对化石燃料的依赖，太阳能动力飞行探寻新能源将会给人类带来什么，比航空冒险还要刺激。”

原机械工程师兼飞行员博尔施贝格转型做了企业管理者，其最大的本事是将愿景转变成现实。他说：“我们需要找到一种方式建造一架既强劲又轻巧的飞机，仅需极少量的能源即可满足高效的飞行。”

当皮卡德与博尔施贝格相遇后，便碰撞出了一个被命名为“太阳驱动”的计划，即2014年左右，实现太阳能飞机不用一滴化石燃料环游世界的梦想，最终的目标是用太阳能飞机实现永久飞行。

于是，他们共同成立了太阳驱动公司，组织了70多人的科学家团队。尽管在技术研发上得到了瑞士洛桑联邦理工大学的支持，但他们的项目还受到了几家欧洲企业在资金和技术上的积极响应，俨然成了一个欧洲的工艺。

自从人类于100多年前发明了飞机，便仿佛有了隐形的翅膀，政治、贸易、旅游等领域都得到了空前的发展。但随着化石能源的日益枯竭，全球航空业遭受重创，日益面临高油价、碳管制的挑战。这架零排放太阳能飞机的大胆而有益的尝试，无疑让航空业对未来燃起无限的希望。

目前，这架太阳能飞机仅能容纳驾驶人员，但该公司称，如果未来能够在技术上突破太阳光的吸收问题，大幅度提高电池转换效率，可使飞机上搭载更多乘员。几十年后，达到承载300名乘客的全太阳能飞机有望正式投入运营，航空业的终极零碳目标也将在那时实现。

2. “太阳驱动”号太阳能飞机完成洲际首次航行

2012年6月5日，瑞士太阳驱动公司官方网站报道，当世界最大的太阳能飞机“太阳驱动”号HB－SIA，经过持续19个小时的飞行后降落在摩洛哥拉巴特—塞拉国际机场时，前来迎接的人们雀跃欢呼，庆祝太阳能飞机首次圆满实现跨洲航行。

此次“太阳驱动”号的洲际跨越，是继其2012年5月25日从欧洲瑞士飞抵西班牙马德里的首轮航行休整几天后，展开的第二轮飞行。6月5日早上，它从马德里的巴拉哈斯机场起飞，平均时速约45千米，越过欧洲与非洲之间的直布罗陀海峡，攀升最高海拔达9235米，总时长19小时8分钟。

而正当“太阳驱动”号航行几乎达到飞行最高点时，联合国环境规划署（环境署）6月4日在巴西里约热内卢宣布，将2012年度“地球卫士奖”颁给“太阳驱动”项目创始人之一、此次跨洲飞行的飞行员——现年54岁的瑞士飞行探险家贝特朗·皮卡德，以鼓励他最初的灵感及推动太阳能发展的突出行动。

此次跨洲飞行的第一轮飞行员、“太阳驱动”项目的另一位创始人、59岁的航空工程师安德烈·博尔施贝格评价说，这一次是相当棒的表演，太阳能飞机现在可以昼夜飞行，显示出它具有发展的可持续性，这项技术使我们对提升未来零碳航空业的潜力充满信心。

“太阳驱动”号抵达摩洛哥，恰逢当地南部的瓦尔扎扎特地区启动建造有史以来规模最大的太阳能热电厂，由此受到了摩洛哥太阳能机构的热烈欢迎。此次洲际航行，是太阳能飞机计划开展环球飞行之前的彩排。

3. “太阳驱动”号太阳能飞机完成洲际往返飞行

2012年7月24日，瑞士太阳驱动公司官方网站报道，世界最大太阳能飞机瑞士“太阳驱动”号，完成跨越欧洲和非洲长途飞行的最后一段，抵达位于瑞士帕耶讷的基地。

飞行员贝特朗·皮卡德驾机，从法国南部城市图卢兹起飞，穿越法国中央高原地区，进入瑞士境内，飞跃瑞士境内西北部汝拉山区，最终降落在帕耶讷。

“太阳驱动”号 5 月 24 日从瑞士帕耶讷起飞，开始首次洲际飞行。飞机经停马德里短暂休整，6 月 5 日抵达摩洛哥首都拉巴特。7 月 6 日，“太阳驱动”号踏上归途，途中先后经停马德里和图卢兹。“太阳驱动”号的整个跨洲飞行，完全以太阳能为动力，未使用一滴燃油，创造了太阳能飞机载人飞行的最远纪录。“太阳驱动”号 2010 年 4 月 7 日首飞成功，当年 7 月 7 日实现昼夜试飞，2011 年 5 月首次完成瑞士至比利时的跨国飞行。

“太阳驱动”项目始于 2003 年，造价 90 万欧元。“太阳驱动”号由超轻碳纤维材料制成，翼展 63.4 米，堪比空客 A340 型飞机，而重量只有 1600 千米，仅相当于一辆普通小汽车的重量。为减轻重量，飞机驾驶方式基本是机械操纵。

该机是世界上第一架设计为可昼夜飞行的太阳能环保飞机。它的机翼下方设有 4 个发动机舱，各配有一个 10 马力发动机、一个锂聚合物电池组和一个调节充放电及温度的控制系统。令人瞩目的是它的动力装置：总共有 11628 个太阳能电池板，其中 10748 个安装在机翼表面上，余下的 880 个位于水平尾翼。太阳能电池板能将白天吸收的 22%光能转化为电能，为晚间飞行提供动力。这些强劲的太阳能电池板使得“太阳驱动”号长时间持续飞行成为可能。

这架高技术含量的飞机，创造了太阳能飞机飞行史上多项世界第一：2010 年 7 月，成为历史上首架载人昼夜不间断飞行的太阳能飞机，最长飞行纪录是在瑞士上空达到的 26 小时 10 分钟 19 秒，也创下了海拔 9235 米和飞行高度（从起飞地算起）8744 米的纪录。

国际航空运输协会希望能在 2050 年实现飞行器碳排放量为零的目标。阳光动力公司决定在未来着重解决光能吸收问题，因为只有大幅度提高电池功效，才可能使机上人数增加。预计 40 多年后，能承载 300 名乘客的全太阳能飞机有望正式投入运营。

4. “太阳驱动”号太阳能飞机连飞 100 多小时，横跨太平洋

2015 年 7 月 4 日，新加坡《联合早报》报道，驾驶全球最大太阳能飞机环绕世界的瑞士飞行员博尔施伯格，在连续飞行 100 多小时横跨太平洋后，打破单飞时长世界纪录。

靠 1.7 万个太阳能电池驱动的阳光动力 2 号，6 月 29 日从日本名古屋起飞，目的地是夏威夷，这是该飞机环绕世界途中的第七段航程。据地面工作组消息，截至 7 月 3 日，飞机已完成了 97％的航程。

驾驶飞机的瑞士飞行员博尔施伯格创下单飞纪录时，飞机正在太平洋上空飞行。此前的单飞世界纪录是由已故美国富豪与冒险家福塞特于 2006 年创下的。他当时驾驶环球飞行者号连续不断飞行了 76 小时。

据路透社报道，由于长时间单飞，博尔施伯格必须规划睡眠时间，每次将飞机设置到自动飞行状态后只能小睡 20 分钟。

翼展 72 米、重 2.3 吨的阳光动力 2 号，驾驶舱里没有温度和气压调节器。博尔施伯格 7 月 3 日从飞机上发布社交媒体消息说，自己遭遇冷空气来袭，而且疲惫不堪。他说：“驾驶阳光动力 2 号不能偷懒。飞机要么飞，不然就不飞。”

阳光动力 2 号是于 2015 年 3 月 9 日从阿联酋首都阿布扎比起航，计划飞行 35000 千米环绕世界，全程由博尔施伯格和另一名瑞士籍飞行员皮卡德轮流驾驶。

皮卡德在新闻稿中说：“你可以想象一个没有使用燃料、靠太阳能驱动的飞机，能比喷气机飞得更久吗！这是个明确的信息，显示清洁能源能达成他人看似不可能的任务。”

另据媒体报道，这架飞机飞过了其全球航程中的最危险航段，安全降落在美国夏威夷群岛的欧胡岛上。这架飞机从日本名古屋起航，经过数周的延迟和两次失败的尝试，瑞士飞行员博尔施伯格终于完成了他称为“生命飞行”的旅行。

在此次近 5 天的 116 小时的飞行中，这位单人驾驶飞行员每天仅有约 3 小时的休息时间，而且每次休息时间仅有 20 分钟（即在飞机自动操控飞行期间）。

在此次航程中，阳光动力 2 号飞过了 6400 多千米的海洋，穿过了 77

年前传奇飞行员埃尔哈特失踪的荒凉地带。但此次航程并非一帆风顺，除了疲劳之外，博尔施伯格还要和乱流及冷锋作战。他还必须克服机载预警系统的故障。

目前，飞行团队正在寻找另一个时间窗，可以让皮卡德驾驶阳光动力2号进行第9个航段的飞行：这次航程从火奴鲁鲁到福尼克斯，航程达4800千米。

二、空中交通工具研制的其他新成果

（一）研制无人驾驶飞机的新信息

1. 无人机研制的新进展

（1）开始测试“无人机快递”。2015年7月8日，英国《卫报》报道，“无人机快递”是目前全球方兴未艾的一种新型邮政快递服务。瑞士联邦邮政于当地时间7日宣布，公司已开始为期近一个月的“无人机快递”测试，以最终实现使用无人机向普通交通方式难以抵达的地区运送紧急包裹的目的。

在位于瑞士巴斯·维利的试飞现场，一架白色四翼无人机携带印有“瑞士邮政”标识的包裹飞驰而过。这款商业版四轴无人机的结构极为轻巧，有4个支架，从马桶座大小的空心环延伸出去，4个支架尾端都装有螺旋桨。空心环的中间放有一个黄色盒子，上印“瑞士邮政”标识。在实际运行中，这个位置用来放置快递邮包。

这款无人机可承载1千克货物飞行10多千米，仅需1节电池的电量，发动机位于机身后部。无人机上装有GPS定位系统，可自主飞行，其飞行路线和区域等均由云计算软件控制。无人机按照定义明确、安全的飞行路线自行作业，路线由美国无人机制造商马特内公司（Matternet）开发的云计算软件设计。

马特内是一家硅谷创业公司，在过去几年中一直探索在发展中国家利用无人机实现货物快递运输，尤其是把食物和医疗物资运送到车辆难以到达的地区。其业务优先针对的是商业客户而非个人。此次“无人机快递”测试便是由该公司与瑞士联邦邮政公司、瑞士国际航空公司共同开展的。

瑞士全境以高原和山地为主，有“欧洲屋脊”之称，有许多偏远或普通交通工具难以抵达的地区，“无人机快递”恰好解决这一问题。瑞士联邦邮政公司表示，无人机还将为遭遇“紧急事件”的地区运送救援物资，或托运实验品和药品等特殊物品，比如运送补给到遭遇狂风暴雪等极端天气后与外界联系中断的区域。

在全球邮政快递服务中，瑞士并不是第一个尝试“无人机快递”的国家。美国网购巨头亚马逊公司 2013 年就提出“无人机快递”概念，德国邮政系统也尝试过“无人机快递”。

不过，这项邮政服务目前尚不成熟，还有许多问题需要解决。例如，亚马逊公司的无人机在美国面临着美国联邦航空管理局的监管障碍。根据该局 2015 年发布的无人机监管提案，无人机不允许离开操作人员的视野范围，而这对于亚马逊的“无人机快递”来说显然是不现实的。对此，亚马逊表示，将会力争改变这一条款。

瑞士联邦邮政公司也表示，“无人机快递”业务在瑞士同样面临诸多限制，包括无人机投递的监管体系尚未建立，无人机电池的续航能力需要突破等。因此，“飞机邮差”预计还需要 5 年时间才可能广泛使用。在这 5 年内，“无人机快递”不会在瑞士广泛使用，也不会取代传统的快递方式。

（2）打造具有类昆虫多面“复眼”的无人机。2015 年 8 月 4 日，有关科技网站报道，瑞士联邦理工学院电子信息工程实验室的一个研究团队为无人机打造了一种新型电子眼。这种电子眼以昆虫的复眼为原型，主要针对的是新一代迷你监视无人机。

昆虫的眼睛不能达到足够高的空间分辨率（一张图像上的像素量），所以，它们会快速对行进过程中的光线变化及物体现灭做出快速反应。这种新型电子眼，就是采用了这一原理。它由三个光电探测器及一个镜头组成，通过计算物体从出现到离开每个探测器探测范围的时间，得到物体的速度及方向。这些传感器只有 3 立方毫米大小，差不多 2 毫克重，但仍旧可以用 3 倍于家蝇的速度探测物体运动状态。不仅如此，它们不管在室内光线还是室外光线环境，都能表现出色。

为保证无人机可以即时探测到任意区域，研究团队还特意开发了一种视觉编带，这是一种类似胶带一样黏合这些电子眼的装置。据报道，它还可以装配于任意曲面，无论是机器人还是工业设备，甚至是家具及衣物表面上。

（3）研发出一种可躲闪障碍物的无人机。2020 年 4 月，国外媒体报道，对于那些打过篮球并玩过无人机的人来说，用篮球砸中 3 米外悬停的无人机简直是小菜一碟。但这在人工智能无人机面前却办不到，因为它能灵活、快速地躲避向其砸来的物品。

来自瑞士苏黎世大学的一个研究小组，在《科学·机器人学》杂志上发表的研究成果表明，他们用人工智能技术设计出一种新方法，可以让无人机在主动躲闪移动障碍物的情况下快速导航。这项成果将会让无人机拥有更优异的性能，比如在恶劣环境下更快速地飞行，在更短时间内完成更多的任务。

目前市面上的无人机可以承担很多工作，但是在快速移动时却很难躲避障碍物。尽管许多微型飞行器都配备了可以检测障碍物的摄像头，但通常它们都需要 20～40 毫秒的时间来处理图像并做出反应。这个时间看似很短，但当无人机自身以较高的速度飞行时，这个反应时间对于避开飞鸟或另一架无人机，甚至是静态障碍物来说，都是来不及的。

尤其是当无人机在一个不可预测的环境中使用时，或者有多架无人机在同一片区域飞行时，这会是个棘手的问题。

该研究小组把一种类似运动传感器的“事件摄像头”整合在一起，并用人工智能技术设计出新的算法，从而把无人机的反应时间缩短到了几毫秒。这是近乎一个数量级的提升，足以让无人机在空中躲开短距离内向其砸来的物品。研究人员说，未来如果这种无人机能够实现量产，人工智能将会更进一步改变人们的生活。

2. 无人机研制的新技术

开发用手势控制无人机的新技术。2020 年 8 月，国外媒体报道，近年来，手势控制无人机正成为新的发展方向。瑞士联邦材料测试与开发研究所科学家弗兰克·克莱门斯带领的研究团队开发出一种全新技术，可整合到传统智能手表上，并成功控制无人机。

通过手势来控制设备已经不是什么新鲜的事情，但通常情况下都是利用相机、加速度计或者陀螺仪来收集信号从而执行操作的。不过，瑞士研究团队开发的新技术与众不同，它可以其整合到传统外观的智能手表上，并成功控制无人机。

瑞士研究人员利用 3D 打印的纤维制作表带，用户在佩戴之后任何手势的操作都会形成压阻，导致电荷发生变化从而进行判断和分析。然后，根据预先设定的手势信息向无人机、遥控车等发出指令，从而进行无线控制。

在这次现场演示中，克莱门斯展示了利用手势来调整无人机的方向、起飞和降落等。不过，从演示中也可以看到该技术从手势数据的收集，到最终成功向无人机发送执行命令需要很长一段时间，无法做到实时操控，研究团队表示会在未来进一步加以改进。

（二）研制抗荷服与飞行夹克的新信息

1. 开发飞行员抗荷服的新进展

研制出保护飞行员的充液式抗荷服。2004 年 11 月，外国媒体报道，瑞士科学家研制出一种新型抗荷服。这种抗荷服可以充分保障战斗机飞行员，在高速机动格斗时脑部供血充足，从而使飞行员保持良好的身体状况与清醒的头脑。

通常战斗机在做高速机动飞行时，飞行员要承受很高的过载（6～8g）。因为过载上升快超过飞行员的承受能力而又防护不力，从 1982 年到 1997 年，美国空军有 12 架 F－16 战斗机失事，9 名飞行员丧生。因此，飞行员在登机前都需要穿上“护身服”来降低过载，保持身体的良好状态。

瑞士科学家研制出的这种覆盖全身的充液式抗荷飞行服，采用双层结构，夹层中注有液体，看起来就像贴身的潜水服，外层为坚固的不可伸缩的材料，内层为可伸展的防水隔膜，通向身体各部的管子夹在两层之间。在高过载情况下，服装下部管道内液体的压力增大，使液体开始膨胀，压迫抗荷服的内层，由此形成附压作用于飞行员的下体，阻止血液的脚向流动，保持大脑供血充足，避免不良反应。这种抗荷服的自动动作过程完全是一个物理过程，不需要任何额外的调节系统，因此反应速度很快。

该充液式抗荷服在瑞士、德国和美国空军的试验中表现出了令人惊喜的性能：在没有辅助呼吸装置的情况下，穿着这种抗荷服的实验人员，在离心机上成功地进行了高达 12g 的试验；飞行员在穿着这种抗荷服进行高过载飞行试验时，胳膊仍能活动自如，飞行后的疲劳感也要少得多。最令人惊奇的是，在过载为 8～9g 时，飞行员还可以通话。充液式抗荷服的优异性能，使飞行员可以在充分发挥战机机动性能的同时保持冷静清醒的头脑，得以在空战格斗中占据先机。

2. 开发飞行夹克的新进展

研制可让人像鸟一样飞翔的飞行夹克。2018 年 4 月，国外媒体报道，瑞士洛桑大学一个研究小组研发了一套特殊的飞行夹克，当用户穿上它，戴上 VR 头盔后，就可以像鸟一样任意飞翔，俯瞰全景。

据悉，这套飞行夹克由一组柔软的体外骨骼和一副控制手套组成，它能感知上半身的身体动作，然后与无人机同步发出操作指令，而第一视角自然还是来自 VR 头盔。先通过控制手套，用手势控制无人机的起飞和前进的目标，随后就能像鸟儿一样摇摆身体来控制无人机了。前倾、后仰可以控制无人机下降、上升，而左右转动身体，无人机也会在空中盘旋。

此外，飞行夹克的设计也非常人性化，那就是特意加装了手臂支撑，这样用户体验飞行时，就不会因为长时间保持鸟人姿势而感到手臂酸疼。

负责项目的研究员表示，整套飞行夹克的材料和技术成本并不高，而且经过折叠收纳还能放入背包之中。研究人员还希望继续给飞行夹克加入更多的操控命令和触觉反馈，让飞行的体验更接近自然鸟类。

研究人员表示，目前该飞行夹克还只是在试验阶段，不过随着它的推出，一定会吸引到不少用户。毕竟，那么多年的超人梦可以实现了。不过，开发者并没有透露其价格，但是从目前来看，价格肯定是不菲的。

第二节　研发陆上交通工具及设施的新进展

一、陆上交通工具研制的新成果

（一）研制汽车方面的新信息

1. 开发燃料汽车的新进展

参与研制使用乙醇燃料的“透明塑料”概念车。2007 年 3 月，国外媒体报道，瑞士麦克普莱斯公司等参加、由德国拜耳公司领导的一个研究小组研制出一辆全身透明的概念车。当它在日内瓦车展上首次亮相时，吸引了很多人的眼球，大家都以为它是辆玻璃车，而实际上它是由模克隆聚碳酸酯透明塑料制成的。

这款概念车具有昆虫外形，光亮的黄色车身，突出的车轮，仿佛是早期汽车联盟传奇赛车和越野车的融合体。同时，它提供了一前一后的两人空间，长宽高分别为 3700 毫米、1960 毫米和 1284 毫米，轴距为 2500 毫米。

这款概念车采用韦伯动力的 750 毫升机械增压每缸四气门双缸发动机，最大输出马力和扭矩高达 150 匹和 150 牛米。由于使用乙醇燃料，因此大幅减少了二氧化碳的排放。它后轮驱动，6 速手动变速，百千米加速 4.8 秒，最高速度为每小时 210 千米。

与以往的技术相比，这款车在各方面都有了全新发展。瑞士研究人员为其打造了模克隆外壳，德国的硬质薄膜专家为其涂上了一层淡黄色薄膜，凸显出汽车的铝质承载式底盘。底盘仿佛是从一整块材料上切割下来，但实际上是由数块隔板组成。尽管如此，整个架构还是给人以十分轻巧的感觉，研究人员运用特殊的高技术手段实现了铬合金般的抛光效果，更加突出了这一特色。为了给把手和操纵杆表面进行抛光，有关专家基于水性黏合剂提出了一种特别的柔适涂层，唯一的目标就是创造视觉美感和驾驶的舒适性。

该车可容纳两位乘客坐的特殊座位，每个座位由 12 个透明的模克隆花纹条组成，和人体的肋骨数量相同。头枕和扶手都由透明材料制成。

这辆车上透明的指示器和功能显示屏，无论从技术上还是从视觉上，都绝对是一大赏心悦目的亮点。它们就像悬浮在驾驶员视野两边一样。通过触摸，各种功能得以显示和控制。每个触摸板都有一个透明 CD/DVD 模克隆原坯，通过原坯上导电的涂层可触发功能开关。显示屏是由瑞士一位安全和闭合系统专家开发的，个性化的汽车安全系统同样被整合到触摸板上。瑞士一些州立公司和政府部门也参与了这款车的设计。例如燃料由瑞士酒精部门盈利中心提供，而瑞士联邦能源办公室则选择其来参与一项关于超轻结构和生态学方面的研究。

为了确保所有动力都转化到路上，这辆车的底盘专家安置了特制的弹簧减震器，一个垂直安装在隔断墙前面；另一个水平安装在后部。轮胎是倍耐力的22英寸高性能P零型，安装在特制的五辐轮子上，同时还可以看到一些明显细节：轮子是用“镶嵌”有模克隆的透明材料来装饰的，看起来就像是一扇扇小小的窗户。这款车除了在透明体中融合了迷人的流畅轮廓线条外，还拥有鲜明的自我特色。享受过这款车的驾驶乐趣的每个人都一致认同：在汽车高速行驶时，透过透明的地板俯视地面，绝对惊险而刺激！

2. 开发电动汽车的新进展

（1）研制出运输集装箱的电动平板车。2007年8月，有关媒体报道，瑞士一家公司研制出一种无牵引车头的电动平板车样车，可望在港口集装箱运输中大显身手。

瑞士公司研制的这种电动平板车外形如同没有牵引车头的载货平板车，只有载货平板和车轮。其独特之处在于，这种车轮子的轮毂里都有电力驱动装置，前后轮子都可以作为驱动轮和转向轮，电力由车底电瓶提供。

这种平板车可装运一个标准集装箱，其行驶由自动驾驶系统控制。瑞士法语电视台称，这种电动平板车无污染、无噪声，它的普及会给港口集装箱运输带来革命性的变化。

（2）试行无人驾驶的小型电动巴士。2015年11月18日，香港《文汇报》报道，谷歌、苹果等巨型企业纷纷宣布开发无人驾驶汽车计划，瑞士西部城市锡永也将于2016年春天推出2辆无人驾驶小型巴士，试行2年，再决定是否正式投入服务。

据报道，该车以电力驱动，可载9名乘客，由控制台遥控，可躲避各种障碍物。不过这种无人驾驶汽车时速只有19千米，可能不适合赶时间的人。

报道称，该车由一家新创科技企业研制，配备超大车窗，会在游客区行驶，它是瑞士改革公共运输系统计划的一部分。巴士计算机系统可以模拟不同道路状况，并做出反应。

（3）完成液流电池汽车行驶测试。2019年4月，国外媒体报道，瑞士实验性汽车制造商宣布，其研制的原型测试跑车，在几乎不需要任何维护的情况下实现35万千米的行驶里程，已完成行驶过程的系统测试。此外，这种汽车的独特动力转换装置可以低价批量生产。

自从2016年获得上路批准，该跑车一直在进行真实的耐力测试，已经在道路上行驶20万千米，还有15万千米在实验室里进行。整个测试过程中，动力系统未出现任何问题。在行驶过程中，这款跑车的电解质泵、电池本身或任何传动系统均未出现故障。该公司表示，将在2019年下半年进一步更新技术。

这款汽车使用液流电池，其中含有未指明的活性化学成分。据称，与燃料电池或传统锂电池相比，这种电池更安全，具有更好的环境兼容性。这款原型测试车使用的是48伏电力系统。在测试过程中，随着性能改进，平均能耗达到每百千米仅8～10千瓦·时。

液流电池的工作原理类似于燃料电池，外部电解槽中的物质在泵的作用下通过固定电极。与燃料电池不同，这个过程是可逆的，并且可以在电解质中使用多种活性化学物质，如钠、硫或空气。由于固体电极不会随着充放电而发生化学变化，因此电极更便宜，电池寿命更长。与现在的电动汽车不同的是，它至少需要两个泵来输送液体。

目前流行的液流电池包括：锂硫电池、氢氧化硫电池、氢溴电池、铁铬电池、锌溴电池和钒电池。现在液流电池还没有广泛应用到汽车上，因为需要大量的电池才能产生足够的能量，但其在大型固定设施上已得到更成功的应用。

该公司还表示，他们的液流电池的生产成本远低于市面上销售的电池。这种液流电池不用充电，通过添加无毒、不易燃和环境兼容的电解质液体补充能量，可通过常规加油站提供。批量生产的电解质液体销售价格很便宜。电池使用寿命至少为5万小时，相当于电动汽车行驶180万千米。

（二）研制汽车配套用品的新信息

1. 研发供应电动汽车充电机的新进展

为全球最大电动汽车快速充电网络提供充电机。2013年7月8日，外国媒体报道，全球领先的电力和自动化技术制造商瑞士ABB集团（以下简称ABB），当天在苏黎世总部宣布荷兰法斯奈德公司已选定ABB为供应商，为它在荷兰建设的200多个电动汽车快速充电站提供充电机，从而使荷兰每隔50千米便有一台电动汽车快速充电机，网络覆盖全国1670万居民。

这 200 多个充电站部署在荷兰高速公路沿线，每个充电站都将装配数个快速充电机。这些充电机可在 15～30 分钟内完成电动汽车充电。首台快速充电机将于 2013 年 9 月交付使用。法斯奈德充电站预计将于 2015 年全面建成，每座充电站将配备太阳能面板屋顶。

目前，荷兰是推出全国快速充电网络人口最多的国家。在所有高速公路沿线，最远间隔不超过 50 千米都将会部署 ABB 快速充电机。同时，得益于 ABB 兼容多标准设计，该网络能够支持欧洲、亚洲和美国生产的所有主流品牌的电动汽车。

每台联网的 ABB 快速充电机都拥有广泛的在线功能，包括远程协助、管理和服务及智能的软件升级等。ABB 的多标准方案设计支持所有的快速充电标准和协议。在未来数年中，这对确保快速更新换代的电动汽车与充电机之间的兼容性起着至关重要的作用，同时确保法斯奈德公司提供安全可靠的服务并随着技术进步不断升级其充电网络。

2. 开发电动汽车电池的新进展

（1）着手研发可让电动汽车续航千千米的锂电池。2019 年 4 月，国外媒体报道，瑞士可充电无机电池技术公司近日宣布，他们着手研发的一种高密度锂电池，可支持电动汽车安全续航 1000 千米。

该公司研究人员表示，他们正在研发全球首款能量密度可达到 1000 瓦时/千克的充电电池，一次充电能为电动汽车提供超过 1000 千米的动力。能量密度提高，也使长续航电池的重量大大减轻。由于没有使用稀有和昂贵的材料，这款电池将从源头上降低成本。

除了续航里程和成本优势，该电池将是第一款用于电动汽车的非易燃锂离子电池。研究人员说，这款电池使用的是非易燃无机电解质，不像传统电池使用有机易燃电解质，能有效解决一直困扰电动汽车制造商的电池起火问题。它与传统电池的唯一共同点是，夜间充电时间相同。

研究人员表示，项目初期，他们将寻求在德国进行试生产。随后，将与主要电池和汽车公司建立授权合作关系。预计实现这款电池的开发和商业化将需要 3～5 年的时间。

（2）抢占电动汽车固态电池的技术高地。2019 年 2 月 17 日，国外媒体报道，不久前，瑞士联邦材料测试和研究实验室（Empa）与德国弗劳恩霍夫硅酸盐研究所（ISC）联合成立的研究团队，通过研究“安全和可持续高性能电池界面工程”新项目，抢占技术高地，为量产适用于电动汽车的固态电池奠定基础。

该项目建立在两个研究合作伙伴的优势之上，总部位于瑞士迪本多夫的瑞士联邦材料测试和研究实验室，为该项新电池技术提供化学和物理基础；而总部位于德国维尔茨堡的弗劳恩霍夫硅酸盐研究所，则提供有关工艺开发和电池生产（包括电池原型生产）的专有技术。

研究人员说，固态电池技术的飞跃给欧洲带来了机会，可将此前牢牢掌握在亚洲公司手中的关键技术带到欧洲。据一份随附新闻稿所说：“此类固态电池无须易燃液体电解质，因而可提供显著的运行稳定性。此外，其在尺寸和重量上也具有优势，因而也不需要太复杂的安全电池外壳。”通过使用金属阳极材料代替目前常用的石墨阳极，从而可使电池具备更高的能量密度和更短的充电时间。

研究团队表示，在实验室中已经对未来固态电池的各个组成部分进行了很好的研究，但是最大的挑战是要把它们整合至一个稳定的系统，该系统的基础将在这个新项目的框架内奠定。具体来说，瑞士研究人员正在致力于研发固态电解质，生产具有定制电子性能的薄膜及研发纳米结构阳极材料。德国研究人员主要研究锂导电聚合物，以及由溶胶与凝胶材料构成的保护层，此外，还负责电池原型和小规模电池的研发、生产和测试。

这个新项目一开始，瑞士布勒集团、瑞士 ABB 集团、德国贺利氏集团、德国应用材料公司、德国瓦尔塔公司等瑞士和德国的工业公司就参与在内，从工业生产角度支持它的研究。

3. 开发车用智能系统的新进展

集中交通算法建立帮助司机避免拥堵的智能系统。2022 年 8 月，国外媒体报道，由瑞士洛桑联邦理工学院计算机与通信科学学院大二学生阿尼鲁德·拉梅什、大三学生路易斯·杜马斯等组成的研究团队，着手开发新项目，把智能交通纳入《制造智能产品》课程。这些学生在汽车上使用不同的集中式交通算法，以尝试协调交通，同时使用户知道道路系统和汽车的位置，从而使驾驶员避免交通拥堵。

该研究团队建立了一个带有交叉路口和街道的道路网络，其中有多种替代仿真模式。一种是汽车试图到达一个随机生成的目的地；另一种是汽车需要像出租车一样接载乘客。这些车辆附有小条码，摄像头会检测并跟踪条码，而学生们开发的软件可以预测汽车的目的地，发出指示并引导车辆朝着正确方向前进。

拉梅什说："我们的主要目标，是通过提高出行效率来节省时间，并使交通更安全。在创建一个更高效的系统时，我们希望系统能够节省能源和燃料，并使汽车驾驶在许多方面更具可持续性。"但该项目并非一帆风顺。杜马斯补充道："从为汽车提出一个好的设计，到让摄像头检测所有汽车并建立蓝牙连接，为了该系统可以很好地工作，我们必须解决很多问题。而我认为，最终我们必须做的计算机视觉工作是最简单的。"

拉梅什总结道："我们已经为硬件交通模拟奠定了非常坚实的基础，并在此过程中学到了许多宝贵的技能。未来，卫星系统和汽车行业等或将使用我们发明的软件。"

（三）研制雪橇与摩托车的新信息

1. 开发雪橇方面的新进展

推出时速可超百千米的安全雪橇。在寒冷的冬季，坐着雪橇去滑雪是一件非常惬意的事，不过因雪橇从山上下来的下滑速度会不断增大，容易发生出辙、翻车等事故。为了能让滑雪变得既有趣又安全，2006 年 2 月，瑞士的发明家推出了一种安全、易控的新式雪橇，它的名字叫"罗得尔"。

与传统的雪橇相比，新式雪橇的滑板有轻微的弯曲，这使得准确的滑行和安全驾驶成为可能。此外，弯曲的滑板还可抬高滑板的重心，便于转弯。新式雪橇的坐板与滑板并不像传统雪橇一样牢牢地固定在一起，而是可以晃动的。通过晃动可以随时转移雪橇的重心，并通过对滑板施加的相应压力使雪橇更方便地改变滑行方向。

在瑞士，每年有近 7000 起雪橇事故，尤其是儿童在滑雪橇的过程中容易出现严重的头部和腿部受伤，因此，"罗得尔"雪橇分为成人型和儿童型两种类型。成人型雪橇的重心高，晃动比较厉害，滑行速度更快，最高滑行速度可以超过 100 千米/小时，而且转弯更加灵活，滑行起来特别刺激。而儿童型“罗得尔”雪橇滑板的弯曲度较小，重心设置比较低，坐板的晃动较小，十分稳当，可以有效保障儿童的安全。

2. 研究摩托车方面的新发现

发现两冲程踏板摩托车会造成严重空气污染。2014 年 5 月 13 日，由瑞士保罗谢尔研究所学者安德烈・朴热弗特领导的一个研究小组，在《自然・通讯》杂志发表研究成果称，在大城市中，两冲程踏板摩托车排放的尾气可能在车辆带来的空气污染中占据主导地位。研究结果表明，对两冲程踏板摩托车实行更严格限制，可以在全球范围内改善很多城市的空气质量。

笼罩在全球很多大城市上空的有害雾霾来自车辆排放，即汽车、卡车和摩托车喷出的尾气中的挥发性有机化合物。尽管各国对于载人汽车和卡车的管理相对严格，但对两冲程踏板摩托车的管理却松得惊人，所以当欧洲预测到 2020 年踏板摩托车排放的挥发性有机化合物将会比其他所有车辆加起来都多时，这些踏板摩托车就成了一个大问题。

朴热弗特研究小组对欧洲两冲程踏板摩托车的尾气进行了化学分析，结果显示，空转的两冲程助动车尾气当中的挥发性有机化合物是其他交通工具的 124 倍，这让踏板摩托车进入了“超级污染”行列。

该研究小组建议，尽管踏板摩托车数量在所有交通工具中只占较小部分，但在泰国曼谷等踏板摩托车较多的城市中，两冲程踏板摩托车排放尾气形成的污染物在初级有机气溶胶中约占 60%～90%。目前，中国已经认识到两冲程踏板摩托车的危害，并且早在 20 世纪 90 年代就开始在一些主要城市对这些车辆进行限制，从而显著减少了和交通相关的芳香族化合物的排放。这项研究的结果意味着，世界其他地区也可受益于类似的芳香族化合物限制。

二、陆上交通运输基础设施开发的新成果

（一）道路桥梁建设的新信息

1. 交通路线规划研究的新发现

发现能快速找出两点之间最短线路的化学方法。2014 年 10 月 28 日，物理学家组织网报道称，一个由瑞士、匈牙利和日本等国家的科学家组成的国际研究小组，在化学专业期刊《朗缪尔》上发表论文称，他们发现一

种化学方法，其能够在复杂的环境中非常迅速地找出两点之间最短的路径。通过这种方法进行规划的速度，甚至超过目前常见的电子 GPS 导航系统。这项技术，有望在交通系统规划、制订运输计划、物流系统等多个领域获得应用。

研究人员把该技术称为“化学处理器”。他们认为，就像计算机拥有计算能力一样，自然界中很多物质和现象都有着天然的、强大的“计算能力”，蕴含着简单高效的算法。流动的液体就是其中的一种。

这种“化学 GPS”的工作原理是这样的：首先把一种混酸凝胶涂抹在模拟地图的目的地处（终点），然后再将与染料融合后的碱性溶液添加到出发点（起点）上。依靠马拉高尼效应，碱性溶液会在表面张力梯度的作用下，在极短的时间内快速扩酸，并自动流向酸性最强的点，即终点。在这个过程中，它们会在地图上留下数条彩色的印迹：颜色最深的是最短路径，稍浅的是备选路径。

马拉高尼效应是物理学中的一个有趣现象，指两种表面张力不同的液体界面之间，由于存在张力梯度而发生移动的现象。当一种液体的液膜因受外界扰动（如温度、浓度）而使液膜局部变薄时，它会在表面张力梯度的作用下形成马拉高尼流，使液体沿最佳路线快速流回薄液面。这种“化学 GPS”正是利用了这一效应。

报道称，为了验证这一想法，研究人员按照布达佩斯的地图制作了一个迷宫，并将一个比萨餐厅设为终点。“化学 GPS”很快找到了最短的路线，并给出了备选路线。经过对比，研究人员发现，在复杂的迷宫地形中，使用“化学 GPS”进行路线规划的速度要远高于利用电子导航系统穷举式搜索法寻找捷径的效率。

研究人员称，除了路径规划外，这种化学计算方法还能够在交通系统规划、物流系统、实验心理学、网络与机器人设计等领域获得应用。下一步，他们还将在更大更复杂的迷宫中对该方法进行测试。

2. 铁路建造与维护的新进展

（1）雷蒂亚铁路被列入世界遗产名录。2008 年 7 月，国外媒体报道，瑞士铁路网雷蒂亚铁路位于阿尔布拉与贝尔尼纳地区的线路景观，被联合国教科文组织列入世界遗产名录。

这段列入文化景观的雷蒂亚铁路，位于瑞士东南部的格劳邦登州和意大利北部的松德里。它连接了穿越阿尔卑斯山脉地区的两条历史悠久的铁路，因其建筑结构、技术成就及与环境的融合闻名。

阿尔布拉铁路线于1898—1904年建造，全长67千米。它的特点是一组令人印象深刻的独特结构，有42个隧道和覆盖画廊，还有144个高架桥和桥梁。贝尔尼纳铁路线于1908—1910年建造，全长61千米，有13个隧道和画廊及52座高架桥和桥梁。

在这些铁路建筑中，最值得称道的是兰德瓦瑟和布鲁西奥两座高架桥，它们令火车只需前行几米的距离就能越过很大的跨度，也正是因为如此，这两座桥在世界上享有盛名。尤其是布鲁西奥拱桥，被称作贝尔尼纳铁路线上的一颗明珠。

当然，世界遗产不单单指这条铁路，周围的自然景色也是世界遗产的一部分。这里包括中心区域的不同景段及3个附属区域的文化和自然风景区。

这处遗产是20世纪早期利用铁路克服阿尔卑斯中部居民点与世隔绝问题的典范，对山区的生活产生了重大和持久的社会经济影响。该铁路处处都与自身经过的景观相协调，它是一个杰出的技术、建筑和环境的集合，体现了建筑和土木工程的突出成就。

（2）研发铁路自然灾害早期预警系统。2010年9月，国外媒体报道，瑞士科学家参与的一个国际研究小组承担了欧洲第7框架计划中电磁感应监测交通基础设施集成系统的一个项目，正在研发一种铁路自然灾害早期预警系统，用来防止洪水、地震、雪崩等对铁路交通造成的损害。

该系统将集成电磁感应技术和新的信息通信技术，包括光纤传感器、合成孔径雷达、低频地球物理技术、红外热成像和陆基位移监测技术等。该系统会通过卫星、飞机、磁场传感器和土壤传感器来收集感应信息，对采集到的数据进行分析处理后，可快速获得铁路基础设施运行情况和周边环境情况的详细信息和图像，从而对可能出现的自然灾害做出预警。

研究人员表示，近年来，自然灾害引发的铁路交通事故呈上升趋势，全球每年有数千人因此而丧生。他们从事这项研究的目的，就是要开发一个可以集成最新技术、适用于各种铁路的监测平台，为列车司机和管理人员应对自然灾害提供可靠的预警系统。

研究人员说，由于各地区土壤类型、地质特征各不相同，要将不同类型的原始数据转换为可以使用的信息涉及许多复杂的数学、物理问题。现在他们面临的最大挑战是如何消除采集数据时的背景噪声。据悉，这一问题不久就有望得到解决。

3. 峡谷上空超长吊桥建设的新进展

建成挑战游客心理极限的超长吊桥。2015 年 5 月，国外媒报道，在瑞士境内的一处峡谷上空，一座长约 270 米、高 130 米的吊桥在 2015 年春天正式启用。而造桥的工程十分浩大，共动用了 28 名工人，花了近 8 个月才完工。游客可在桥上一览当地美景，令人心旷神怡。不过有恐高症的人可别轻易尝试，因为这座桥又高又长，心脏承受力不好的人可能无法走完全程。

报道称，这座吊桥连接着瑞士南部的两个乡镇，是瑞士境内最长的吊桥。别看这桥又长又窄，大风一来摇摇欲坠的样子，其安全措施可一点都不马虎。工人们以厚重的实木打造空中步道，两侧也都有密实的防护网，高强度的刺激体验为当地观光注入生机。

据了解，瑞士当地政府还将整个建造过程制作成短片发到了视频网站上供人观赏，壮观的美景与险峻的地形更显示出工程的艰难。

（二）货物输送分拣设施建设的新信息

——研发出处理货物输送的高性能交叉带式分拣机系统

2020 年 6 月 22 日，有关媒体报道，世界著名的物料处理设备制造商瑞士英特诺集团，自从向全球市场推出高性能交叉带式分拣机系统之后，其创新型产品组合不再局限于已有的自动化分拣机设备，而拥有能快速精确处理货物输送的全新高性能系统。此外，这一全新的成套设备，还可对更重和更大型的货物进行分拣。如今，英特诺的机械传动式水平型交叉带式分拣机系统能够提供高性能和高利用率等优势，无论客户需求有多苛刻，都能轻易满足其物料处理方面的要求。

报道称，原有的交叉带式分拣机 ST 6160 速度最高为 1.8 米/秒，而这套全新的高性能交叉带式分拣机 MX 025H 输送速度最高可达 2.5 米/秒。新分拣机吞吐率最高可达每小时输送 2 万件货物。同时，它可输送的货物重量最高可达 50 千克。此外，小车的宽度大幅增加，比原先加大了 50%，这意味着灵活性大大提升，可分拣各种不同尺寸的货物。

这款高性能交叉带式分拣机的维护十分简易和经济。首先，其主动链被替换为橡胶皮带，这意味着无须再进行润滑。其次，皮带的更换变得更加容易和快捷。尽管如此，大量测试证明，即使每周开机 7 天，一天开机 24 小时，皮带在很多年内也无须更换。此外，小车的替换会更加快捷，易损件也更便宜。这些都大幅降低了设备的维护成本，初步测算，它比传统的交叉带式分拣机维护成本大约可降低 50％。

得益于机械传动的设计理念，这款高性能交叉带式分拣机运行时噪声极低，即使在最高吞吐率时，噪声也仅有 67 分贝。它除了在英特诺测试中心进行了多项负荷和耐久性试验以外，还在部分客户的工厂设施里进行了将近一年的实际使用。

英特诺集团执行副总裁兼亚太区总裁夏本春博士表示："随着英特诺进入高性能的分拣机应用领域，系统集成商将能为用户提供一系列富有创新性且经过验证的技术解决方案。英特诺独特的机械传动设计理念，使之能根据客户需求处理数量更多、种类更丰富的商品，同时还具有高可靠和更好的投资回报率，这在全球市场上都是极具竞争力的。"

这款设备之所以能在全球取得技术领先，一个重要原因是英特诺分拣机平台基础厚实的机械原理。时至今日，世界范围内已有 400 多台英特诺分拣机成套设备，被亚马逊、博世、联邦快递、瑞士邮政、奥地利邮政和中国邮政等行业领先者使用。与其他竞争产品不同的是，该分拣机把电子部件数量降至最低，独特的设计理念确保了最高的可用性、较长的使用寿命、最低的运营成本及较短的投资回收期。

这款高性能交叉带式分拣机系统采用直驱原理，驱动单元可以灵活定位，整个驱动系统可提供超过 85％的电源效率。这种冗余设计确保了即使一个驱动单元发生故障，分拣机仍可保持不间断运行。与使用传统直线电机驱动的电动分拣机系统相比，它最多可节省 50％的能源。这款分拣机系统整套设备采用模块化平台形式，其核心部件是英特诺拥有专利的机械传动交叉带小车。另外，它还包括创新性的供包台和卸货口，可进行定制化，以满足各个不同用户的需要。

第九章　生命科学领域的创新信息

20 世纪 90 年代初，瑞士在刚开始实施重点研究计划时，就把与生命科学直接相关的生物技术作为四大领域之一，列入资助范围，由国家科研基金会负责实施。此后，又把包括生物学、微生物学和医学等在内的生命科学列为对国家经济和社会发展具有战略意义的研究领域，通过重大科研计划加以保证。在国家研究计划的鼓励和支持下，瑞士生命科学领域的创新活动获得长足进展。21 世纪以来，瑞士在生命基础领域的研究，主要集中于找到饥饿基因，用机器人模拟出基因数百代进化结果，揭示塑造全球海洋宏转录组的基因调控机制，并推进转基因动植物研究。首次测出蛋白质单分子的有效电荷，推进蛋白质的结构与功能研究。推出提高多肽活性的新技术，探索预测蛋白质作用的新方法。探索细胞核中的 Y 染色体，以及细胞质中的中心粒和线粒体；研究细胞功能机理，审视干细胞的分化现象，开发活细胞转录组测序的新技术。在生命体领域的研究，主要集中于研究植物基因与调控机制，探索植物功能，揭示植物根系的影响与植被的演变。推进包括人类在内的动物生理研究，通过野生小鼠研究表明动物可以自我驯化，发现史前动物高效行走时间早于预期，脊椎动物用声音通讯或起源自 4 亿年前。发现一个新的猩猩物种，推进黑猩猩文化研究，发现逆戟鲸进化受到文化驱动；发现信鸽利用地标指引自己安全返航，发现鸽子或许依靠重力感应找到回家的路线。此外，还探索变色龙、节肢动物、海绵和珊瑚。同时，以生命科学为基础推进对昆虫美食和有机农业等方面的研究。

第一节　生命基础研究的新进展

一、研究基因方面的新成果

（一）基因生理研究的新信息

1. 基因功能研究的新进展

在实验鼠体内找到负责发出饥饿信号的基因。2006 年 10 月 31 日，瑞士弗里堡大学发布公报称，该校乌尔斯·阿尔布雷希特和法国路易·巴斯德大学的艾蒂安·沙莱等组成的一个研究小组，在实验鼠体内找到一个发出饥饿信号的基因，研究人员经过两年实验发现，老鼠体内一种名为“Per 2”的基因负责发出饥饿信号。通过修改这个基因，他们成功地使实验鼠找不到饥饿的感觉。

实验发现，在预定的进食时间到来前几分钟，普通实验鼠就开始寻找食物，为进食做准备。而“Per 2”基因经过修改的实验鼠则反应消极，没有显示出饥饿感，只有在见到食物之后才开始准备进食。研究人员认为，上述发现有可能为治疗身体肥胖、睡眠紊乱、抑郁和酗酒等开辟新途径。

2. 基因进化研究的新进展

用机器人模拟出基因数百代进化结果。2011 年 5 月，瑞士洛桑联邦理工大学和洛桑大学科学家联合组成的一个研究团队，在《科学公共图书馆·生物学》杂志上合作推出的一项成果，声称他们使用机器人模拟生物基因在数百代间的进化，阐明了生物学界持久争论的难题，也为“汉米尔顿亲缘选择规则”提供了数量证据。

1964 年，生物学家 W·D·汉米尔顿提出了“汉米尔顿亲缘选择规则”。该规则认为，如果一个家庭成员和其余家庭成员共享食物，会增加家庭成员把基因流传下来的机会，许多基因是整个家族中所共有的。也即一个生物是否和其他个体共享其食物，取决于它和其他生物基因的相似性。但验证这一规则的活体生物试验需要跨越上百代，数量过于庞大，几十年来实验几乎不可能进行，“汉米尔顿亲缘选择规则”因此长期备受争议。

洛桑联邦理工大学的研究小组设计了一种机器人，模拟基因和基因组的功能迅速完成进化，使科学家能分析检测与基因特征相关的成本与收益效果。

此前，研究团队也做过类似实验，是用觅食机器人执行简单的任务，如推动像种子一样的物体到达目的地，将此过程多代进化。那些不能把种子推到正确位置的机器人，不能留下它们的程序编码；而较好执行任务的机器人，能将自身程序编码复制、变异，并与其他机器人，传给下一代的编码重新结合——这是自然选择的迷你模型。

在新实验中，研究团队又增加一个新维度：一旦某个觅食机器人把种子推到了正确目的地，还要决定是否与其他机器人共享它。他们还在机器人世界里创造了兄弟姐妹、堂表兄妹、非亲戚关系等社会群体。进化实验持续了 500 代，不断重复着利他主义相互作用的各种场面：共享多少和个体成本。这些共享现象按照“汉米尔顿亲缘选择规则”发生。

实验结果的数量与按“汉米尔顿亲缘选择规则”预测的数量惊人地相符。虽然汉米尔顿的最初理论并未考虑基因的相互作用，而在觅食机器人中模拟基因运行，增加了一个基因和多个其他基因结合的综合效果，而“汉米尔顿亲缘选择规则”仍然成立。试验证明，“汉米尔顿亲缘选择规则”很好地解释了一个利他基因何时能被传到下一代，何时不能。

3. 基因调控机制研究的新进展

揭示基因和群落差异塑造了全球海洋宏转录组。2019 年 11 月 14 日，由瑞士微生物和生物信息学研究所等机构相关专家组成的一个研究小组，在《细胞》杂志上发表了题为《基因表达变化和群落转化差异对全球海洋转录组影响》的文章，揭示了基因和群落塑造全球海洋宏转录组的潜在机制。

海洋微生物群落对地球的生物地球化学、食物链和气候影响巨大。尽管科学家在其分类学和基因组方面取得了进展，但对其宏转录组在全球范围内如何变化却知之甚少。在这项新研究中，研究小组收集了全球分布的 126 个采样站的 187 个宏转录组，以及 370 个基因组数据，并建立了一个 4700 万个基因的资源库，用来研究两极间跨深度层的群落级宏转录组。

研究人员探索了基因表达变化和群落转化差异，可以作为在环境变化轴上塑造群落宏转录组的潜在机制，并展示了它们在多种生物地球化学相关过程中不同的个体贡献。此外，他们发现极地水域的基因表达变化相对贡献显著低于非极地水域；并假设随着海洋变暖，极地地区群落活动的变化将更多地受到生物组成变化的驱动，而不是基因调控机制的驱动。

（二）转基因方面研究的新信息

1. 转基因水稻研究的新进展

（1）研制成功防治儿童失明的转基因大米。2005 年 2 月，瑞士国际广播电台报道，由瑞士苏黎世联邦理工学院生物学家因戈·波特兰里库斯负责、德国弗里堡大学相关专家参加的一个研究小组，已研制成功能够防治儿童失明的转基因大米。这项研究成果被认为是该领域的重大突破之一。

报道称，转基因大米是由该研究小组经过 9 年时间研制出来的。他们把水仙的部分基因移植到水稻的稻壳中，生长出来的大米富含贝塔胡萝卜素，有助于人体合成维生素 A。

专家认为，缺乏维生素 A 是导致儿童失明和营养不良的主要原因。新的转基因大米研究成功无疑是防治儿童失明的一项重要成果。波特兰里库斯说，大量食用这种转基因大米并不会造成维生素 A 摄入过多问题。

（2）培育成功超级富含铁的转基因水稻。2009 年 7 月，瑞士苏黎世联邦理工大学的研究小组在《植物生物技术》杂志网络版上发表论文称，他们成功开发出超级转基因水稻，它比普通水稻含铁量多 6 倍，可以有效解除某些缺铁性疾病患者的痛苦。

据介绍，这项研究成果的重要意义是克服长期食用稻米而产生的缺铁性贫血。专家预计，在亚洲和非洲以稻米为主食的发展中国家中，约有 200 万人患有缺铁性贫血，其中多数是妇女和儿童。缺铁性贫血会使人发育迟缓，常有厌食、胀气、恶心及便秘等胃肠道症状，少数严重者会出现吞咽困难、口角炎和舌炎。

专家称水稻本身并不缺铁，但其含铁成分都在稻谷的外壳中，去了壳的稻米颗粒基本上失去了铁元素。研究人员将两种植物基因转移到水稻种子上，设法增加稻米颗粒的含铁量，这两种植物基因的成分是尼古丁胺合成酶和铁酸盐蛋白质，能帮助水稻吸收土壤中的铁质，并使铁保存在稻米颗粒中。他们操纵这两种基因的活性，使尼古丁胺合成酶存在于整株水稻中，而铁酸盐仅保留在稻米颗粒中，这样使转基因后的水稻含铁量超过普通水稻 6 倍。

研究人员表示，下一步他们将把这一成果应用到大田试验中，看超级转基因水稻是否适应大田的种植环境，只有通过大田的种植试验，才能进入实质性推广。专家强调，目前还没有发现这种转基因水稻对环境的负面影响，比如是否会消耗掉土壤中的铁，不过土壤中通常都富含铁，因此应该不太可能。

2. 转基因老鼠研究的新进展

培育出超级强壮的转基因“马拉松老鼠”。2011 年 11 月 11 日，《每日邮报》报道，瑞士洛桑联邦理工学院科学家约翰·奥维尔克斯主持的一个研究小组，在《细胞》杂志上发表论文称，他们通过调整老鼠的一个基因，制造出了超级强壮的“马拉松老鼠”。新的转基因老鼠不仅肌肉更强壮，而且其在跑步机上行进的距离也是普通老鼠的两倍。研究人员表示，这项研究成果有望用于人类与衰老和肌肉萎缩症有关疾病的治疗。

研究人员发现，一种细小的抑制因子 NCoR1 可能为肌肉的强壮程度和运动能力负责。他们通过对该基因进行修改，让其不再工作，结果抑制住了常常会阻止肌肉增强的酶。他们发现，没有这个基因，老鼠的肌肉会更加强壮，将其取出也没有发现明显的副作用。

在测试中，经过基因修改的老鼠在跑步机上的行走速度更快、持续时间更长、行走距离达到普通老鼠的两倍，而且也更能适应寒冷的环境。科学家们将其称为“马拉松老鼠”，希望借此找到方法治疗与衰老有关的疾病。

通过在显微镜下观察“马拉松老鼠”的肌肉，科学家们发现，其肌肉更致密且肌肉组织中包含有更多的线粒体。线粒体能为细胞的生命活动提供场所，有细胞“动力工厂”之称。

研究人员在蠕虫身上也进行了同样的实验，得到了同样的结果。他们认为，这种基因修改很有可能也适用于人类，如果这种效应能在人体复制，那么就有可能开发出新疗法，用于治疗老人的肌肉萎缩症等无法治愈的疾病。研究人员正试图研制可产生同样效果的药物。

二、研究蛋白质方面的新成果

（一）蛋白质生理研究的新信息

1. 蛋白质物理性质研究的新进展

首次测出蛋白质单分子的有效电荷。2018 年 1 月，瑞士国家科学基金会宣布，由瑞士苏黎世大学教授马德哈维・克里希南领导的研究小组，首次精确测量出蛋白质单个分子在溶液中的有效电荷，相关研究有望用于未来的医学诊断。

许多生命现象涉及蛋白质等分子之间的相互作用，而电荷在其中起着至关重要的作用。然而，蛋白质在生物体内通常存在于含水环境中，用传统方法很难准确地测量蛋白质在这一环境中的电荷。

该研究小组开发出一种精确测量溶液中单个分子电荷的方法。研究人员利用了众所周知的布朗运动现象，即悬浮在液体或气体中的微粒所做的永不停息的无规则运动。首先他们把要测量的分子困在一个“势阱”中，这是分子在某一优先范围内势能最小的情况。此时弹跳的水分子不断尝试将这一分子从“势阱”中排出。克里希南解释说：“这就像孩子们在坑底玩球一样。‘球’就是我们感兴趣的分子，而‘孩子们’是水分子。球要飞出坑，就必须受到很大的冲击。”

这一新发现不仅具有重要的基础研究价值，同时也有助于诊断出许多由畸形蛋白质引起的疾病，比如阿尔茨海默病和癌症。

2. 蛋白质结构研究的新进展

（1）揭示免疫蛋白酶体的晶体结构。2012 年 2 月 17 日，瑞士图尔高生物技术研究所主任马库斯・格林特瑞普与慕尼黑工业大学化学教授迈克尔・格罗尔领导的研究小组，在《细胞》杂志上发表研究成果称，他们首次揭示了免疫蛋白酶体的晶体结构，给出了针对糖尿病、类风湿性关节炎，或多发性硬化症等疾病药物研发的关键线索，在自身免疫性疾病研究中取得突破性进展。

蛋白酶体是一种圆柱形蛋白复合物，它可把不再需要的蛋白质切分成小片段，使它们与主要组织相容性复合体（MHC－I）受体结合。正常情况下，免疫系统会把这些被降解的蛋白质片段当作“异物”来消灭，但在很多类型的癌症和自身免疫性疾病中，如风湿、Ⅰ型糖尿病和多发性硬化症等，这一清除异物的过程被破坏。而限制免疫蛋白酶体就可以减少蛋白质片段这些“异物”的形成，从而重新建立正确的平衡来治疗疾病。

以前的抑制剂只能基于肽类似物而产生，这些药物的缺点是它们在体内易被迅速降解。为了研发不基于肽类似物的更有效的抑制剂，对于免疫蛋白酶体晶体结构，特别是其结合位点的认识就显得非常重要。

现在，成功使老鼠的免疫蛋白酶体结晶，并利用瑞士保罗谢勒研究所的瑞士同步辐射光源的X射线，确定了免疫蛋白酶体的晶体结构，在自身免疫性疾病的研究中，迈出了意义深远的一步。

研究人员进一步找到一种很有前途的蛋白酶抑制剂，它的活性成分是PR－957（ONX 0914），其特别之处在于只抑制免疫蛋白酶体，不抑制与免疫蛋白酶体有几乎相同氨基酸序列的组成型蛋白酶体。研究人员发现，这两种蛋白酶体只是在蛋白酶体空腔内的蛋氨酸周围有微小差异。正是这微小差异，使得免疫蛋白酶体的氨基酸与正常蛋白酶体旋转得不一样。它扩大了免疫蛋白酶体的空腔，使较大的氨基酸片段能够进入，并与抑制剂结合。而组成型蛋白酶体的空腔小，作用物质不适合进去。

未来借助免疫蛋白酶体精确结构新发现的帮助，科学家们可以研发专门抑制免疫蛋白酶体，而不影响组成型蛋白酶体的新药物。

（2）发现阳光会导致小型蛋白质分解为量子三重态。2014年10月21日，由瑞士洛桑联邦理工学院物理化学家亚历山大·扎布加领导的一个研究小组，在《化学物理学报》上发表论文称，他们发现小型蛋白质会在紫外光的照射下分解为量子三重态。量子三重态是一种具有活性的状态，它对人体所能造成的危害大于蛋白质分子分裂破碎所导致的结果。

研究人员用紫外激光照射气相的肽分子——酪氨酸和苯基丙氨酸，这些蛋白质都是人体内具有吸光性能的氨基酸分子。随后，他们使用紫外到红外的光谱技术观察这些分子，研究它们的结构随时间的变化。最终发现有些分子在紫外光的照射下不是直接分解，而是形成中间过渡的量子三重态。

一般情况下，分子的自旋是配对的。也就是说，如果两个电子同时出现，一个自旋指向一个方向；另一个则指向相反的方向。但是在某种情况下，电子的自旋可以翻转从而使两个电子的自旋都在同一个方向上。这种状态叫作量子三重态。

研究人员指出，因为电子的结构可以影响分子对外界的反应，了解电子经历三重态有助于人们对分子光致损害的潜在后果有更深一步的了解。

扎布加说："三重态存在的时间很长，并且参与有害的化学反应。三重态分子可以把它们的能量传递给附近的氧原子，从而产生高度活性的单态氧或者其他的自由基。这些自由基会围绕在细胞周围，对 DNA 造成破坏，比肽的分裂碎片要危险得多。"下一步，研究人员希望研究区域环境对光致分裂的影响。

3. 蛋白质功能研究的新进展

发现一种蛋白质具有加速伤口愈合的功能。2014 年 2 月，由瑞士洛桑联邦工学院教授杰弗里·哈贝尔领导的研究小组，在《科学》杂志上发表研究成果称，他们发现一种名为"PIGF－2"生长因子的蛋白质，可以大大促进机体组织的生长，加速伤口的愈合。这一发现将有助于再生药物研究。

研究人员指出，人体受伤后，通常会自我修复受损组织。这一过程是由一种被称为生长因子的蛋白质所控制的。细胞内的生长因子可以加速伤口愈合，避免失血过多及并发症，对胚胎发育也很重要。

生长因子则是通过聚合一种名为"细胞外基质"的蛋白质，来促进机体组织细胞的生长。细胞外基质好比机体组织的"框架"，通常情况下，生长因子聚合细胞外基质的能力越强，伤口愈合得越快。但目前含有生长因子成分的药物却往往效果不佳，无法到达天然生长因子在人体内的修复效果。

该研究小组对 25 种生长因子进行动物实验，发现"PIGF－2"生长因子对细胞外基质的聚合能力最强，促进组织器官修复的效率最高。

研究人员把一部分"PIGF－2"生长因子与其他三种修复效率较低的生长因子相融合，发现它们对细胞外基质的聚合能力增加了近 100 倍，从而在未来或可大大减少生长因子药物的使用剂量。此外，经过生物工程技术处理而相互融合的生长因子，能加快血液凝块结痂，进一步提高伤口愈合效果。目前，研究人员仅对实验鼠进行了动物研究，他们还将展开更多的动物实验，并最终用于人体。

（二）开发蛋白质方法研究的新信息

1. 探索提高多肽活性的新方法

发现一种可大幅度提高生物多肽活性的新方法。2014 年 9 月 1 日，物理学家组织网报道，由瑞士洛桑联邦理工学院克里斯蒂安·海因斯领导的研究团队，在《自然·化学》杂志上发表论文称，他们发现用人工合成出的一种氨基酸插入具有生物活性的多肽，能塑造活性多肽的结构并增强其疗效。实验显示，通过这种新方法，能将多肽活性大幅度提高。借助此项成果，有望开发出一系列全新的药物。

目前，我们常用的生物药物主要由两类物质制成：一种是天然存在的多肽物质；另一种是蛋白质，两者都是由天然氨基酸构成。尽管多肽和蛋白质种类繁多，但合成它们的天然氨基酸却只有 20 种。每一种氨基酸都有着不同的结构和化学性质，不同氨基酸的组合产生出各具特色与功能的多肽和蛋白质。

直到最近，绝大多数以氨基酸为基础的药物还都是用自然界中本来就存在的氨基酸制成的，如激素、胰岛素、抗生素、环孢霉素等。但是多种新型疾病的出现和原有细菌、病毒的进化，需要科学家们开发出新的、更有效的药物。满足这一需求的一种方式就是定向进化，即在实验室中模拟自然界的发展，开发出新的多肽和蛋白质。

据报道，该研究团队开发出的合成氨基酸具有独特结构，可以显著提高治疗性多肽和蛋白质的功效。这种合成氨基酸与一种被称为半胱氨酸的天然氨基酸具有非常相似的结构。半胱氨酸含有其他天然氨基酸所没有的硫基，这使得它能够与另外一个半胱氨酸相结合，形成一种新的结构，从而影响多肽和蛋白质的功能。

研究人员首先设计出 5 个类似半胱氨酸的氨基酸，并将其整合到两种生物活性肽的结构当中，一个能够抑制与癌症相关的酶，一个能够阻断神经元中发现的受体。测试显示，与传统药物相比，新药活性要高出近 40 倍。

海因斯说：“这让人非常惊讶。通常情况下如果你乱动天然分子，只能让情况变得更糟。而在这种情况下，我们发现正好相反，我们得到了想要的结果。在研究中，我们了解到，肽库中多样性的结构，是实现良好结合及更好疗效的关键所在。用这种新的氨基酸，可以生产出高度多样性的肽结构。”

双环肽已经被认为可以代替普通药物中所使用的小分子或大抗体治疗疾病。这种新的治疗性多肽，将在未来药物设计中发挥重要价值。海因斯称，他们已经制订了使用双环肽来开发治疗多种疾病药物的计划，下一步将用这种新的氨基酸进行定向进化实验。

2. 探索预测蛋白质作用的新方法

开发预测蛋白质与环境间相互作用的新方法。2019 年 12 月 9 日，由瑞士联邦理工学院生物工程研究所实验室主任布鲁诺·科雷亚领导、该所巴勃罗·甘扎博士和英国帝国理工学院同行参加的研究团队，在《自然·方法》杂志上发表论文称，他们开发出一种突破性的机器学习驱动技术，用于预测蛋白质与环境间的相互作用，并实现仅根据表面描述蛋白质的生化活性。

众所周知，蛋白质是生命的基石，在所有的生物过程中发挥着关键的作用。因此，了解它们如何与环境相互作用，对于开发有效的治疗方法和设计人工细胞的基础至关重要。这种新开发的方法除了加深人们对蛋白质功能的理解，还可以支持未来人造细胞中基于蛋白质成分的开发。

在这项新研究中，该研究团队获取了大量的蛋白质表面数据，并将这些化学和几何特性输入机器学习算法中，并对其进行训练，使它们与特定的行为模式和生化活性相匹配。然后，他们使用剩余的数据来测试算法。甘扎说：“通过扫描蛋白质的表面，我们的方法可以定义一个‘指纹’，然后可以在蛋白质之间进行比较。”

科学家已经开发出一种新的方法，来预测蛋白质与其他蛋白质和生物分子间的相互作用，以及仅通过观察其表面来预测其生化活性。研究团队发现，具有类似相互作用的蛋白质都有共同的“指纹”。

科雷亚说：“该算法每秒可以分析数十亿个蛋白质表面。我们的研究，对人造蛋白质的设计具有重要的意义，它使我们能够编程，让蛋白质仅通过改变其表面化学和几何特性，就能表现出某种特定的行为方式。”

三、研究细胞方面的新成果

（一）细胞结构研究的新信息

1. 探索细胞核的新进展

揭示Y染色体的演化历程。2014年4月24日，由瑞士洛桑大学进化遗传学家亨利克·卡诗曼领导的研究小组，在《自然》杂志上发表了一篇遗传学研究文章，对Y染色体的演化和功能提出新的见解。这篇文章指出，被精心保留下来的基因，是由于剂量原因能保持功能稳定，且与一些其他基因的表达关系密切。

Y染色体在演化进程中丢失了大量基因，不过这种丢失基因的过程在大约250万年前就已停止，留下不到100种稳定的祖先基因。Y染色体是包括人类在内的大多数哺乳动物的两条性染色体之一，雄性所具有而雌性没有的那条性染色体即是Y染色体。但不同于与它同源的X染色体，人类Y染色体上的基因在其数百万年的演变过程中越来越少，只保留了祖先基因的3%，而X染色体在进化历程中却几乎保有了全部2000种基因。

由于有着大量的重复序列，Y染色体的重建很不容易，长期以来制约了测序和相关的进化研究。但是，瑞士研究小组利用自己开发出一种新测序技术，研究了15种具有代表性的哺乳动物的Y染色体的演化历程。他们的分析结果显示：虽然有些Y染色体上的基因演化出新的功能，但大多数Y染色体上的基因可能受剂量限值影响，保留了原来的功能。

2. 探索细胞质的新进展

（1）研究表明细胞中心粒或为另一生物信使。2015年4月，由洛桑联邦理工学院瑞士实验癌症研究所皮埃尔·格克兹主持的一个研究小组，在《细胞研究》杂志上发表的研究成果表明，携带生物信息的可能不仅只有基因，一种被称为中心粒的细胞结构或许也可充当信息在细胞代际间传递的载体。受精卵中仅遗传自父亲的原始中心粒，在胚胎发育中可持续经历十次细胞分裂。这意味着中心粒很可能也是信息载体。研究人员认为，该发现对生物学和疾病的治疗将产生深远影响。

中心粒是细胞内的一种桶状结构，由多个蛋白质组成。由于这些组分蛋白质的突变可引起一系列疾病，包括发育异常、呼吸系统疾病、雄性不育和癌症等，中心粒已成为目前许多研究的焦点。中心粒最为人熟知的是它在细胞分裂中所起的作用——确保染色体正确地传递给新的子细胞。新受精胚胎会从父母双方继承遗传物质，但大部分细胞器，如线粒体来自卵细胞；而中心粒则全部来自精子，任何“异常”都会随之传递给第一批胚胎细胞。

研究小组想弄清楚，在受精卵不断进行细胞分裂，直至完全发育成胚胎的过程中，这些来自父亲的原始中心粒能够持续存在多久。他们利用线虫进行了研究。线虫是研究胚胎发育和人类遗传疾病常用的模式生物，与包括人类在内的其他物种一样，线虫的中心粒也完全来自精子。

实验所用的是转基因线虫，研究人员用荧光信号标记三种不同的中心粒蛋白，然后让被标记的雄性线虫与未标记的雌性线虫交配，这样就能在胚胎形成过程中跟踪来自父亲的中心粒蛋白组分。他们发现，在经过多达10次细胞分裂后，原始中心粒蛋白竟然还能存在。

这表明能够持续经历好几个细胞分裂周期的中心粒，实际上很可能是非遗传信息的载体。如果这一结论得到证实，将颠覆我们对这种真核生物的细胞器的认识和理解。此外，这项研究在医学领域也有重要意义。由于很多疾病与中心粒相关，而功能异常的中心粒可由父亲直接传递给后代，这有望为开发创新的治疗方法打开大门。

格克兹说：“中心粒一直被认为只是推动了胚胎的发育，现在我们表明，中心粒可能是信息单向遗传的途径，对早期发育有相当大的影响。”接下来，他领导的研究小组，将调查中心粒在其他系统内，包括在人体细胞中是否也能持续存在如此之久。

（2）发现可增强线粒体功能的新方法。2018年10月24日，由瑞士洛桑联邦理工学院科学家约翰·奥沃克斯领导的研究团队，在《自然》杂志网络版发表的一项医学研究指出，他们发现了增强线粒体功能的新方法：通过抑制一种酶，来提高体内烟酰胺腺嘌呤二核苷酸的水平，在实验中已能够延长蠕虫寿命、保护小鼠健康。

线粒体是细胞中制造能量的结构，是细胞进行有氧呼吸的主要场所，而除了为细胞供能外，线粒体还参与细胞分化、细胞信息传递和细胞凋亡等过程。烟酰胺腺嘌呤二核苷酸就是线粒体能量产生过程中的一种关键分子，但其水平会随年龄的增长而下降。研究显示，提高它的水平对代谢和寿命有诸多好处。

研究团队此次报告了一种通过抑制2－氨基3－羧基粘康酸6－半醛脱羧酶（ACMSD），来促进烟酰胺腺嘌呤二核苷酸合成的新方法。烟酰胺腺嘌呤二核苷酸水平上升能增强秀丽隐杆线虫蠕虫和小鼠的线粒体功能。

研究人员表示，通过基因阻断来抑制蠕虫体内ACMSD的产生，会增加蠕虫的活动水平和寿命；而通过基因阻断抑制小鼠体内的ACMSD，则能保护小鼠的肝脏细胞，防止脂肪酸相关细胞死亡。药物阻断ACMSD（使用抑制剂TES－991和TES－1025）能促进小鼠肝脏、肾脏和大脑中烟酰胺腺嘌呤二核苷酸的合成。TES－991能在非酒精性脂肪肝病模型中保护小鼠的肝脏细胞，而TES－1025能在急性肾损伤模型中保护小鼠的肾脏细胞。研究团队最后称，虽然这些作用尚未在人体中进行测试，但研究结果能否转化应用于临床值得进一步探索。

（二）细胞功能研究的新信息

1. 发现神经细胞内质网功能机理

2009年9月7日，由神经生物学家托马斯·奥特内尔领导的研究小组在美国《国家科学院学报》网络版上发表论文称，他们经过多年潜心研究，终于确定了神经管微观网络内质网调节神经细胞间连接强度的功能机理。这一发现解答了困扰科学家长达50年的谜题，使人类对大脑学习和记忆的认识更深入了一步。

突触可塑性，即神经细胞间连接强度可调节的特性，对学习和记忆至关重要。神经细胞上的所有突触是否都具有相同的表达长期可塑性的能力，目前并不是很清楚。突触组织会影响局部信号级联的功能，进而对单个突触的可塑性进行差异性调控。这导致大脑中神经细胞间突触连接的两种类型：一种连接会不断地形成、增强或减弱；另一些连接则会保持稳定状态，而正是这种状态使我们能够保持某种记忆很多年。

但突触组织的功能机理是怎样的？学界对此认识一直模糊不清。

该研究小组对CA1锥形神经细胞树突棘中的内质网如何影响突触后信号的机理进行研究，终于阐明这种神经管微观网络的作用：正是神经细胞树突棘中内质网的存在，决定了突触连接的稳定与否。这也是自1959年爱德华·乔治·格雷首次描述神经管微观网络内质网以来，科学家第一次阐明该结构的功能机理。

研究表明，在神经细胞树突棘中，内质网会有目标地选择含有强壮突触的大棘。当神经细胞受到刺激时，含有内质网的棘会释放大量的钙，从而引发突触功能的变化。对这些树突棘的低频刺激，会导致突触效力被长期抑制。相反，在缺乏内质网的棘中就没有这种功能的改变。因此，在同一个神经细胞中，两种类型的突触连接能够并存，并被单独控制。

据悉，该研究小组把下一步目标转到脆性 X 染色体综合征的研究上。作为最常见的一种遗传性认知障碍，该种病症患者会出现智力下降、学习困难、注意力不集中等问题。专家指出，该病症患者的神经树突棘会出现异常。他们怀疑，是含内质网的树突棘应激产生的信号级联在患者体内遭到过度刺激，才导致某些症状的出现。

2. 首次证实人类细胞具有直接复制核糖核酸的功能

2010 年 8 月 10 日，物理学家组织网报道，瑞士日内瓦大学医学院、美国匹兹堡大学医学院和两家生物科技公司共同组成的一个研究团队，在《自然》杂志上发表论文称，他们利用一种量化单分子测序技术，探测到人类细胞中一类新型小分子核糖核酸（RNA），在基因转录方面代表着一个全新的种类，并证实了长久以来的一种假设，哺乳动物细胞具有这样的功能：可通过直接复制核糖核酸分子来合成核糖核酸。

这是首次证明人类细胞能像复制脱氧核糖核酸（DNA）一样复制核糖核酸。研究人员表示，该发现强调了人类细胞中核糖核酸群体的多样性，这些新型核糖核酸对于开拓治疗新路径，尤其对诊断学的发展有重要意义。

长期以来，科学家们认为人类细胞中的所有核糖核酸都从脱氧核糖核酸模版复制，以往的记录显示，这次新观察到的从核糖核酸到核糖核酸的复制机制，只存在于植物和简单的有机物如酵母菌中，与一种核糖核酸聚合酶有关，这种酶参与关键性细胞调控程序。

这次研究发现，人类细胞中有数千种能直接复制的小型核糖核酸，而此前它们却未被重视。在对人类细胞和组织中的这些小型核糖核酸进行整理归类时，研究人员还发现了一些核糖核酸的新种类，包括抗转录的相关短链核糖核酸，它可能是从信使核糖核酸中分离出来的一种未明确的蛋白质编码基因，其核糖核酸复制机制在人类癌细胞战线上无处不在。

这种未编码核糖核酸分子一直被忽视，只因为以前的测序平台很难提供精确的量化测定。研究人员认为，单分子测序在精确广泛的基因程序分析方面具有重要作用，也给临床应用提供了便利。

3. 发现免疫细胞具有隐身功能

2014 年 7 月，瑞士苏黎世联邦理工大学发表研究公报称，该校一个研究小组首次发现实验鼠免疫系统内的细胞有一个隐身斗篷，必要时可以发挥其功能产生稳身作用，能让其免受“自家兄弟”的误伤。

人体免疫系统是一个非常复杂的体系。大量具有不同功能的免疫细胞能迅速击退病菌等微生物的入侵，从而确保机体健康。免疫系统内有一种“自然杀伤细胞”，专门负责识别、攻击和消灭癌细胞及其他异常细胞，以保护人体健康。但这一免疫机制也存在风险。在抗击炎症时，CD8＋T 细胞等其他免疫细胞会大量增加，由此表现出异常情况，可能被自然杀伤细胞攻击。

通过对实验鼠的研究，研究人员发现自然杀伤细胞之所以不会对其他免疫细胞造成误伤，是因为健康的 CD8＋T 细胞能够检测到免疫信使物质Ⅰ型干扰素，并使该干扰素附着在其表面的特殊受体上。Ⅰ型干扰素就像是一件隐身斗篷，可让自然杀伤细胞“看不见”CD8＋T 细胞。如果 CD8＋T 细胞缺乏Ⅰ型干扰素的“存储地”，就会被自然杀伤细胞捕获并杀伤，同时也消耗自然杀伤细胞，从而削弱整个免疫系统。

此外，研究人员还发现，失去隐身斗篷的 T 细胞会在表面形成一种“识别标签”，让自然杀伤细胞立刻识别到，并引来致命的攻击。研究人员表示，需要对人体的相应免疫机制做进一步研究，这一成果为自体免疫疾病机制的研究带来新方向。

（三）干细胞分化现象研究的新信息

1. 发现干细胞分化方向可随成长环境改变

2010 年 8 月 19 日，由瑞士与英国的科学家共同组成的一个研究小组，在《自然》杂志上发表研究成果称，只要改变成长环境，来自胸腺的干细胞可以“转行”变为毛囊细胞。这项成果对于研究器官组织再生具有重要意义。

以往的观点认为，干细胞是尚未分化成熟的细胞，除胚胎干细胞外，多数干细胞常常“命中注定”，只能成长为某一种特定的细胞。该研究小组对此提出不同看法，他们在研究中成功改变了实验鼠胸腺干细胞的“命运”。胸腺是存在于人和许多动物胸部的一个器官，它是免疫细胞 T 细胞的生成地，在免疫系统中发挥着重要作用。

研究人员首先培养出实验鼠胸腺干细胞，然后把它转移到适宜皮肤毛囊细胞生长的环境中培养，结果发现这些胸腺干细胞在新环境中逐渐改变自己的基因特征，越来越像皮肤毛囊的干细胞。

在这种环境中培育一段时间后，这些细胞被移植到正在生长的皮肤中，结果它们拥有了像毛囊细胞一样供养和修复毛发的能力，且表现出色。天然毛囊干细胞成长后只有三个星期的修复毛发能力，而这些胸腺干细胞“转行”后拥有长达一年的修复毛发能力。

据介绍，大部分动物的胚胎分为外胚层、中胚层和内胚层三个胚层，外胚层成长为皮肤和神经等，中胚层成长为肌肉、骨骼和血液等，内胚层成长为肠道、肝脏和胸腺等器官。过去，人们一直认为这三个胚层的细胞间存在无法逾越的鸿沟，但本次研究证明，来自内胚层的胸腺干细胞也可以变为本应属于外胚层的皮肤毛囊细胞，显示不同胚层细胞间的区分，并不绝对。研究人员说，这些胸腺干细胞在适宜毛囊干细胞成长的环境里完全改变了原定的成长轨道，从而启发人们使用适宜其他器官干细胞成长的环境，探索能否培育出所需的器官细胞，这对研究器官组织再生具有重要意义。

2. 首次观测到神经干细胞的分化现象

2018 年 2 月，由瑞士苏黎世大学脑研究所领导的一个国际研究团队，在《科学》杂志上发表论文称，他们首次观测到成年小鼠大脑神经干细胞的分化过程，这一突破不仅可以加深对脑细胞发育的理解，还有助于对阿尔茨海默氏病和帕金森病的治疗研究。

科学家之前曾假设神经元的生长甚至在出生之前就已结束，但过去 20 年的研究证实，成年哺乳动物的大脑可以生长出新的神经元。该研究团队以小鼠大脑为模型，首次展示了他们观测到的神经元干细胞分化现象。

中枢神经系统中的神经干细胞具有自我复制能力，能分化为其他更细化的细胞类型，比如神经元、星形胶质细胞、少突胶质细胞等，从而产生大量脑细胞组织。由于海马体位于大脑的位置比较深，过去要跟踪大脑中单细胞状态的神经干细胞在技术上几乎不可能。

研究人员使用了一种被称为“双光子成像”的显微镜技术，成功捕捉到活体小鼠脑细胞分化的图片，并追踪到细胞的发育和成熟过程，时间长达两个月。这项研究不仅观察到神经干细胞的分化和生长过程，同时还观测到新的神经元如何融入成年鼠的海马体中，后者是大脑中负责学习和记忆的区域。

研究显示，神经干细胞的成熟过程非常短，因为它们在成熟分化成神经元之前只完成了几轮细胞分裂。研究人员就此假设，这可以解释为什么新产生的神经元数量随着年龄增长而急剧下降。研究团队表示，了解新的脑细胞在人的一生中如何诞生和发育，对推进人类大脑疾病的研究十分有益，未来希望能够使用神经干细胞进行脑部修复，来治疗认知退化、阿尔茨海默病、帕金森病及重度抑郁症等疾病。

（四）活细胞转录组测序技术研究的新信息

——研发只需微创提取的活细胞转录组测序技术

2022 年 8 月 17 日，瑞士洛桑联邦理工学院教授巴特・普朗克为通讯作者、中国科学院深圳先进技术研究院研究员陈万泽为第一作者的国际联合研究团队，在《自然》杂志上发表论文，介绍他们在国际首创的活细胞转录组测序技术，该技术首次让单细胞进行转录测序后依然能保持细胞存活，首次实现了活细胞全基因表达的连续观测。

通过近 7 年的努力，研究团队开发了这种活细胞转录组测序新技术，其核心是通过对活细胞中的部分细胞质进行微创提取，并对极其微量的细胞质 RNA 进行扩增，实现在进行单细胞转录组测序后依旧保持细胞的存活和功能，从而可以跟踪细胞的动态变化。

普朗克表示，该技术兼具全基因表达分辨率和动态解析能力，是目前对单细胞转录组直接动态测量、偶联细胞现有状态和其后续表型的唯一解决方案。

单个细胞中仅有10皮克的RNA，这相当于1克的一千亿分之一的重量，而细胞分泌的外泌体中的RNA更是少之又少。研究团队设计了一种微流控技术用以完成单细胞捕获、外泌体收集等，但他们发现由于外泌体中的RNA数量太少，根本无法实现单细胞分子水平的观测。

随后，研究人员尝试利用在生命科学领域非常小众的原子力显微镜来获取细胞中的RNA。它有一个很尖的硅探针，多用来检测物质表面性质。研究团队通过对探针进行表面活化、修饰、洗脱等改造，让其能够把细胞中的RNA“钓”出来。

在一次偶然的学术交流中，陈万泽与导师了解到，瑞士苏黎世联邦理工学院的朱丽亚·沃尔特实验室开发了一种特殊的原子力显微镜，能够吸出一部分细胞质。一番交流后，两个研究单位一拍即合，展开联合攻关。联合研究团队对一系列实验过程进行优化，解决了RNA降解、低温下的快速操作、超微量样品转移、采样通道清洗避免交叉污染、图像下追踪细胞等多个问题，保证了实验结果的可靠性。

联合研究团队利用重新改造后的活细胞转录组测序技术，对5种类型共295个细胞进行了测序，发现该技术能够有效区分不同类型的细胞，且平均每个细胞能检测到约4112个基因的表达信息。

在细胞观测技术史上，显微成像和基因编辑介导的分子记录等技术，不仅能观察细胞的生长、分裂、死亡等过程，还能观测细胞中的单个或几个基因指标。

在验证实验中，联合研究团队利用活细胞转录组测序技术，直接测定了同一个巨噬细胞在不同时间的状态变化，发现细胞起始状态的少数基因表达差异和噪声，是决定细胞后续反应差异的重要原因。然而，普通的单细胞转录组测序技术无法找到这些规律。

研究人员表示，尽管活细胞转录组测序技术仍然存在诸多挑战，需要进一步完善，比如低通量、暂不能在体内应用、在高度极化且mRNA分布不均的细胞中无法实现全细胞转录组测序、对细胞更多次的采样还需进一步研究等，但该技术首次实现了活细胞连续观测，也为单细胞测序技术发展带来了更多可能性。未来，研究团队将进一步进行深入研究，提高活细胞转录组测序技术的可用性。

第二节　生命体研究的新进展

一、研究植物方面的新成果

（一）植物基因与调控机制研究的新信息

1. 植物基因研究的新进展

发现古老橡树具有年轻基因。2017 年 6 月，由瑞士洛桑大学植物生物学家菲利普·雷蒙德带领的研究团队，在生物医学科技论文预印本网络版发表研究成果称，瑞士洛桑大学校园里有一棵已矗立 234 年的古老橡树，他们采集了树木不同分支的样本进行基因组测序，没想到的是，它的基因组依然“年轻”。

研究人员说，这棵橡树在 1800 年拿破仑军队经过洛桑城时还只是一棵小树，现在已经成长为这座城市的地标。但令人惊讶的是，一路走来，它的基因组几乎没有变化。

每次细胞分裂时，如果复制基因组发生错误，就会产生突变。动物通过在发育早期分离这些突变保护其生殖细胞，以免出错。之后这些细胞会遵循不同的发育途径，通常具有较低的细胞分裂率。但植物并非如此，它们的干细胞不仅生成花的繁殖部分，也会生成植物的茎和叶。因此，科学家认为这些干细胞将会积累许多突变，长寿树木顶端新分枝应该与旧分枝存在差异。

雷蒙德研究团队采集了这棵珍贵橡树的多个样品。他们从较低、较老的枝条和上部较新枝干的枝条上收集叶片进行基因组测序，计算单碱基突变率。结果发现，真正得出的数字要比基于细胞分裂数量计算后的数字小得多。这项研究结果表明，植物在生长过程中能防止干细胞突变。

2. 植物调控机制研究的新进展

首次阐明植物生长和老化的调控机制。2008 年 3 月，瑞士与德国等国的科学家组成的一个研究小组，在《科学公共图书馆·生物学》杂志上发表论文称，他们研究发现，微型核糖核酸能够调控植物的生长和老化过程。这是首次阐明植物生长和老化的拮抗调控机制。

微型核糖核酸是短小、单链的基因片段，它们能调控其他的基因。微型核糖核酸绑定在遗传材料的补充序列上，从而阻止这些序列被“阅读”及发挥作用。在植物中，微型核糖核酸主要抑制其他的调节因子，即所谓的转录因子。这些因子能通过绑定到DNA片段开启或关闭基因，从而形成过多或过少的蛋白质。因为蛋白质控制着代谢过程，所以如果失衡就会导致植物或多或少的可见变化。

在这项研究中，研究人员调查了TCP家族的转录因子对于模式植物拟南芥的生长和老化的作用。这些转录因子由miR319调控。

结合生物化学和遗传分析，研究人员发现，这些转录因子不仅影响叶子的生长，而且还调控对于植物激素茉莉酮酸形成必不可少的基因。植物中miR319的含量越高，转录因子的数量就越少，这就导致茉莉酮酸合成量更少。而含很少量茉莉酮酸的植物老化速度更慢。这一过程可通过用激素处理植物阻断。

研究人员说，这项研究显示，由miR319调控的转录因子对于植物的生长施加了消极作用，而且导致植物过早老化。此次发现的机制是植物遗传调节关系研究的一个里程碑。只有更好地理解了这些过程，人们才能生产出具有特殊性能的植物。

（二）植物功能研究的新信息

1. 洋葱功能研究的新发现

发现洋葱成分有助缓解骨质疏松症。2005年5月4日，瑞士伯尔尼大学的一个研究小组在美国化学学会的《农业与食品化学》杂志网站上发表研究成果称，洋葱除了当食物调味料外，它还可能对我们的骨骼有好处。最近，他们已经在洋葱中找到一种能够缓解骨骼损失的化合物。尽管还需要进一步的确证研究，但目前的研究已经显示出吃洋葱可能有助于预防骨质的流失和骨质疏松症。

骨质疏松症主要影响老年人的健康。研究人员分析了白色洋葱的化学活性成分，并且发现最有可能降低老年人骨质损失的是一种叫作GPCS的多肽。接着，他们从新生大鼠中分离得到了一些骨细胞，并用甲状旁腺激素刺激骨质损失，然后让一些处理的细胞接触该多肽。与未接触这种多肽的细胞相比，用该多肽处理能显著抑制骨骼矿物质（包括钙）的流失。

目前，还需要进一步的研究来确定是否该多肽对人也有同样的效果、多大量的洋葱或多肽对骨骼健康有益，以及确定出多肽对骨骼细胞的作用机制。

2. 姜黄功能研究的新发现

发现姜黄素能促使伤口愈合，减小伤疤。2019 年 8 月，国外媒体报道，大多数人认为姜黄是一种厨房香料，或者可能是口服的天然营养保健品。然而，现在，瑞士联邦材料测试和研究实验室（Empa）的一个生物学家组成的研究团队，已经把从姜黄中提取的化合物姜黄素加入多孔泡沫中，该泡沫旨在愈合皮肤伤口并留下最小的疤痕。

研究团队开发的这种泡沫，主要由生物相容的、可生物降解的聚合物组成，具有三维脚手架状的微观结构。当把一块薄薄的泡沫材料插入伤口时，身体的相邻细胞自然地迁移到其中并继续复制，逐渐用天然生物组织替换聚合物。另外，聚合物还含有姜黄素。除此之外，已知该化合物可减少炎症和瘢痕形成。

实际上，当研究人员在实验室把姜黄素添加到细胞培养物中时，发现通常与瘢痕形成相关的生物标记物显著减少。在泡沫中，随着聚合物的生物降解，姜黄素逐渐释放到伤口中。然后它控制迁移到支架中的细胞的行为和功能，从而支持伤口愈合的自然平衡。

研究人员设法把这种泡沫制成扁平膜状物的形式，医生会将其切割到适合所治疗伤口的大小和形状。它可能特别适合于愈合慢性伤口，例如糖尿病溃疡，烧伤或肘部等身体部位的伤口。科学家希望临床试验很快就能开始。

3. 植物谷氨酸受体蛋白功能研究的新发现

首次发现植物谷氨酸受体蛋白生理功能靶点。2022 年 11 月，瑞士洛桑大学与中国农业科学院深圳农业基因组研究所联合组成的一个研究团队，在《新植物学家》杂志发表论文称，他们揭示了谷氨酸受体蛋白 GLR3.3 的羧基端区域，在损伤刺激产生的长距离信号传递过程中发挥重要作用。

谷氨酸受体蛋白家族是一种结构域高度保守的离子通道家族，在调控植物信号转导方面起重要作用。然而此前研究大多聚焦于解析谷氨酸受体蛋白配体结合结构域的功能，而忽视了 GLR3.3 的羧基端这一无明显结构域的区域的重要性。

研究人员成功构建了谷氨酸受体蛋白 GLR3.3 羧基端缺失的转基因回补材料，通过一系列电生理表型测定确定了其生理功能。

在此基础上，研究人员利用谷氨酸受体蛋白 GLR3.3 羧基端作为诱饵蛋白，进行了酵母双杂筛选，首次鉴定到一个新的互作蛋白 ISI1。进一步通过片段缺失和点突变验证发现，谷氨酸受体蛋白 GLR3.3 中有 3 个氨基酸位点为功能结合位点，是基因在损伤刺激的长距离电信号传递和茉莉酸应答过程中的关键位点。

这项新成果是自植物谷氨酸受体蛋白被发现 20 多年以来，研究人员首次鉴定到的具有生理功能的靶点。它的研究，对进一步解析谷氨酸受体蛋白在分子水平如何发挥作用的机理具有重要意义。

（三）植物根系与植被研究的新信息

1. 植物根系研究的新发现

发现植物根部能释放苯并恶嗪类物质。2019 年 5 月，瑞士伯尔尼大学植物科学研究所一个研究团队，在《自然·通讯》杂志上发表论文称，他们发现小麦和玉米等谷物根部能释放苯并恶嗪类物质，这是植物的防御性次生代谢产物，它可以改变与根相关的土壤真菌和细菌群落，减少植物生长，增加茉莉酮酸信号和植物防御，抑制食草动物。

植物可以通过向根际分泌生物活性分子来改变土壤微生物群，从而影响其后代的表现。根系分泌物除了为微生物生长提供碳和氮底物外，还作为信号分子、引诱剂、刺激剂、抑制剂和排斥剂来影响根际微生物。

植物与土壤反馈，是决定植物演替、植物种群、群落结构和植物多样性的重要因素。植物土壤反馈通常与土壤生物群的变化有关。特别是土壤微生物群落的组成，被认为是这方面的一个重要因素。虽然有研究团队研究了几种微生物对植物生长性能的影响，但整个土壤微生物群对植物土壤反馈机制的更广泛的作用仍有待于揭示。

瑞士研究团队在探索中，发现了根系分泌物在植物与土壤反馈中的上述作用。另外，他们认为反馈效应不需要较大的土壤动物，相反，微生物或其代谢物可能会被传播，并可能决定下一代微生物群的组成。

此研究揭示了植物决定下一代根际微生物群组成、植物表现和植物与食草动物相互作用的机制，植物通过改变土壤中细菌和真菌群落的组成来决定下一代的生长和防御；明确了植物通过根系分泌物来改变土壤微生物群决定其后代的表现；说明并强调了根际微生物群对受体一代植物的影响，并对利其后代影响至深。

2. 远古植被研究的新发现

发现三叠纪生态灾难彻底改变植被。2016 年 6 月 28 日，物理学家组织网报道，瑞士苏黎世大学研究所彼得·霍秋丽、古生物学博物馆雨果·布赫领导的研究团队报告说，他们发现在 2.5 亿年前的灾难，彻底改变了三叠纪时期盛行的植被。

环境变化导致地球上大量物种灭绝。地球历史上屡次发生过这种现象，其中目前已知的最大灾难是前二叠纪与三叠纪交界时期的物种灭绝。在那次灾难中，几乎所有的海洋物种及 2/3 的爬行和两栖动物都灭绝了。虽然植物多样性也有短暂减少，但几千年后又恢复到原有规模。这次，瑞士研究团队发现了三叠纪时期另一前所未知的生态灾难。据研究人员透露，这一生态灾难彻底改变了植被，且持续了很长时间。

科学家们研究了格陵兰岛东北部 400 多米高的沉积物。碳同位素曲线表明，盛行的种子蕨类和裸子植物在几千年时间里被孢子植物所取代。截至目前，蕨类植物等特定孢子植物仍以拥有比高度发达植物更强的恶劣环境适应能力而著称。

此前，科学家假定在 2.524 亿年前到 2.478 亿年前之间的三叠纪时期环境逐渐恢复。霍秋丽解释道："植物和碳同位素同时剧烈变化表明：三叠纪时期植被发生了剧烈变化，这比此前假定的晚了约 50 万年。"

研究人员不仅发现格陵兰岛上植被大规模死亡，几年前他们还在巴基斯坦沉淀物样品中发现了第一个植物变化的迹象。此外，澳大利亚科学家关于每年火山灰的最新纪录显示，直到二叠纪与三叠纪交界时期的几千年后，植物世界才出现最具意义的重大变化。在那段时间，原生舌蕨属植物种群灭绝了，而此前一直认为它们是在二叠纪时期灭绝的。正是由于这些发现，时下需要重新解释南半球冈瓦纳超大陆的沉积层序列。

二、研究动物方面的新成果

（一）人类生理现象研究的新信息

1. 人类大脑生理现象研究的新发现

（1）发现人类大脑与颅骨是独立发育形成的。2019 年 10 月 16 日，瑞士苏黎世大学人类学研究所科学家何塞·沃伦参与的研究团队，在《自然》杂志发表论文指出，人类的大脑约为猿的 3 倍，这不完全是因为人脑与猿脑结构进化不同所致，例如人会说话或制作工具。他们的研究表明，人脑在进化过程中的这些变化，与颅骨的变化没有相互关系，而是独立发育形成的。

研究人员一直在研究人类大脑和颅骨之间的关系，以及它们在人类进化过程中如何相互作用。人的大脑就像水族馆中的鱼一样，漂浮在充满液体的颅骨中，并几乎完全充满。大脑是中枢神经中最大和最复杂的结构，也是调节人机体功能的器官，是意识、精神、语言、学习、记忆和智能等高级神经活动的物质基础。大脑半球表面呈现不同的沟或裂。沟裂之间隆起的部分叫脑回。科学家希望通过人与黑猩猩的对比研究，找到大脑与颅骨之间的关系。

沃伦用计算机断层扫描和核磁共振来分析人和黑猩猩的成像数据。两种成像技术的结合，使他能够一方面量化大脑沟裂与脑回体之间的空间关系；另一方面量化颅骨缝隙之间的空间关系。分析结果表明，人脑和颅骨结构之间的特征空间关系，与黑猩猩的特征空间关系明显不同。人类在进化过程中，大脑和颅骨同时进化，但彼此基本独立。

进一步的研究显示，人类与复杂的认知任务，例如语言、社交行为、思维方式或手动敏捷度相关的大脑结构，在进化过程中已显著变化，这在人类特征性的额叶变化中变得非常明显。但是大脑内部的这种重组对平行于颅骨的重塑没有影响。研究发现，起决定性的是两条腿直立行走，为了改善头部在脊柱上的平衡，在人类进化的过程中，颅骨底部的脊髓开口已经向前移动。诸如此类的颅骨变化对大脑结构的发育没有影响，而步态直立对人类大脑结构变化起到了关键作用，这也是人类进化过程中与黑猩猩的最大不同。

（2）发现人脑比猿脑神经元发育速度更慢。2019 年 10 月 16 日，由瑞士苏黎世联邦理工学院科学家芭芭拉·特鲁特雷恩领导的研究团队，在《自然》杂志发表的一项脑科学研究，报告了对人脑发育及该过程与其他大猿脑发育差异的最新认识。最新研究揭示了人类所特有的脑发育特征，并描述了这些过程与其他灵长类脑发育的分化，破解了人们对这一发育过程的理解难题。

巨大的脑部是人类的典型特征。人类的脑可以算是动物王国里众多组织中最复杂的器官，甚至部分科学家宣称大脑是已知最复杂的物体。实际上，人类脑部相当多区域原本具有与我们的灵长类动物亲属非常相似的分子特征，但是，自人类从黑猩猩和其他大猿分化以来，人脑发生了巨大的变化。不过，这种分化背后的遗传和发育过程一直以来都未得到充分理解。

研究人脑的科学家认为，用诱导性多能干细胞培育而成的脑类器官（大脑样组织），为实验室的脑发育演化研究提供了可能。鉴于此，该研究团队通过多能干细胞的发育过程，对人的脑类器官进行了为期 4 个月的研究，试图发现人的特异性基因调控变化。

研究团队随后又研究了黑猩猩和猕猴的脑类器官，进而理解人的类器官发育有哪些不同。在相同的发育节点上，研究人员发现，在大猩猩和猕猴的类器官中可以观察到比人的类器官中更为显著的皮质神经元特异性。这表明，人类的神经元发育比另外两种灵长类动物的速度要慢。研究人员认为，他们的数据为进一步认识人类和黑猩猩脑发育的不同基因调控机制提供了参考资源。

2. 人类脸部生理现象研究的新发现

发现过去 16 万年人脸悄悄在改变。2022 年 8 月，由瑞士苏黎世大学的科学家组成的一个研究团队，在美国《国家科学院学报》上发表论文指出，他们对化石进行分析后发现，过去 16 万年中，人类头盖骨的物理变化，可能是由饮食和生活方式改变引起的脸部变化所导致的，而不像以前认为的那样由大脑本身的进化而引起。

此前的研究发现，可以追溯到 20 万年前的早期人类头盖骨（脑壳）的大小，与现在人类的头盖骨没有太大差异，但形状很不一样。随着时间的推移，大脑变得更圆了。主流观点认为，工具和艺术等方面的发展，导致智人大脑形状发生变化，进而导致保护大脑的头骨发生变化，但这方面的化石证据稀少。

为研究脑壳变化背后的原因，该研究团队对在埃塞俄比亚和以色列发现的，包括智人、直立人和尼安德特人在内的50个人的头骨进行了数字修复，并将这些头骨的3D模型与125个现代人类的头骨样本进行了比较。

他们惊讶地发现，虽然16万年前儿童头骨的大小和比例在很大程度上与今天的儿童相当，但16万年前成人头骨的大小和比例与现代成年人看起来明显不同。

研究表明，大约1.2万年前，当人类从狩猎采集者“变身”为农业专家并食用较软食物后，这种变化加快了，这可能是因为咀嚼时颌骨承受的负荷减少了。此外，随着人类的胸腔变小，肺活量减少，氧气摄入减少，人脸也可能发生变化。

（二）动物器官与行为研究的新信息

1. 动物器官研究的新发现

发现反刍动物内耳可帮助追踪3500万年演化史。2022年12月，由瑞士巴塞尔自然历史博物馆巴斯蒂安·门内卡特主持的研究小组，在《自然·通讯》杂志上发表的一篇演化研究论文，描述了用反刍动物内耳形状检验食草动物跨越3500万年的演化历史。这些发现，可以把内耳形状变化与鹿和牛的多样化、气候及扩散到新栖息地联系起来。

该论文介绍，内耳感知运动和方向，其形状和大小被用于推断灭绝动物的敏捷性。内耳骨（骨性迷路）在化石记录中异常密集且保存完好，意味着它可以被用于研究哺乳动物数百万年演化的各方面。

研究小组研究了306个现生和化石化的反刍动物内耳骨，包括长颈鹿、鹿、牛、绵羊和山羊，跨越它们3500万年的演化历史。他们使用三维X射线数据来测量这些内耳骨形状，发现小的、非功能性内耳形状变异与这一分类群中新物种的演化一致。例如，鹿的内耳加速变化，与自300万年前上新世或更新世以来19个新鹿类物种的演化一致。在一些类群中，内耳变化还与全球气温变化一致。

研究人员在文章中总结说，即使在内耳这一重要感觉系统中，次要的形状差异也能反映气候和演化历史。他们最新完成的这些研究发现表明，内耳有可能作为演化见解的工具，支持进行更多工作，研究其他类群内耳非功能性形状变化的影响。

2. 动物行为现象研究的新发现

（1）动物驯化行为研究的新发现。2018 年 3 月，由苏黎世大学进化生物学家安娜·林德霍姆领导的研究团队，在《皇家学会开放科学》杂志上发表研究报告称，从狗松软下垂的耳朵到猪卷曲的尾巴，被驯养的动物和它们的野生近亲相比呈现出不同的面貌。科学家以往推测，这是人类干预导致的。如今，他们的新研究发现，野生小鼠在几乎没有任何人类影响的情况下，也能表现出进化的迹象，长出皮毛上白色的斑块及短鼻子。此项研究表明，小鼠能自我驯化，同时像狗一样的其他动物可能在被人类完全驯化之前也做了同样的事情。

人类关于动物在驯化期间如何改变外表的大多数见解，来自 20 世纪 50 年代开展的一项著名试验。研究人员发现，当把野生狐狸带回并且只留下最驯服的品种时，狐狸开始表现出像狗一样的特征，比如卷曲的尾巴、较小的头部及松软下垂的耳朵。更早之前，查尔斯·达尔文将这一系列特征称为“驯化综合征”。但这些特征能否在没有任何人类干预的情况下出现呢？最新研究表明，它们是可能的。

这项新研究开始于 2002 年。当时，研究小鼠行为和疾病传播的生物学家，把十几只野生小鼠圈在瑞士伊尔瑙市的一个谷仓里。这些动物可以按照它们的意愿自由来去、筑巢和交配。同时，它们新挖的洞不受捕食者的威胁，洞的出入口很小，以至于让家养的猫、猫头鹰和貂无法进入。研究人员每隔几周会向谷仓里添加充足的食物和水。不介意人类到访的小鼠四处“转悠”，并且最终发展成拥有 250～430 个成员的种群。一些甚至开始爬上研究人员的鞋子而不是匆匆跑开。该迹象表明，即使是在研究人员并未有目的地繁育对人类最友好小鼠的情况下，这些动物也已经失去了对人类的恐惧。

4 年后，林德霍姆开始注意到，一些褐色小鼠的皮毛上出现了同驯养动物存在关联的白色斑块。她介绍说：“这极其罕见。”在一些小鼠中，白色斑块最少由 8 根毛发组成。2010—2016 年，拥有白色斑块的成年小鼠占比增加了一倍多。

林德霍姆还通过另一个项目偶然间测量了小鼠的头部。与西伯利亚的狐狸一样，这些小鼠变得更小，并且头部出现萎缩，平均变小了约3.5%。美国杜克大学进化人类学家布赖恩·黑尔看到这份研究报告后表示："这是一种激动人心的变化，表明自我驯化可以发生并且是自然选择的结果。"

(2) 动物行走行为研究的新发现。2019年1月，瑞士洛桑联邦理工学院与德国柏林洪堡大学科学家联合组成的一个研究小组，在《自然》杂志网络版发表论文称，他们利用仿真机器人来研究史前动物的运动方式。通过机器人和仿真骨架研究表明：史前四足动物学会在陆上高效行走的时间早于此前预期，并由此推出陆上高效运动的发展，先于爬行动物、鸟类和哺乳动物等羊膜动物的演化和分化。

研究人员表示，各种演化上的适应，推动了四足动物从水栖转变为陆上行走。其中羊膜动物分化迅速，并一直与更高效的直立行走关联在一起发展。然而，这种更先进的运动方式的发展时间线一直不太明确。他们研究了一种大型食草四足动物的化石。它生活在约2.9亿年前，与羊膜动物具有紧密的亲缘关系，其化石与保存下来的足迹相匹配，可以从中了解其运动方式和步态。

研究者综合分析了该化石及其足迹及4种现存两栖动物和爬行动物的测量结果，利用数字技术重建了这种食草四足动物和一个仿真机器人，借此探索各种可能的行走方式的合理性和有效性。通过这些研究发现：与一般的非羊膜四足动物相比，它可能更偏向于直立行走方式，这表明先进运动方式的演化时间可能早于此前预期。

(3) 动物声音通讯行为研究的新发现。2022年11月，由瑞士苏黎世大学生物学家乔尔维奇·科恩领导的研究小组，在《自然·通讯》杂志上发表研究报告，公布了53种此前被认为无声音的动物物种的声音记录。基于这些记录的分析表明，以鼻子呼吸的脊椎动物用声音通讯，或起源于4.07亿年前的一个共同祖先。

声音通讯是许多脊椎动物行为，可以促进亲代照料或吸引伴侣。过去的研究表明，声音通讯在多个不同群组中独立演化，但这一现象是否存在共同起源尚不明确。系统发生分析能够为声音通讯演化起源提供见解，但过去的尝试未能纳入关键物种的记录，例如龟类和其他爬行动物，因为它们被认为是非发声的或无法用声音通讯。

为评估其声音通讯能力，瑞士研究小组记录了来自龟、喙头蜥、蚓螈和肺鱼4种脊椎动物支系的53个物种的发声及行为。他们发现，所有记录物种都有多样的声音库，包括多种不同声音，从啁啾声、短而尖的咔嗒声到复杂的音调声音。

随后他们把这些记录与1800个物种的声音通讯演化史数据结合，其中包括脊椎动物除鱼之外的所有类群。基于他们的分析，研究者提出，用鼻子呼吸的脊椎动物声音通讯有一个共同起源，约出现在4.07亿年前。这些发现阐明了声音通讯的起源，拓展了人们对不同动物类群声音通讯的认识。

（三）哺乳动物研究的新信息

1. 猩猩物种研究的新发现

发现一个新的猩猩物种。2017年11月，国外媒体报道，瑞士苏黎世大学生物学家迈克尔·克鲁岑召集了一个由近40人组成的研究团队，通过探索塔巴努里猩猩样本，发现它是隐藏在苏门答腊岛森林中一个新的猩猩物种，由此，原始灵长类家庭变得更加庞大了。

研究人员表示，塔巴努里猩猩是第三个猩猩物种，同时是第七个非人类的类人猿。不过，它们或许不会存在很长时间：只有800只塔巴努里猩猩，并且生活在比英国伦敦还小的地方。

多年来，研究人员确认了两种生活在印度尼西亚的猩猩：婆罗洲猩猩和苏门答腊猩猩。两个物种都处于严重濒危状态。20世纪30年代末，曾有过塔巴努里猩猩种群的报道，它们位于苏门答腊猩猩生活区域以南的巴唐打鲁地区，但这些说法从未被全面调查过。到1997年，塔巴努里猩猩种群被澳大利亚国立大学的埃里克·梅贾德再次发现。

初步的基因研究显示，这个种群是独一无二的。考虑到最近的猩猩“邻居”生活在100千米之外，这或许并不意外。随后，2013年，一只名为拉雅的塔巴努里猩猩在同当地村民发生冲突后因伤势过重死亡。最终，科学家得以研究塔巴努里猩猩样本，并把它同婆罗洲猩猩和苏门答腊猩猩进行比对。

克鲁岑研究团队把拉雅与其他33只猩猩的头骨和牙齿进行比较。在类似的发育阶段，拉雅的头骨比其他两个物种小。同时，它的上牙和下牙都比苏门答腊猩猩宽很多。

塔巴努里猩猩还表现出不同的行为。雄性塔巴努里猩猩会发出在1千米外都能听到的“长长的叫声”。这能赶走竞争对手，并且吸引雌性。它们“长长的叫声”比婆罗洲猩猩长21秒，与苏门答腊猩猩相比，以更高的最大频率传递。

最终，研究人员分析了来自各种猩猩种群的37个基因组。研究再次证实，塔巴努里猩猩同其他两个物种存在显著差异。克鲁岑介绍说：“科学研究中的意外，把所有事情汇集到一起。我们终于明白，这是一个新的物种。”

2. 黑猩猩文化研究的新发现

（1）研究表明人类正在扼杀黑猩猩文化。2019年3月7日，由灵长类动物学家耶尔马·库尔与安米·卡兰领导的一个70多位学者组成的研究团队，在《科学》杂志网络版上发表研究报告称，对黑猩猩来说，遇到人类通常意味着坏消息。伐木、狩猎和流行病，使栖息在非洲西部和中部的黑猩猩种群濒临灭绝。如今，他们的研究表明，人类活动可能掠夺了黑猩猩种群的文化。

黑猩猩有自己独特的行为，比如用工具敲开坚果或捕获白蚁。这些行为会代代相传，就像人类文化一样。与此同时，它们还包含了对于动物生存至关重要的适应性。然而研究发现，生活在人类附近的黑猩猩种群却很少有这种行为。

大约20年前，瑞士苏黎世大学名誉教授、灵长类动物学家卡雷尔·凡斯海克就提出，人类对栖息地的破坏和偷猎等行为的影响，可能会消灭一些类人猿的关键行为。凡斯海克之前曾研究了猩猩的文化行为。例如当所涉及的关键资源变得稀缺或者当能够传承一种行为的有经验群体成员变得越来越少时，一个群体就有可能失去重要的传统。但要收集足够的数据验证这一假设，却一直都很困难。

如今，这项对144个黑猩猩种群的行为进行分类的大型研究表明，凡斯海克的假设是正确的。研究人员从46个此前从未被研究过的黑猩猩种群中收集动物的行为数据，这是研究黑猩猩文化行为的一个更大项目的一部分。

研究人员把这些数据与已发表的另外 106 个黑猩猩种群的观察结果结合起来。最后，他们总结了 31 种可以被称为文化的行为。他们发现在一个国家公园里，黑猩猩以捕捞藻类而闻名；而在另一个国家公园里，它们会敲开坚果，或者有特定的捕猎方法，或者捕食白蚁。

研究人员也发现，黑猩猩生活的环境越容易受到人类的影响，它们表现出多样化行为的可能性就越小。他们观察到，对于生活在人类活动影响较大地区的种群来说，任何特定行为发生的概率平均下降了 88%。其中远离人类影响的种群可能会表现出 15～20 种行为，而受到人类强烈影响的种群只有两三种行为。

凡斯海克指出，人类有无数种方式可以消灭黑猩猩的行为，如减少黑猩猩的数量，这会限制灵长类动物的社会交往和分享技能的机会。又如隔离黑猩猩群体，这会限制黑猩猩与其他种群的接触。他还提醒说，目前还没有关于远离人类影响的黑猩猩种群的长期数据，因此这个结论仍然是不确定的。

研究人员说，这项研究为最近的一些呼吁提供了支持，即文化特征和文化种群都应该得到承认，并纳入保护濒危动物种群的计划中。无论是类人猿、鲸、海豚、大象，还是候鸟，当人们试图保护这些物种时，就需要关注它们赖以生存的社会和文化知识。研究人员补充道，于许多物种来说，文化并不是某种美好的奢侈品，而是它们适应当地环境的内在和必要部分。在文化物种中，灭绝旋涡的旋转速度可能更快。

（2）发现野生黑猩猩使用工具或是通过社会学习获得。2022 年 1 月，瑞士苏黎世大学生物学家凯瑟琳·库普斯及其同事组成的一个研究小组，在《自然·人类行为》杂志上发表论文称，他们通过一项长期研究发现，给一组野生黑猩猩提供石制工具，它们不会用其开坚果，而与它们相邻的另一独立社群会用工具砸开坚果。这说明，使用工具对野生黑猩猩来说并不容易学会，可能意味着此类行为是通过社会学习获得的。

该论文指出，人类通过观察彼此学会使用工具和其他技能。通过这种形式的社会学习，人类文化变得越来越复杂。但关于这种累积文化是否为人类所特有，争议始终未息。过去圈养猿类的实验发现，它们不经教授就会开始使用工具，但圈养猿类能观察人类使用工具，或许是从这些人那里学到了这些行为。

该研究小组在一个长期田野实验中，为几内亚的一个野生黑猩猩社群提供了其邻近黑猩猩社群所用的工具。他们还给这些黑猩猩提供了坚果，并使用红外相机拍摄结果。他们观察到黑猩猩起初对工具很感兴趣，但没有用它们开坚果，并在数月里逐渐丧失兴趣，而仅 6 千米之外，几内亚另一个独立黑猩猩社群则是使用工具开坚果的。

论文作者表示，这项研究发现为黑猩猩文化的性质提供了进一步见解。黑猩猩开坚果被认为是一种文化性行为，仅在特定黑猩猩社群中实行。这些实验表明，即使得到工具，其他黑猩猩也不能轻易学习到这部分黑猩猩文化。他们认为，黑猩猩的文化与人类文化非常相似，可能也是从社会群体成员那里学习而发展起来的。

3. 逆戟鲸进化研究的新发现

发现逆戟鲸进化受到文化驱动。2016 年 5 月，瑞士伯尔尼大学生物学家安德鲁·富特主持的研究小组，在《自然·通讯》杂志上发表论文称，很多研究人员接受这样一种观点，即文化经历帮助塑造了人类进化，如今，他们发现的证据表明或许同样适用于逆戟鲸。

为应对文化行为，人类基因组发生了进化：一个典型例子是在乳品业出现后，某些人获得了乳糖耐量基因。不过，基因组和文化是否在其他动物种类中共同进化尚不明确。该研究小组猜测，逆戟鲸可能遵循类似于人类的模式。

与人一样，逆戟鲸分布在从热带到极地的广泛区域。不过，很多种群似乎会维持在单一区域内。在那里，它们创造了专门的生态位，通过复杂的觅食策略，捕获特定目标。而逆戟鲸个体会在稳定的群体中生活几十年，因此幼年逆戟鲸拥有足够的机会从成年逆戟鲸那里学习这些专长。生物学家用“文化”一词描述对此类行为的学习。

研究小组探索了 50 头逆戟鲸的基因组。它们来自 5 个生态位，其中两个位于太平洋、3 个位于南极海洋。这些基因组分成 5 个不同群体，并且精确反映了上述 5 个文化生态位。例如，一些可能在饮食上拥有特定功能的基因，似乎在不同文化群体中出现偏离。换句话说，即便逆戟鲸在 20 万年前拥有共同的祖先，但单个文化群体在基因方面已变得大不相同。因此，逆戟鲸的基因组和文化是共同进化的。

加拿大戴尔豪斯大学的哈尔·怀特黑德说："这是一项极其重要的研究。其结果很吸引人。如今，我们了解到，与人类一样，文化不只是逆戟鲸生活中的一个重要因素，还帮助驱动了基因进化。"

（四）鸟类研究的新信息

1. 鸽子导航能力研究的新发现

（1）发现信鸽利用地标指引自己安全返航。2009 年 6 月，瑞士苏黎世大学的阿列克谢·维索斯基领导的一个研究小组，在《当代生物学》杂志网络版发表研究成果称，他们为了搞清信鸽大脑如何处理视觉信号，研制出一种名为神经记录器的装置，它能够在跟踪鸟类路径的同时记录其飞越熟悉地点时的大脑活动状况。

当信鸽以每小时 65 千米的速度掠过天空时，它们如何追踪身下几百米处的那些熟悉的地点呢？它们究竟是如何找到回家之路的？这些问题一直是未解之谜。一些研究推测，鸟类能够利用嗅觉、太阳的方向，或地球磁场来导航，科学家同时还知道，信鸽能够利用视觉地标。为了搞清信鸽的大脑如何处理这些视觉信号，瑞士研究小组研制出这个新仪器。

神经记录器的重量仅为两克，它使用一种脑电图来记录大脑活动。研究人员首先训练 26 只信鸽将一座阁楼当作自己的家。随后，他们在这些鸟类的大脑中植入微电极，并将其与神经记录器相连。研究人员为这些信鸽配备了全球定位系统监视器，最后在距离阁楼 10～30 千米沿线的不同地点放飞了这些信鸽。

在这些信鸽飞回家后，研究人员取下相关装置，随后将鸟类大脑活动的记录与它们当时的位置进行比较。维索斯基发现，当信鸽沿着地标飞行时，例如一条熟悉的高速公路，它们大脑中的高频脑电波突然变得更加密集。研究人员同时注意到，与飞越一片没什么特色的水面相比，这些信鸽在飞过熟悉的地形时，高频脑电波会产生更多的峰值。维索斯基推测，高频脑电波可能与鸟类识别已知的地点有关。

美国新罕布什尔大学的布雷特·吉布森是从事动物认知研究的专家。

他说："这项研究提供了鸟类在飞行期间大脑内部的一个有趣景象。尽管如此，我还是想知道这些大脑活动是否仅仅与导航有关，还是更广泛地涉及事物的认知，以及到底是什么触发了这些活动。"而这正是瑞士研究小组在接下来试图解释的问题。

研究人员表示，他们研制的神经记录器并非仅仅适用于鸟类，也可用来研究树懒、小鼠，以及海豚和海豹等海洋哺乳动物。

(2) 发现鸽子或许依靠重力感应找到回家的路线。2014 年 11 月，由生物学家汉斯皮特·利普领导，成员来自瑞士苏黎世大学和南非夸祖鲁大学的一个研究小组，在《实验生物学》杂志上发表研究成果称，他们正在破解鸽子回家之谜。他们发现，鸽子的导航能力会受到重力异常的影响，并推测鸽子脑内有能感测和维持方向的陀螺仪，它们实际上用"重力地图"指引自己返家。

鸽子怎么找到回家的路？目前一个普遍观点是，信鸽和候鸟在地球磁场和太阳位置的帮助下确定并保持飞行方向。至于鸽子如何确定自己所在的位置，则依然没有清晰的解释。

该研究小组对现有理论——鸽子靠香味或地磁图定位，都不大认同。在研究人员与鸽子直接接触观察了几十年后，利普遇上来自乌克兰高新技术研究所的瓦列里·卡耐夫斯基。卡耐夫斯基提出了一个简单但惊人的理论：鸽子用对其鸽房附近重力场的记忆来给自己指路。"我发现他用一个简单的假设解决了这个问题：鸟类大脑中一定有陀螺仪。"

为了证明上述推论，研究小组需要证明是重力异常而不是地磁因素会使鸽子走错路。幸运的是，研究人员知道这么一处重力异常的地点——乌克兰的一个巨大圆形陨石坑，那里的重力比常规重力要弱。研究小组推测，飞越陨石坑可能会破坏鸽子体内的陀螺仪导航系统，使其方向错误。他们在陨坑中央分批放出了 26 只经过训练的鸽子，每只身上都装载了轻型的 GPS 追踪器。

有 18 只鸽子成功回来了，其中的 7 只往正确的方向放飞，它们基本没有偏离航线太多，顺利归巢。但是，其他往任意方向放飞的鸽子在大坑边缘似乎迷失了方向。当这些鸟飞越第二次重力异常地带时，它们同样弄不清楚自己的位置。研究人员对受到重力干扰与没有遭遇阻碍归巢的鸽子的飞行路线进行了比对，发现受干扰鸽子的飞行路线要分散得多，而且当它们飞到陨石坑边缘时偏离航向最为严重。

研究小组推断，鸽子通过比较鸽房的陀螺仪设置与其所在地的陀螺仪数值，设定了一个初始的返航方向。不过，一些鸽子一开始就设置了错误的方向，这使得它们要花上好几天来纠正错误。

这一实验似乎意味着，对重力的感知在鸽子的导航上扮演了重要角色，利普希望进行进一步研究，来弄清鸟类的重力感应机制。

2. 加强鸟类保护研究的新进展

呼吁采取措施努力降低鸟类灭绝风险。2018 年 4 月 26 日，瑞士资讯报道称，全世界约有 1/8 的鸟类受到灭绝威胁。在瑞士，这个受威胁鸟类红色名单上的数量甚至是全球的 3 倍。

瑞士鸟类保护组织公布了一份有关全球鸟类数量状况的科学报告，其内容显示，在 11122 种已知鸟类中，156 种已经灭绝，还有 5 种存活在人工圈养环境中。461 种受到严重威胁，另有 1017 个品种在预警名单中。瑞士的情况相对更糟，红色名单中受威胁的鸟类达 39%，是全球数字的 3 倍之多。

报告称，红色名单中所列举鸟类受到威胁的主要原因是工业化和农业扩张导致鸟类生存环境遭到破坏，其次还包括林业、外来物种入侵、狩猎和偷猎，以及气候变化等因素的影响。

瑞士国际鸟类联盟专家表示，这些数据表明，瑞士鸟类的状况比许多其他国家严重得多。该组织强调，瑞士急需采取紧急措施，特别是在与农业相关联领域设法加强对鸟类的保护。

（五）爬行动物与节肢动物研究的新信息

1. 爬行动物研究的新进展

揭开变色龙的变色机制。2015 年 3 月，有关媒体报道，由瑞士日内瓦大学米歇尔·米林柯维基领导的一个研究小组，针对豹纹变色龙皮肤展开一系列研究和试验，终于揭开了它们的变色机制。

研究人员说，豹纹变色龙从庄重的绿色变成光鲜的嫩黄或亮红色只需要两分钟。它们是如何做到这一点的呢？科学家一直推断，变色龙通过使不同颜色在它们的皮肤中流动来改变其外表，但这种爬行动物实际上拥有一种更聪明的方法。

研究小组发现，实际上，豹纹变色龙是通过迅速地重新排列皮肤中的微小晶体，使其能够能反射不同波长的光线，从而形成不同的颜色。米林柯维基说："从本质上讲，这些晶体相当于分色镜。"为了伪装，豹纹变色龙通常是一袭绿装。不过当有竞争对手或心仪的配偶靠近时，成年雄性变色龙会迅速变成黄色或红色。米林柯维基说："它们或者是在躲藏，或者是在炫耀。"

研究小组在显微镜下研究了变色龙的皮肤，发现细胞中含有呈网格状且排列十分规整的鸟嘌呤晶体，而鸟嘌呤是 4 种脱氧核糖核酸碱基之一。研究人员利用计算机模型显示，理论上，通过简单地改变晶体间距离，它们的排列能反射任何可见光的颜色。相互靠近时，它们反射拥有短波长的绿色。相反，当晶体间的距离增加时，黄色然后是红色的波长会被反射。

为确定这是否为变色龙皮肤中颜色改变背后的机制，研究小组获取了小块皮肤样品，并将其浸入盐溶液中。通过改变浓度，他们能让皮肤细胞膨胀或收缩，这反过来会增加或减小鸟嘌呤晶体之间的距离。研究发现，被反射光线波长发生变化的方式同模拟预测的完全一样。

2. 节肢动物研究的新进展

化石研究显示大量节肢动物出现在寒武纪时代。2018 年 5 月 21 日，瑞士洛桑大学与英国牛津大学自然史博物馆学者组成的研究小组，在美国《国家科学院学报》上发表研究报告称，寒武纪生命大爆发是一个历时大约 4000 万年的渐进过程。

化石记录显示，绝大多数动物类群在寒武纪生命大爆发中首次出现，其中节肢动物门成为属种数量最多的一个动物门，包括虾、蟹、蜘蛛、蚊、蝇、蜈蚣及已灭绝的三叶虫等。

研究小组对各类节肢动物化石进行综合分析的结果显示，在距今 5.4 亿年到 5 亿年间，节肢动物门呈发散式出现。此外，大爆发不是突然事件，而是在随后约 4000 万年内逐渐展开。该研究挑战了当前两种生命起源假说。一种假说认为，节肢动物在 5.4 亿年前几乎是突然出现的；另一种则认为，6.5 亿年到 6 亿年前节肢动物已开始缓慢进化。

此前，有研究人员认为，前寒武纪时代没有发现化石的原因是化石难以保存，但新研究认为，前寒武纪末期与寒武纪在化石保存环境上非常相似，可能的解释只有节肢动物在当时尚未进化出来。

（六）海洋动物研究的新信息

1. 海绵研究的新进展

用新技术研究海绵体内的微生物群落。海绵是最原始的多细胞动物，6 亿年前就已经生活在海洋里，已发展到 1 万多种，占海洋动物种类的 1/15，是一个庞大的“家族”。2015 年 6 月，有关媒体报道，由瑞士联邦理工学院生物学家皮尔领导的研究团队发表研究报告称，他们利用单细胞测序和其他技术在海绵中确认了未被培养出来的细菌。这些滤食性生物一直是科学家的兴趣所在，因为它们产生一系列具有抗癌、抗菌和其他药物价值的丰富化学物质。它们还庇护着占据 40%海绵质量的密集微生物群落，并且被推测是这些化学物质的来源。不过，这些群落的成员一直未被培养出来。

该研究团队把关注点放在选出的一种海绵上。其庇护着约 1000 种细菌，并且产生几十种具有生物活性的已知化合物。2011 年，他们开始对从海绵样品中分离出来的单个细菌细胞的 DNA 进行测序，并且找到两个已知涉及具有生物活性的分子生产的基因簇。他们在一种肠杆菌属细菌中发现了这些基因。

不过最令皮尔惊奇的是，这种生物体对同海绵相关的几乎所有具有生物活性的化合物负责。当序列数据显示这种细菌庇护着所有必要基因时，这一点变得清晰起来。皮尔说：“在研究团队接收到关键数据时，我几乎从椅子上跌下来。这是一种未被培养出来的细菌，能成为具有生物活性化学物质生产者的首个证据。在单一菌株中创造很多不同化合物的能力，并不常见。”

目前，皮尔的实验室正试图把来自肠杆菌属的基因簇改造成一种可以培养的生物体，例如大肠杆菌，从而使宿主能大量生产化合物。他还在挖掘来自日本、巴布亚新几内亚和以色列的海绵细菌基因组，以期寻找其他细菌超级生产者。

2. 珊瑚研究的新进展

发现暖水珊瑚能够抵抗气候变化。2017 年 5 月，由瑞士联邦理工学院生物学家托马斯·克鲁格等组成的一个研究小组展示的研究成果表明，如果位于红海北部的珊瑚能够免受污染，它们的独特进化历史意味着，即便全球变暖温度升高，它们也可能生存到 21 世纪末，甚至变得更加生机勃勃。

如果水温比夏季正常水温连续数周升高 1℃，那么珊瑚就会赶走生活在其中的藻类，这一过程叫作白化。然而，位于红海北部一些地区的一种常见珊瑚，即便在水温比当地目前最高温度升高 2℃时，仍能繁荣生长。当这种珊瑚连续 6 周处于 2050—2100 年的温度模式时，它甚至比现在生长得更快。

克鲁格说："这种珊瑚没有白化。实际上，伴生在其中的藻类的健康程度提高了。"

有迹象表明，红海北部的其他珊瑚物种也能够耐受高温。在末次盛冰期，全球海平面下降了 120 米，在很大程度上把红海与其他海洋隔绝。这里的含盐量非常高，能够杀死珊瑚。随后，在约 6000 年前，在海平面再次升高之后，珊瑚从南部重新迁徙到红海，那里的环境更加炎热。现在生长在红海北部的珊瑚，在夏季时经历的最高海水温度在 27℃左右，它们是曾经生活在水温可达 30℃以上的环境中的珊瑚的后代。这表明红海北部的珊瑚可能天然能够抵抗炎热，从而在比夏季最高水温高出若干摄氏度的水中生长。

三、研究食物与农业的新成果

（一）食物研究的新信息

1. 食物新品研究的新进展

着手推出用昆虫制成的美食。2017 年 8 月 17 日，国外媒体报道，瑞士一家连锁超级市场将于本月 21 日推出全新的昆虫制成的美食，首先让公众一尝的食品包括昆虫汉堡和昆虫肉丸。据悉，有关食物由当地一家新晋食物制造商供货予超级市场，销售点包括苏黎世及伯尔尼的分店。

报道指出，此次新品推出可谓是历史性的决定，带领瑞士成为先驱者，开创了欧洲国家合法销售昆虫食品的先河。

瑞士国内第二大连锁超级市场，日前正式公布昆虫食品的开卖消息。

至于食物安全问题，瑞士国会于2016年5月修订法例，容许食物供应商选用蟋蟀、蚱蜢和黄粉虫为食材。当局对昆虫食品的规定和管理非常严格，限制昆虫用于供人类食用前，其繁殖过程必须连续四代接受监控。

在世界多国的饮食文化中，以昆虫入馔早已并非新鲜事，目前的昆虫菜式包括泰国的油炸蟋蟀、墨西哥的烘烤蚂蚁及日本的炸蝉等。有人认为，昆虫是极佳的营养来源，为人类提供所需的蛋白质、维生素和矿物质。

2. 古人食物研究的新发现

发现4000年前古人的食物残渣。2017年10月，美国趣味科学网站报道，由瑞士伯尔尼州研究机构考古学家雷古拉·居布莱主持的一个研究小组发现的4000年前青铜器时代的木质饭盒里，留有食物残渣，由此可以了解古人到野外时所带的食物。

报道称，研究小组在瑞士西南部的伯尼兹阿尔卑斯地区的勒奇山发现了这一木质饭盒，以及一些弓箭、绳索和皮革制品等器物。它们位于接近2700米山顶的一处岩石庇护所内。

居布莱说，通过碳14测年分析，这些器物应属于约4000年前青铜器时代的猎人或牧民，他们可能在山口的一块大石头下躲避风雪时留下这些物品。这一饭盒大体是圆形的，主体由瑞士松、柳树和欧洲落叶松制成，盒内还残存有“神秘”食物残渣。经分析发现，这是由小麦、黑麦、大麦等多种谷物研磨成的粉状物。

早在2011年，附近小木屋的看守者在勒奇山口遛狗时就发现了这处考古点。考古发掘工作于2012年开始，但恶劣天气一直阻碍着发掘进程，直到最近山顶积雪加速消融，才让这些古代器物解冻，露出了“庐山真面目”。

考古学家说，被发现的饭盒和弓箭等证明，青铜时代的山民中就有猎人存在，勒奇山口现在仍是主要猎区，分布着大量岩羊、野山羊等。不过这些器物也可能是牧民留下的，他们携带弓箭以保护家畜免受熊或狼的捕食。

（二）农业生产研究的新信息

1. 有机农业模拟研究的新进展

建立可持续发展有机农业的模型分析。2017年11月13日，由瑞士有机农业研究所科学家阿德里安·穆勒主持的一个研究团队，在《自然·通讯》杂志发表论文称，他们基于2050年全球预计人口数和气候变化建立模型，分析认为有机农业或可满足全球的食物需求，同时实现可持续发展，但条件是减少食物浪费和肉类生产。

有机农业，指在生产中完全或基本不用人工合成的肥料、农药、生长调节剂，而采用有机肥满足作物营养需求的一种农业生产方式，及采用有机饲料满足动物营养需求的畜禽养殖。目前人们认为，有机农业的发展可以帮助人类解决现代农业带来的一系列问题，譬如土壤侵蚀、环境污染、物种多样性的减少及能源消耗等。虽然有机农业明显比传统耕作方法更环保，但是若不开辟新的耕地，有机农业仍旧无法满足人类对食物的需求。

为了评估有机农业为全球提供粮食的可行性，该研究团队此次基于2050年全球90亿人口和不同的气候变化设定进行了模拟研究。他们的模型预测，要实现100%的有机农业转化同时满足全球粮食需求，所需耕地将比目前增加16%～33%。要实现100%有机农业转化但不增加耕地面积，则需要减少50%的食物浪费，并且停止生产动物饲料，把种植动物饲料的土地转为生产人类粮食，而人类饮食中的动物蛋白会从38%减少至11%。

研究人员表示，该研究结论基于最新的模拟，依据每个地区对有机农业的接受程度和实际经济状况的不同，以及它们在现实世界里可能产生的不同结果，论文作者总结称，建立可持续的食物供给系统不仅需要增加粮食生产，还需要减少浪费，降低庄稼、草和牲畜之间的互相依赖性，并削减人类的农产品消耗。

2. 畜牧业生产研究的新进展

研究削减牲畜抗生素的使用。2017年10月，有关媒体报道，根据近日发表的全球销售分析数据，每年约有13万吨抗生素被加入动物饲料中，这些抗生素经常被用于加快农场动物的生长。瑞士联邦理工学院的范·博克尔领导的研究小组对此分析后表示，这意味着新的耐药性变异在其他动物中出现的可能性比人类更高。

当细菌遇到抗生素或是获得来自其他细菌的抗体基因时，就会演化出耐药性。一些感染现在变得不可治愈，同时人们研发出的新药越来越少，世界卫生组织将这种情况称为“全球健康经济状况”。

研究小组预计，如果继续沿着目前的轨道发展，那么到 2030 年，人们给动物使用的抗生素将会达到 20 万吨。但是研究人员认为，依然可以阻止那一天的到来。他们已经计算出，如果发达国家和中国把抗生素的使用限制在当前全球平均水平，那么到 2030 年，农场使用药物的比例将比预计低 60％。

他们认为这是现实的，并且可以在不减少生产的情况下完成。在 2006 年欧盟禁止使用抗生素生长促进剂后，丹麦等国家在使用了一半抗生素的情况下保持了生产水平。

另外，少吃动物产品也会有帮助。研究小组估计，如果按照预期的欧盟平均水平，到 2030 年每个人每天只吃 165 克动物蛋白，牲畜的抗生素消耗将比目前预测的低 22％。

（三）农业环境保护研究的新信息

1. 高危农药污染防治研究的新进展

禁止出口对健康和环境有害的高危农药。2020 年 10 月，国外媒体报道，瑞士联邦政府批准了化学物质法修正案，从 2021 年 1 月 1 日开始，瑞士将不允许出口在瑞士境内已经禁止的 5 种有害的植物保护剂。

此举旨在减少有毒化学物质带来的风险，帮助保护进口国，特别是发展中国家的健康和环境。联邦政府在一份声明中指出：瑞士因此承担起各种化学品协定秘书处所在地及植物保护产品跨国制造商生产地的责任。

这个修正案，包括对植物保护剂现行法规做出的重大更改。其中明令禁止出口 5 种特别危险的产品包括在瑞士禁止使用的活性成分阿特拉津、地芬硫龙、甲硫磷、百草枯和非诺磷的制剂。自 1989 年以来，瑞士已禁止使用的一些产品，例如百草枯，在其他国家或地区仍广泛使用。

此外，政府还增加了对约 100 种有损健康和有害环境，并且在瑞士被禁止的其他植物保护剂出口的要求。这将受到授权系统的约束，根据该系统，如果进口国明确表示同意，则联邦环境办公室将仅颁发出口许可证。2019 年 12 月，在瑞士部分地区的饮用水中发现过量的杀菌剂后，联邦农业办公室禁止使用百菌清。欧盟从 2020 年开始禁止百菌清进入市场。

瑞士非政府组织“公众之眼”对此决定表示欢迎，认为这是发出了一个强烈信号，表明瑞士正在结束“双重标准”，同时也是向行业传达信息，瑞士应该退出最具危害性的有毒化学品市场。

2. 土壤污染防治研究的新进展

用“种内裤”方式来监测土壤健康状况。2021 年 4 月 14 日，英国《泰晤士报》报道，瑞士有 1000 人，各自在农田和菜园里“种下”两条全新纯棉白色内裤。

报道称，瑞士人之所以在全国各地“种内裤”，是为了监测该国土壤的健康状况。该项目负责人表示，这种土壤污染防治研究在加拿大也曾做过，但规模没有这么大，现在参加实验的瑞士人都是自愿报名的，用内裤等天然纺织品的腐烂状况来监测土壤，具有科学可靠性。

“种下”内裤一个月后，科学家们会协助志愿者挖出一条内裤，进行拍照分析和取样。到两个月后，再挖出另一条内裤，并进行同样的操作。这对天然纤维的分解过程观察比较直观：内裤上的洞越多，说明土壤越健康。

此外，研究人员还将检查土壤中的微生物 DNA，以找出哪些微生物正在侵蚀内裤，他们表示：“这是一项非常严肃的科学实验。”

第十章　医疗与健康领域的创新信息

瑞士在癌症与艾滋病防治领域的研究，主要集中于研究乳腺癌、肾癌、宫颈癌、结肠癌和淋巴癌的防治。研究艾滋病抗体和抗艾滋病病毒药物。在心脑血管疾病防治领域的研究，主要集中于探索高血压病因，研制胎盘胎儿输血新技术，开发治疗遗传性血液病的新方法，发现可望促进脑卒中后血管再生的新疗法。在神经系统疾病防治领域的研究，主要集中于以计算机模拟大脑功能，提出解释大脑产生意识的新模型，找到大脑防御行为的通道；成功实施多例无创颅内超声波手术，解锁完全闭锁状态患者的脑信号，探索脊髓损伤患者康复治疗，用电子植入物激活退行性疾病患者的脊髓神经。发现瞳孔大小反映睡眠状态，揭示大脑把外部信息转化为记忆的机制。同时，还对恐惧症、焦虑症、抑郁症、阿尔茨海默病和帕金森病的防治展开研究。在消化与代谢性疾病防治领域的研究，主要集中于探索治疗消化系统炎症，开发肝脏疾病治疗药物，研究肝脏疾病治疗靶点，破解肠道与细菌共处之谜，研发可获取肠道健康信息的“传感器细菌”。找到胰岛素分泌的分子开关，研究提升糖尿病患者的自我监管能力；研制有助于提高代谢物检测效率的生物传感器。在骨科疾病防治领域的研究，主要集中于发现颌骨区咬肌内存在第三层肌肉，发现生育会永久改变女性的骨骼，用鼻子软骨医治撕裂的膝盖，研制可实时传递位置和触觉信号的仿生手，研制助人保持平衡的可穿戴机械外骨骼。在五官科疾病防治领域的研究，主要集中于研制能改进青光眼治疗的隐形眼镜，创建能让盲人感知烟花表演的新感知系统，推出首款蓝牙耳机式定制助听器，研制结构和硬度媲美真牙的仿生牙。同时，还对防治传染病、儿科与老年疾病，以及器官移植等做出研究。

第一节 癌症与艾滋病防治研究的新进展

一、癌症防治研究的新成果

（一）研究乳腺癌防治的新信息

1. 探索治疗乳腺癌药物的新发现

发现一种乳腺癌药物可治疗胃癌。2009 年 5 月，国外媒体报道，一个推广瑞士罗氏公司药物的研究小组，在美国临床肿瘤学会年会上报告说，他们研究显示，治疗乳腺癌的靶向药物“赫赛汀”在对付胃癌方面也有不错的效果。目前，对于晚期胃癌患者的治疗选择非常有限，而且效果不甚理想。统计显示，目前全球每年有超过 80 万人因晚期胃癌死亡。

据年会发布的消息，研究人员在对近 600 人进行的一项试验中发现，接受标准化疗联合“赫赛汀”治疗的晚期胃癌患者，平均生存期达到 13.8 个月，比只接受标准化疗的对照组患者平均生存期多了 2.7 个月。据悉，由于这项试验的中期评估已经显示“赫赛汀”对晚期胃癌有明显疗效，而且没有意外的副作用，因此试验已经提前结束。

“赫赛汀”是瑞士罗氏公司研发的一种靶向药物，它是一种人源化抗体，可以阻断一种名为 HER2 蛋白质的功能，而该蛋白质是一种潜在致癌基因所编码生成的蛋白质。此前，该药物已在多个国家和地区上市，获准用于治疗乳腺癌。

研究人员解释说，进一步研究发现，治疗效果较为明显的晚期胃癌患者基本都属于 HER2 阳性患者，也就是说，此前批准“赫赛汀”治疗乳腺癌的机理，可能同样适用于胃部出现这类肿瘤的患者。

这一发现同时证明，不限于传统肿瘤划分而基于病患基因特性，寻找治疗肿瘤的特定生物标记进行治疗，即为患者提供个性化治疗，应该成为新的研究趋势。

2. 探索乳腺癌转移现象的新发现

（1）发现应激激素能促进乳腺癌转移。2019 年 3 月，由瑞士巴塞尔大学生物医学系穆罕默德·本蒂雷斯教授领导的研究团队，在《自然》杂志上发表论文称，长期以来，人们一直认为压力会导致癌症恶化，他们破解了乳腺癌转移与应激激素增加之间的分子机制，他们还发现，在癌症治疗中经常被用作消炎药的应激激素合成衍生物会降低化疗的疗效。这项研究结果来自人源性乳腺癌小鼠模型，并可能对乳腺癌患者的治疗产生影响。

转移性乳腺癌治疗的一个主要障碍是肿瘤的异质性。随着疾病的进展，肿瘤变得更加多样化，癌细胞之间的差异可能会导致治疗上的不充分。

由于这一现象的潜在机制尚不清楚，该研究团队一直在研究一种名为三阴性乳腺癌的高转移性癌症的细胞。这种癌症对标准疗法有抗药性，使得患者的治疗选择更少。

为了探索肿瘤和转移瘤之间的异质性，研究人员在乳腺癌小鼠模型中分析了基因活性。他们发现转移瘤增加了糖皮质激素受体的活性，而糖皮质激素受体负责调节皮质醇等应激激素的作用。而且，转移瘤小鼠的应激激素皮质醇和皮质酮浓度高于未转移瘤小鼠。

研究人员表示，这些应激激素水平的升高会激活糖皮质激素受体，导致癌细胞的定植和异质性增加，并最终缩短患者的存活时间。糖皮质激素受体还介导合成皮质醇衍生物的作用，如地塞米松，它被广泛用于治疗化疗引起的副作用。研究人员发现，在发生癌细胞转移的小鼠中，当与地塞米松共同使用时，化疗药物紫杉醇的疗效会降低。

这些研究提示，在给乳腺癌患者开糖皮质激素药物处方时应该谨慎。该研究还表明，抑制糖皮质激素受体或许对患者是有益的，这也许能够带来应对乳腺癌转移的新疗法。

本蒂雷斯教授说："肿瘤异质性是癌症治疗面临的一个严峻问题。这些发现，强调了压力管理对患者的重要性，尤其是那些三阴性乳腺癌患者。适当的运动和放松能够改善生命质量，并提升患者的存活率。"

（2）发现乳腺癌在睡眠时会加速扩散。2022 年 6 月，由瑞士苏黎世联邦理工学院分子肿瘤学教授尼古拉·埃斯托负责，该学院研究员佐伊·戴曼托普楼及巴塞尔大学医院和巴塞尔大学同行参加的研究小组，在《自然》杂志上发表论文称，迄今为止，癌症研究还没有过多关注肿瘤何时脱落转移细胞的问题。研究人员此前假设，肿瘤会持续释放此类细胞。然而他们的新近研究却发现，后来形成转移的循环乳腺癌细胞主要出现在患者的睡眠阶段。

世界卫生组织公布的有关资料表明，乳腺癌是最常见的癌症之一，每年全世界约有230万人患上这种疾病。如果医生及早发现乳腺癌，患者通常对治疗反应良好。然而，如果癌症已经发生转移，即当循环癌细胞脱离原始肿瘤，通过血管穿过身体并在其他器官中形成新的肿瘤时，情况就会变得很糟糕。

埃斯托指出："当受影响的人睡着时，肿瘤就会苏醒。"在他们的研究中，包括30名女性乳腺癌患者，还有小鼠模型。研究人员发现，当生物体处于睡眠状态时，肿瘤会产生更多的循环细胞。与白天离开肿瘤的循环细胞相比，夜间离开肿瘤的细胞分裂更快，因此形成转移的可能性更高。

戴曼托普楼说："循环乳腺癌细胞从原始肿瘤中的逃逸受到褪黑激素等控制，褪黑激素决定了我们的昼夜节律。"

这项研究还表明，采集肿瘤或血液样本进行诊断的时间，或会影响肿瘤学家的发现。研究人员惊讶地发现，在一天中不同时间采集的样本中循环癌细胞的水平非常不同。与人类相比，小鼠每单位血液中发现的癌细胞数量惊人的多，其原因是作为夜行动物，小鼠在白天睡觉，而这正是科学家收集大部分样本的时间。

下一步，研究人员将弄清如何把这些发现纳入并优化现有癌症疗法，调查不同类型的癌症是否与乳腺癌表现相似，以及如果患者在不同时间接受治疗，现有疗法是否会更成功。

（二）研究肾癌防治的新信息

1. 探索肾癌药物的新用途

一种肾癌药物获批用于治疗罕见肿瘤。2010年11月1日，国外媒体报道，瑞士诺华公司的肾癌药物伊维莫司获得美国食品和药物管理局批准，将用于治疗叫作"室管膜下巨细胞星形细胞瘤"的罕见肿瘤。

这种肿瘤是一种罕见的中枢神经系统肿瘤，多为结节性硬化症在中枢神经系统的一种表现。有关专家介绍说，某些患有这种罕见肿瘤的患者以前仅能通过手术进行治疗，没有相关药物可用。现在，伊维莫司可用于那些无法进行手术治疗的患者。

在对伊维莫司的新用途进行的临床试验中，28 名室管膜下巨细胞星形细胞瘤患者接受该药治疗 6 个月，其中有 9 名患者体内的肿瘤缩小了一半以上；有 4 名患者在临床试验前曾通过手术切除肿瘤但随后肿瘤复发，接受伊维莫司治疗后，有 3 名患者的肿瘤缩小了 50%以上；所有参加临床试验的患者体内均未产生新肿瘤，但没有一名患者的肿瘤完全消失。

2. 探索与肾癌相关免疫细胞的新进展

通过研究肾癌绘制出肿瘤免疫细胞图集。2017 年 5 月，由瑞士苏黎世大学肾癌专家伯恩德·博登米勒领导的一个研究小组，在《细胞》杂志上发表研究成果称，他们通过对肾癌进行专项研究，进而描绘出围绕肿瘤的免疫细胞明细图。结果发现，临床结果不同的肿瘤具有独特的免疫细胞图谱。这些图谱也能估计一个癌症患者的预后。

博登米勒表示，了解不同患者肿瘤之间的免疫细胞差异，为开发个性化的免疫疗法带来了更大可能性。肿瘤不受抑制的生长能力得益于它对免疫细胞的招募。它们形成了微型生态系统。在这一系统中，细胞与细胞之间的关系在正常组织中是见不到的。新免疫细胞图谱揭示了这些生态系统。

在这项研究中，科学家用数十个抗体标记了肿瘤周围的单个免疫细胞生成图谱。利用这些信息，科学家借助一种检测器筛选细胞，并揭示它们的“身份”，以及这些细胞是功能性的或者是有缺陷的。

研究小组调查了 73 名肾细胞癌患者的肿瘤样本。结果显示，其中的 T 细胞和巨噬细胞的数量比先前认为的更多变。研究人员还发现，一些拥有 T 细胞和巨噬细胞特定组合的患者，倾向于产生快速发展的癌症。

（三）研究其他癌症防治的新信息

1. 探索宫颈癌防治的新进展

开发出宫颈癌喷剂疫苗。2006 年 5 月 30 日，《新科学家》杂志网站报道，瑞士洛桑大学的一个研究小组开发出一种防治宫颈癌的喷雾剂疫苗，其效果与注射疫苗相同。宫颈癌是危害女性健康的第二大癌症。全世界每年约有 30 万女性因宫颈癌失去生命，70%的宫颈癌由人乳头瘤病毒引起。

据报道，这种喷雾剂疫苗中含有 16 型人乳头瘤病毒的表皮物质，而

16 型人乳头瘤病毒是引发宫颈癌的 4 种最主要病毒之一。病人吸入喷雾，可以刺激并产生针对这种病毒的抗体，从而会形成如同注射疫苗一样的效果。

研究人员介绍，这种喷剂使用方便，疗程短。病人只需使用两次，其间间隔 2 周，而注射疫苗需要注射 3 次，并要耗时 6 个月。

2. 探索结肠癌防治的新进展

发现可以阻止结肠癌细胞生长和转移的新技术。2009 年 8 月，瑞士日内瓦大学的研究小组在《欧洲分子生物学学会期刊》上撰文称，他们发现了一种可以阻止人类结肠癌细胞生长和转移的新技术，并在动物实验中获得了成功。

据介绍，早期结肠癌的发病部位大多位于肠壁，相对容易治疗。但在日常病例中，大多数结肠癌在发现时已到了难以医治的晚期。该研究小组发现在结肠癌发展为晚期的过程中，刺猬蛋白信号通路发挥了重要作用。它是一种细胞之间用于传递信息的信号通路，一般被用来确定细胞存活、发育及位置等信息。

项目负责人说，先前已有相关研究提出刺猬蛋白信号通路在结肠癌中具有重要作用的假设，但遭到了不少学者的否认。此次，研究人员通过实验，证明它在结肠癌生存和发育中的重要作用，并在结肠癌上皮细胞中发现具有活性的刺猬蛋白。此外，他们还发现转移性肿瘤也必须依靠刺猬蛋白信号通路才能维持生长。因此，识别出刺猬蛋白信号通路并将其作为标靶，就为结肠癌的治疗提供了一种新途径。

具体来说，就是运用 RNA 介入和环耙明阻断癌变组织中刺猬蛋白信号传导通路，以影响其后续基因表达，从而达到阻止癌细胞生长、转移和复发的目的。

研究人员发现，通过遗传学或者药理学的手段，阻断刺猬蛋白信号的方法还可以防止癌细胞的自我更新。这种疗法，对癌症转移和复发的控制也同样有效。在对小鼠的实验中经过环耙明阻断治疗后，小鼠体内原先存在的肿瘤逐渐消失。患癌小鼠在接受治疗一年后，仍然健康，未见复发或其他不适症状。

有关专家称，这项研究证明刺猬蛋白信号通路在人类结肠癌细胞中的重要作用，为癌症的治疗开创了新局面，提供了一种既能消除肿瘤又能防止其复发和产生副作用的新技术。

3. 探索淋巴癌防治的新进展

基因疗法医治特定淋巴癌疗效显著。2017 年 12 月，在美国血液学学会年会上公布的 3 项临床试验结果显示，瑞士诺华公司研制的嵌合抗原受体 T 细胞（CAT—T）疗法，着眼于改造患者自身的免疫细胞，对治疗特定淋巴癌产生了显著疗效，让多数患者的病情获得长期缓解。

第一项临床试验在全球 10 个国家的 27 个医学中心开展，共招募到 81 名复发或难治性弥漫性大 B 细胞淋巴瘤患者，给他们注射一剂由瑞士诺华公司研制的嵌合抗原受体 T 细胞药物。3 个月后，32％的患者病情获得完全缓解，6％的患者部分缓解；6 个月时，这些治疗见效的患者中有 73％未见病情复发。

第二项试验在一个医学中心开展，利用瑞士诺华公司嵌合抗原受体 T 细胞药物，治疗复发或难治性弥漫性大 B 细胞淋巴瘤和滤泡型淋巴瘤，结果显示，14 名复发或难治性弥漫性大 B 细胞淋巴瘤患者中 6 人完全缓解，14 名滤泡型淋巴瘤患者中 10 人完全缓解。在平均时间超过两年的随访中，所有在 6 个月时获得缓解的患者无一复发。

二、艾滋病防治研究的新成果

（一）艾滋病抗体研究的新信息

1. 探索艾滋病人源抗体的新进展

利用人源抗体治疗艾滋病取得成效。2005 年 5 月，由瑞士苏黎世大学的科学家组成的一个研究小组，在《自然・医学》杂志上报告称，他们利用人源抗体有效地抑制了艾滋病患者血液中艾滋病病毒的复制，为研制治疗性艾滋病疫苗带来了希望。

目前，常见的艾滋病治疗手段依赖抗逆转录病毒类药物，但这类药物会引发肠胃疾病和长期呕吐等副作用。

近年来，研究人员试图利用人体自身能发现和破坏感染的抗体来治疗艾滋病。但由于艾滋病病毒能够通过高度变异来躲避抗体的攻击，这方面的研究进展很慢。

该研究小组报告说，他们利用2G12、2F5、4E10抗体分别在实验室和动物模型研究中有效地控制了艾滋病病毒的复制。随后，他们又把这3种抗体注入刚刚停止抗逆转录病毒药物治疗的艾滋病患者体内。结果，这些患者血液中的病毒含量在2个月后仍维持在一个相对较少的水平，而没有注入抗体的患者血液中病毒含量在3.5周后就达到了同等水平。

研究人员指出，尽管这些抗体的效果不及抗逆转录病毒类药物，但病毒复制的延迟直接证明了免疫蛋白抗击艾滋病病毒的能力，这为基于抗体的治疗性艾滋病疫苗的研制带来了希望。治疗性艾滋病疫苗有别于预防性艾滋病疫苗。预防疫苗是针对正常人群研制的，主要成分是经过灭活的艾滋病病毒；治疗疫苗则是为患者设计的，它更像是一种药物。目前，许多研究机构正在致力于研制和开发以抗体为基础的治疗性艾滋病疫苗。

2. 探索艾滋病猴源抗体的新进展

从猴子身上成功复制抗艾滋病毒基因。2009年9月8日，瑞士日内瓦大学的研究人员在《临床调查杂志》网络版上撰文称，他们成功地复制了一种南美猴子体内具有抗艾滋病毒功能的基因，这将可能开发出一种新型的艾滋病疗法。

研究人员成功复制了猫头鹰猴（owl monkey）体内的抗艾滋病毒基因后，将其植入与人类免疫学特征相同的转基因老鼠体内，发现该基因仍具有与原基因相同的抗艾滋病毒的能力。

该项目负责人表示，这种基因的成功复制，表明它将有可能作为现有抗艾滋病毒药物的替代手段，用作艾滋病基因治疗。

生活在南美洲的猫头鹰猴体内这种有抗艾滋病功能的基因，是瑞士日内瓦大学与美国哥伦比亚大学联合组成的一个研究团队在2004年发现的。

（二）艾滋病防治药物研究的新信息

1. 在抗艾滋病病毒药物研发上取得重大进展

2011年12月，国外媒体报道，瑞士参加的欧盟第七研发框架计划资助的大型研究项目——欧盟抗病毒项目，已取得重大进展。研究团队在分子药物科学杂志《分子药剂学》上发表研究成果称，他们成功研制出一种廉价的、能够抗艾滋病病毒的新型抗病毒物质，有望成为攻克艾滋病这一世界顽疾的有效武器。

抗病毒物质可以有效地阻止艾滋病病毒的传播。项目所采用技术路线有两个：一种是糖纳米粒子技术，利用纳米粒子模仿细胞表面的碳氢结构，阻断感染机制中的碳氢与蛋白质的交互作用；另外一种是小片段抗体技术，阻止病毒的传播。目前，项目已成功开发出三个单克隆抗体，正在进行临床试验，进一步检验药物对人体的反应，确定安全剂量，以及检验药物的毒副作用。抗病毒物质的有效成分为植物衍生物。项目已通过一期临床试验，二、三期临床有望在较短的时间内完成。

这种抗病毒物质最终将被制作成膏状或胶状物，用于预防艾滋病病毒和其他性传播疾病的传播。例如在性交前置入阴道，可使女性在不使用安全套的情况下，有效防止艾滋病病毒或其他性传播疾病。其作用原理是：首先，在病毒与阴道细胞壁之间形成一个物理隔离屏障；其次，药物有效成分可破坏病毒的外层，阻止病毒繁殖，并且阻止病毒与目标细胞的结合。

2. 成立合资企业生产抗艾滋病药物

2012 年 2 月 10 日，国外媒体报道，世界著名医药公司瑞士龙沙（Lonza）集团正与南非政府及南非国有化工企业佩尔肯（Pelchem）成立合资企业凯特拉菲拉（Ketlaphela），在南非生产抗逆转录病毒药物。

报道称，合资企业凯特拉菲拉计划总投资 16 亿兰特（约合 2.2 亿美元），其中瑞士龙沙集团占 30%股份，南非政府和佩尔肯公司分别占 50%和 20%。这家合资制药厂将于 2013 年开工兴建，预计从 2016 年开始生产抗逆转录病毒药物。

南非贸工部长戴维斯说，南非人每年买药的花费高达 250 亿兰特，其中绝大部分从欧美进口。南非目前是世界上最大的抗逆转录病毒药物消费国，每年要花费 42 亿兰特来进口。因此，合资企业的首要任务就是帮助降低购买治疗艾滋病药物的成本，在本地生产活性药用成分，即抗逆转录病毒的原料药。第一阶段将实现 40%的国产化，然后逐步提高国产化比例。

报道称，这个项目与南非政府通过本地化、低成本生产抗逆转录病毒药物来应对艾滋病的计划是一致的，它将使南非在抗逆转录病毒药物国产化方面迈出一大步，同时也为南非的科学家和医药公司提供新的机会，将促进本地医药企业的发展。该项目投产后将使南非减少对进口药物的依赖，降低抗逆转录病毒药物的价格，保证关键药物的安全供应。

第二节　心脑血管疾病防治的新进展

一、心脑血管疾病病因及疗法研究的新成果

（一）研究心脑血管疾病病因的新信息

——探索高血压病因的新发现

研究表明试管婴儿长大后出现高血压的风险较高。2018 年 9 月，瑞士一个由医学专家组成的研究团队，在《美国心脏病学会杂志》上发表研究报告说，借助试管授精这样的辅助生育技术出生的婴儿，在青少年时期就出现高血压等心血管疾病的风险可能较高。

自 1978 年首个试管婴儿诞生以来，辅助生育技术应用越来越广泛，全球已有超过 800 万试管婴儿降生。目前，最常用的辅助生育技术，包括试管授精及卵胞浆内单精子注射（又称第二代试管婴儿技术）。这两种操作都会使得配子（包括卵细胞和精子）与胚胎，在植入子宫前暴露在各种环境因素中。

该研究团队评估了 97 名平均年龄 16 岁的健康青少年的循环系统状况，包括动态血压、血管内斑块堆积情况等指标。其中，54 人借助试管婴儿技术出生，43 人为自然受孕出生。

研究人员发现，在 24 小时动态血压监测中，与对照组相比，试管婴儿组的收缩压和舒张压均要高一些，有 8 名青少年的血压数值已达到高血压标准，而对照组中只有 1 人达到高血压标准。

（二）研究心脑血管疾病疗法的新信息

1. 防治血液病方面的新方法

（1）探索早产儿输血新方法：研制出胎盘胎儿输血新技术。2007 年 3 月，瑞士苏黎世大学医院新生儿学医生斯卡尔·巴恩齐格博士主持的一个研究小组，在《儿科学》杂志上发表论文称，他们研制出一种叫作“胎盘胎儿输血”的新技术，可降低早产儿输血需求和改善血液动力学稳定性。

据了解，小宝宝在未满 37 周的孕期就降生，医学上称为早产儿。一般

早产儿的出生体重不满2.5千克。由于早产婴儿发育不够成熟，出生后会在医院的新生儿监护中心进行特别护理和治疗。

该研究小组的新技术，是通过保持新生儿位于胎盘下方，延迟钳夹脐带，用以改善出生后前24小时脑组织氧合。这样增加的血容量对脑血流和氧气供应有重要意义，特别是新生儿脑损伤是早产儿最重要的后遗症。

研究小组的试验，包括苏黎世大学医院在妊娠24～32周生产的39名婴儿。15名婴儿被随机指定为试验组，24名为对照组。研究人员解释说，试验组婴儿在母体使用缩宫素后立刻生产，剖宫产分娩婴儿被置于低于胎盘15厘米处，阴道分娩婴儿位置尽可能更低一些，脐带钳夹延迟60～90秒。

在对照组，脐带在20秒内被钳夹。在4小时、24小时和72小时，临床数据显示红细胞压积在试验组较高。在4小时，试验组婴儿显示较高的动脉血压，以及较高的氧合血红蛋白值倾向。在这些新生儿中，局部组织氧饱和度在4小时和24小时较高。脑氧合通过使用近红外光谱仪测量去氧血红蛋白、氧合血红蛋白、总血红蛋白和局部组织的氧饱和度来评估。

研究人员估计，进行了胎盘胎儿输血的小组，在所有3个时间点都有较高的脑组织氧合。巴恩齐格博士总结说，试验组较高的脑氧合储备可能有利于降低脑的低氧缺血事件风险。

（2）探索治疗遗传性血液病新方法：用基因编辑技术治愈三名遗传性血液病患者。2020年6月，英国《新科学家》杂志网站报道，在欧洲血液学协会召开的一次视频会议上，瑞士基因编辑公司与美国福泰制药公司联合组成的研究小组宣布，他们用CRISPR基因编辑技术对患者的骨髓干细胞进行基因编辑后，两名β地中海贫血患者和一名镰状细胞疾病患者不再需要输血。这是借助基因编辑技术治疗遗传疾病的首份试验结果。

研究人员说，初步结果显示，从本质上证明CRISPR基因编辑技术能对β地中海贫血和镰状细胞疾病患者进行功能性治愈。

β地中海贫血和镰状细胞疾病是由影响血红蛋白的突变引起的疾病，血红蛋白是血红细胞内携带氧气的蛋白质，症状严重的病患需要定期输血。但有些拥有致病突变的人从未表现出任何症状，因为他们在成年后仍会产生胎儿血红蛋白。一般情况下，胎儿血红蛋白在人出生后不久就会停止产生，这为科学家和医生提供了灵感：是否可以通过促进胎儿血红蛋白的产生来治疗此类遗传疾病。

在试验中，研究人员从病患体内移除了骨髓干细胞，并借助 CRISPR 基因编辑技术禁用了关闭胎儿血红蛋白产生的基因。化疗杀死了患者剩余的骨髓细胞，研究人员用编辑过的干细胞取代这些骨髓细胞，以确保编辑后的干细胞产生新的血细胞。

结果表明，这两名β地中海贫血患者自 15 个月前和 5 个月前接受 CRISPR 基因编辑技术治疗以来，都不再需要输血；而镰状细胞疾病患者也在接受治疗 9 个月后不再需要输血。

研究人员表示，尽管这 3 名患者确实因化疗而受到一些不良影响，但 CRISPR 基因编辑技术似乎是安全的。不过，研究人员强调说，尽管如此，仍需对患者开展终生监测，确保该技术没有不良后果。

2. 防治脑卒中方面的新方法

发现可望促进脑卒中后血管再生的新疗法。2019 年 6 月 24 日，由瑞士苏黎世大学马丁·施瓦布教授领导的研究小组，以该校神经科学家鲁斯兰·拉斯特为第一作者，在美国《国家科学院学报》上发表论文称，已知中风后，抑制信号分子 Nogo－A 的抗体可以帮助修复受影响大脑区域的血管，他们在小鼠模型中发现，它也能促进运动功能的恢复，这为治疗开辟了新途径。

在瑞士，每年约有 1.6 万人中风，全世界大约有 1500 万人中风。由于大脑再生受损组织和神经回路的能力有限，导致 2/3 的患者死亡或不能自理。目前，尽管进行了大量的研究工作，但只有少数几种药物疗法可以减少脑卒中后的严重后果。

一种颇有前景的促进生理功能恢复的新方法，是修复受损脑区的血管系统。血管系统为受伤的组织提供氧气和关键营养素。在中风患者中，这种修复过程受到多种机制的抑制。几年前，该研究小组使用了一个小鼠模型来证明信号分子 Nogo－A 不仅能减少神经纤维的生长，还能调节大脑中血管的生长，从而抑制它们的修复。

在一项针对小鼠的新研究中，研究人员对 Nogo－A 分子和其相应的受体之一 S1PR2 进行基因失活。这些小鼠的血管显示出改善的再生能力，并且它们比对照组小鼠更好地恢复了受影响的运动技能。这些发现在治疗中得到了重现，对中风后的小鼠中使用抗 Nogo－A 抗体，也使得受影响的脑区周围重建强大且功能性的血管网络。

拉斯特说："接受治疗的小鼠，其神经系统显示出更好的恢复能力，它们的运动功能受影响较小，我们将其归因于血管再生。"他接着说："我们的发现，为治疗中风患者提供了一个很有前景的替代方法，尤其是因为抗 Nogo－A 抗体已被用于脊髓损伤的临床试验。"

二、心脑血管疾病防治药物与器械的新成果

（一）心脑血管疾病防治药物的新信息

1. 治疗动脉血管硬化药物研究的新进展

发现大麻提取物可治疗动脉血管硬化。2005 年 4 月 7 日，瑞士日内瓦大学医院相关专家组成的一个研究小组，在《自然》杂志上报告称，他们发现一种从大麻植株上提取的化合物能够防止血管栓塞，它在治疗实验鼠的动脉硬化时效果良好。

动脉血管硬化是导致心脏病和中风的罪魁祸首，它的形成机理通常表现为：血管在受到类似于尼古丁的物质损害后，机体的免疫细胞做出反应，使血管出现炎症并形成脂肪块。瑞士研究小组发现，这种大麻提取的化合物进入机体后，能够与免疫细胞表面的 CB2 蛋白结合，破坏免疫细胞产生的不良反应。

实验中，他们向患有动脉硬化的实验鼠喂食少量的这种大麻化合物，随后发现实验鼠血栓形成速度减慢。接着，研究人员又向实验鼠喂食破坏大麻化合物与 CB2 蛋白黏合的化合物。结果，大麻化合物不再具有治疗动脉硬化的作用。这说明，大麻化合物只有与 CB2 蛋白黏合后，才能发挥功效。

研究人员指出，只有一定剂量的大麻化合物才能达到治疗动脉硬化的作用，剂量过多或过少都无济于事。另外，大麻化合物的药效并不能说明吸食大麻有益身体，因为大麻中的有毒物质会引发心血管疾病。

研究人员还说，如果把这种大麻化合物和目前常用的降胆固醇物质相结合来治疗动脉硬化，效果会更好。

2. 防治高血压药物研究的新进展

研制出可用于辅助治疗高血压的疫苗。2008 年 9 月，国外媒体报道，

在第16届巴西高血压研讨会上，瑞士一个研究小组宣称，他们正在开展一项通过服用疫苗来治疗高血压的新研究。研究发现，这种疫苗能够制止导致高血压的荷尔蒙发生作用。

研究小组发现，他们研制的抗高血压疫苗能够生产一种抗体，该抗体能对血管紧张素Ⅱ产生作用。研究人员称，血管紧张素Ⅱ是一种机体产生的荷尔蒙，能够调节机体液体的压力，在一定条件下，具有导致血管压力升高的功能，会导致高血压。这种抗体则能够制止其发生作用，关闭血管紧张素Ⅱ的接受器。但目前还不知道产生这种作用的机理。

研究人员表示，这种抗体只作用于导致血压升高的一种机制，而不是作用于所有的血压升高机制。这种疫苗生产的抗体只能发挥特定的作用，它不能取代防止血压升高的健康生活方式，也不能取代其他控制高血压的药物。

研究人员认为，这种抗体可以取代组合性用药，即可以取代那些作用于血管紧张素Ⅱ的效应的药物。那些由于血管紧张素Ⅱ的作用而导致的高血压患者，可以每4个月服用一次这种药物。据悉，这项科学研究目前尚未进行大规模的临床试验。

（二）心脑血管疾病防治器械的新信息

——用钟表原理研制无须电池的心脏起搏器

2014年9月1日，新加坡《联合早报》报道，瑞士工程师因制造世界上最精致的钟表享有盛名，现在他们把目光转向心脏治疗领域，通过自动上发条的手表原理研制无须电池的心脏起搏器。

目前，市场上的起搏器可帮助患者心脏跳动更规律，给予有心脏疾病的患者一线生机，但由于现有起搏器都须使用电池，这让起搏器的使用受到限制，因为更换电池还须动手术，患者因此面临感染等风险。

报道称，瑞士伯尔尼大学研究员陈泽布领导的心血管工程小组，利用瑞士钟表匠伯特莱1777年为怀表创造的自动发条结构，希望能够攻克这一难题。就像手表在手腕上行走时可自动上发条一样，用钟表原理制作的起搏器可利用心脏肌肉跳动产生的电流。但是，这需要起搏器直接连到跳动的心脏上。

陈泽布说，目前这个实验系统只在猪身上测试过，已经成功地把猪的心跳调节到平均每分钟 130 下。他表示："这是个可行性研究。我们已经证实，起搏器可利用心脏肌肉跳动产生的电流。"据了解，有关研究还属初步阶段，到目前为止也没有计划在人体上进行测试。陈泽布透露，还未找商家探讨合作关系，但他表示："现在是时候找人投资了。"

第三节　神经系统疾病防治的新进展

一、防治大脑疾病研究的新成果

（一）大脑生理影响因素研究的新信息

1. 探索智能手机对大脑生理变化的影响

发现智能手机正在"重塑"人们的大脑。2014 年 12 月 23 日，洛杉矶时报报道，瑞士神经学科学家阿尔科·高希主持的一个研究小组，在《当代生物学》杂志上发表研究成果称，他们发现，在智能手机触摸屏幕上，进行大量的点击和滑动操作，将直接带来更多的大脑活动，会给负责触觉的大脑皮层留下了强烈的"印记"。

据报道，研究人员从 26 个智能手机使用者、11 个非智能手机使用者的设备中，下载了 10 天的手机使用记录。接着，使用脑电图描记法，对 37 个志愿者的大拇指、食指和中指进行了 1250 次刺激，并测量他们的脑电波变化。随后把测量结果与手机使用记录进行对照分析。结果表明，与非智能手机使用者相比，智能手机使用者负责触觉的大脑皮层更为活跃。而且脑电波的变化强度与操作手机的强度及最后操作时间直接相关。

研究发现，在触摸屏幕上大量、重复的操作，会不断刺激负责指尖触觉的大脑皮层，从而重塑大脑指挥手指进行操作的方式。研究人员认为，个人数字技术正在不断地重塑当代人大脑皮层的感觉处理方式。

高希表示，科学家一直在研究大脑对日常经历的"适应性"，但是大多数研究都着眼于长期的改变，例如小提琴演奏者，控制演奏手指的大脑皮层区域与普通人相比更大。该研究是研究人员从生活细节入手研究大脑"适应性"的尝试。

2. 探索咖啡因对大脑生理变化的影响

发现定期摄入咖啡因可以改变大脑灰质。2021 年 2 月 15 日，由瑞士巴塞尔大学卡罗琳·赖切特博士和克里斯蒂安·卡乔琴教授领导的研究小组，在《大脑皮层》杂志发表研究成果称，咖啡、可乐或能量饮料是世界上消费最广泛的饮品，而其中都含有咖啡因这种精神活性物质。他们研究表明，定期摄入咖啡因可以改变大脑灰质。然而，这种影响似乎是暂时的。

毫无疑问，咖啡因能让我们更清醒。然而，如果在晚上进食则会干扰我们的睡眠。正如之前的研究表明的那样，睡眠不足会反过来影响大脑灰质。那么，经常摄入咖啡因会由于睡眠不足而影响大脑结构吗？该研究小组对这个问题进行了研究。

结果令人惊讶：研究中摄入咖啡因并没有导致睡眠不良，但研究人员观察到了灰质的变化。灰质是指中枢神经系统中主要由神经细胞的细胞体组成的部分，而白质则主要由神经通路组成，即神经细胞较长的延伸部分。

这项研究选择了一组 20 名健康的年轻人，他们平常每人每天都定期喝咖啡。研究小组给他们分发药片，服用周期为两个 10 天，并要求他们在此期间不能摄入任何其他咖啡因。在第一个 10 天研究期间，他们接受了含有咖啡因的药片；在第二个 10 天，服用的是不含咖啡因成分的安慰剂。在每 10 天结束时，研究人员通过大脑扫描检查受试者的灰质体积。他们还通过记录大脑的电活动，即脑电图，在睡眠实验室研究了参与者的睡眠质量。

数据对比显示，参与者的睡眠深度是相等的，无论他们是服用咖啡因胶囊还是安慰剂胶囊。但他们在灰质中发现了显著差异，这取决于受试者是服用了咖啡因还是安慰剂。在服用安慰剂 10 天后，即产生“咖啡因戒断”现象，大脑灰质的体积比相同时间内服用咖啡因胶囊的大脑灰质体积更大。

这种差异在右内侧颞叶尤为明显，包括海马体，这是大脑中对记忆巩固至关重要的区域。赖切特强调说：“我们的研究结果并不一定意味着咖啡因摄入对大脑有负面影响，但每天摄入咖啡因显然会影响我们的认知硬件，这本身应该引起进一步的研究。”她补充说：“在过去，咖啡因对健康的影响，主要是在病人身上进行研究。但现在看来，也有必要对健康的受试者进行研究。”

尽管咖啡因似乎能减少灰质的体积，但在不喝咖啡 10 天后，灰质在测试对象中有了显著的再生。赖切特说：“大脑形态的变化似乎是暂时的，但迄今为止，还没有对咖啡饮用者和那些通常很少或不摄入咖啡因的人，进行系统的比较。”

（二）大脑功能及行为研究的新信息

1. 以计算机模拟大脑功能研究的新进展

（1）实施用计算机模拟大脑功能的“蓝脑工程”。2009 年 7 月 24 日，英国《每日邮报》网站报道，瑞士洛桑联邦工学院“蓝脑工程”负责人亨利·马克拉姆在英国牛津地区召开的“技术、娱乐、设计全球大会”上提出，他们可能在 10 年内全面模拟人脑功能，制成人工大脑。目前，该研究团队已模拟出老鼠大脑的一些部分，正向开发合成人脑方向迈进。

研究人员认为，人工大脑可用来研发治疗精神疾病的药物和疗法，从而帮助脑损伤患者。

据悉，“蓝脑工程”启动于 2005 年，旨在借助实验室数据用计算机模拟大脑功能。这一工程，已模拟出哺乳动物大脑的一些功能。人工大脑的“神经”数据需要用计算机处理，研究人员打算用拥有 1 万个处理器的“蓝色基因”超级计算机让人工大脑“活起来”。

（2）研制能实时模拟大脑信息处理的微芯片。2013 年 7 月，国外媒体报道，由瑞士苏黎世大学神经信息学研究所吉亚科莫·印第维里教授领导，其本校同事、瑞士联邦理工学院及德国和美国同行参加的一个研究小组，研制出一款微芯片，能够实时模拟大脑的信息处理。

使用计算机系统像人类大脑一样有效工作，进而逐步建成一种人造大脑系统，是许多科学家的研究目标。该研究小组在这方面获得一项重大突破，能够理解如何配置神经形态芯片，从而实时模拟大脑信息处理能力。他们通过建立一个人造感官处理系统来呈现认知能力。

他们的技术核心是模拟生物神经细胞，当前许多神经信息学方法均局限于传统计算机上的神经网络模型，或者在超级计算机上模拟复杂的神经网络。很少有科学家研制电子电路，使其在体积、计算速度和能量损耗方面与真实大脑相提并论。印第维里解释道：“我们的目标，是模拟生物神经细胞和神经突触的微芯片性能。”

这项创新研究对于构造神经形态细胞等人造智能系统是至关重要的，目前他们成功研制了一种神经形态系统，能够实时执行复杂的感官认知任务。他们证实该微芯片能够完成一项需要短暂记忆和决策判断的任务，这是认知测试所必要的典型特征。研究小组在计算机网络中结合神经形态细胞，能够执行神经处理模块，其作用相当于“有限状态机器”，即描述逻辑处理或者计算机程序的数学概念。

印第维里说：“‘有限状态机器’在自动化模式中可以转换成神经形态硬件，这种网络连通性模式更类似于哺乳动物大脑的结构。”

2. 探索大脑意识功能及行为的新进展

提出解释大脑如何产生意识的新模型。2016 年 4 月，瑞士洛桑联邦理工学院网站报道，由该校精神物理学实验室专家迈克尔·赫佐格领导的一个研究小组，在《科学公共图书馆·生物学》杂志上发表论文称，他们提出一种两阶段模型，解释大脑是如何处理无意识信息，并把它们从无意识转入有意识的。按照这一模型，意识并不是连续生起的，而是每隔一段时间生起一瞬间，意识之间是长达 400 毫秒的无意识状态，在这段间隔里没有时间感。

研究人员指出，人们感觉周围的世界是流畅无间的，但这是一种幻觉。近来一些实验表明，外界信息并非连续地进入意识认知，而是大脑在离散的时间点收集这些信息，经处理后呈现出来。就像每秒 24 帧的电影胶片，因为放得太快而让我们误以为是连续的。

研究人员研究了以往发表的心理和行为实验的数据，用一个两阶段模型描述了意识的信息处理过程。首先是无意识阶段：大脑处理某个事物特征，如颜色、形状、持续时间等，在无意识状态以很高的时间频率分析它们，在此期间没有时间感，也感觉不到事物特征的变化，时间特征被编码为数字标记，就像编码颜色、形状那样。然后是意识阶段：无意识处理完成后，大脑同时给出所有特征，形成最终“画面”，即大脑最后呈现的东西让我们意识到这些信息。

从外部刺激到意识认知，整个过程持续时间可达 400 毫秒。从生理学角度看，这段延时相当长。赫佐格解释说：“因为大脑想给你最好、最清晰的信息，这要花大量时间，让你意识到它的无意识过程没什么好处，因为这会让人非常困惑。”

研究人员指出，这是第一个关于意识如何生起的两阶段模型，为大脑如何管理意识提供了一种更复杂的解释，对大脑处理信息与我们认知世界之间的关系提供了有益见解。

3. 探索大脑防御功能及行为的新进展

找到大脑防御行为的通道。2016 年 6 月，由瑞士米歇尔生物医学研究所的安德烈亚斯・吕蒂领导的研究小组，在《自然》杂志上发表研究报告称，他们发现了与小鼠呆住或者逃跑等防御行为有关的脑回路。这项研究指出，对高级大脑功能至关重要的高度组织的神经回路，也可能参与面对危险时帮助保命的系统，这一系统在演化历史上存在已久。

恐惧是一种演化上的保守状态，会触发各种防御行为。人们已经知道中脑导水管周围的灰质区在大脑面对威胁时的反应中起到重要作用。然而，科学家对促使防御行为进出这一灰质区的特定通路，仍旧知之甚少。

该研究团队找到一条从杏仁核到中脑导水管周围灰质区的通路，它激发运动前神经元促使雄性小鼠呆住。在实验中，研究人员把小鼠和远程遥控的玩具蛇放在一起，由此确定中脑导水管周围的灰质腹外侧区神经元的激活，是产生呆住行为的必要条件。他们同时发现这一呆住通路和控制逃跑的回路相互作用。

这些发现，一同揭示了神经回路是如何快速选择合适的防御行为的，它们让小鼠能适应不断变化的威胁和环境的挑战。这项研究有助于提高对人类焦虑症中异常恐惧反应的理解。

（三）大脑疾病治疗研究的新信息

1. 成功实施多例无创颅内超声波手术

2009 年 6 月 22 日，有关媒体报道，瑞士苏黎世大学医院磁共振中心使用高能超声波技术，成功对多名成年患者进行了无创颅内超声波手术。

报道指出，自 2008 年 9 月以来，苏黎世大学医院神经外科主任达尼埃尔・让莫诺教授与磁共振中心主任马丁・恩斯特教授，使用高能超声波技术为 10 名成年患者成功实施了无创颅内手术。

接受手术的是四肢麻痹的患者或截肢者，虽然他们的大脑无法正常接收来自肢体的信号，但脑神经仍能发出致痛刺激，使他们产生肢体疼痛的幻觉。在手术中，1024 个发射器从每个患者颅顶发出超声波，通过磁共振屏幕监控，医生将超声波束集中在患者颅内直径 3～4 微米的病灶上，从而消除患者的致痛刺激。

2. 解锁完全闭锁状态患者的脑信号

2022 年 3 月 22 日，由瑞士维斯生物与神经工程中心与德国图宾根大学等机构的科学家组成的研究小组，在《自然·通讯》杂志上发表的研究成果称，他们使用计算机从脑信号解码字母的方法，让完全闭锁状态患者的脑信号得以解锁，以实现交流。这项研究表明，完全闭锁患者或有望使用脑机接口进行语言交流。

研究人员表示，丧失行动或说话能力的人，将来可利用脑机接口恢复交流。该领域的研究重点是维持肌萎缩侧索硬化症（又称运动神经元症）患者的交流能力，肌萎缩侧索硬化症是一种神经退行性疾病，会导致随意肌控制能力逐渐丧失。研究人员已经开发出一些方法，使肌萎缩侧索硬化症患者使用眼球或面部肌肉移动进行交流。但是一旦丧失了对这些肌肉的控制，患者就失去了交流能力。

研究人员发现，一名 34 岁完全闭锁状态的男性肌萎缩侧索硬化症患者，在已无法控制随意肌的状态下，通过植入其大脑的听觉神经反馈系统（一种脑机接口），就可以用每分钟一个词的速度形成单词和词组进行交流。患者能得到神经活动的听力反馈，研究人员指导患者通过控制大脑神经放电率，使反馈音的频率匹配目标音。如果放电率以给定范围的高端或低端改变持续超过 250 毫秒，就被分别解释为“是”或“否”。患者还能基于听觉反馈调整神经放电率，选择字母形成单词和词组以沟通自己的需求。

研究人员说，这些发现可使当前无法交流的患者进行语言交流。在推广到临床使用之前，还需进一步论证其长期性、在其他病人中的适用性，以及脑机接口的安全性和有效性。

二、防治神经及脊髓疾病的新成果

（一）神经疾病医疗设备研究的新信息

1. 研制成多发性硬化症患者专用物品

开发出供多发性硬化症患者使用的超轻降温服。2007 年 6 月，国外媒体报道，瑞士联邦材料测试与研究实验室的一个研究小组宣布，他们针对多发性硬化症患者使用的要求，专门研制出一种超轻降温服。

这套降温服包括裤子和背心。降温服有 3 层，两层化纤膜夹着一层织物，形成可以注水的空间，化纤膜透气但不透水。使用者可通过医用注射器向降温服内部注水，每次注水可给身体降温 60 分钟。降温服没有治疗功能，但可改善多发性硬化症患者的生活质量。

多发性硬化症是中枢神经系统脑白质的炎性脱髓鞘性疾病，它是由免疫系统错误攻击自身肌体而引起的。60%～80%的该病患者对高温敏感，通过给身体降温，可以改善肌肉无力、颤抖和痉挛等症状。

2. 研制出连接到神经的植入式医疗设备

植入首次实现同神经组织相连的设备。2015 年 1 月 9 日，瑞士洛桑联邦理工学院的一个研究小组在《科学》杂志上撰文表示，他们研制出一款柔软且可延伸的植入设备，能与瘫痪实验鼠的脊髓直接相连，并在外部设备的帮助下让其重新走路。研究人员表示，这款新设备有望被用来治疗脊髓受损的病患，最终有望帮助瘫痪病人再次拥有运动能力。

研究人员把这款设备称作“电子硬脑膜”。硬脑膜是围绕在大脑和脊髓周围厚而坚韧的多层膜中的一层，主要作用是保护大脑。据报道，这款设备由金制成，尽管金也很柔软，但其无法延伸，为了使金更有弹性，他们将其做成厚度仅为 35 纳米的层，层内充满了细小的缝隙，这使金变为能延伸的网状结构。

研究小组在老鼠身上进行了一系列实验，来测试这款植入设备的性能。结果表明，它能与老鼠的身体很好地整合在一起，而且也没有出现排斥反应。

他们让老鼠的脊髓受伤，接着把电子硬脑膜插入受伤位置之下的硬脑膜内，并通过电子硬脑膜和提供电刺激的设备让老鼠接受电刺激和大脑血清素。几周之后，在这些设备的帮助下，瘫痪的老鼠再次拥有了行走能力。

此外，他们也对电子硬脑膜阅读神经脉冲的能力进行测试。他们把设备插入硬脑膜所在地，即老鼠的运动皮质旁边（这是大脑控制自主运动的区域），研究表明，它能“阅读”老鼠打算移动腿部或站直等信号。

此前，已有研究人员研制出能控制思维的义肢；美国军方也在研制能帮助脑部受损士兵的植入物；人造耳蜗和心脏起搏器等植入设备也已风行数年，让无数病患受益，但大多数与神经系统整合的植入物都放置在硬脑膜的外部，而电子硬脑膜能置于硬脑膜之下，直接同神经组织接触。研究人员表示，尽管如此，在把这款设备用于人体之前还有很多工作要做。

3. 研制出由脑机接口控制的神经疾病医疗设备

（1）开发出由脑机接口控制的神经假体设备。2015 年 3 月 31 日，物理学家组织网报道，由瑞士洛桑联邦理工学院神经科学家德尔·米兰等组成的一个研究小组，在美国旧金山召开的认知神经科学协会大会上宣布，他们从自然的肌肉运动控制中获得灵感，设计出多种新型假体设备，从脑控轮椅、远程监控机器人到先进的义肢，能更好地替代人体四肢的功能。经过测试，用户能用这些神经假体完成多种任务。

这些神经假体设备由脑机接口控制，能破解大脑信号，确定用户想采取什么行动，然后通过先进机器人技术执行脊髓编制的运动。米兰表示，脑机接口控制的义肢和机器人是智能的，能理解许多常见命令，无须经过指挥中枢译码。其成功的关键是共享控制的理念，即利用机器人的感知能力理解用户在环境中的命令，它们能自动工作。这一功能也反映了在许多日常行为中，人们的深脑区、脊髓和肌肉骨骼系统是协同合作的，让人们在集中注意力做其他事情时身体也能做简单的工作。

据报道，研究人员在有运动障碍的人身上测试了多种脑控设备。设备由志愿者操作，自行调整脑电活动发送命令，完成多种任务，从写字到运动转向，达到和健康人群类似的水平。

研究人员表示，脑机接口能处理用户的意图和决策。这些主要来自大脑皮层，但技能性运动很多是在脑干和脊髓处理的。通过设计控制常见运动的智能设备，与来自脑机接口的高级脑活动相配合，让神经假体更接近自然的肌肉控制。米兰说：“我们的目标是与神经假体互动，就像人们控制自己的肌肉那样，用完全一样的神经信号和原理，让它们就像我们的新身体一样。”

研究人员指出，目前神经假肢还面临一些挑战，首先是找到除调整脑电活动以外新的生理接口，能长期持久操作；其次是提供丰富的感知反馈，这种感知反馈能提高用户对假体的拥有感。再次是认知科学的核心问题之一：在神经假体的控制系统中，必须破解并整合用户的认知过程。这对意念互动是非常重要的。这些过程包括发现设备的错误、预测关键的决策点和终止注意力。

智能假体的一个例子是脑控轮椅，用户能长期安全可靠地驱动它，因为共享控制系统降低了认知工作量。该轮椅目前还在评估阶段，以确保它能在日常生活的环境里工作，为大量的残疾人服务。

(2) 公布新型脑机接口最新临床前神经数据。2022 年 11 月 15 日，有关媒体报道，在美国圣地亚哥举行的 2022 年神经科学学会会议上，瑞士威斯生物和神经工程中心的一个研究团队，公布了其完全可植入的“能力培养”（Ability）脑机接口系统所获得的最新临床前神经数据，展示了“能力培养”系统在连接不同电极类型方面的灵活性。

“能力培养”是一种无线植入式医疗设备，旨在长期植入和家庭使用，可用于因肌萎缩侧索硬化症、脑干中风或脊髓损伤导致的严重瘫痪患者恢复沟通和运动。

研究团队开展的临床前可行性研究，通过植入颅骨下方皮质内的微电极阵列和皮层电图网格电极，记录了绵羊的大脑活动。研究人员称，该设备在几个月内实时记录和传输神经数据，这些新结果是向证明该设备的安全性和有效性迈出的重要一步，该设备展现的性能和数据质量令人鼓舞。

该设备的两个微电极阵列，每个都比豌豆小，记录了单个神经元的活动，这些神经元带有一系列穿透皮层表面的细针，设备可从非常小的大脑区域以高精度解码精细运动意图。在另一项研究中，四个皮层电图网格，每个大约有邮票大小，记录了皮层表面的信号。与微电极阵列相比，皮层电图网格电极能覆盖更大的大脑区域并测量神经元组合活动，从而解码人类的信号。

“能力培养”系统能以足够高的频率记录 128 个神经数据通道，以观察单个神经元之间的通信与低频同步活动。它通过皮肤无线传输数据，并以感应方式通过皮肤无线供电。

在研究中，患者学会了调节神经活动来控制拼写软件。研究团队表示，该研究强调了突破性植入技术的临床需求，以提高患者和护理人员的易用性。

研究团队目前正准备进行人体临床试验，以评估“能力培养”系统的性能并了解患者、护理人员和医疗保健专业人员对植入式脑机接口的接受程度。

（二）脊髓疾病防治研究的新信息

1. 探索脊髓损伤患者康复治疗的新进展

（1）成功帮助因脊髓损伤而瘫痪的小鼠恢复行动能力。2009 年 9 月 20 日，瑞士苏黎世大学与美国加利福尼亚大学洛杉矶分校的科学家组成的一个研究小组，在《自然·神经学》杂志上发表研究报告称，他们同时利用 3 种不同的康复方法，成功帮助因脊髓损伤而瘫痪的实验鼠重新获得了行动能力。这项研究为下肢瘫痪人群的康复提供了新的思路。

研究人员说，他们针对瘫痪小鼠同时使用了药物、电刺激和常规锻炼 3 种康复方法，成功使小鼠重新走动，甚至能够在跑步机上跑动。

研究人员说，值得一提的是，在康复治疗过程中，实验鼠因脊髓完全受损而被截断的神经纤维并未再生。在这种情况下，瘫痪鼠仅借助上述 3 种康复方法也能恢复行动能力，这说明对于脊髓损伤的瘫痪患者来说，即便无法实现神经纤维再生，也能恢复部分的行动能力。

研究人员介绍说，脊髓中含有重要的神经回路，负责产生驱动肢体肌肉的节奏性活动。以前的研究都试图直接修复患者脊髓内的这一神经回路，但相关研究中最后获得的肢体行动能力恢复效果都不理想。

此次，他们采取的是“三管齐下”法，将瘫痪鼠置于运动状态的传步带上，然后向其注射作用于神经递质血清素的药物，并实施低水平的电流刺激。结果发现，电刺激加上传步带传递给肢体的运动感，触发了受损脊髓内的神经回路，促使实验鼠产生了走步甚至跑动的动作。经过几个星期的这种综合疗法，实验鼠最终获得部分行动能力。

（2）开展脊髓损伤致瘫恢复下肢运动的实验。2016 年 11 月 9 日，由瑞士苏黎世联邦理工学院科学家格雷古瓦·库尔蒂纳主持的一个国际研究团队，在《自然》杂志上发表了一项神经科学重要成果。他们报告了一种最新研发的装置：可植入体内的无线“大脑—脊柱接口”，实验中，它成功地让猴子在发生脊髓损伤后，最短仅用 6 天就恢复了瘫痪下肢的运动能力。该装置采用的元件已获批可用于人体研究，标志着用这种方法治疗人类半身不遂，往临床测试方向又迈进了一步。

以往研究显示，参与规划并执行运动的脑区所破译的信号，如果能有效使用，则有可能控制机械臂或假手的运动，此前案例还显示其可以控制病人瘫痪的手。但是，下肢的情况并不在此列，因为用这种方法恢复行走过程中复杂的腿肌激活模式和协调性，一直以来都没有获得成功。这一次，该研究团队开发出一种“大脑—脊柱接口”。该装置可以破译来自控制腿部运动的运动皮质区信号，从而刺激在脊髓下部“热点”植入的电极，正是这些“热点”负责调节腿肌的屈伸。

实验中，研究团队在两只因局部脊髓损伤而导致一条腿瘫痪的猕猴身上进行了测试。一只在没有经过特殊训练的情况下，于伤后 6 天就恢复了瘫痪下肢的部分运动能力；另一只经过两个星期也恢复到相同水平。

（3）用电刺激让脊髓损伤患者恢复行走。2018 年 11 月 1 日，由瑞士洛桑联邦理工学院科学家格里高利・科尔廷领导的一个研究团队，在《自然》杂志网络版上发表了一项神经科学方面的新成果：3 名脊髓损伤的患者在接受定向脊髓电刺激后，成功实现再次行走。该研究为增强脊髓损伤后的神经功能恢复，确立了一个技术框架。

脊髓损伤会扰乱神经系统内的通讯，导致基本神经功能丧失和瘫痪。硬膜外电刺激，即应用于脊髓的刺激，可以恢复脊髓损伤动物模型的运动能力，但由于不明原因，该技术在人类身上效果较差。此次，瑞士研究团队，对 3 名患有慢性脊髓损伤（持续超过 4 年）和下肢局部或完全瘫痪的男性患者施用了定向硬膜外电刺激。他们采用运动神经元激活图和模拟模型来鉴定针对不同肌肉群的最佳刺激模式。硬膜外电刺激由通过无线通讯实时控制的脉冲发生器提供，并且时间设定为与目标的运动相协调。

在开始治疗后的几天内，患者逐渐从在跑步机上踏步到借助支撑在地面上行走，而且能够调整抬脚高度和步长。最终，接受硬膜外电刺激的患者可以在跑步机上行走长达一个小时。复健后，3 名接受硬膜外电刺激的患者可以独立行走（依靠局部支撑或步行器），并且在没有硬膜外电刺激的情况下恢复了腿部自主运动。

（4）发现促进脊髓损伤瘫痪患者恢复的神经元。2022 年 11 月，瑞士洛桑联邦理工学院神经科学家格雷戈里・库尔蒂纳及其同事组成的研究小组，在《自然》发表论文称，他们的研究鉴定出了促进瘫痪后康复的神经元。在这项研究中，9 名慢性脊髓损伤患者在接受电刺激治疗后重新获得了行走能力。研究结果增进了人们对瘫痪后如何恢复移动能力的认识。

脊髓损伤会导致运动和感觉的丧失。尽管完全恢复活动能力仍然是一个难以实现的目标，但在康复过程中对脊髓的电刺激已经使活动能力有了实质性的改善，即使对完全瘫痪的人也是如此。但这种疗法背后的潜在机制尚不明确。

该研究小组研究了电刺激是否可以动员特定的神经元，这些神经元会对瘫痪人士的重新行走变得必不可少。在这项研究中，9 名因脊髓损伤导致重度瘫痪或全瘫的患者，经历了一项临床试验，并接受了硬膜外电刺激治疗。所有患者都在治疗期间立即恢复或提高了行走能力，而且在硬膜外电刺激治疗和康复的 5 个月后出现了移动能力的改善。

为了寻找这种改善背后的机制，研究者建立了一个小鼠模型，该模型复制了人类硬膜外电刺激神经康复的关键特征。他们还为小鼠脊髓的不同神经元构建了一个基因表达单细胞图谱。通过将上述模型与分子图谱相结合，鉴定出一类特定的兴奋性神经元，这类神经元对于脊髓损伤后恢复行走能力十分重要，但对于没有脊髓损伤个体的行走能力并非必要。

研究人员表示，研究结果有助于进一步了解硬膜外电刺激的康复机制。但他们也指出，大脑和脊髓的其他神经元也能促进行走能力的恢复，因此仍需开展进一步研究。

2. 探索激活退行性疾病患者脊髓神经的新进展

用电子植入物激活退行性疾病患者脊髓神经。2022 年 4 月，由瑞士洛桑联邦理工学院神经恢复研究中心的科学家组成的研究小组，在《新英格兰医学杂志》上发表论文称，他们开发的创新系统，给一名神经退行性疾病患者带来福音，使其在卧床一年多后能够再次起床和行走。该系统包括直接植入脊髓的电子系统，以重新激活调节血压的神经元，从而防止患者每次处于直立位置时失去意识。

该植入物之前已被用于治疗四肢瘫痪患者的低血压，这是首次将其应用于此类神经退行性疾病，大大提高了患者的生活质量。这项成果名为“多系统萎缩中体位性低血压的植入系统”。研究中的患者，患有多系统萎缩——帕金森病，属于一种影响神经系统多个部分的神经退行性疾病，包括交感神经系统。患者卧床 18 个月后，现在可以步行 250 米。

多系统萎缩—帕金森病会导致调节血压的交感神经元丧失，因此患者一旦处于直立位置，血压就会急剧下降，这一问题被称为体位性低血压，在某些情况下会导致昏厥。这也使患者更容易跌倒，限制他们站立和走动的能力，并最终缩短预期寿命。患者的生活质量大大降低，因为他们必须保持斜躺姿势以避免昏倒。

植入物由连接到电脉冲发生器的电极组成，该电脉冲发生器通常用于治疗慢性疼痛。在把他们的装置直接植入患者的脊髓后，研究人员发现身体调节血压的能力有所改善，使患者能够在直立的姿势下长时间保持清醒，并在物理治疗后可以再次行走。

研究人员说："这一进展为治疗退行性疾病铺平了道路。过去这种疗法主要应用于治疗脊髓损伤患者，现在我们可以探索治疗神经变性引起的缺陷。这是我们第一次能够改善帕金森病患者的血压调节。"

三、防治其他神经系统疾病的新成果

（一）睡眠与记忆与问题研究的新信息

1. 睡眠现象研究的新进展

研究表明瞳孔大小反映睡眠状态。2018 年 2 月，由瑞士日内瓦大学丹尼尔·休伯、奥兹格·尤兹格克等组成的研究小组，在《当代生物学》杂志上刊登论文称，当人们醒着时，瞳孔大小会有规律地变化。这些变化是有意义的，反映了转移注意力或保持警觉等。他们发现，小鼠瞳孔大小会在睡眠中波动。而且，瞳孔大小是睡眠状态的可靠指标。

休伯说："我们发现，瞳孔大小在睡眠中会出现节奏性波动。有趣的是，这些波动跟睡眠相关的大脑活动密切相关，所以可以精确地反映出睡眠的具体阶段。一般来说，瞳孔越小，睡眠越深。"

瞳孔大小研究一直是一个挑战，原因很明显：人和动物一般都闭着眼睛睡觉。研究小组发现，实验鼠有时会睁着眼睛睡觉。人们已经知道小鼠在清醒时瞳孔大小会有很大变化。他们想知道，在睡眠中又会发生什么。

为此，研究人员开发了一种新型光学瞳孔跟踪系统。该装置包括一个靠近动物头部的红外线灯。这种不可见的光能穿过头骨和大脑，照亮眼睛后部。当眼睛被红外摄像机拍摄时，瞳孔会呈现为明亮的圆圈。多亏了这种新方法，人们才有可能准确跟踪瞳孔大小的变化，尤其是当动物睁着眼打盹时。

图像显示，小鼠的瞳孔在睡眠时出现有节奏的波动，而这些波动并不是随机的，它们与睡眠状态的变化有关。进一步的实验表明，瞳孔大小变化不仅是一种被动现象，它们受到副交感神经系统的主动控制。有证据表明，至少在深度睡眠中，小鼠的瞳孔会缩小，以保护其不被突然的闪光惊醒。

尤兹格克说："俗话说'眼睛是心灵的窗户'。瞳孔即便在睡眠中也继续扮演着重要角色，通过阻断感官输入，从而保护大脑，巩固记忆。"研究人员想要弄清这些发现是否适用于人类，以及新方法能否用于睡眠诊所。

2. 记忆机制的新进展

揭示大脑把外部信息转化为记忆的机制。2019 年 11 月，由瑞士、德国和瑞典等国的科学家组成的研究小组，在《计算生物学》杂志上发表论文称，他们研究了大脑纹状体中的神经元回路，分析人类大脑把外部信息转化为自己记忆的反应过程，这对理解神经系统的基本功能具有重要意义。

大脑信息处理发生在通过突触连接的神经回路内，突触的任何变化都会影响人们记忆事物，或对某些刺激做出反应的方式。利用突触可塑性可以操纵这些神经回路，该过程中某些突触会随着时间的流逝而增强或减弱，具体取决于神经元的活动。

研究小组分析了这些突触变化的生化反应网络，进一步破译了可塑性机制。研究人员说，模拟可塑性机制对于理解某些由分子计算产生的高级现象，如学习和记忆形成至关重要。

在神经元中，外部和内部信息处理通过突触可塑性，将突触信号在脑神经网络中传输。脑神经网络中的单个分子也可以执行这些生化反应，通常是一种称为 AC 的酶，例如哺乳动物中的腺苷酸环化酶家族，可将细胞外信号转换为细胞内信号分子，这是细胞最重要的次级信使之一。研究人员指出，某些辅助蛋白质化学反应是通过靶向 AC 酶来启动的，而其他酶则会阻止它们。研究人员的工作有利于更好地理解这些 AC 蛋白的“分子识别”，神经元可以极高的精确度和准确性控制 AC 酶催化反应的速率。这反过来又激活了神经元功能所必需的后续过程。

大脑表达由 9 种膜结合的 AC 变体，其中 AC5 代表纹状体中的主要形式。在基于反应的学习中，细胞内信号分子的产生对于加强从皮质神经元到纹状体主要神经元的突触至关重要，并且其产生取决于多种神经调节系统，例如多巴胺和乙酰胆碱。研究人员说：“在这项研究中，我们汇集了来自 4 个不同研究所科学家的专业知识，共同开发一种多尺度仿真方法，并使用它来创建依赖 AC5 的信号系统的动力学模型。”

（二）精神疾病防治研究的新信息

1. 防治恐惧症和焦虑症研究的新进展

（1）尝试用激素皮质醇疗法克服恐惧症。2006 年 3 月，有关媒体报道，有人会因为要在公众面前讲话而恐慌，有人会被蜘蛛吓得大喊大叫。由瑞士苏黎世大学医学与生物学专家组成的一个研究小组，在美国《国家科学院学报》上发表研究成果称，他们试图利用人工合成的皮质醇帮助人们克服恐惧症。有朝一日，人们也许只需吞下一些药片，就可在巨大的压力和引起恐惧的局面下应付自如。

人在遇到压力或害怕的时候体内会自然分泌皮质醇，这种激素有助于克服因害怕而引起的一系列反应。科学家早已发现，提高皮质醇的水平可以使人们尽快忘掉痛苦的记忆和摆脱负面情绪，也能使人们更加从容地应对巨大的压力。该研究小组对皮质醇能降低恐惧程度问题展开了专门研究。

研究小组选择了 40 名对社交恐惧的人和 20 名害怕蜘蛛的人，作为研究对象。他们给一半的志愿者服用皮质醇，并给对照组的志愿者服用安慰剂。半个小时之后，研究人员让志愿者在公开场合讲话，进行即兴的数学测验，或者是给他们看一只巨大蜘蛛的照片。结果发现，与那些服用安慰剂的志愿者相比，服用了皮质醇的志愿者所感到的恐惧程度要低得多。

研究小组计划下一步在更广泛的人群中进行这项实验，以便找出用激素治疗的最佳方法。研究人员指出，虽然皮质醇可以帮助克服恐惧，但每天服用皮质醇也会带来一些副作用，包括改变血压和新陈代谢率、增加患糖尿病，甚至是影响长期记忆的危险。

(2) 发现催产素或有助人摆脱羞怯焦虑的新妙用。2008 年 6 月 22 日，英国《星期日泰晤士报》报道，瑞士苏黎世大学、美国加利福尼亚州克莱尔蒙特研究生大学和埃默里大学，以及澳大利亚新南威尔士大学等机构共同组成的一个研究团队研究发现，常用于引产的催产素还有其他妙用。它可以帮助人们摆脱羞怯、缓解焦虑和减轻恐惧症带来的压力。研究人员正在加紧研究催产素的这一功效，希望早日将其投入实际应用。

催产素是脑下垂体后叶分泌的荷尔蒙中的一种。研究人员说，试验证明催产素能够帮助人们摆脱羞怯、缓解不安情绪，可以给生性害羞的人群带来福音。

据调查，60％的英国人称自己被害羞所困扰，10％的英国人认为害羞已影响到他们的日常生活。这些容易害羞的人，常常需要喝酒或吃副作用极大的药物帮助他们缓解不安情绪。

研究人员说，测试表明，催产素可以帮助人们缓解焦虑，并促进人与人之间的社会联系。更重要的是，催产素非常安全，没有任何副作用，并且不会使人上瘾。催产素会让人更加关心他人，同时变得更加慷慨。这就是催产素能够促进社会交往的原因。他们已经在上百名患者身上成功验证了催产素的这一功效。结果表明，催产素的主要作用是抑制多疑和不安心态，这种心态容易导致焦虑。

在进行的其他几次试验中，瑞士苏黎世大学研究人员为 120 名极度害羞的人特意设置尴尬场面，并在尴尬场面发生前半小时为他们注射催产素。结果表明，遇到尴尬场面时，这些原本极度害羞的人的不安表现得以缓解。

2. 防治抑郁症研究的新进展

研究表明肉毒毒素可缓解抑郁症。2012 年 2 月 27 日，国外媒体报道，瑞士巴塞尔大学与德国汉诺威医学院联合组成的一个研究小组发现，美容手术中常被用于减少脸部皱纹的肉毒杆菌毒素（肉毒毒素），对缓解抑郁症症状也有一定效果，未来有望投入临床应用。

研究人员说，在额头注射肉毒毒素可快速、明显及持久地缓解抑郁症患者的症状。在实验中，研究人员把 30 名抑郁症患者平均分成两组，并向其中一组患者额头注射肉毒杆菌A型毒素，另一组注射不含任何药理成分的安慰剂，再将两组患者的反应进行对照。

结果显示，2周后，接受肉毒毒素注射的患者抑郁症症状有所改善；6周后，其中六成患者的抑郁症症状缓解一半以上；16周后，患者症状出现进一步好转。相比之下，另一组患者的症状并未出现明显改善。

研究人员说，注射肉毒毒素有可能成为一种治疗抑郁症的新方法。这种方法，相对而言副作用较小且经济、安全，一次性注射后，效果可持续数月。不过，研究人员也指出，在这种方法得到广泛应用前仍有一些问题需要解决，例如首先要弄清肉毒毒素的作用机理。

（三）阿尔茨海默病防治研究的新信息

1. 探索阿尔茨海默病类型的新进展

发现阿尔茨海默病存在三种形式。2021年11月，由瑞士日内瓦大学医学院再适应和老年医学系教授、日内瓦大学医院记忆中心主任乔瓦尼·弗里索尼领导，研究员丹尼尔·阿托马雷，以及法国国家健康与医学研究院教授布鲁诺·杜波依斯等参加的一个欧洲研究小组，在《自然评论·神经科学》杂志上发表论文，提出一种包含三种形式阿尔茨海默病的分析新框架，并呼吁对高危人群进行早期差异化治疗。

根据普遍接受的模型，阿尔茨海默病的特点是有一个不可避免的序列，即从大脑中有毒蛋白质的积累到神经变性导致的失智。虽然这种决定性的序列有时是确实存在的，但似乎并非所有患者都是如此。此外，上市药物令人失望的结果，凸显了重新考虑这种疾病的必要性，阿尔茨海默病影响了欧洲近1000万人。

该研究小组已经分析了近200项以前发表的研究中的数据。这项分析表明，阿尔茨海默病远不是一种相同原因产生相同影响的单一疾病，分析建议把患者分为三组，每组都有其自身的动态变化。此外，研究小组呼吁加大对高危人群的筛查力度，以便尽早实施预防措施。他们发表的论文，提出了对阿尔茨海默病理解方式的深刻范式转变。

阿尔茨海默病通常被描述为一个四步序列：大脑皮层中出现淀粉样蛋白的沉积，接着过度磷酸化的tau蛋白增加并在神经元中聚集。然后它们导致神经变性，最后导致认知能力下降，记忆力丧失是第一个症状。

然而，几个月前，由欧洲和美国监管当局批准的第一种针对大脑中淀粉样斑块沉积的药物，已被证明是相对令人失望的。弗里索尼解释说："如果我们把阿尔茨海默病视为一系列生物事件的连续级联反应，它本应更加有效。用药物阻止β-淀粉样蛋白的产生，从逻辑上讲应该中断神经元的损失，从而中断记忆的丧失，而这一点还没有被大规模地观察到。此外，我们已经发现，一些患有淀粉样蛋白的人并没有出现认知症状。是什么保护了他们的大脑免受神经毒害呢?"

为了更好地理解为什么在某些情况下发现了这种疾病的确定性模型，而在其他情况下却没有，研究人员进行了系统的文献综述，其中一些文章倾向于证实这一模型，而另一些则反驳了它。阿托马雷说："我们的解释框架表明，阿尔茨海默病比看起来更复杂，可以根据患者的危险因素、疾病特征和临床结果将其分为三组。"

因此，级联预测仅在这三组中的第一组里得到证实，这一组患者携带称为"常染色体显性"的遗传性基因突变。幸运的是，携带这种突变的人很少见，因为它会导致早期认知缺陷（30～50 岁之间）的系统性发展。在第二组中，认知缺陷症状的发展因遗传变异（APOE 基因的 e4 等位基因）的存在与否而异，这似乎是一个重要的风险因素：2/3 的携带者迟早会出现阿尔茨海默病的症状。第三组由没有相关基因突变的人组成，对他们来说，神经毒性蛋白的存在似乎是一个重要但不是唯一的风险因素。弗里索尼强调说："我们有一半的患者，属于这里的第三组。因此，我们的概率模型表明，应考虑所有遗传和环境风险因素。当他们的分量超过大脑的弹性时，就会出现认知障碍，而大脑的弹性本身，是由遗传和环境来源的保护因素决定的。"

在心血管疾病患者当中，对从未发生过心脏病或卒中的人进行风险预防（高血压、肥胖等)，会使接下来几年的病例数非常明显地减少。相比之下，卒中或心脏病发作后的这种治疗只带来了极少的康复好处。研究人员说："在我们看来，同样的道理应该适用于阿尔茨海默病：在症状出现之前，对高危人群进行治疗是非常必要的。"

到目前为止，识别有风险的人需要昂贵和侵入性的程序，如正电子发射断层扫描和腰椎穿刺。但开发的能够检测血液中是否存在β-淀粉样蛋白和过度磷酸化 tau 的仪器，即将改变这种状况，并可能允许将这种筛查纳入常规检查。研究人员说：“尽管患者管理不会在一夜之间发生变化，但对工作中生物学机制的更详细了解，就会考虑到阿尔茨海默病的不同形式，将使制定更精确的研究方案成为可能。”杜波依斯接着说：“这项研究，旨在开发和应用精确的临床诊断新标准。在未来的几年里，我们希望能够根据每个人的情况调整预防和治疗策略。”

2. 探索防治阿尔茨海默病药物的新进展

研制可预防阿尔茨海默病的疫苗。2005 年 9 月 16 日，法国《十字架》报 16 日报道，瑞士罗氏制药公司研制的一种据称可有效预防阿尔茨海默病的疫苗，目前正在进行第二期人体实验。报道称，未来这一新药或许可以给治疗这种顽症带来希望。

据悉，正在研制的疫苗不是一种传统意义上的疫苗，因为抗体的使命并不是消灭致病细菌，而是作用于脑部的淀粉状蛋白沉淀，也就是对已损坏的大脑个别部分产生作用。

有研究表明，在阿尔茨海默病中，患者大脑的斑点影响了正常思维活动，这些斑点是由一种小型 β—淀粉样蛋白沉积而成。随着这种 β 淀粉样蛋白的积累，大脑正常的思维活动逐渐被破坏，并啮食不可再生的脑细胞神经元，随着神经元的损失，大脑失去了指挥身体基本行为的能力，人就得了阿尔茨海默病。

目前，医学界还无法治愈阿尔茨海默病，以往主要治疗手段是通过药物增加大脑血液循环，延缓病情恶化。而当前医学界最为看好、也最下力气研究的治疗方法，主要有基因疗法、干细胞疗法和疫苗接种。

3. 探索防治阿尔茨海默病技术的新进展

发现磁共振技术可“预知”阿尔茨海默病。2014 年 10 月，由国外媒体报道，瑞士日内瓦大学医学博士哈勒等组成的一个研究小组发现，核磁共振成像技术可以检测到人脑的认知退化迹象，即便此类症状还未出现，也能搜寻到其蛛丝马迹。这一技术可以作为生物标记，应用于临床前的阿尔茨海默病早期诊断。

这种方法以动脉自旋标记技术为核心，该技术可以监测脑灌注，即血流渗入组织的情况。哈勒说：“动脉自旋标记磁共振成像技术简单易行，并不需要特殊设备，只需多花几分钟检测即可。”

研究小组的检测对象，包括148名健康老年参与者和65名轻度认知损害者。所有参与者都做了脑部核磁共振成像和神经心理评估，这些都是检测认知能力的正常测试。在148名健康老人中，75人表现稳定，另有73人在接下来18个月的临床跟进中出现认知下降情况。这些认知下降的受试者，在动脉自旋标记核磁共振成像测试中，已经表现出灌注量降低，尤其在大脑的后扣带回皮质。这一区域在大脑中部，与默认模式神经网络相连接，该神经网络会在人注意力不集中时变得活跃。这一神经网络的退化，表现在轻度认知损害者身上，更见于阿尔茨海默病。

世界卫生组织估计，世界范围内有超过3500万人患阿尔茨海默病，这个数字在2030年可能会翻一番。而与阿尔茨海默病相关的脑部疾病，例如血流量减少等可能会出现数年时间却得不到患者的注意，因为人脑具有认知储备，即当大脑的某一部分出现缺陷，其他部分会对其进行补偿。对认知退化的早期监测至关重要，因为在这一时期治疗阿尔茨海默病最见效。

在实验中，脑灌注减少现象在轻度认知损害者和部分健康受试者身上都出现了，而后者接下来便开始出现认知退化现象。这一研究结果表明，即便受试者灌注量减少，此人可能在当下依旧保持正常认知状态，但最终会出现认知缺陷。

在对阿尔茨海默病的检测方面，动脉自旋标记磁共振成像技术可以自成体系，也可以成为当下计算机断层扫描技术的辅助。研究人员计划进行跟进研究，以进一步认识动脉自旋标记技术和人脑的长期认知变化。

（四）帕金森病防治研究的新信息

1. 探索帕金森病患者行走障碍的原因

利用神经机器人系统揭示帕金森病患者行走障碍。2022年9月，由瑞士洛桑联邦理工学院的一个研究团队，在《科学·转化医学》上发表研究结果称，他们利用新的神经机器人平台和电极测量，发现了帕金森病是如何导致患者大脑失调，损害其行走等运动能力的。这项成果揭示了大脑中丘脑下核区域如何协调腿部肌肉的激活，并提出可检测患者“冻结”和其他行走障碍的算法。

研究人员表示，他们揭示了丘脑下核动力学编码行走的关键原理，开辟了用这些信号操作神经假体系统以改善帕金森病患者行走的可能性。

帕金森病患者经常遇到运动问题，如震颤、行走困难和运动时“冻结”。科学家推测，针对大脑的特定区域，如深部脑刺激，可帮助治疗这些运动症状。以前的研究曾把丘脑下核与手臂运动联系起来，但这个大脑区域如何协调腿部运动和行走还不太清楚。

研究人员此次构建了一个椅子状的神经机器人平台，全面测量了18例帕金森病患者腿部肌肉的激活。研究团队把他们的设备与脑电极的测量相结合，以跟踪丘脑下核的活动，使他们能够解构行走中最重要的组成部分。当患者移动腿部时，该平台显示丘脑下核控制其腿部肌肉活动的启动和终止。

研究人员创造了几种算法，把常规步态与步态受损区分开来，并且可在患者进行短途行走测试时，成功识别出他们的“冻结”发作。

2. 探索帕金森病检测方法的新发现

发现蛋白质形状有助于检测帕金森病。2022 年 11 月，由瑞士苏黎世联邦理工学院分子系统生物学教授葆拉·皮科蒂领导的研究团队，在《自然·结构与分子生物学》杂志发表论文称，他们发现，健康人士和帕金森病患者脊髓液中一组蛋白质的形状不同，这些蛋白质有望用作检测帕金森病的新型生物标记物。

许多人类疾病可以使用血液或其他体液中的生物标记物来进行检测和诊断，但帕金森病不同，迄今临床上还没有发现用于指示这种神经退行性疾病的生物标记物。该研究团队开展的新研究将改变这一状况，他们发现 76 种蛋白质或能用作检测帕金森病的生物标记物。

在最新研究中，研究团队检查了 50 名健康人士和 50 名帕金森病患者的脑脊液。为寻找生物标记物，研究人员使用名为 LiP－MS 的特殊方法，来测量蛋白质组（样本中所有蛋白质）。该方法可以测量蛋白质的结构变化，并揭示变化的确切位置，而传统的蛋白质组测量方法往往只记录不同类型的蛋白质及其数量，而不记录结构变化。

皮科蒂表示，最新研究的特殊之处在于，尽管在健康个体和病患体内都发现了潜在的生物标记蛋白，但其分子的形状（或结构）并不相同，因此，并非某些蛋白质的存在，而是其所呈现的形状能揭示帕金森病。这是科学家们首次证明，分析体液中所有蛋白质的结构可以确定疾病的潜在生物标记物。

研究团队计划下一步对已经发现的标记物进行彻底检测，并使用更大患者群体对其进行验证，以评估它们检测帕金森病的效率，确定帕金森病的亚型，并对疾病的恶化程度做出更准确的预测，或者确定其是否能用于检测其他神经退行性疾病，如阿尔茨海默病。而且，他们也打算改进LiP－MS方法以放大生物标记物信号，从而提高检测疾病的灵敏度。

第四节　消化与代谢性疾病防治的新进展

一、消化系统疾病防治的新成果

（一）治疗消化系统炎症研究的新信息

——发现高纤维食品可控制消化系统炎症

2014年1月5日，《科学》杂志网站报道，由瑞士洛桑大学免疫学家本杰明·马斯兰德领导的研究小组，在《自然·医学》杂志上发表论文称，水果和蔬菜中的纤维或许有助于平息免疫系统的过度活跃，这种免疫系统过激会导致过敏性大肠综合征、节段性肠炎等病症，甚至导致结肠癌。他们的研究显示，富含纤维的食品还可能平息哮喘。

当我们摄入丰富的水果蔬菜时，肠道细菌会帮助消化这些纤维。它们能利用可溶性纤维，如苹果、梨、草莓、柑橘和洋葱里的果胶，将其酵解为特殊的脂肪酸，这些脂肪酸能和免疫细胞作用，帮助控制炎症。脂肪酸可能在血液中循环而与全身免疫细胞都发生关联，但这种抗炎症效果能否超出消化道，达到肺部甚至全身，科学家还不清楚。

为了检验膳食纤维摄入与哮喘之间是否存在关联性，研究人员用两组小鼠进行实验。他们给一组小鼠吃低纤维食物，而另一组吃富含果胶的食物。

两周后，研究人员给小鼠嗅一种能引起人类过敏和哮喘的过敏原。吃低纤维食物的小鼠显出了剧烈的过敏反应，包括肺部出现炎症分泌物、呼吸道收缩、喘息、气短等与哮喘病人极为相似的状况；吃高纤维食物的小鼠过敏反应减少，它们的嗜酸粒细胞（一种免疫细胞）和抗体免疫球蛋白E几乎只有前者水平的一半，在过敏反应和哮喘中，这两种细胞通常会增加，而且其呼吸道收缩也更少。

通过分析两组小鼠的粪便，研究小组发现，在高纤维组小鼠肠道中，产生抗炎症脂肪酸最多的菌种是普通菌种的两倍，而低纤维组小鼠肠道普通菌种更多。此外，吃高纤维食物的小鼠血液中的脂肪酸数量也成比例地增加。

为了检验血液中的脂肪酸能否命令免疫系统“撤退”，研究人员给小鼠注射了一种丙酸盐脂肪酸，两周后用过敏原测试，小鼠再次显现出炎症指标下降，呼吸道收缩减轻。而且，一种叫作“枝状细胞”的关键免疫细胞更少打开一种感受器，这种感受器在小鼠和人类的过敏性哮喘中起着关键作用。免疫系统反应增强或减弱取决于枝状细胞给其他免疫细胞发送的信号，枝状细胞对免疫系统起着双向调节作用。

最后，研究人员发现，注射丙酸盐的小鼠确实产生了更多未成熟的“前期”枝状细胞，保护小鼠免于哮喘。马斯兰德说：“我们的研究，首次证明饮食能影响骨髓中免疫细胞的产生，而这对免疫细胞前体离开骨髓，分布到整个身体组织中（包括肺部）有着重要影响。”

研究人员推测，如果细菌产生的化合物确实能影响哮喘，它们在肺部也会起作用。从饮食变化、肠道细菌新陈代谢改变、骨髓生产免疫细胞转变，到哮喘炎症减轻，这是一系列相关联的变化。以前从未有人把这一切放在一起，本研究是所有这些观察的美妙集合。

自 20 世纪 60 年代以来，西方国家的哮喘病增加而膳食纤维摄入量在下降；但哮喘在欠发达地区如非洲，并不普遍，在这些地区人民的饮食结构中，水果和蔬菜所占比例更大。马斯兰德认为，饮食添加剂包括提纯丙酸盐或某些类脂肪酸，能否为哮喘病人和吃不到水果蔬菜的人带来利益，还需要严格的科学检验。同时，富含纤维的平衡膳食是取得抗炎症效果的最佳方式。

（二）治疗肝脏疾病研究的新信息

1. 开发治疗肝脏疾病药物的新进展

（1）研制出抑制乙肝病毒的新药物。2006 年 12 月，有关媒体报道，瑞士诺华公司是全球唯一在专利药和非专利药两大领域均处于领先地位的企业。不久前，其在美国波士顿召开的第57届美国肝病研究年会上公布了一款新药，它名叫“替比夫定”，用于抑制乙肝病毒。

诺华公司宣布，根据全球各地研究的最新数据，与目前常用的慢性乙型肝炎治疗药物拉米夫定相比，替比夫定能更快、更强地抑制病毒，并具有更高的e抗原血清转换率。强效抑制病毒可降低病程进展为肝硬化和肝癌的风险，因而是治疗慢性乙型肝炎的重要新药。目前，替比夫定已被批准在美国与瑞士上市，同时正在向欧洲和中国的监管部门申请上市。

（2）研究发现乳杆菌对急性肝损伤有保护作用。2020年1月，国外媒体报道，一个有关微生物的研究项目，旨在探索瑞士乳杆菌R0052对急性肝损伤的保护作用及其机制。据悉，瑞士乳杆菌最初是从北美乳制品发酵剂中分离出来的，它可以利用更多种的碳水化合物产生乳酸，并被广泛用作益生菌。本次研究表明，瑞士乳杆菌R0052在肝病治疗过程中可能对肝细胞有保护作用。

急性肝功能衰竭是一种死亡率较高的疾病，益生菌被认为是治疗肝病的潜在辅助用品。研究人员用瑞士乳杆菌R0052悬液灌胃大鼠1周，第8天在其腹腔注射D－半乳糖胺致急性肝损伤。24小时后，采集血液、肝脏、回肠、粪便等样本，进行组织学损伤、炎症、肠屏障、肠道微生物和代谢组学方面的分析。

研究人员发现，瑞士乳杆菌R0052可减轻转氨酶、胆红素、总胆汁酸升高及肝组织损伤。此外，瑞士乳杆菌R0052通过下调肝组织Toll样受体、肿瘤坏死因子－α和核因子－κb的转录，以及降低促炎细胞因子血浆浓度，发挥抗炎作用，并改善肠道异常，改变肠内Toll样受体、紧密连接蛋白2和黏蛋白3的基因转录。研究人员表示，这些效应与瑞士乳杆菌R0052对肠道微生物和代谢组的调节有关。益生菌预处理使肠道菌群中的乳酸杆菌和类杆菌富集。同时，瑞士乳杆菌R0052改善了碳水化合物和脂肪酸代谢，降低石胆酸水平。

这些结果表明，瑞士乳杆菌R0052在减轻急性肝损伤方面具有良好的应用前景，为研究微生物群、代谢组、肠屏障与肝病之间的关系提供了新的思路。

2. 研究肝脏疾病治疗靶点的新进展

发现抗非酒精性脂肪性肝炎和肝癌治疗的潜在靶点。2019 年 4 月，由瑞士苏黎世大学医院与德国海德堡癌症研究中心组成的一个研究小组，在《自然·医学》上发表论文称，他们发现，血小板膜表面是非酒精性脂肪性肝炎和肝癌发生的一种介质和治疗的潜在靶点。

非酒精性脂肪性肝病，包括单纯性脂肪肝与非酒精性脂肪性肝炎，可能发展为肝硬化和肝细胞癌。在本研究中，研究人员发现在非酒精性脂肪性肝炎中，血小板数量、血小板活化和血小板聚集增加，但在脂肪变性或胰岛素抵抗中没有增加。

非非甾体抗炎药的抗血小板治疗，联合舒林酸可预防非酒精性脂肪性肝炎及肝细胞癌的发展。活体显微镜显示，在非酒精性脂肪性肝炎的早期和晚期，血小板对肿瘤细胞的肝转移主要依赖于肝脏细胞表面的跨膜蛋白与透明质酸的结合。抗血小板治疗减少了肝内血小板聚集和血小板与免疫细胞相互作用的频率，从而限制了肝免疫细胞的运输。因此，肝内细胞因子和趋化因子的释放、大泡脂肪变性和肝损伤减轻。

研究人员表示，血小板载物、血小板黏附和血小板活化（而不是血小板聚集）是非酒精性脂肪性肝炎和随后肝癌发生的关键。尤其是，他们证明了血小板膜表面对非酒精性脂肪性肝炎和随后的肝细胞癌的发展至关重要，为抗非酒精性脂肪性肝炎治疗提供了潜在靶点。

（三）防治肠道疾病研究的新信息

1. 破解肠道与细菌共处之谜

2009 年 11 月，瑞士洛桑市全球健康研究所尼古拉斯·布冲领导的一个研究小组，在《基因与发育》杂志上发表论文认为，细菌大量存在于许多动物的肠道中，但是研究人员对宿主如何在这些细菌面前保持其组织完好性，却一直缺乏相关的了解。

对此，研究小组以黑腹果蝇为对象展开研究，他们发现在受外来细菌激发后，黑腹果蝇肠道上皮细胞的修复，需要一种氧化裂解及多条信号通道来完成。

由双氧化酶调控的一种氧化裂解，是黑腹果蝇肠道的免疫响应的一部分。这会使肠道壁受损，从而要求上皮细胞通过肠内干细胞的增殖来修复。

研究人员发现，在响应非共生细菌 Ecc15 的激发时，抗氧化剂能够减少黑腹果蝇的肠内干细胞增殖。而抑制双氧化酶，同样能够在 Ecc15 存在的前提下减少肠内干细胞的增殖，这意味着氧化裂解在肠道组织增殖性修复的开始过程中扮演了一个重要角色。

2. 研发可获取肠道健康信息的“传感器细菌”

2022 年 5 月，由蓝道尔·普拉特教授领导的苏黎世联邦理工学院研究小组与安德鲁·麦克弗森教授领导的伯尔尼大学研究小组一起，在《科学》杂志上发表论文称，他们利用基因改造过的细菌做数据记录器，在不干扰正常生理的情况下，获取了不同饮食和疾病背景下小鼠肠道内微生物群的基因活动信息。这项研究将推动非侵入式肠道疾病诊断的发展，并且表明转录记录具有生物医学研究与未来生物医学诊断应用的潜力。

对整个肠道的细菌基因表达模式进行无创测量，对于了解体内微生物群生理学和病理生理学很重要。但目前为止，还没有不干扰正常生理的方法来了解体内微生物群的动态信息。

普拉特研究小组对细菌进行改造，使其能够充当数据记录器并记录基因活动的信息，还在小鼠身上成功测试了这些细菌。这是未来在医学中使用“传感器细菌”的重要一步，例如诊断营养不良或了解哪种饮食适合患者。研究人员研发了这种所谓的“传感器细菌”。普拉特改进了自己数年前研发的记录序列号技术，把一种有益的梭菌细菌的 CRISPR 阵列引入肠道细菌大肠杆菌的菌株中。通过从 RNA 获取 CRISPR 间隔子进行的转录记录，使工程化细菌能够连续记录细菌群体中基因表达的历史。

麦克弗森研究小组在实验室中对小鼠进行了以这种方式修饰的肠道细菌的实验。研究人员收集了实验动物的粪便样本，从中分离出细菌 DNA，并使用高通量 DNA 测序对其进行分析。利用生物信息学，研究人员能够从大量数据中重建信使 RNA 片段的遗传信息。因此，研究人员能够非侵入性地确定肠道细菌在体内停留期间产生哪种信使 RNA 分子的频率，从而确定哪些基因是活跃的。

通过把“传感器细菌”分别施用于患有肠道炎症的小鼠和健康小鼠，研究人员能够识别肠道中的炎症反应，并确定切换到炎症模式的肠道细菌的特定信使 RNA 谱。在对喂食不同食物的小鼠进行的实验中，研究人员还展示了细菌如何使它们的新陈代谢适应各自的营养供应。这项研究，为饮食、炎症及体内微生物相互作用如何塑造哺乳动物宿主的健康提供了额外的视角。

二、代谢性疾病防治的新成果

（一）防治糖尿病研究的新信息

1. 糖尿病病理机制研究的新发现

找到胰岛素分泌的分子开关。2014 年 5 月，瑞士苏黎世联邦理工学院发表研究公报说，该校教授马库斯·施托费尔领导的研究小组发现一种名为 miR－7 的小核糖核酸分子，是控制胰岛素分泌的“重要开关”，这项成果有望帮助研发治疗Ⅱ型糖尿病的新方法。

身体细胞对胰岛素抵抗，是Ⅱ型糖尿病患者面临的主要问题。患者的机体不但无法利用自身分泌的胰岛素，而且由于血糖升高，体内的胰腺 β 细胞会努力分泌更多的胰岛素，造成胰岛素代谢失调，最终导致胰腺 β 细胞因衰竭而丧失分泌胰岛素的功能。

miR－7 是一种微型核糖核酸分子，人体内大约有 700 种微型核糖核酸分子，这些分子在调节人体细胞功能方面发挥着重要作用。研究人员通过对实验鼠和人类遗体解剖研究发现，miR－7 小核糖核酸分子的浓度越高，对胰腺 β 细胞分泌胰岛素的抑制效果越明显。此外，研究人员还发现在 miR－7 小核糖核酸分子浓度处于较高水平时，胰腺 β 细胞还可能丧失分泌胰岛素的功能。

施托费尔表示，miR－7 可以作为糖尿病早期诊断的一种生物标记，未来可以研发针对 miR－7 的抑制剂类药物，用于治疗Ⅱ型糖尿病。

2. 提升糖尿病患者自我监管能力研究的新进展

（1）开发糖尿病患者提升自我血糖监测能力的新技术。2014 年 1 月，国外媒体报道，总部位于瑞士的罗氏诊断机构最新研发完成的新型血糖监测系统，可有效提高检测效率并减少患者测量血糖时的痛苦。

糖尿病已成为全球重大公共卫生问题之一。国际糖尿病联盟等机构发布的指南均强调，自我血糖监测是糖尿病综合管理和教育的组成部分，并建议所有糖尿病患者都要进行自我血糖监测。但传统的自我血糖监测方法存在耗时较长、实施困难等问题，导致患者疏于血糖监测，疾病无法得到有效管理。

罗氏诊断机构研究人员表示，他们系统采用独特的卡带式技术，一卷卡带可进行 50 次检测；一个针鼓里装有 6 根采血针，患者无须额外携带单个试纸或采血针，采血量只需 0.3 微升。该系统操作简单，仅需 4 个简单步骤、5 秒钟即可完成单次测量，自动调码设置减少了潜在的检测差错。

研究人员的一项针对 1112 人的调查显示，使用该系统后，142 名患者的每周血糖监测次数从 7.5 次增至 18.4 次。超过 80%的人认为，这个系统比单条试纸血糖仪更节省时间，使用起来也更方便，可大幅提升糖尿病患者的血糖自我监测水平，帮助他们更好地进行自我血糖监测和管理。

（2）发现合成基因回路或有助于患者轻松管理血糖水平。2018 年 6 月 19 日，瑞士苏黎世联邦理工学院生物学家马丁·富塞内格尔主持的研究团队，在《自然·通讯》杂志发表的一项合成生物学报告表明，他们设计出一种全新的合成生物学基因回路，并证明可以通过咖啡因激活这种合成基因回路。小鼠糖尿病模型研究显示，其可以成功调节血糖水平。这项研究成果或将助力人类对抗糖尿病，同时也展示出合成生物学在医疗界的应用潜力。

合成生物学可以通过设计和构建自然界中不存在的人工生物系统，来解决能源、材料、环保等多领域问题。近年来，医学界也在尝试以人工合成的基因回路为基础的基因治疗和细胞治疗，实现对体内环境的血糖调控，从而帮助修复糖尿病人的身体状况。

在所有糖尿病患者中，Ⅱ型糖尿病占 90%以上。与Ⅰ型糖尿病相比，Ⅱ型患者体内产生胰岛素的能力并未完全丧失，而是处于一种相对欠缺的状态。Ⅱ型糖尿病影响着全球逾 4 亿人口，耗费了大量医疗成本。目前，人类尚无根治糖尿病的方法，只能通过多种治疗手段控制该病发展。其中，成功的健康管理需要能够监测进食后的血糖上升情况、做出响应并能控制血糖水平。

此次，瑞士研究团队研究了咖啡因能否用于诱导基因表达，以帮助调节血糖。他们设计了一种合成生物学基因回路，并将之命名为“咖啡因刺激型先进调节器”，它可以响应商业产品中的咖啡因，生成一种可用于治疗Ⅱ型糖尿病的肽。

实验表明，在小鼠糖尿病模型中，携带咖啡因刺激型先进调节器系统的细胞在小鼠摄入咖啡后，成功帮助其控制了血糖水平。研究人员表示，虽然这只是一个原理验证演示，但表明了合成生物学设计的基因回路可利用常见化合物调节身体状况，同时还显示了未来合成生物学应用于医疗保健领域的巨大潜力，有望将对生活方式的干扰降到最低。

3. 糖尿病治疗方法研究的新进展

（1）发现重编程人类胰岛细胞可缓解小鼠糖尿病。2019 年 2 月 14 日，瑞士日内瓦大学佩德罗·埃雷拉教授领导的一个研究小组，在《自然》杂志上发表论文称，他们研究证明，来自糖尿病和非糖尿病供体的人类胰岛 α 细胞和 γ 细胞，在经过重编程之后，可以产生响应葡萄糖的胰岛素，能对小鼠糖尿病产生缓解作用。

研究人员发现，人胰岛 α 细胞和分泌胰腺多肽 γ 细胞，在 Pdx1 与 Mafa 过表达时，α 细胞和 γ 细胞可重编程为分泌胰岛素的 β 细胞。该研究证明了在体外，胰岛中非 β 细胞可以重编程为 β 细胞。

研究人员把重编程的细胞移植入糖尿病小鼠的肾脏中，发现小鼠的糖尿病得以缓解，在移植 6 个月后，这些细胞仍具有分泌胰岛素的功能。利用转录组和蛋白质组深度分析，研究人员确认了重编程后 α 细胞仍然具有 α 细胞的标记，虽不同于 β 细胞，但却具有 β 细胞的功能。这项研究有助于理解胰岛原位细胞分化可塑性的分子机制，为治疗糖尿病和其他退行性疾病提供了新的策略。

（2）研制治疗Ⅰ型糖尿病的胰岛微囊化技术。2022 年 5 月，有关媒体报道，瑞士弗里堡大学医学院雷欧·碧勒教授团队，与中国电子科技大学附属医院器官移植研究所王轶研究员团队一起，为国际免疫学会联合会的官方期刊撰写了关于Ⅰ型糖尿病治疗新进展的综述文章，其在综合近年来已发表的各类胰岛微囊化实验文章的基础上，展望胰岛微囊化技术未来的发展方向。

目前，医学界主要采用胰岛移植的方式治疗Ⅰ型糖尿病，通过超声引导把供体胰岛移植至受体肝门静脉内，从而替代受损的胰岛 β 细胞。然而，胰岛移植虽能较为长期且有效地调控血糖并降低糖尿病并发症的出现，但免疫系统仍然不放过胰岛β细胞，这导致移植胰岛的功能可能会随着时间的流逝而逐渐下降。

研究人员说："利用微囊囊材包裹胰岛能有效隔离免疫炎性因子，因此胰岛微囊化技术成为治疗Ⅰ型糖尿病的最佳策略之一。"

所谓胰岛微囊化技术，通俗地说，就是用类似于药物胶囊制剂的外壳材料把胰岛包裹起来，做成一个胰岛胶囊。这样一来，胶囊中的胰岛既能免受免疫系统的攻击，同时又能很好地释放胰岛素，从而调节糖尿病患者的血糖。这一技术也称为胰岛封装技术，实际上是一种免疫隔离的策略。

胰岛微囊化技术，通过微囊造粒机将生物相容性材料包裹在胰岛外层，形成纳米级厚度的小微囊。植入的胰岛与机体形成免疫隔离屏障，允许葡萄糖、氧气、营养物质、代谢废物和信号分子通过微囊双向扩散，同时阻止免疫细胞、免疫活性物质等对移植胰岛细胞的攻击。

目前，制造微囊的水凝胶材料分为天然水凝胶与合成水凝胶。天然水凝胶主要包括海藻酸盐、琼脂糖、壳聚糖等多糖材料和胶原蛋白、聚L—赖氨酸等多肽材料。海藻酸盐是第一种用于制作微囊的材料，并且目前仍然是最受欢迎的微囊化材料。但由于其提取自海洋褐藻类生物，残留的杂质蛋白、多酚、内毒素等会影响材料生物相容性，这成为制约其临床应用的主要因素。

研究人员说，天然水凝胶具有良好的生物相容性和较低的生产成本，但在生理条件下，其稳定性较弱。与其不同，聚乙二醇、聚甲基丙烯酸甲酯等合成水凝胶，可在孔径大小、机械强度和弹性等方面，实现对材料性能的控制，使得其具有更适宜的孔隙、更高的机械阻力和弹性，但其劣势在于生物相容性低和生产成本高。

目前科学家正尝试通过天然水凝胶和合成水凝胶的结合，在弥补天然水凝胶不足的同时，保持它们的有益性质。这也是胰岛微囊化技术目前研究攻关的方向之一。已有的尝试包括：在海藻酸盐囊材的表面涂上甲氧基聚乙二醇，以降低免疫反应；通过聚L—鸟氨酸聚乙二醇化修饰海藻酸盐微囊化的胰岛，可具有较低的免疫反应和较长的胰岛体内存活时间；在聚乙二醇水凝胶中加入寡肽，可降低免疫排异反应；聚乳酸—羟基乙酸聚合物纳米纤维与促进血管形成的小分子或者血管内皮细胞生长因子结合，也可诱导移植胰岛的血管形成，改善移植胰岛的缺氧状态。

研究人员表示，未来对微囊材料的研究，主要集中在探索新的封装技术，以提高水凝胶的生物相容性、稳健性和移植物的存活率。随着胰岛微囊化技术的进步和发展，微囊化胰岛治疗糖尿病的临床试验数量有望增加。如能寻找到更适用的囊材和封装技术，则能进行大规模生产和封装胰岛，胰岛移植的成本将会大幅降低，这将为治愈糖尿病带来新的希望。

（二）防治代谢性疾病的其他新信息

1. 研制有助于提高代谢物检测效率的生物传感器

2018 年 9 月，瑞士洛桑联邦理工学院与德国马克斯·普朗克医学研究所联合组成的一个研究小组，在《科学》杂志上发表研究成果称，他们开发出一种新型生物传感器，仅用一滴血就能精确测定人体代谢物水平，有望因准确性高、操作简单而成为诊断和监测代谢性疾病的首选工具。

代谢物是人体新陈代谢产生的化合物，疾病或损伤可导致血液中代谢物的水平发生显著变化。例如，血液苯丙氨酸水平的升高，是遗传病苯丙酮尿症的特征。该病患者必须定期检测血液中的苯丙氨酸水平。目前的检测手段需将血样送达实验室，而结果几天后才能送达患者，这种延迟导致疾病诊疗管理的复杂化。

为此，该研究小组开发了一种在几分钟内测量血样中代谢物浓度的方法。他们利用一种发光蛋白开发出新型生物传感器，它可通过不同的酶催化反应改变颜色，这意味着可以通过分析发光的颜色来确定代谢物浓度。使用不同的酶催化反应，同一传感器就能测定包括苯丙氨酸、谷氨酸、葡萄糖等各种代谢物的水平。

2. 发现高脂肪饮食可造成三代子孙的肥胖效应

2018 年 10 月，由瑞士苏黎世联邦理工学院科学家佩莱格·雷布斯坦主持的一个研究小组，在《转化精神病学》期刊上发表研究报告称，他们的研究表明，雌性小鼠的高脂肪饮食，可以影响三代子孙的肥胖、胰岛素抵抗和类成瘾性行为。

研究人员发现，在孕期前、孕中和孕期后进行高脂饮食的小鼠，其第二代后代（孙辈）会表现出对药物敏感度提高、对药物有偏好等类成瘾性行为，同时还会出现与肥胖相关的特征，如新陈代谢的变化。第三代后代（曾孙辈）中，研究人员观察到一些性别差异，只有雌性有类成瘾性行为，只有雄性有肥胖特征。虽然最初的雌鼠自身并不肥胖，后几代小鼠也并未进行过高脂肪饮食，但上述情况依然会出现。

雷布斯坦说："到目前为止，大部分研究都只是观察到第二代后代，或者只在第一代后代中观察肥胖和糖尿病的长期效应。此研究是第一个观察母亲过度进食对成瘾和肥胖的效应直至第三代后代的研究。"研究人员在报告中分析了这些影响，尤其是通过雄性后代传递的影响，直到第三代后代。

他们的做法是，分别在交配前、孕期和哺乳期给雌性小鼠喂食高脂或正常饮食 9 周。这些小鼠的雄性后代，随后再与经过标准喂食的雌性小鼠交配，生下第二代后代。第二代后代的雄性后代再次与标准饮食的雌性小鼠交配，产下第三代后代。研究人员对第二代和第三代后代的体重、胰岛素敏感度、代谢率及相关血液指标（如胰岛素和胆固醇水平）进行了测量。在行为实验中，他们研究了小鼠是否会更倾向于选择高脂饮食而非标准实验室饮食，或者更喜欢酒精溶液而非水，以及小鼠在使用了安非他命（苯丙胺）之后的活动水平。他们这样做是为了更好地了解母系先辈的高脂肪饮食是否会影响后代的肥胖、过度进食和药物敏感度。

研究人员说："为了对抗现在的肥胖流行病，了解其背后的机理、找到早期预防的方法非常重要。这项研究有助于改善孕期和哺乳期夫妇的健康咨询及教育，让他们的孩子、孙辈和曾孙辈更有可能以健康的方式生活。它提供了一种可能的方法帮人们找到肥胖和成瘾的高危因素，为高危人群提供早期干预的建议。"

研究人员接着说："想将从小鼠身上得到的结论用到人身上，中间还有很大的距离。但是想在人类身上研究母亲过度饮食带来的影响几乎是不可能的，因为干扰因素太多，比如社会经济背景、父母的食物偏好或他们现在的健康状况。小鼠模型让我们可以在没有这些因素干扰的情况下，研究高脂饮食对后代的影响。"研究人员表示，还需要进一步的研究，来确定女性高脂饮食的影响传递给后代的分子机理。

第五节　骨科与五官科疾病防治研究的新进展

一、骨科疾病防治的新成果

（一）骨骼生理及疾病治疗研究的新信息

1. 研究骨骼生理现象的新进展

（1）发现颌骨区咬肌内存在第三层肌肉。2021 年 12 月，由瑞士伯尔尼大学生物医学系高级讲师希尔维亚·梅齐主持的研究小组，在《解剖学年鉴》杂志网络版发表论文称，他们发现了一个以前从未描述过的人体部位：位于颌骨区咬肌内的一层肌肉。这一最新发现，有助于涉及下颌等的相关疾病的治疗。

现代解剖学教科书称咬肌有两层：一层深，一层浅。但一些历史文献也提到咬肌可能存在第三层，不过对于其位置则众说纷纭，参与最新研究的学者因此决定检查突出的下颌肌肉内是否还隐藏着一层肌肉。

为此，他们解剖了 12 具保存在甲醛内的人类头颅，还对另外 16 具新鲜尸体进行 CT 扫描，并对一名志愿者进行了 MRI 扫描。通过这些检查，他们确定了咬肌的第三层：这一层从颧突开始一直延伸到冠突。颧突是颧骨与其他骨相连接的骨性突起部分，冠突属于下颌骨上的突起部分。

梅齐指出："咬肌的这一深层部分与其他两层的功能明显不同，根据其肌肉纤维的排列，这一层肌肉可能通过'提升和收缩'冠突来帮助稳定下颌。实际上，新发现的肌肉层是咬肌中唯一能够将颌骨向后拉的部分。"

研究小组在论文中建议，将新发现的肌肉层命名为"咬肌冠状肌"，意思是"咬肌的冠状肌部分"。他们指出，这一发现对临床治疗可能意义重大，因为了解肌肉层可以帮助医生更好地进行颌骨区域的手术，并更好地治疗与连接颌骨和颅骨的关节有关的疾病。

（2）发现生育会永久改变女性的骨骼。2022 年 11 月 1 日，由瑞士苏黎世联邦理工学院研究员保拉·塞里托领导的一个研究小组，在《科学公共图书馆·综合》杂志上发表论文称，他们基于对灵长类动物的研究发现，生育会以前所未有的方式永久改变女性的骨骼。这一发现，为搞清生育如何永久改变身体提供了新的线索。

塞里托解释说："我们的发现，佐证了生育会对女性机体产生深远影响，进一步证明骨骼不是一个静态器官，而是一个随着生命事件变化的动态器官。"研究人员发现，经历过生育的女性，体内的钙、镁和磷浓度较低。这些变化与分娩本身和哺乳有关。

更年期会对女性骨骼产生影响，这一点早已得到证实。尚不清楚的是，之前的生命周期事件（如生育）如何影响骨骼成分。为了解决这个问题，研究人员研究了初级板层骨——成熟骨骼中的主要骨类型。这一部分骨骼是检查身体的理想部位，因为它会随着时间推移而变化，并留下一些变化的生物标记，使科学家能够监测生命周期中的变化。

在这项研究中，研究人员针对波多黎各萨巴纳·塞卡野外站因自然原因死亡的雌性和雄性灵长类动物，检测了其股骨或大腿骨中板层骨的生长速度。兽医监测并记录了这些灵长类动物的健康和生殖史信息，使研究人员能够将其骨骼成分变化与生活事件进行精确匹配。

研究小组使用电子显微镜与能量色散 X 射线分析，这是测量组织样本化学成分的常用方法，计算了灵长类动物骨骼中钙、磷、氧、镁和钠的浓度变化。

研究结果显示，与没有生育的雌性灵长类动物相比，生育的灵长类动物体内某些元素的浓度有所不同。具体来看，它们在生殖过程中形成的骨骼钙和磷含量较低。此外，这些灵长类动物在喂养幼崽期间，镁的浓度显著下降。塞里托说，这些发现重申了生育对女性机体的重大影响。很显然，繁衍的证据"写在了生命的骨头上"。

2. 研究骨科疾病治疗方法的新进展

用鼻子软骨来拯救撕裂的膝盖。2016 年 10 月，国外媒体报道，一个由瑞士医生组成的研究小组在《柳叶刀》期刊发表论文称，他们首次把取自鼻腔的软骨，嫁接到膝盖严重损伤的患者身上。众所周知，膝盖连接组织撕裂会引发疼痛，甚至骨关节炎。

现在，医生能使用特定手段修复软骨，如移植或注射取自尸体或患者自身健康部位的膝盖软骨细胞。另外，他们会在骨头下方制造微小破坏，以希望促进祖细胞的释放，这种细胞能修复软骨。

研究人员表示，在过去10年中，他们已经意识到取自鼻腔的软骨细胞能形成新组织，进而支撑膝关节的机械应力。而且，与采集一个人膝盖附近的细胞相比，提取这些细胞造成的创伤和危害更小。

该研究小组指出，从实验参与者鼻腔隔膜中割取一块直径有铅笔橡皮大小的样本，然后用酶破坏掉组织，并将细胞在一个多孔膜中进行培养。之后，将其移植入膝关节，研究人员测量了胶原蛋白和名为粘多糖的糖分子等重要结构分子的浓度，结果显示，嫁接物有膝盖软骨的主要特性。

另外，患者经历的疼痛更小，且日常功能更好。研究人员称，这些改善能媲美某些替代疗法。不过，他们也承认这些效果部分归因于安慰剂效应等外部因素的影响。但研究人员指出，该成果已足以支持进行Ⅱ期临床试验。这项试验涉及4个不同临床中心的108位患者，目前正在起步过程中。

（二）防治骨科疾病设备研究的新信息

1. 研制仿生学假肢的新进展

（1）发明可让病人拥有真实触感的仿生学假肢。2013年2月，国外媒体报道，由瑞士洛桑联邦理工学院思尔维斯特罗·米克拉博士主持的研究小组，在一家医院进行了一次特别的假肢植入手术。之所以称其特别，是因为该假肢属于仿生学假肢，可以让患者拥有逼真的触感。

迄今为止，大部分假肢只能够按照大脑信号的指引，代替缺少的手臂来移动，但它们都无法反馈触感。而这个仿生学假肢，可直接通过电极芯片与人类手臂上的两个主要神经系统相连，假肢上的电极会帮助植入者用思维来控制该假肢，同时还会向植入者的大脑发送信号。

研究显示，大多数截肢者都不愿佩戴假肢，因为普通的假肢无论从外观还是功能上，都不是很舒适。米克拉表示，他们研制出来的新假肢，将会给截肢者带来希望，因为它会给截肢者带来真实的触感，活动性也非常灵敏。显而易见的是，假肢触感度越高，截肢者对其接受程度越高。当截肢者植入该假肢后，甚至完全感觉不到异物的存在。

据悉，在2009年初，该假肢模型成功与一位截肢者的神经系统相连。当该截肢者植入这个仿生学假肢后，不仅能够随意摆动手指，还可以握拳拿住物体，并且能够感觉到刺痛感。可以说，该仿生学假肢能够与截肢者很好的“融为一体”，指尖、拇指、手掌、手腕等处的触觉都非常敏感。该研究小组计划在2013年年底让更多患者使用到这种仿生学假肢。

（2）研制出能让截肢者重获触觉的义手。2014年2月5日，由瑞士洛桑联邦工学院等多个欧洲研究机构的科学家组成的一个研究团队，在美国期刊《科学·转化医学》发表研究报告说，他们在2013年年初为丹麦男子奥博·瑟伦森短期植入一只名为“生命之手”的义手，它可以把手指传感器获得的信息“真实地”传送给大脑。

现龄36岁的瑟伦森，9年前因烟花爆炸事故失去左手。现在，有了这只“革新性”义手的帮助，他重新获得用左手触摸物体的感觉。研究人员说，瑟伦森因此成为世界上首位借助义手恢复触觉的截肢者。

瑟伦森说：“这真是太不可思议了，突然我就能感受到已经多年没有体验过的触觉。我能感觉到圆形物体、硬的或软的物体，这种由触摸得来的反馈对我而言是全新体验，突然我就能真实感受到我在做什么，而不是看着我在做什么。”

研究人员介绍，他们研制的这种义手可让截肢者在没有任何特别训练的情况下，体验到几乎自然的感觉，尤其是在感受物体形状及硬度的差异方面，比如体会柑橘与棒球在形状与硬度上的区别。

研究人员原本担心，瑟伦森残肢的感觉神经因长时间没有使用导致敏感性减弱。但瑟伦森戴上义手后，触感被正常激活。他说：“义手的感觉非常近似于其真手的感觉。”

为传递义手手指传感器获得的信息，研究人员用手术方法给瑟伦森的残肢植入4个微小电极，传感器获得的信息以电信号的方法经过这些电极传给瑟伦森残肢中的感觉神经。尽管研究人员相信植入电极不会损害瑟伦森的神经系统，但出于临床试验方面的安全规定，他们还是在一个月后就将这些电极取出。

在某种程度上，这只义手模糊了人机界限。但研究人员表示，这只是朝着研制可在市场上销售的“生化电子手”迈出的第一步，距科幻电影里的那些“神奇手臂”依然遥远。下一步，他们将针对实用性课题进一步改进这种义手，在更多患者身上进行测试，并希望这种技术将来给截肢者的生活带来革新性变化。

（3）研制可实时传递位置和触觉信号的仿生手。2019 年 2 月，由瑞士洛桑联邦理工学院、意大利圣安娜高等研究学院和德国弗赖堡大学等机构的专家联合组成的一个国际研究团队，在《科学·机器人学》杂志上发表研究成果称，他们成功开发出一种新型仿生手，能实时传递位置和触觉信号，让患者重新在运动时和运动后即时、准确地感知肢体位置，从而提高本体感觉敏锐度。

目前使用的肌电假体，虽然能让截肢患者利用前臂的残余肌肉功能重新获得对假肢的自主运动控制，但仍然缺乏感官反馈。这意味着患者必须严重依赖视觉线索，无法感觉到假肢是其身体的一部分，使用起来也很不自然。

该研究团队经过 10 年的机器人研究，开发出的新型仿生手能使截肢患者恢复接近自然的微妙触觉。研究人员在截肢患者残端植入电极来发送电脉冲，通过内部刺激重新建立外部信息流。患者在接受培训后，逐渐学会如何将这些脉冲转化为本体感觉和触觉感受。

新设备使患者无须用眼查看，就能伸出仿生手去感受物体的形状、位置、大小等信息。目前，这一技术已成功使两名截肢患者获得很高的本体感觉敏锐度，两名患者使用假肢确定 4 个物体大小和形状的成功率已达到 75.5%。

研究人员表示，这种基于神经内刺激的感官替代设备，可实时为患者提供位置反馈和触觉反馈，而大脑完全能综合这些信息。患者在培训后实时处理这两种反馈的效果极佳，几乎就和使用真手一样。

2. 研制机械外骨骼的新进展

研制助人保持平衡的可穿戴机械外骨骼。2017 年 5 月 10 日，由瑞士洛桑联邦理工学院科学家西尔韦斯特罗·米塞拉领导的研究小组，在《科学报告》发表研究成果称，他们研制成的一种可穿戴机械外骨骼，可以帮助人们在意外滑倒后恢复平衡，研究人员认为，这一新型可穿戴设备能够用于协助老人、残疾人等行动不便者，以防他们摔倒。

这种机械外骨骼名叫“活动性骨盆固定器”。利用算法，它能检测出穿戴者是否失去平衡，并在臀部产生一个抵消扭矩，以协助穿戴者平衡恢复。

平均年龄68.9岁的8位被试者，以及2位膝上截肢者，在穿戴和不穿戴活动性骨盆固定器两种条件下参与了试验。被试者（佩戴了安全带）被要求以个人偏好的速度，在一台特制的跑步机上行走，这台跑步机会产生旨在使人滑倒的动作。

研究人员发现，由于活动性骨盆固定器有着“在需要时提供协助”的功能，当被试者穿戴了这一设备时，他们的稳定性获得了改善。研究人员还指出，他们的结果必须在更多被试者身上进行进一步验证。

米塞拉认为，他们的这项研究结果，展示了可穿戴机械在滑倒时协助老年人和残疾人的潜力，从而有望极大改善他们的生活质量。而此类机械外骨骼装备可以提供额外能量来供四肢运动，除了帮助老弱人士行动，还可以用于军事，保护士兵或辅助通信、侦查，甚至救援身处险境的人员。

二、五官科疾病防治的新成果

（一）眼科疾病防治研究的新信息

1. 研制能改进青光眼治疗的隐形眼镜

2010年9月，国外媒体报道，瑞士联邦理工学院一家附属医疗器械公司发布了全球首款商业化智能隐形眼镜，该眼镜旨在改进青光眼患者的治疗效果。

青光眼是可能导致失明的眼科疾病，虽无法完全治愈，但患者若能通过定期的眼压检验方式来进行诊断并及时正确治疗，仍可控制病情恶化。现行的检验方式无法全面检测患者的眼压变化情况，往往到眼神经受到相当程度损害后才被诊断发现，成为治疗上的盲点。

该公司首席执行官马克·维斯莫表示，他们推出的一款隐形眼镜，内嵌有微型的压力传感器，可以记录一段时间内，通常是24小时，患者因角膜压力与眼球液压变化时的眼球曲度情况，并可周期性地把这些信息无线传输给患者颈部的小型接收器。接收器则可通过蓝牙技术将信息传送给计算机。

研究人员表示，通过此隐形眼镜镜片所得信息的准确度，是传统眼科仪器检测无法企及的，医生可及早诊断并依据患者状况制订最佳的治疗方案。此产品已先行在欧洲指定医疗中心销售并大规模试用。

2. 创建能让盲人感知烟花表演的新感知系统

2017 年 11 月，由瑞士苏黎世迪士尼研究所研究员保罗·比尔兹利领导的一个研究团队，在加拿大魁北克召开的用户界面软件和技术会议上展示了一种新的感知系统，能让视力受损者通过触觉感知烟花的燃放。

研究人员表示，他们创建的“感知烟花”系统，依靠了 5 个可从大屏幕后面发射不同水模式的喷水飞机产生的振动，会模拟正在扩散的光点。用户可把手放在屏幕上感知。

比尔兹利介绍说：“对于火箭来说，人们能感觉到在触摸屏上向上穿行的振动脉冲，并且在顶端产生更强烈的爆炸振动。对于轮转式五彩焰火来说，振动以螺旋模式移动。我们想让盲人、视觉受损者和近视的人都能尝试‘感知烟花’系统，并且带着对夜晚烟花表演的愉快记忆离开。”

该感知系统在瑞士盲人和视觉障碍者协会的帮助下设计而成。目前，感知烟花有两种操作模式：第一种是将手放在屏幕底部，然后移动手以便跟随并定位烟花；第二种模式是用户将手放在屏幕中间的椭圆区。主要爆炸发生在这个区域。不过，采用这种方法会失去一些自己寻找烟花的元素。该研究团队计划同时测试这两种方法，以确定用户更偏好哪一种。

（二）耳科与口腔科疾病防治的新信息

1. 防治耳科疾病的新进展

推出首款蓝牙耳机式定制助听器。2020 年 6 月 29 日，有关媒体报道，瑞士索诺瓦集团旗下的峰力公司是一家听力设备供应商，正在推出蓝牙耳机式定制助听器“黑曜石·神采”。这款助听器是全球首款可直连苹果手机和安卓手机及各种电子设备，无须额外附件，让助听器瞬间变为无线蓝牙耳机，并且支持免提通话功能的定制式助听器。

这款助听器与传统耳内式助听器不同，它在外观上更接近于蓝牙耳机，同时根据个人耳道情况度身定制，贴合耳道皮肤。

索诺瓦集团中国区创新中心总监管晶晶介绍：“每一台‘黑曜石·神采’助听器，都是根据用户的耳道度身定制，听障人士不仅可以乐享清晰饱满的音质，无论日常生活，或是开车或运动中更可以舒适佩戴一整天。”

产品方面，该定制助听器搭载生物校验技术，通过全息扫描用户耳模，精确捕捉耳廓及耳道构造的 1600 个数据点并计入芯片，优化收声效果，方向性提升可达 2 分贝。当使用时，助听器将自动调用这些个性化数据，计算声音在耳廓和耳道的折射，达到有效的收声效果，优化声音的清晰度。同时，这款定制助听器可实时追踪分析听障人士周围的声音环境，实时运用多种不同的模块智能混合配置以匹配所处的声音环境。据介绍，该助听器曾在美国拉斯维加斯举办的 2020 年国际消费类电子产品展览会上，获得无障碍技术类设备最佳产品大奖。

2. 防治口腔科疾病的新进展

研制结构和硬度媲美真牙的仿生牙。2015 年 9 月 28 日，物理学家组织网报道，由瑞士联邦理工大学复杂材料学教授安德烈·斯图尔特领导、博士后弗洛里安·博维利等参加的研究团队，开发出一种新工艺，能近乎完美地模仿天然牙齿或贝壳的结构，造出可媲美天然产品性质的多层材料。

在自然界，很少有材料比牙齿或贝壳更坚硬耐久，秘密在于这些材料独特的精细结构：由不同的层组成，每一层有数不清的微小片状结构，并按相同方向整齐地连接在一起。科学家虽能仿造珍珠母，但要造出具有相同微观结构和性质的材料还很困难。

报道称，该研究团队把自己研制的新工艺称为“磁辅助滑浇铸”。研究人员先造出一个石膏铸模，然后在模子里注入含有磁性陶瓷小片（如氧化铝片）的悬浮剂，石膏模上的孔会慢慢吸收悬浮液中的液体，使材料从外到内逐渐凝固变硬。

在浇铸过程中施加磁场，造出一种类层状结构，能按一定间隔改变陶瓷片方向。改变悬浮液成分和小片的方向，还能连续地造出多层结构，每层的材料性质还可以不同。

这种工艺能造出复杂的材料，近乎完美地模仿珍珠母或牙釉质等天然产品。博维利说：“我们的技术就像 3D 打印，但速度要快 10 倍，而且成本效益更高。”

为了展示新技术的潜力，研究团队造出一颗人造牙，有着天然牙齿的微观结构，表面像真牙一样硬，表层以下则比较软。斯图尔特说：“人造牙的硬度和韧性结构都非常符合天然牙齿。”他指出，目前的研究，还只是证明在实验室里能造出牙齿的天然精细结构，人们能在一定程度上控制材料组成的微观结构。如果用作假牙，这种材料的外观还要大大改进。新工艺中的陶瓷片磁化和定向已经取得专利。

除此之外，新工艺还能用在其他方面，比如用小铜片代替电子设备中的氧化铝小片。斯图尔特说："小片的材质和方向可以按需要结合，迅速简便地造出大量性质各异的材料。"

第六节　疾病防治研究的其他新进展

一、防治传染病等研究的新成果

（一）传染病防治研究的新信息

1. 探索病毒传染病防治的新进展

（1）用酵母快速重建新冠病毒基因组。2020 年 5 月 6 日，由瑞士伯尔尼大学科学家沃尔克·赛尔、乔格·乔利斯及其同事组成的一个研究团队，在《自然》杂志发表论文称，他们开发出一种可快速重建新冠病毒的方法。重建病毒有助于研究人员开发诊疗方法和疫苗，同时，拥有合成能力也被认为是未来防治相关疫情的重要一环。

在实验室重建病毒，是一种有效的研究疾病暴发所涉病原体的方法。发生疫情时，把病毒样本送至研究机构可能需要很长时间，或者转运这些病原体被认为过于危险。同时，研究人员拥有能够设计并重建病毒的能力，也将成为防治未来可能疫情的重要一步，因为研究人员在此基础上可以对重建的病毒进行试验，进而能够以更高效率找到有效的疫苗和疗法。

许多病毒是利用大肠杆菌进行复制的，然而冠状病毒较一般病毒更大，不易使用这些细菌克隆。鉴于此，研究人员提出酵母是可用于重建病毒基因组的另类方法，该研究团队此次便是利用酵母重新建造出新冠病毒。

研究团队使用 2020 年 1 月初公布的新冠病毒基因组序列作为模板，把它分成 12 个重叠的片段，并从一家生物技术公司订购了 14 个重建冠状病毒 DNA 的短序列，目的是重组这些片段，并重建出新冠病毒基因组序列。这一操作最初缺少了两个片段，不过，研究人员从本地一名感染新冠病毒的患者身上获得了样本，得以制造出缺失的片段。

经过多次克隆和调整，研究团队最终生成了与患者样本非常类似的新冠病毒合成基因组，不过还是观察到了一些复制差异。

研究人员总结表示，收到 DNA 片段一周后便重建了病毒，这样的速度使得这种方法颇具吸引力：无须获取临床样本，便能向卫生机构和诊断实验室提供感染性病毒。

（2）拟建立用作信息共享的全球病毒库。2021 年 5 月 24 日，法新社报道，瑞士当天与世界卫生组织签署协议，将在瑞士境内建设名为“百创汇生物科技中心”（BioHub）的全球病毒库，以存储和分析可能构成全球大流行的病原体，促进全球信息共享，提高国际社会针对新型病毒威胁的防御能力。

该病毒库将位于图恩湖畔的施皮茨，依托于瑞士国防部的生物安全实验室建设。目前大多数病原体分享通过各国之间的临时性安排实现，不仅进程缓慢，有的国家也可能无法获得相关信息。世界卫生组织总干事谭德塞表示，该病毒库将为世界卫生组织成员国“自愿分享病原体和临床样本提供可靠、安全和透明的机制”。

世界卫生组织发布的声明称，该病毒库将启动新冠病毒合作试点项目，研究同有关厂商分享生物材料、开发医学产品进而实现各国均衡分配的可行性。

（3）开发出猴痘病毒检测新工具。2022 年 5 月 25 日，国外媒体报道，总部位于瑞士的罗氏制药公司当天发布消息说，该公司已开发出一组可用于检测猴痘病毒的系列化检测工具。猴痘病毒与人类历史上曾长期肆虐的天花病毒是“近亲”，同属于痘病毒科正痘病毒属。

罗氏公司在一份声明中说，这一组模块化病毒检测工具中包括 3 种具有不同功能的正痘病毒检测试剂盒。第一种试剂盒可检测出正痘病毒；第二种试剂盒只检测猴痘病毒（西非分支和中非分支）；第三种试剂盒包含了前两种的主要功能，在检测出正痘病毒的同时，还能显示其中是否存在猴痘病毒（西非分支和中非分支）的具体信息。

罗氏的高管托马斯·席内克认为，这套新检测方法可检测猴痘病毒，协助跟踪其流行传播。这类诊断工具，对于应对和最终控制新出现的公共卫生挑战至关重要，因为这能推进追踪工作和治疗策略等应对措施。

1958年，科学家在一组用于研究的猴子体内首次发现了猴痘病毒，当时这些猴子出现“痘状”传染病，猴痘病毒因此得名。2022年5月以来，全球多个非猴痘流行国家报告了人感染猴痘病例，其中包括英国、美国、葡萄牙、西班牙、意大利等国。

2. 探索细菌传染病防治的新进展

研制出降低“超级病菌”危害的快速检测法。2006年2月，《新科学家》杂志网站报道，瑞士日内瓦大学医院流行病学家斯蒂芬·哈巴思领导的一个研究小组宣布，他们研制出一种新的快速检测技术，使得超级病菌耐甲氧西林金黄色葡萄球菌的实验室检测时间，由72小时缩短为7.2个小时，整整提速10倍。如果再配合对病人的事先隔离，新检测法将大幅减少这种超级病菌在医院中的传播。

目前，很多医院都面临着耐甲氧西林金黄色葡萄球菌感染日益严重，以及多重耐药性的挑战。特别对于一些免疫力低下的病人来说，感染该病菌可能导致死亡，如何保护他们免受其感染是令医生头疼的问题，因为很多人的咽喉中都携带这种病菌。

医生们试图通过隔离那些检测呈阳性的病人来遏止超级病菌传播，但是2005年在《柳叶刀》杂志发表的一篇论文表明，这种做法收效甚微。哈巴思认为，减缓这种病菌的传播速度，需要采取更主动的策略。研究小组采用了新的病菌检测方法，而且在病人尚未表现出感染症状时就事先对其进行隔离，结果表明，医院内科重症监护室的耐甲氧西林金黄色葡萄球菌感染率下降了70%。

研究小组中的两位科学家持有此技术的专利。过去，传统的耐甲氧西林金黄色葡萄球菌检测法从病人的鼻腔取下样本，在实验室进行细菌培养，需要好几天的时间。该研究小组则兼顾寻找病人皮肤上的细菌踪迹，并用新方法对病菌样本进行提纯。他们通过带电的耐甲氧西林金黄色葡萄球菌抗体来捕捉样本中的这种病菌，然后用磁珠将其“一网打尽”。如果快速检测结果呈阳性，医生们就继续对该病人进行隔离。而且研究小组的实验，还要求医护人员在接触超级病菌感染者时穿上防护服。

哈巴思强调，如果没有足够快的检测手段，医院是不可能对病人进行事先隔离的，因为这样做对病房容量要求太大。很多从事超级病菌感染研究的专家，都对哈巴思等人的新检测法表示欢迎。

不过，该检测法的应用对于降低外科重症监护室的超级病菌感染率没有显著作用。研究者认为，这可能是因为与内科相比，外科病房的医护人员与病人有更多的直接接触，使病菌更容易被传播。

3. 探索虫媒传染病防治的新进展

研究发现疟原虫的“致命弱点”。2017 年 10 月，瑞士伯尔尼大学与日内瓦大学联合组成的一个研究小组，在《科学》杂志上发表论文称，他们发现通过抑制疟原虫的两种蛋白酶，有可能阻断其在人体肝脏和血液中的传播，从而帮助防治疟疾。这一方法还有望用于治疗与疟疾发病机理类似的疾病。

疟疾由疟原虫引起，通过受感染的蚊子叮咬传播。疟原虫从蚊子的唾液传入人类血液，并随血液移动至肝脏，它对血液红细胞和肝脏细胞的破坏会导致发热、头痛、呕吐等症状，严重时可引起死亡。据世界卫生组织的数据，全球每年约 50 万人死于疟疾，且目前尚无经批准上市的有效疫苗。

瑞士研究人员认为，疟原虫能否生存和传播，一个关键是其进入和离开宿主细胞的能力。疟原虫在侵袭宿主红细胞的过程中，会利用两种特别的蛋白酶，其中一种蛋白酶能像“分子剪刀”一样“切开”红细胞的细胞膜，让疟原虫能够出入红细胞。

研究人员发现，一种抑制剂能同时阻止这两种蛋白酶发挥作用，从而让疟原虫出现“致命弱点”。过去一些疟疾药物常面临抗药性的问题，但疟原虫同时产生与这两种蛋白酶相关抗药性的可能性极低，这有助于研发更有效地抑制疟原虫传播的药物。他们同时指出，由于弓形虫病的传播机制和疟疾类似，这一研究也有望用于治疗弓形虫病。

（二）器官移植方面探索的新信息

——公投支持默认同意捐献器官

2022 年 5 月 15 日，法新社报道，瑞士当天就器官捐献等事项举行全民公投，结果逾六成投票者支持修改立法，即默认所有人同意死后捐献器官，除非生前明确表示不愿捐献。

按照瑞士现行法律，实施器官捐献的前提是逝者生前明确表示同意捐献器官。将法律修改为默认同意捐献器官后，据信可以帮助更多需要接受器官移植的患者。

据报道，法律修改后，如果逝者生前没有说明是否愿意捐献器官，而亲属知道或猜测逝者不愿捐献，可代逝者做出拒绝捐献的决定。医务人员不会在联系不到逝者亲属的情况下摘除逝者器官。另外，捐献器官法律只适用于16岁以上人群。只有在医院重症监护室去世的人可捐献器官，且必须由两名医生确认捐献者已死亡。

瑞士也有不少人反对这一修改，认为默认同意捐献器官可能违反伦理或增加亲属心理负担，因为提出异议的亲属或被指责为“自私”。

法新社援引瑞士一家器官捐献促进机构的数据报道，瑞士2021年有166人去世后捐出器官，484个器官被移植；截至2021年年底，瑞士仍有1400多名患者在等待适合的器官，而当年有72人在等待中去世。

（三）儿科与老年疾病防治的新信息

1. 探索儿科疾病防治的新进展

研究表明母乳具有独特的生物学特性。2016年4月，由瑞士苏黎世大学生理学院蒂埃里·亨利等学者组成的一个研究小组，在《生物化学趋势》杂志上发表论文，解读了有关母乳的秘密。

在所有哺乳动物中，人类的母乳可能是最复杂的。如人类母乳中包含200多种不同的糖分子，比鼠乳的30种或牛乳的50种糖分子高得多。不过，每种糖的作用和它们在哺乳期成分变化的原因仍是一个未解之谜，但这似乎与婴儿的免疫系统和发育中的肠道微生物有关。

通常，母乳是一个婴儿的第一餐，但其中的许多糖分子并非为了喂饱宝宝。婴儿出生时，肠道中并没有细菌，但几天后，肠道中会出现数百万细菌，一周后变成数十亿。而母乳中的糖则是这些细菌的食物。而这顿免费午餐的目的是培养特定菌群。

亨利说：“母乳的第一个影响，就是帮助能消化这些糖分子的特殊菌群占领肠道。”

母乳也为新生儿免疫系统的建立打下基础。母乳中含有抗体和减缓有害细菌生长、整合白细胞活性的分子。一个月后，婴儿开始发育出适合的免疫系统。这时，母乳的成分就发生变化，母体抗体下降了90%。而乳糖多样性也会明显减少，同时帮助宝宝生长的脂肪和其他营养素开始增加。

另外，母乳可以明显降低婴儿死亡率和新生儿肠道及呼吸道感染风险。亨利说：“一方面，母乳是数百万年进化的产物，是新生儿的最佳食物。但宝宝真正需要母乳多久？我们认为能决定的是每个家庭，而非科学家。”

研究人员还将继续发掘母乳中所有不同分子的作用。几年后，科学家可能会确定母乳在婴儿肠道内培养的菌群的具体作用。

2. 探索老年疾病防治的新进展

（1）发现一种雷帕霉素类药物具有抗衰老效果。2014年12月24日，物理学家组织网报道，瑞士诺华生物医药研究所新指标发现部执行理事琼·曼尼克主持的研究小组，在《科学·转化医学》杂志上发表论文称，他们正在实验的一种药，瞄准与老化和免疫功能有关的基因信号路径，能明显提高老年人免疫系统功能，有望延缓衰老对人体的影响，增进老年人健康。

据报道，这种实验性药物是雷帕霉素的一个版本，能使老年人对流感疫苗的免疫反应提高20%。雷帕霉素属于一类叫作哺乳动物雷帕霉素靶蛋白抑制剂的药物，在小鼠和其他动物身上的实验证明，它有抗衰老及衰老性疾病的效果。

哺乳动物雷帕霉素靶蛋白基因路径能促进年幼动物健康成长，但随着长大变老，它对哺乳动物也显出负面影响，曼尼克说：“当给小鼠用雷帕霉素类药物来抑制其体内这种靶蛋白路径时，它们好像延长了寿命，延迟了老年病的发生。”研究人员决定研究雷帕霉素类药物能否逆转老年人抗感染能力的自然下降。

在临床试验中，研究人员随机抽取200多名65岁及以上老人，给他们用实验药物或安慰剂，几周以后再注射一剂流感疫苗。流感对老人来说非常可怕。据研究人员提供的资料，美国65岁以上老人中有90%死于与流感有关疾病。那些用了实验版雷帕霉素的志愿者，对流感疫苗反应而产生的抗体比对照组要多20%，即使注射较低剂量也能增进免疫反应。而使用一般药的组产生的白细胞更少，这和衰老性免疫力下降有关。

曼尼克称这项研究仅是“婴儿迈出的第一步”。在被问及这种药物能否增强老年人免疫力时，她说：“说明哺乳动物雷帕霉素靶蛋白抑制剂的风险与利益非常重要，这应当建立在临床实验的基础上，然后人们才会相信它能用于治疗老化的各种情况。”

（2）利用小鼠模型研究停止或逆转老年的功能损伤。2020 年 8 月，由瑞士科学家亚历山大·埃格尔和马里奥·诺蒂共同负责，成员来自瑞士伯尔尼大学和伯尔尼大学医院的一个研究团队，在《自然·代谢》杂志上发表研究成果称，他们通过动物模型证明，使用一种新的细胞疗法，可以让两种与年龄相关的损伤停止，甚至被部分逆转。

老年人的免疫系统功能随着年龄增长而持续下降，因此他们更容易患上传染病。在季节性流感爆发或其他病毒性疾病（如新冠肺炎）发生期间，这一点尤为明显。由于疫苗的效力在老年人身上大大降低，所以老年人特别容易受到传染性病原体的伤害，并且往往表现出更高的死亡率。

除了与年龄有关的免疫力下降外，老年人通常还受到身体虚弱的影响，这会对生活质量产生负面影响。即使人类的平均预期寿命不断提高，但寿命延长也带来了与年龄相关的健康问题。

该研究团队已经着手寻找新方法，来改善快速增长的老龄人口的健康状况。多年来，科学家一直推测，慢性低度炎症会加速衰老过程及与年龄有关疾病的发展。此前已有研究证明，被称为腹部脂肪的内脏脂肪组织对慢性低度炎症的发展至关重要。

研究人员报告称，腹部脂肪中的某些免疫细胞，在调节慢性低度炎症和衰老相关过程中起着关键作用。他们的研究证明，这些免疫细胞可以用来逆转这种过程。

该研究团队证实，一种主要存在于血液循环中的免疫细胞嗜酸性粒细胞，也存在于人类和小鼠的腹部脂肪中。虽然传统上认为，嗜酸性粒细胞可以预防寄生虫感染和过敏性呼吸道疾病，但位于腹部脂肪中的嗜酸性粒细胞，负责维持局部免疫稳态。随着年龄的增长，腹部脂肪中嗜酸性粒细胞的频率下降，而促炎巨噬细胞的数量增加。由于这种免疫细胞失衡，腹部脂肪在老年时变成一个系统累积的促炎介质来源。

接下来，研究人员研究了通过恢复内脏脂肪组织中的免疫细胞稳态，来逆转与年龄有关的损伤的可能性。埃格尔说："我们通过不同的实验方法证明，把年轻小鼠的嗜酸性粒细胞移植到衰老小鼠体内，局部和全身低度炎症都得到了缓解。"

研究人员说："在这些实验中，我们观察到嗜酸性粒细胞选择性地进入脂肪组织中。这种方法，对衰老机体有恢复活力的作用。因此，通过耐力和握力测试，老年动物的身体素质有了显著改善。此外，该疗法对免疫系统有恢复作用，表现为老年小鼠的免疫应答改善。"

诺蒂说："我们的结果表明，衰老的生物学过程和相关的功能损伤，比我们过去认为的更具有可塑性。重要的是，观察到的小鼠脂肪免疫细胞分布的年龄相关变化，也在人类身上得到证实。"

埃格尔接着说："我们未来的研究方向，是利用已有知识建立有针对性的治疗方法，以促进和维持人类的健康老龄化。"

二、药物与医疗器械研究的新成果

（一）治病药物研制的新信息

1. 用专利大数据揭示药物研发新趋势

2016 年 4 月，美国化学协会化学与工程网站报道，瑞士诺华公司生物医药研究所娜丁·施耐德领导的研究团队与英国一家软件公司合作，在《医药化学》杂志上发表论文称，在药物开发领域，化学家非常关注制药过程中哪些分子、哪些反应更有价值，他们研究了美国 1976—2015 年公布的专利情况，揭示了这 40 年来药物化学家在从事哪些研究，以及药物开发趋势的变化。这一研究成果，有助于了解药物研制中最常用的化学反应。

据报道，以往研究所用的数据大多来自科学杂志、医药公司实验室电子笔记等。但该研究团队认为，在专利数据中能发掘出更多东西。因为该行业传统观点认为，用来构造新奇结构的化学方法，可能不会公布在科学文献中，或即使公布也是在之后很久的事。

研究人员称，新研究利用 NextMove 软件公司开发的化学信息学工具软件，调查了美国批准和应用的 20 万个专利，其中用到约 130 万个化学反应和模型数据。通过文本挖掘，研究人员从中提取了 115 万个独特的全程反应计划，包括反应的作用和产品，然后用一个专家系统给这些反应分类，并归入一些知名反应类型中。结果发现，化学家们确实对某些反应类型更加偏爱，如酰胺键形成、脱保护反应或 C—C 键形成等。

施耐德研究团队通过计算分析，揭示了化学家们所喜好的“面包与黄油”反应的消长波动。随着药品新战略和新种类的演变，研究情势也随之发生变化。如铃木一宫浦偶联反应（一种构建 C—C 键的主要方法）已进入排名前列，由此导致一些传统化学反应的运用有所下降，如合成烯烃的维蒂希反应，而另一些仍保持稳固地位，如格林尼亚反应。

总的来看，与 40 年前相比，现在的药物分子更大，有更多芳香环，更加疏水，更坚硬，反应类型也更加多样，但倾向于更低的药物产量。

2. 借助人工智能开发基于天然物质的新药

2021 年 7 月，由瑞士苏黎世联邦理工学院吉斯伯特·施奈德教授领导的研究团队，在《先进科学》杂志上发表文章，介绍了如何借助人工智能开发基于自然示例的新药。通过人工智能不仅可以识别天然物质的生物活性，还有助于找到与天然物质有相同效果但更容易制造的分子。这一方法，可以使未来设计新的分子结构变得更容易，或许会改变已有医药研发的游戏规则。

人工智能算法可用于专门设计与天然物质具有相同效果但结构更简单的活性成分。在快速设计、制造、测试、分析循环中，将自动化、基于规则的分子构建与机器学习和实验验证很好地结合在一起。

利用天然物质进行药物设计，是开发现代创新药物的有效途径。据统计，在 1939—2016 年间，美国食品药品监督管理局批准的上市药物中 50%以上含有天然物质的分子片段，或者直接来源于天然物质。相较于化学合成的小分子药物，天然物质在结构新颖性、生物相容性、功能多样性等方面具有明显的优势，并且在长期进化过程中经历了自然筛选的优化。

天然物质的目标分子是潜在的药物靶点。确定活性天然物质的靶标蛋白和作用机制，是新药开发的关键。不过，要从多达 40 万种不同的人类蛋白质中找到药物的靶点，并非易事。因此，该研究团队利用人工智能程序来帮助寻找天然物质可能的目标分子，从而在药理学上识别相关化合物。施耐德强调说：“以这种方式，找到医学上重要的活性成分与靶蛋白组合的机会，比传统筛选要大得多。”

研究团队选择从海洋链霉菌中提取的双吡咯化合物海洋吡咯来验证他们的人工智能算法。海洋吡咯不仅具有抗菌特性，还具有强大的抗癌活性。通过机器学习模型，研究人员把海洋吡咯在药理学上有意义的部分，与相应的活性成分模式进行比较，分析它们可能附着在哪些目标蛋白上。

根据模式匹配，研究人员识别出细菌分子可以附着的 8 种人类受体和酶，它们与炎症、疼痛及免疫系统有关。经过实验证实，海洋吡咯确实与大多数预测的蛋白质有可测量的相互作用。施耐德指出："我们的人工智能方法，可以缩小天然物质的蛋白质靶标范围，可靠性通常超过 50%，从而简化了活性药物成分的搜索。"

由于许多天然物质的结构相对复杂，实验室合成困难而且昂贵。因此，研究团队进一步开发出另一个人工智能程序，用来寻找具有相同效果，但更简单且制造成本更低的天然物质的替代品。这个人工智能程序相当于一个"虚拟化学家"，它能够找到与自然模型结构不同，但化学功能相当的分子。根据算法设计，这样的分子还必须能够在最多 3 个合成步骤中生产，因此相对容易和便宜。为了确定合成路线，这个程序有一个目录，包括 200 多种起始材料、2.5 万种市售的化学构建块和 58 个既定反应方案。在每个反应步骤之后，程序选择这些变体作为下一步的起始材料。

同样以海洋吡咯为例，程序根据 334 个不同的基本结构找到了 802 个合适的分子。研究人员在实验室中制作了最好的 4 个，这些分子实际上显示出与自然模型非常相似的活性。它们对算法确定的 8 种目标蛋白中的 7 种具有相当的影响。

研究人员随后详细检查了最有前途的分子。X 射线结构分析表明，计算得到的化合物通过与该酶的已知抑制剂类似的方式，把自身附着在目标蛋白的活性位点上。换句话说，尽管结构不同，但人工智能程序发现的分子与目标模型具有相同的作用机制。

实际上，瑞士研究团队提出的集成方法，在快速设计、制造、测试、分析循环中，将自动化、基于规则的分子构建与机器学习和实验验证很好地结合在一起。施耐德说："我们的工作证明，人工智能算法可用于专门设计具有相同效果但结构更简单的活性成分。一方面，这有助于开发新药；另一方面，也使我们处于医学化学研究可能发生根本性变化的开始。”

值得关注的是，借助该研究团队的人工智能方法，人们可以找到同样有效但基于不同结构的现有药物的替代品。这可以使未来设计新的、无专利的分子结构变得更容易。

但这也引发了更加激烈的争论：一方面，人工智能可以在多大程度上系统地规避药物专利保护？另一方面，“创造性”人工智能设计的分子是否能获得专利？未来随着该方法的进一步完善，制药行业将不得不调整其研究策略，以适应新的游戏规则。

（二）医疗器械研制的新信息

1. 探索疾病诊断仪器的新进展

发明新型快速呼吸诊断仪器。2006 年 11 月，国外媒体报道，瑞士苏黎世联邦理工学院雷纳托·泽诺比领导的研究小组，发明了一种基于质谱学的仪器，可以快速可靠地检验呼吸中的分子，包括大型不挥发的化合物，为通过呼吸来诊断疾病提供了新方法。

当人们喝了酒或吃了大蒜之类的食物后，呼吸中就会存在特殊的气味。但是呼吸不仅暴露人们所吃的食物，某些疾病同样会产生气味。因此呼吸检测能为临床诊断学带来帮助，它并不需要血液检测那样刺破皮肤。由于呼吸检测仪器的复杂性，过去样品需要经过非常繁复的准备才能用于分析，而且只有少数挥发性的化合物能被可靠地检测到。

这种由泽诺比研究小组发明的呼吸检测仪器有了重大突破，它基于四极飞行时间质谱学。在此过程中，分子会带上电荷，然后根据分子质量被分离并识别。在四极飞行时间质谱仪中，分子由电场加速，飞行时间质谱仪根据分子荷质比分离分子，它们飞向探测器的时间取决于质量。最终仪器会得到光谱，并由此识别出原始分子种类。

该方法的关键在于样品放入仪器的方式。一般而言样品需要先进行萃取，然后在电场中使其原子化。但是研究小组使用了直接液滴萃取。在进入质谱仪的过程中，液滴会逐渐失去溶剂，最终只剩下带电分子。这使得分析能持续进行很长时间，并且可以分析很大的样品。样品不需要进行预先的准备。最重要的是，与传统方法相比，这些呼吸样品液滴中含有大型的非挥发分子，这使更多分子可以被检测到。

2. 探索治病注射器的新进展

（1）发明世界最小的自动注射器。2009 年 6 月 26 日，有关媒体报道，瑞士苏黎世联邦理工大学研究人员，研制出世界最小的自动注射器，其针头直径仅为头发丝的五百分之一，可在不损伤细胞的情况下向细胞内注射药物或脱氧核糖核酸（DNA）。

据悉，这个纳米级自动注射器名为“液体力显微镜”，内有一根直径 200 纳米的针头，在显微镜下启动微型吸管，注射器就可以向细胞内注射药物。

研究人员表示，研制出这种纳米级自动注射器，是生物学和药物学研究的重大进展，它在医学、化学和材料学领域将有广阔应用前景。

（2）研发具有“智能”麻醉功能的注射器。2021 年 6 月，瑞士洛桑联邦理工学院与意大利都灵理工大学及附属医院学者组成的一个研究小组，在电气与电子工程师学会《生物医学电路和系统汇刊》上发表研究成果称，他们开发出能够测量患者血液中主要麻醉剂化合物浓度的“智能”注射器，有助于实施更加精准的个性化麻醉。

该“智能”注射器针头上，具有能够分析测量血液里丙泊酚浓度的传感器电极，可监测患者血液里丙泊酚的浓度，而丙泊酚是麻醉剂中的主要化合物之一，所以它能够帮助麻醉师调节给药剂量。

以往麻醉过程的难点之一，是麻醉中很难测量血液里丙泊酚的浓度。该设备的功效和准确性已通过人体血液样本的体外测试，下一步将开展动物和人的体内测试。

参考文献和资料来源

一、主要参考文献

[1] 王罗汉．瑞士创新体系的特点与思考［J］．全球科技经济瞭望，2020（9）．

[2] 郭曼．瑞士创新生态系统的核心特征及对我国创新体系建设的启示［J］．全球科技经济瞭望，2019（8）．

[3] 邱丹逸，袁永，廖晓东．瑞士主要科技创新战略与政策研究［J］．特区经济，2018（1）．

[4] 鲍悦华，陈强．瑞士科技管理及其对我国的启示［J］．中国科技论坛，2008（4）．

[5] 郭军．瑞士参与国际科技合作的经验思考［J］．科协论坛（下半月），2009（8）．

[6] 杨娟．瑞士国际科技合作的经验和启示［J］．全球科技经济瞭望，2018（7）．

[7] 陈超．瑞士中小企业科技创新创业机制研究［J］．上海市经济管理干部学院学报，2017（1）．

[8] 叶建忠．瑞士中小型企业创新发展模式［J］．全球科技经济瞭望，2014（3）．

[9] 孙美露，黄烨菁，吴真如．创新大国中的小企业活力——瑞士初创企业发展背景、特征与影响因素［J］．商业经济研究，2021（3）．

[10] 李昱，王峥，高菲．新型研发机构在产学研深度融合中的作用探析——以瑞士比尔创新园为例［J］．全球科技经济瞭望，2021（1）．

[11] 赵清华，范明杰，付红波，等．瑞士生物科技及产业现状与特点［J］．中国生物工程杂志，2008（8）．

[12] 袁德栋．瑞士生态农业发展研究 [J]．世界农业，2014 (5)．

[13] 王剑勇．瑞士经验对我国钟表行业发展的启示 [J]．钟表，2020 (5)．

[14] 高峰．瑞士钟表品牌成功的奥秘 [J]．中华商标，2014 (8)．

[15] 张明龙，张琼妮．国外发明创造信息概述 [M]．北京：知识产权出版社，2010.

[16] 杰弗里·布斯罗伊德，彼得·杜赫斯特，温斯顿·奈特．面向制造及装配的产品设计 [M]．林宋，译．北京：机械工业出版社，2015.

[17] 张丽杰，立华，孙爱丽．机械设计原理与技术方法 [M]．北京：化学工业出版社，2020.

[18] 张喜江．多轴数控加工中心编程与加工：从入门到精通 [M]．北京：化学工业出版社，2020.

[19] 雅各布·弗雷登．现代传感器手册：原理、设计及应用 [M]．第5版．宋萍，隋丽，译．北京：机械工业出版社，2019.

[20] 张明龙，张琼妮．国外电子信息领域的创新进展 [M]．北京：知识产权出版社，2013.

[21] 马科斯·玻恩，埃米尔·沃耳夫．光学原理——光的传播、干涉和衍射的电磁理论 [M]．第7版．杨葭荪，译．北京：电子工业出版社，2016.

[22] 莱金．光学系统设计 [M]．第4版．周海宪，程云芳，译．北京：机械工业出版社出版，2012.

[23] 沃伦·史密斯．现代光学工程 [M]．周海宪，程云芳，译．北京：化学工业出版社，2011.

[24] 张明龙，张琼妮．国外光学领域的创新进展 [M]．北京：知识产权出版社，2018.

[25] 布莱恩·克莱格．宇宙大爆炸之前 [M]．虞骏海，译．海口：海南出版社，2016.

[26] 中国科学院国家空间科学中心，等．寻找暗物质：打开认识宇宙的另一扇门 [M]．北京：科学出版社，2016.

[27] 张明龙，张琼妮．国外宇宙与航天领域研究的新进展 [M]．北

京：知识产权出版社，2017.

［28］张明龙，张琼妮．国外材料领域创新进展［M］．北京：知识产权出版社，2015.

［29］赵启辉．常用非金属材料手册［M］．北京：中国标准出版社，2008.

［30］杨军．贵金属基超结构纳米材料［M］．北京：科学出版社，2012.

［31］张明龙，张琼妮．国外纳米技术领域的创新进展［M］．北京：知识产权出版社，2020.

［32］于少娟，等．新能源开发与应用［M］．北京：电子工业出版社，2014.

［33］张明龙，张琼妮．国外能源领域创新信息［M］．北京：知识产权出版社，2016.

［34］尹淞．太阳能光伏发电主要技术与进展［J］．中国电力，2009（10）．

［35］张明龙，张琼妮，章亮．国外治理“三废”新技术概述［J］．生态经济，2010（2）．

［36］宋宇．国外环境污染损害评估模式借鉴与启示［J］．环境保护与循环经济，2014（4）．

［37］张明龙，张琼妮．国外环境保护领域的创新进展［M］．北京：知识产权出版社，2014.

［38］张明龙，张琼妮．国外交通运输领域的创新进展［M］．北京：知识产权出版社，2019.

［39］曹凯鸣．现代生物科学导论［M］．北京：高等教育出版社，2011.

［40］李颖．微生物生理学［M］．北京：科学出版社，2013.

［41］王三根．植物生理学［M］．北京：科学出版社，2016.

［42］柳巨雄，杨焕民．动物生理学［M］．北京：高等教育出版社，2011.

［43］张明龙，张琼妮．农作物栽培领域研究的新进展［M］．北京：

知识产权出版社，2022.

[44] 伦内贝格．病毒、抗体和疫苗 [M]．杨毅，杨爽，王健美，译．北京：科学出版社，2009.

[45] 郑杰．肿瘤的细胞和分子生物学 [M]．上海：上海科学技术出版社，2011.

[46] 张明龙．区域政策与自主创新 [M]．北京：中国经济出版社，2009.

[47] 张明龙，张琼妮．中小企业创新与区域政策 [M]．北京：知识产权出版社，2011.

[48] 张明龙．政治经济学原理及教学研究 [M]．北京：中国社会科学出版社，2016.

[49] 张琼妮，张明龙．新中国经济与科技政策演变研究 [M]．北京：中国社会科学出版社，2017.

[50] 张琼妮，张明龙．产业发展与创新研究——从政府管理机制视角分析 [M]．北京：中国社会科学出版社，2019.

[51] Knorr－Cetina K. Epistemic Cultures：How the Sciences Make Knowledge [M]. Cambridge：Harvard University Press，1999.

[52] Pitt J C. Thinking about Technology：Foundation of the Philosophy of Technology [M]. New York：Seven Bridges Press，2000.

[53] Ben－David J. Scientific Growth，Essays on the Social Organization and Ethos of Science [M]. Los Angeles：University of California Press，1991.

[54] Senarathna I，Warren M，Yeoh W，et al. The Influence of Organisation Culture on E－commerce Adoption [J]. London：Industrial Management & Data Systems，2014，114（7）.

二、主要报刊资料来源

[1]《自然》(Nature)

[2]《自然·通讯》(Nature Communication)

[3]《自然·天文学》(Nature Astronomy)

[4]《自然·物理学》(Nature Physics)

[5]《自然·电子学》(Nature Electronics)

[6]《自然·光学》(Nature Optics)

[7]《自然·光子学》(Nature Photonics)

[8]《自然·化学》(Nature Chemistry)

[9]《自然·能源》(Nature Energy)

[10]《自然·生物技术》(Nature Biotechnology)

[11]《自然·纳米技术》(Nature Nanotechnology)

[12]《自然·气候变化》(Nature Climate Change)

[13]《自然·地球科学》(Nature Geoscience)

[14]《自然·医学》(Nature Medicine)

[15]《自然·神经学》(Nature Neurology)

[16]《自然评论·神经科学》(Nature Review Neuroscience)

[17]《自然·人类行为》(Nature Human Behavior)

[18]《自然·代谢》(Nature Metabolism)

[19]《自然·方法》(Nature Methods)

[20]《科学》(Science Magazine)

[21]《科学·机器人学》(Science Robotics)

[22]《科学·转化医学》(Science Translational Medicine)

[23]《科学报告》(Scientific Reports)

[24]《科学进展》(Progress in Science)

[25]《先进科学》(Advanced Science)

[26]《新科学家》(New Scientist)

[27] 美国《国家科学院学报》(Proceedings of the National Academy of Sciences)

[28]《科学公共图书馆·生物学》(Public Library of Science Biology)

[29]《公共科学图书馆·综合》(Public Library of Science Synthesis)

[30]《皇家学会开放科学》(Royal Society Open Science)

[31]《皇家天文学会月刊》(Monthly Notices of the Royal Astronomical Society)

[32]《天文学和天体物理学家》(Astronomy and Astrophysicists)

[33]《地球系统动力学》(Earth System Dynamics)

[34]《地球物理研究快报》(Geophysical Research Letters)

[35]《冰冻圈》(Frozen Circle)

[36]《物理评论快报》(Physical Review Letters)

[37]《新物理学期刊》(Journal of New Physics)

[38]《焦耳》(Joule)

[39]《化学物理学报》(Journal of Chemical Physics)

[40]《美国化学学会纳米杂志》(Journal of Nanometer of the American Chemical Society)

[41]《朗缪尔》(Langmuir)

[42]《先进材料》(Advanced Materials)

[43]《建筑自动化》(Building Automation)

[44]《农业与食品化学》(Agriculture and Food Chemistry)

[45]《生物化学趋势》(Trends in Biochemistry)

[46]《当代生物学》(Contemporary Biology)

[47]《计算生物学》(Computational Biology)

[48]《实验生物学》(Experimental Biology)

[49]《欧洲分子生物学学会期刊》(Journal of the European Society of Molecular Biology)

[50]《基因与发育》(Genes and Development)

[51]《细胞》(Cells)

[52]《细胞研究》(Cell Research)

[53]《植物生物技术》(Plant Biotechnology)

[54]《新植物学家》(New Botanist)

[55]《柳叶刀》(Lancet)

[56]《新英格兰医学杂志》(New England Journal of Medicine)

[57]《美国心脏病学会杂志》(Journal of the American College of Cardiology)

[58]《大脑皮层》(Brain Cortex)

[59]《转化精神病学》(Transformational Psychiatry)

[60]《人造器官》(Artificial Organs)

[61]《儿科学》(Pediatrics)

[62]《临床调查杂志》(Journal of Clinical Investigation)

[63]《解剖学年鉴》(Annals of Anatomy)

[64]《医药化学》(Pharmaceutical Chemistry)

[65]《分子药剂学》(Molecular Pharmacy)

[66]《生物医学电路和系统汇刊》(Transactions of Biomedical Circuits and Systems)

[67]《科技日报》2003 年 1 月 1 日至 2022 年 12 月 31 日

[68]《中国科学报》2003 年 1 月 1 日至 2022 年 12 月 31 日

三、主要网络资料来源

[1] 国家科技部网：http：//www. most. gov. cn/

[2] 中国科学院科学数据库网：http：//www. csdb. cn

[3] 中国科技网：http：//www. stdaily. com/

[4] 科学网：http：//www. sciencenet. cn/

[5] 科技世界网：http：//www. twwtn. com/

[6] 科技工作者之家网：https：//www. scimall. org. cn/

[7] 国家工业与信息化部网：https：//www. miit. gov. cn/

[8] 国家交通运输部网：https：//www. mot. gov. cn/

[9] 国家自然资源部网：https：//www. mnr. gov. cn/

[10] 国家生态环境部网：https：//www. mee. gov. cn/

[11] 国家文化旅游部网：https：//www. mct. gov. cn/

[12] 中国地质调查局网：https：//www. cgs. gov. cn/

[13] 新华网：http：//www. xinhuanet. com/

[14] 中国新闻网 https：//www. chinanews. com. cn/

[15] 人民网：http：//www. people. com. cn/

[16] 央视网：https：//www. cctv. com/

[17] 央广网：http：//www. cnr. cn/

[18] 生物通网：http：//www. ebiotrade. com/
[19] 光明网：https：//www. gmw. cn/
[20] 环球网：https：//m. huanqiu. com/
[21] 国际在线：https：//www. cri. cn/
[22] 中国日报网：http：//cn. chinadaily. com. cn/
[23] 中国网：http：//www. china. com. cn/
[24] 中国国际科技合作网：http：//www. cistc. gov. cn/
[25] 中国科技创新网：http：//www. geceo. com/
[26] 中青网：https：//www. youth. cn/
[27] 新浪网：https：//www. sina. com. cn/
[28] 腾胜网：https：//www. qq. com/
[29] 搜狐网：https：//www. sohu. com/
[30] 凤凰网：https：//www. ifeng. com/
[31] 澎湃新闻网：https：//www. thepaper. cn/
[32] 自然杂志网：http：//www. nature. com/
[33] 科学杂志网：http：//www. sciencemag. org/
[34] 每日科学网：http：//www. sciencedaily. com/
[35] 科学美国人网：https：//www. scientificamerican. com/
[36] 中国农网：http：//www. farmer. com. cn/
[37] 药品资讯网：https：//www. chemdrug. com/
[38] 东方财富网：https：//www. eastmoney. com/
[39] 中关村在线网：https：//www. zol. com. cn/
[40] 中国互动出版网：http：//www. china－pub. com
[41] 俄罗斯中文网：http：//www. eluosi. cn/
[42] 北极星电力网：http：//www. bjx. com. cn/
[43] 北极星固废网：http：//gfcl. bjx. com. cn/
[44] 北极星环保网：http：//huanbao. bjx. com. cn/
[45] 中国水网：http：//www. h2o－china. com/news/
[46] 中国电子网 21ic ：https：//www. 21ic. com/
[47] 维科网·电子工程网：https：//ee. ofweek. com/

[48] 太阳能光伏网：https：//solar. ofweek. com/
[49] 智能制造网：https：//www. ofweek. com/im/
[50] 机器人网：https：//robot. ofweek. com/
[51] 传感器网：https：//sensor. ofweek. com/
[52] 仪器仪表网：https：//instrument. ofweek. com/
[53] 光学网：https：//optics. ofweek. com/
[54] 激光网：https：//laser. ofweek. com/
[55] 新材料网：https：//xincailiao. ofweek. com/
[56] 3D打印网：https：//3dprint. ofweek. com/
[57] 人工智能网：https：//www. ofweek. com/ai/
[58] 智能电网：https：//smartgrids. ofweek. com/
[59] 智能汽车网：https：//www. ofweek. com/auto/
[60] 中国高校之窗网：https：//www. gx211. cn/
[61] 清华大学网：https：//www. tsinghua. edu. cn/
[62] 浙江大学网：https：//www. zju. edu. cn/
[63] 中国科学院植物研究所网：http：//www. ibcas. ac. cn/

后　记

21世纪以来，我们以省重点学科“区域经济学”学科为基础，组建研究团队，成立名家工作室，先后主持或参与10多项国家及省部级重要课题研究。我们选择创新为主要研究对象，推进企业创新、产业创新、区域创新和科技管理创新等方面的探索。

在课题研究过程中，我们进行大量实地考察和调查，广泛搜集各国各类创新信息，并展开深入的理论思考，按时完成课题研究结题报告。同时，以论文或专著形式发表一些研究成果，还为当地或相关部门提供决策咨询材料。

随着课题研究的深入，我们积累的研究材料也在不断增多。特别是搜集到的世界各国科技研究新成果材料，反映了科技进步的前沿信息，展示出科技发展的未来趋势，也蕴含着科技创新的先进经验。充分利用这些材料，不仅可以促进科技新知识的普及，而且可以及时学习先进国家的创新经验。

为此，我们对搜集到的科技新成果材料进行细加考辨，通过分门别类和系统化整理，形成两大系列书稿：一是按照创新信息的学科分类撰写书稿，已出版有关电子信息、光学、宇宙与航天、纳米技术、新材料、新能源、环境保护、交通运输、生命基础、生命体、农作物栽培，以及医疗与健康等方面的著作。二是按照创新信息的来源国家分类撰写书稿，已出版有关美国、日本、德国、英国、法国、意大利、加拿大、俄罗斯、澳大利亚及北欧五国等国家创新信息概述的著作。近来，我们再次推进这项研究工作，完成《瑞士创新信息概述》一书。

本书从瑞士产业和科技发展现状出发，集中考察其创新方面取得的新进展。本书所选材料限于21世纪以来的创新成果，其中90%以上集中在2010年1月至2022年12月期间。

我们在撰写本书的过程中，得到有关高等院校与科研机构的支持和帮助。本书的基本素材及典型案例，吸收了杂志、报纸、网络和广播电视等各类媒体的相关报道。本书的各种知识要素，吸收了学术界的研究成果，不少方面还直接得益于师长、同事和朋友的赐教。为此，向所有提供过帮助的人表示衷心的感谢！

这里，要感谢名家工作室成员的团队协作精神和艰辛的研究付出。感谢台州学院办公室、临海校区管理委员会、组织部、宣传部、科研处、教务处、学生处、后勤处、信息中心、图书馆、经济研究所和商学院，以及浙江财经大学东方学院等单位诸多同志的帮助。感谢赵喜勤编辑为提高本书质量倾注了大量时间和精力。

限于笔者水平，书中难免存在一些错误和不妥之处，敬请广大读者不吝指教。

张明龙　张琼妮

2023年7月